고광스님의
불교
도장
깨기

일러두기

- 빨리어는 ⓟ, 산스크리트어는 Ⓢ 표기로 구분했습니다.
  다만 같은 형태일 경우에는 구분하지 않았습니다.
- 사성제, 팔정도, 오온, 십이처 등 책에서 중요하게 다루는 불교 용어는
  이해를 돕고자 직관성이 좋은 숫자를 사용했습니다.
- 책에 실린 경전 원문은 동국역경원의 한글대장경 중 고려대장경을 저본으로 했으며,
  번역은 저자가 했습니다.
- 이 책은 불광미디어 유튜브에서 저자가 강연한 〈어원으로 본 불교〉를 저본으로
  했습니다.

어원으로 본 불교
바로가기

고광스님의

불교
도장
깨기

새롭게 다가오는 붓다의 말,
더욱 선명해지는 삶의 지혜

불광출판사

책을 펴내며

사람들은 불교(佛敎)를 부처님 믿는 종교라고 생각하지만, 사실 불교는 말 그대로 '부처님의 가르침'이라는 뜻이다. 물론 필자도 불교를 처음 접했을 때는 '부처님을 믿는 종교'쯤으로 생각했었다. 필자의 어머니는 독실한 기독교인이었는데, 예수님 같은 성인을 낳고 싶다고 기도해서 얻은 아이가 필자였다고 한다. 그래서인지 몰라도 어릴 적 놀이터는 교회였고 큰 의심 없이 기독교를 받아들였다.

그러던 중 깊은 병환이 있던 어머니는 불교로 개종하셨고, 교회 가듯 절을 다니셨다. 그래서 필자도 처음에는 '하나님' 대신에 '부처님'을 믿는 게 불교이겠거니 하고 대수롭지 않게 생각했다. 그러다가 어머니께서 절에서 가져온 '불교 성전'이란 책을 우연히 읽다가 기독교와는 완전히 다른 가르침에 깜짝 놀라게 되었다. 기독교처럼 무조건 믿으라고 하지도 않았고, 부처님이 얻었다는 깨달음을 가르쳤기 때문이다.

이것은 필자에겐 적지 않게 큰 충격이었는데, 그것이 계기가 되어 나도 부처님처럼 깨닫고 싶어졌다. 그래서 고등학교를 채 마치기 전에 속리산 법주사 사리각에 주석하셨던 '원파 혜정' 큰스님을 은사로 모시고 출가하게 되었다.

　　동국대에서 불교학을 마친 뒤 큰 기대를 품고 들어간 선학(禪學) 대학원은 실망 그 자체였다. 깨달음보다 논문 쓰기에 여념이 없는 곳이었다. 대학원을 그만두고 하열한 근기를 통탄하면서 인생의 방향 전환을 모색할 뜻을 품고 미국으로 도피성 유학을 떠나게 되었다. 미국에서 머문 곳은 LA에 있는 관음사(觀音寺)였는데, 거기서 거해(巨海) 스님을 만났다. 그분은 한국에 남방불교를 처음 정착시킨 인물이었다.

　　그러던 중 샌프란시스코에서 LA까지 거해 스님과 단둘이 돌아오게 되는 일이 있었다. LA와 샌프란시스코는 차로 미국 서부 태평양 해안을 따라서 약 11시간을 이동하는 긴 거리이다. 돌아오는 길에 여러 가지 곤란한 질문을 던졌지만, 스님의 답변은 예상과 달리 상세하고 매우 진지했다. 한국에선 '왜 아직도 나는 깨닫지 못하는 것입니까?'라고 질문하면, 일반적으로 두 가지의 답변을 듣게 된다. 하나는 "네가 신심(信心)이 부족해서 그렇다"라는 꾸짖음이고, 또 하나는 "삼천대천세계(三千大千世界)가 불법이 아닌 게 없다"라는 식의 두루뭉술한 답변이다. 거해 스님의 답변은 매우 구체적이었고 꽤 설득력이 있었다.

　　거해 스님의 말씀에 그동안 자포자기했던 수행에 대해 희망이 보이기 시작했고, 다시 한번 도전하고 싶은 용기도 가슴속에서 꿈틀거렸다. 그동안 가졌던 의문과 잘못된 수행을 바로잡아야겠다고 생각하니 스님의 말씀이 마음속에 깊이 박혔고, 수행을 향한 열정이 다시 불타올랐다. 수행을 포기하려고 갔던 곳에서 오히려 새로운 길을 모색하게 된 것이다.

　　하지만 출가 후 깨달음을 얻으려고 20년 가까이 교학 공부와 수행하는 동안 어머니의 병환은 나아질 기미가 없었다. 어머니는 49세의 젊은 나이에 뇌출혈로 심각한 장애를 겪고 계셨는데, 어머니를 간호하며 함께 사셨던 아버지께서 그만 세상을 떠나게 되었다.

그래서 어머니의 대소변을 받아 가며 17년을 함께 살게 되었다. 처음에는 좋은 마음으로 시작했지만, 그리 오래가지 못했다. 아무리 어머니라지만 중환자를 돌보는 일은 큰 인내심을 요구했다. 더군다나 중환의 노모를 모시는 승려인지라 절집에서도 달가워하지 않았고, 그렇다고 세속에서 살아가기도 힘들었다. 아무도 달가워하지 않는 승속을 오가면서 살다 보니 어느덧 머리가 희끗희끗한 승려가 거울 앞에 서 있었다.

어머니는 출가의 동기이기도 했지만, 병환으로 누워계셔서 언제나 부담이었다. 그리고 어머니를 시봉하며 살면서 그동안 믿어왔던 수행의 신념도 완전히 무너져 내렸다. 그동안 실천했던 수행이 분노와 탐욕에 너무나 무력했기 때문이었다. 탐진치를 없애려고 실천했던 그 수행이 정말 쓸모없었다. 그야말로 참담했다.

늦었다고 생각한 때가 가장 실천하기 좋은 때라고 했던가! 부처님의 말씀을 꼼꼼히 다시 살펴보게 되었다. 그러다 알아낸 것들이 부처님이 사용한 단어들의 어원과 번역의 오류였다. 기존에 잘못 알려졌던 용어에 대한 올바른 정의를 대장경에서 검색하여 하나하나 정리해 보았다. 용어에 대한 정의가 명확히 드러날 때까지 일일이 단어를 검색하고, 빨리어나 산스크리트어의 원어가 왜 그렇게 번역되었는지 비교했으며, 그 단어가 포함된 문장을 검색하여 문맥에 문제가 없는지 교차 점검하였다. 그렇게 점검하다 보니 지금 우리가 사용하는 한자의 의미와 한문이 천여 년 전 경전 번역과 다를 수 있음을 발견하였다. 그래서 필자는 현대적 개념과 문법으로 한역 경전을 해석하였기에 끝없는 오해를 낳았고, 맥락도 없는 알 수 없는 말투성이의 경전이 되었다는 결론에 도달했다.

이런 오류를 하나씩 잡아나가고 기본의미를 이해하는 데 꽤 많은 시간이 걸렸다. 하지만 이것이 정리되고 부처님 말씀대로 사유해서 부처님의 깨달음을 이해하기까지 채 두 달이 걸리지 않았다.

필자에게 어머니는 출가의 원인이고, 오랜 방황이고, 깨달음으로 이끌어 주신 참다운 스승이다. 그래서 어머니께서 코로나로 별세하신 뒤, 불광미디어의 도움으로 '어원으로 본 불교'를 강의하고, 또 이렇게 책까지도 쓰게 되었다. 이 자리를 빌려 불광미디어와 불광출판사 관계자 여러분께 진심으로 감사드린다.

필자가 출가한 지 40년이 되었지만, 사실 부처님의 가르침이 무엇인지 몰라서 답답한 시간이 대부분이었다. 그런데 부처님의 깨달음을 알고 나니 답답했던 체증은 그야말로 단박에 사라졌다. 부처님의 깨달음은 결코 쉬운 가르침은 아니다. 그러나 이미 깨달은 내용을 가르친 것이니, 아무런 단서 없이 깨닫는 것보다는 압도적으로 쉬운 일이기도 하다. 다만 그것을 이해하려면 그 기초가 탄탄해야만 한다. 그래서 필자가 알아낸 어원과 번역의 오류를 정리하여 탄탄한 기초를 쌓을 수 있도록 집필하였음을 미리 알려둔다.

이 책을 어머니 고 임영월 여사의 영전에 바칩니다.
을사년 가을 속리산 법주사 응향각(凝香閣)에서
고광(古光) 두 손 모음

차례

책을 펴내며   6

1부   믿음의 틀 깨기: 귀의는 결단이다

붓다에게 투항하다   14
견성 체험? 그건 느낌일 뿐   20
'아!' 하고 끝나지 않는다   33
해탈로 가는 세 가지 배움   43
주장과 진리를 가르는 칼   52
법은 조작된 환상이다   65
쾌락도 고행도 버려라   79
괴로움은 운명이 아니라 착각   85
세상을 꿰뚫는 세 가지 렌즈   97
감각이 만든 착각의 비밀   111

2부   도와 덕의 틀 깨기: 8정도는 길이다

보는 법이 달라져야 길이 열린다   130
생각이 바뀌면 삶도 바뀐다   143
말이 곧 현실을 만든다   157
업의 진짜 얼굴   169
생활 사용 설명서   181
멈추지 않는 실천의 힘   192
기억의 재설계   203
흔들림 없는 고요   211

3부 인과의 틀 깨기: 인과와 연기는 다르다

괴로움 소멸의 설계도	226
모든 괴로움의 출발점	237
반복되는 습관의 힘	247
이름의 덫	255
감각이 세계의 문을 연다	268
느낌이 존재의 욕망이 되는 순간	284
집착이 존재의 삶을 붙잡는다	293
'있다'는 그 믿음도 의심하라	307
가장 오래된 환상, 생로병사	315

4부 교학의 틀 깨기: 길은 실천에서 드러난다

삼매에 빠질수록 멀어지는 깨달음	338
머무를 것인가, 벗어날 것인가	362
알고 보면 가짜 해탈	374
마음의 주인은 없다	380

책을 마치며 428

1부

믿음의 틀 깨기

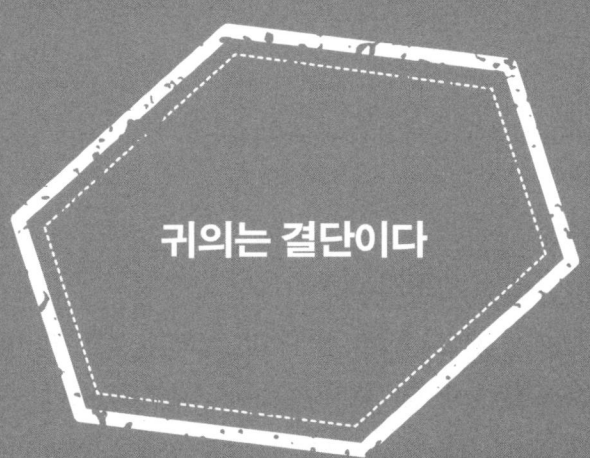
귀의는 결단이다

붓다에게 투항하다

귀의(歸依) : 순종하고 의지하다

절집 주변을 기웃거리다 보면 가장 먼저 접하는 말이 '귀의(歸依)'이다. 일반적으로 '돌아가 의지한다'라고 번역하는데, 맞는 것 같기도 하면서 뭔가 좀 이상한 문장이다. '돌아간다'라는 말에는 '온 곳이 있다'라는 뜻이 저변에 깔려 있다.

필자는 태어날 때부터 기독교 환경에 노출되어 살았다. 그러니 돌아가 의지하라고 말한다면, 기독교로 돌아가서 예수를 의지해야 할 것이다. 따라서 누군가 붓다에게 귀의했다면 이미 불교 신자였던 사람이란 뜻이 된다. 붓다 당시엔 불교가 신흥종교였기에 비불교도보다 수적으로 열세였음은 굳이 확인하지 않아도 자명하다. 그래서 '귀(歸)' 자의 의미를 탐구하기 시작했다.

'귀의(歸依)'는 '돌아갈 귀(歸)'와 '의지할 의(依)'가 결합한 단어이다. '귀(歸)'자는 본래 '쫓아간다'라는 뜻을 가진 '추(追)'자와 '신부'를 뜻하는 '부(婦)'자가 결합해 만들어진 글자이다. 고대 중국에서는 결혼할 남자가 처가에서 몇 년간 데릴사위로 지낸 후, 아내를 데리고 자기 집으로 돌아오는 관습이 있었다. 여기서 신랑은 자기가 살던 집으로 되돌아가고, 신부는 남편을 쫓아가기에 '귀(歸)'라는 글자에는 두 가지 의미가 생겼다. 하나는 '되돌아간다'이고, 다른 하나는 '쫓아간다, 따라간다'라는 뜻이다. 용례를 찾아보면, '귀가(歸家)'와 '귀순(歸順)'이 있는데, 귀가는 '집으로 돌아간다'라는 뜻이고 귀순은 '상대방에게 투항해 따라간다'라는 뜻이다.

'나무(南無)'는 '나마스(ⓢnamas)'를 음사(音寫, 소리를 베껴 옮김)한 것인데, 이를 '귀의(歸依)', '귀명(歸命)' 등으로 번역한다. '상대방에게 복종하고 따르겠다'라는 뜻이다. 용례로 '나무아미타불(南無阿彌陀佛)'이 있는데, "아미타불에게 순종하겠다"라는 의미다. 일반적으로 이것을 "아미타불에게 돌아가 의지한다"라고 해석하는데 뭔가 억지스럽고 의미가 통하지 않는다. 그 이유는 단순히 '귀(歸)'라는 글자를 '돌아간다'라는 뜻으로 보기 때문이다. '귀의'는 붓다에게 '투항하고 의지한다, 순종하며 의지한다'라고 이해해야 한다.

필자는 이 단어의 의미를 탐구하면서, 나야말로 붓다에게 진정으로 귀의했는지 돌아보게 되었다. 과연 '나는 붓다의 말씀을 이해하는가? 내 생각이 틀렸으니, 이제부터 그의 가르침에 순종하겠다고 결심해서 출가했는가?'라고 되물었다. 단언하건대 나는 분명히 그렇지 않았다. 단순히 맹목적 신앙과 관습에 따른 출가였을 뿐, 깊은 이해와 순종에 의한 선택은 아니었다.

그저 호기심에 출가했고, 믿는 것조차 그의 가르침과 어긋나 있었다. 그러니 붓다만 믿으면 모든 게 해결될 것으로 생각했기에, 어머니의 병환을 낫게 하려고 종교적 행위를 하면서 마음을 달랬었다. 하지만 '붓다는 단 한 번도 그렇게 말한 적이 없다'라는 사실을 뒤늦게 알게 되었다. 그런데도 그렇게 이해할 수밖에 없었던 이유는 고대 한자와 현대 한자의 의미가 서로 다르다는 사실을 몰라서였다. 또한 이것이 고대 산스크리트어의 번역이란 사실을 망각한 채 전통 한문의 문법에 맞춰 번역하다 생긴 오류였다.

경전의 번역을 바로잡으며 꼼꼼히 읽어보니 붓다는 그런 믿음을 단 한 번도 요구하지 않았다. 되돌이켜 보면 그저 '내가 생각하는 붓다', '주변 사람들이 말하는 붓다'를 막연히 믿고 따랐을 뿐이었다. 그러니 승려 생활을 몇십 년이나 했으면서도 경전을 제대로 읽지 못했고 진정한 귀의도 없었던 것이다. 과거의 불교 공부 방식은 원전 위주가 아니라, 다른 사람들이 정리해 놓은 불교를 답습하는 것이었다. 그렇기에 경전을 정리한 사람이 이해한 불교이지, 붓다의 가르침과 거리가 멀었다.

그래서 필자는 그러한 논서(論書, 경전 해설서)의 논리를 배제하고, 『아함경(阿含經)』에서 정의하고 있는 각 단어의 뜻을 정리했다. 그리고 그 단어의 블록을 차곡차곡 쌓아가며 원문을 읽었다. 물론 모든 게 다 잘못되었다고 말할 수는 없지만, 알고 있던 기존의 용어는 대체로 잘못된 정의가 많은 편이었다. 그러다 보니 잘못된 기초 위에 지은 사상누각(沙上樓閣)과 같았고, 행간을 헤아리기 어렵게 뜻이 비어 있거나 잘못된 번역이 곳곳에 숨어 있었다.

배가 산으로 간 까닭

누군가가 하는 말을 명확히 이해하려면, 듣는 자는 그가 쓰는 기초 용어를 똑같이 이해해야 한다. 그럴 때 비로소 화자(話者)의 말이 청자(聽者)에게 정확히 전달되는 것이다. 이것은 붓다의 가르침에도 똑같이 적용된다. 붓다의 가르침 중 매우 중요한 위치에 있는 단어가 바로 '법(法, Ⓢ dharma)'인데, 불행하게도 이것이 구체적으로 무엇을 말하는지 아무도 모른다는 데 문제의 심각성이 있다.

붓다의 경전은 법(法)으로 시작해서 법(法)으로 끝난다고 해도 결코 과언이 아니다. 어느 경전을 펼치더라도 언제나 등장하며 붓다의 깨달음을 드러내는 핵심 단어다. 우리가 깨달아야 할 내용도 결국 이 법(法)이다. 붓다의 말을 잘 따라가기만 한다면 법을 깨닫는 게 절대로 어렵지 않을 것이다.

붓다는 깨달음을 얻는 데까지 길다면 길고 짧다면 짧은 6년이란 시간이 걸렸다. 필자는 붓다가 이미 깨달아서 다 가르쳐 놓은 경전을 읽었지만, 부끄럽게도 그것을 깨닫는 데까지 몇 곱절의 시간이 걸렸다. 여기서 중요한 것은 시간이 아니라 방향이다. 붓다는 깨달음을 얻은 후 그 깨달음을 제자들에게 숨김없이 상세하게 가르쳤다. 일반적으로 길은 그 길을 처음 개척한 사람이 가장 어렵게 길을 통과한다. 그리고 개척한 길을 뒤따라가는 사람은 그보다 훨씬 수월하게 통과한다. 그러니 붓다의 가르침을 배운 사람이 붓다보다 빨리 깨닫는 것은 자명한 이치이다.

다행히 우리는 붓다가 가봤던 길을 배울 수 있다. 그러니 독자적으로 깨닫겠다고 인생을 허비할 필요 없이 붓다가 가르친 길을 잘 따라가기만 하면 쉽게 도달할 수 있다. 그래야만 그 이후의 삶도 행복으로 전환되는 것이다. 붓다는 깨닫고 난 후에 삶이 너무 안온했기에 다른 사람들도 자신처럼 안온하기를 바라는 자비심으로 전법의 여정을 시작했던 것이었다.

실제로 붓다의 첫 제자였던 교진여(憍陳如) 등 다섯 수행자는 붓다의 설법을 듣고 보름 만에 깨달음을 성취했다. 혹자는 이렇게 생각할 수 있다. '그들은 우리보다 근기가 더 뛰어나고 훨씬 더 똑똑했을 것이다.' 단언컨대, 절대로 그렇지 않다. 그들이 보름 만에 깨달음을 얻을 수 있었던 이유는 '붓다의 가르침을 바르게 이해했다는 것'뿐이다. 필자 역시 붓다의 가르침을 바르게 이해하고, 무엇을 깨달았는지 아는 데 두 달 남짓밖에 걸리지 않았다. 붓다의 가르침은 절대로 어렵지 않다. 어려웠던 이유는 잘못된 용어의 기초 위에 펼쳐놓은 수많은 오해(誤解) 때문이다.

깨닫기 위해서는 붓다가 사용한 용어의 의미를 명확히 이해하는 게 매우 중요하다. 그렇게 하지 않고 자기 방식대로 임의로 해석하면 심각한 오류에 빠질 수도 있다. 이는 컴퓨터의 프로토콜(protocol, 통신규약)과 비슷하다. 컴퓨터와 컴퓨터는 서로 통신할 때 보낸 정보가 정확하게 전달되었는지 확인한 후에야 비로소 다음 단계를 진행한다. 그래야 통신하면서 생기는 데이터의 오류를 차단할 수 있기 때문이다. 붓다 자신도 쓰는 용어를 명확히 정의하고 그 용어를 사용했는데, 그래야 서로 오해가 생기지 않기 때문이다.

우리가 불경을 읽을 때도 용어에 관한 프로토콜만 이해하면 깨닫는다는 게 그리 어렵지 않다. 오죽하면 선사들이 "세수하다 코 만지기보다 쉽다"라고 말했겠는가? 붓다의 말씀을 이해하고 깨닫게 되면 우리의 삶은 180도로 완전히 달라질 수밖에 없게 된다. 그동안 아무리 버리려고 애써도 버리지 못했던 탐욕이 사라지고, 보기 싫었던 사람을 미워하는 마음도 저절로 사라지는 경험을 하게 된다. 또한 어리석은 사상에 집착하던 삶에서 벗어나 진정한 자유를 만끽하게 될 것이다.

붓다의 가르침을 올바르게 배워서 귀의한다면, 오래지 않아서 붓다와 같은 자유와 행복을 누리게 될 것이다. 만약 경전을 읽고도 이런 변화가 없다면, 왜곡된 붓다의 가르침을 따라가고 있으면서도 왜 그런지 모르고 있을 가능성이 매우 크다.

견성 체험? 그건 느낌일 뿐

깨달음이란?

붓다가 말하는 깨달음은 무엇일까? 도대체 뭘 깨달으란 말인가? 알 것 같기도 한데, 또 막상 생각해 보면 막연하기 그지없다. 다른 스님들에게 물어보아도 그저 "깨달아 봐야 안다"라는 식의 대답만 들을 뿐이다. 필자도 학인 시절에 『화엄경(華嚴經)』과 『기신론(起信論)』을 배웠는데, 그때도 '꿈에서 깨어나 봐야 알 수 있다'라는 말만 들었다.

붓다가 과연 뜬구름 잡는 이런 황당한 말들을 가르쳤을까? 이게 붓다가 말하는 깨달음일까? 그렇다면 붓다가 말하는 깨달음은 무엇이란 말인가?

'깨달음'의 사전적 의미는 '생각하고 궁리하다 알게 되는 것'이다. 간단하게 말하면 '몰랐던 사실을 아는 것'이다. 조금 전까지도 몰랐었는데, 어느 순간 문득 '아! 그거였네!'라고 아는 게 바로 깨달음이다. 이런 종류의 깨달음은 우리 일상에서도 수없이 일어난다. 하다못해 숟가락으로 밥을 떠서 먹는 것도 일종의 깨달음이다. 손으로 먹는 것보다 도구인 숟가락을 사용해서 먹으면 훨씬 수고롭지 않게 밥을 먹을 수 있다. 먹고 나서 손을 씻지 않아도 된다. 몸에 밴 습관이어서 대수롭지 않게 여길지 모르지만, 대단한 깨달음이다. 이 단순한 깨달음은 곧바로 일상생활의 변화로 이어지게 된다.

하지만 붓다의 깨달음은 이런 일상의 앎을 말하는 게 아니다. 경전에 등장하는 깨달음에 관한 단어들을 살펴보자. 산스크리트어의 '보디(Bodhi)'를 음역(音譯, 소리를 번역)한 한자가 '보리(菩提)'이고, 의역(意譯, 뜻을 번역)한 한자가 '각(覺)', '오(悟)', '성(惺)' 등이다. 이 한자들은 우리말로 옮기면 모두 '깨달음'이나 '깨닫는다'가 된다. 물론 '증득(證得)'이나 '견성(見性)' 또한 깨달음을 표현하는 단어이다.

그런데 요즘은 '견성(見性)'보다는 "견성 체험"이라는 말을 더 많이 듣게 된다. 과연 견성(見性)이 체험될 수 있을까? 절대로 그럴 수도 없을뿐더러 그렇지도 않다. 이것은 용어를 잘못 이해해서 벌어진 웃지 못할 참사이다. 붓다는 '깨달았다'라고 말했지, 무엇을 체험하라고 가르쳤던 적이 없다. 다시 한번 강조하지만, '깨닫는다'라는 말은 '몰랐던 사실을 아는 것'이다.

역경승(譯經僧, 경전을 번역하는 승려)들은 '보디(ⓢBodhi)'를 왜 이렇게 여러 가지 방식으로 번역했을까? 깨달음에 관한 각 단어를 풀어보면 번역한 단어의 의미와 번역자의 의도를 이해할 수 있다. 한자는 원래 그림 문자였다. 과거의 사람들은 그림으로 문자를 이해했다는 관점에서 본다면, 단어가 어떻게 쓰였는지 그 의미를 더 명확히 알 수 있다.

우선 '깨달을 오(悟)'는 '마음 심(忄)+나 오(吾)'[1]의 합성어다. 한자는 글자 하나하나가 하나의 그림이니 글자를 그림을 보듯 이해해야 한다. 즉 '마음 작용을 일으키는 나'라는 직관적인 뜻을 유추할 수 있는 그림이다. 번역자에겐 깨달음을 직관적으로 표현한 그림으로 '깨달을 오(悟)'가 한눈에 들어왔을 것이다.

'깨달을 성(惺)'을 보면 '마음[忄]+별[星]'로 이루어진 그림이다. 싯다르타는 밤새 사유하다가 새벽 샛별이 떠올랐을 때 완전히 깨달았다는 설화가 전해지는데, 그것에서 비롯된 글자가 바로 '깨달을 성(惺)'이다.

그렇다면 '깨달을 각(覺)'은 또 무슨 의미일까? '깨달을 각(覺)'은 '배울 학(學)'에서 '아들 자(子)'를 빼고 '볼 견(見)'을 집어넣은 글자다. 붓다의 가르침을 '배우고 확인했더니 보였다'라는 뜻이다. 그래서 번역가는 '배움과 확인'이라는 두 개념을 합쳐 '각(覺)' 자로 깨달음을 표현한 것이다.

역경승들이 각자 다른 그림을 선택했지만, 그 의미는 같다고 볼 수 있다. '깨달을 오(悟)'로 번역한 이가 '자기 자신에게 일어나는 마음 작용을 직접 깨닫는 행위'로 해석했다면, '깨달을 각(覺)'으로 번역한 이는 '붓다의 가르침을 배워서 확인한다'라는 뜻으로 깨달음을 표현했다고 볼 수 있을 것이다.

그렇다면 우리는 어떻게 깨달음을 얻어야 할까? 스스로 개척해서

---

[1] 오(吾): 우리 얼굴에는 콧구멍 2개, 귓구멍 2개, 입 구멍 1개, 즉 5개 구멍이 있다. 그래서 '다섯 오(五)' 밑에 '입 구(口)'가 오면 '나'를 뜻한다.

얻는 깨달음은 이번 생에 얻을 수 있을지 없을지 기약조차 할 수 없다. 그러나 이미 성취한 깨달음을 배우고, '그것이 사실인지 아닌지를 확인하는 것'은 매우 쉽고도 현명한 일일 것이다. 그렇기에 우리는 붓다의 경전을 반드시 꼼꼼히 읽고 공부해야만 한다.

붓다가 밝힌 깨달음의 정의

붓다는 자신의 깨달음을 과연 무엇이라고 정의했을까? 한마디로 '아뇩다라삼먁삼보리[無上正等正覺]'라고 표현했다. 여기서 '무상(無上)'이란, 다른 깨달음과 비교할 수 없는 최상이란 뜻이다. 또 '정등(正等)'이라고 했는데, 이 깨달음은 보편타당하기에 누구에게나 공유된다는 뜻이다. '정각(正覺)'은 이 깨달음은 언제나 증명되기에 올바르다는 것이다.

필자는 붓다가 도대체 무엇을 깨달았기에 '자신의 깨달음에 이런 근자감(근거 없는 자신감)이 있을까?'라고 생각한 적도 있었다. 그런데 잘 생각해 보니 이것은 '비교할 수 없고, 공유할 수 있어야 하고, 증명될 수 있는 게 바로 진정한 깨달음'이란 뜻이었다. 이런 관점으로 보면, 요즘 사람들이 말하는 '견성 체험'과는 그 결이 다르다는 것을 단박에 알 수 있다. '견성 체험'은 절대로 다른 사람과 공유할 수 없다. 그 체험이란 게 각자가 느낀 '개인적 느낌일 뿐'이라서 막상 말해보면 비슷한 듯 하나 완전히 다른 것이기 때문이다. 마치 내가 경험한 꿈이나 느낌을 아무리 말해줘도 다른 사람이 똑같은 경험을 할 수 없는 것과 같다. 다시 한번 강조하자면, 붓다가 언급한 깨달음은 개인적인 느낌이나 체험이 아닌 '증명되는 진리에 대한 가장 완벽한 깨달음'이다.

만약 불교 수행자가 깨달음을 얻었다고 느꼈다면, 가장 먼저 해야 할 일은 위의 조건에 맞는지 먼저 살펴보아야 할 것이다. 그래야 자신이 얻었다고 생각한 깨달음이 붓다가 가르친 깨달음인지 비로소 확인할 수 있다.

붓다도 자신의 깨달음이 보편타당하지 않은 느낌이라면 '타인과 절대로 공유되지 않을 것'이라고 생각했다. 그래서 자신의 깨달음이 공유되는지 확인이 필요했고, 멀고도 먼 녹야원까지 마다하지 않고 걸어갔으며, 교진여를 포함한 다섯 수행자에게 자신의 깨달음을 설명했다. 그들은 보름 동안 설법을 듣고 그대로 사유했고, 교진여가 가장 먼저 깨달음을 얻었다. 그때 붓다는 "교진여가 나와 같은 깨달음을 얻었구나!"라면서 매우 기뻐하는 장면이 경전에 그대로 서술되어 있다. 이것은 붓다의 깨달음이 '개인적인 경험이나 느낌'이 아니라 '보편타당한 진리'라는 것을 증명하는 매우 중요한 사건이다.

만약 깨달음이 공유할 수 없는 느낌이라면, 그것은 그의 느낌을 서술하는 단순한 주장에 불과하다. 예컨대 "나는 알래스카를 갔다 왔다"라고 말할 수는 있지만, 그것이 사실이라면 알래스카에 가는 방법을 구체적으로 말할 수 있어야 한다. 또 다른 사람이 그 지시대로 갔다 올 수 있어야 한다. 그래서 붓다는 자신의 '깨달음'을 '아뇩다라삼먁삼보리(阿耨多羅三藐三菩提)'라고 구체적으로 서술한 것이다.

이 깨달음의 정의는 매우 중요한 내용이기에 '아뇩다라삼먁삼보리'에 대해 좀 더 구체적으로 살펴보자. '무상정등정각(無上正等正覺)'이란 번역에서 '바르다[正]'라는 표현이 두 번이나 등장하는데, 그 의미에 대해 깊이 생각해 볼 필요가 있다. 그것은 외도(外道, 삿된 견해를 가진 자)들이 주장한 깨달음과 비교했을 때, 올바르다는 말이다. 그 당시 외도들도 자신이 진정한 깨달음을 얻었노라고 주장하는 사람이 많았다. 붓다의 고민은 여기에서 시작된다고 볼 수 있다. 진리라는 주장이 여러 가지가 있다면, 무엇이 진리인지 어떻게 확인할 것인가?

현대 과학에서는 '재현의 여부'를 진리의 기준점으로 삼는다. 깨달음도 당연히 재현할 수 있어야만 진리라고 말할 수 있다. '견성 체험'은 보편적인 진리가 아니고 '조건이 주어질 때 발생한 느낌이라는 것'을 알아야만 한다. (3부에서 12연기를 다루며 구체적으로 설명하겠지만) 붓다는 '접촉은 느낌과 얽혔을[觸緣受]' 뿐, 독립적으로 존재하지 않는다고 명확하게 밝혔다.

우리는 이런 관점에서 붓다의 깨달음을 다시 한번 고찰해 볼 필요가 있다. 만약 싯다르타가 얻은 그 깨달음이 '올바른 깨달음'이라고 말하더라도 공유되거나 증명되지 않았다면, 그것은 다른 여러 외도의 주장 가운데 하나였을 것이다. 하지만 '누구든 붓다가 이끄는 그 길을 따라가기만 한다면 언제나 같은 깨달음에 도달할 수 있음'을 그의 제자들이 증명했다. 그렇게 증명한 제자들이 바로 수다원(須陀洹), 사다함(斯多含), 아나함(阿那含), 아라한(阿羅漢) 등 과위(果位, 깨달음의 지위)를 성취한 성인이다. 그래서 삼보(三寶) 가운데 하나로 귀의의 대상이 된 것이다.

붓다는 깨달음에 이르는 방법을 '길'로 비유했는데, 그 길로 제시된 것이 8정도(八正道)이다. 길이란 항상 출발 지점과 도달하는 목표 지점이 있기 마련이다. 그래서 이정표를 따라 벗어나지 않고 그 길을 가기만 한다면 반드시 그 목표에 도달할 수 있다. 이러한 8정도라는 길은 언제나 재현할 수 있기에, 붓다가 가르침을 펼친 이후로 수많은 제자가 이를 증명했고 또 앞으로도 증명할 것이다.

아뇩다라삼먁삼보리라는 말이 성립하려면 반드시 세 가지 조건을 충족해야만 한다. 첫째, 무상(無上)이기에 아무도 생각할 수 없었던 새로운 깨달음이어야 한다. 둘째, 정등(正等)이기에 누구나 경험할 수 있는 깨달음이어야 한다. 셋째, 정각(正覺)이기에 8정도의 방법으로 언제나 재현이 가능한 깨달음이어야 한다.

증득(證得)과 세 가지 믿음

붓다는 깨달음을 얻는 것을 "증득(證得)"이란 표현을 썼는데 이 말은 '스스로 증명해야 얻어진다'라는 표현이다. '증득(證得)'과 '득증(得證)'은 의미가 다르다. 득증은 '증명 자체를 얻는 것'을 표현하는 것이고, 증득은 '증명하면 얻어진다'라는 표현임을 분명히 알아야 한다. 증득이란 '개인적으로 무엇을 단순히 체험했다'라는 말이 아니라, 설해진 진리를 스스로 증명하여 얻어지는 깨달음을 말한다.

무엇을 증명할지조차 모르면서 이런 말을 한다면 어리석은 일이다. 안타깝게도 우리 주변에서 자행되는 수행 풍토가 그렇다. 붓다가 제시한 아뇩다라삼먁삼보리엔 관심이 없다. 그저 모든 번뇌나 집착을 끊어서 깨달음을 얻겠다거나, 막연한 '견성 체험'을 깨달음처럼 말하면서 '증명되지도 않는 것'을 추구하기에 바쁘다. 이런 것은 증득이 아니다. 개인적인 느낌이나 경험일 뿐, 증명하고 공유할 수 없다면 '최상의 완전한 깨달음'이라고 말할 수 없는 것이다.

공유되지 않는 깨달음에는 탐(貪), 진(瞋), 치(癡)와 같은 삼독심(三毒心)이 여전히 남아 있기 마련이다. 그것은 그가 지금 어떻게 살아가는지를 살펴보면 금방 알 수 있다. 붓다는 스승을 정하기 전에 스승에게 탐진치의 삼독심이 있는지 반드시 확인하라고 가르쳤다. 스승을 잘못 선택하면 그의 인생 전체가 한순간에 망가지기 때문이다. 극단적 사례가 '앙굴리말라(Ⓢ Aṅgulimāla, 央掘摩羅)'인데, 그는 잘못 선택한 스승의 말을 맹목적으로 따르다가 그만 99명의 사람을 죽이게 됐다.

붓다는 스승을 잘못 선택하면 돌이킬 수 없는 일을 겪기에 '무조건 믿는 것'은 안 된다고 했는데, 믿음에는 세 가지 유형이 있다.

첫째는 맹목적인 믿음, 맹신(盲信)이다. 아무 근거 없이, 밑도 끝도 없이 그냥 믿는 것이다. 사람들은 보통 "붓다는 다 이루어줄 것이다"라고 생각하며 맹목적으로 믿는다. 필자 또한 크게 다르지 않았는데, 학창 시절 절에 다니기 시작하면서부터 친구 간에 벌이는 종교 논쟁의 중심에 서게 되었다. 그때 기독교를 믿는 친구가 "주님은 전지전능한 신으로 최고지만, 붓다는 신도 아닌 인간이니 능력이 떨어진다"라고 말하니 딱히 반박할 수도 없었다. '붓다도 그 정도 능력이 있지 않을까?'라는 생각도 들었지만, 붓다는 인간이었기에 신처럼 전지전능하진 않을 것이란 생각에 꽤 자존심이 상했었다. 되돌아보면 어리석기 짝이 없는 생각이었다.

둘째는 미혹된 믿음, 미신(迷信)이다. 미신이란 여러 사람이 똑같이 말하면 '의심하지 않고 휩쓸려서 믿고 따르는 것'을 말한다. 그것은 사실 확인을 거친 확신이 아니라, 단순히 남의 말만을 따라가기에 생기는 믿음이다. 군중심리가 여기에 해당한다. 여러 사람이 그렇게 말하더라도 꼭 진리는 아니다. 예컨대, 예전 사람들은 천원지방(天圓地方)이라며 '하늘은 둥글고 땅은 네모나다'라고 믿었다. 사실이 아니지만, 여러 사람이 그렇게 말하니 사실처럼 받아들이며 휩쓸려서 믿어 버리는 것이다.

셋째는 이해를 바탕으로 한 믿음, 정신(正信) 혹은 확신(確信)이다.

이야기를 듣고, 그것이 옳다는 것을 스스로 깨달았을 때 생기는 믿음으로, 바로 붓다가 강조한 믿음이다. 이러한 진리에 대한 확신은 해탈(解脫)과 열반(涅槃)을 보장하지만, 미신과 맹신이라는 잘못된 믿음은 언제나 나락(那落)으로 인도한다.

우리는 붓다의 말씀을 곰곰이 사유하여 '그것이 정말 옳다'라는 확신을 얻어야만 붓다가 제시한 길, 8정도(八正道)에 들어설 수 있다. 그러한 믿음은 목표가 명확히 가시적으로 드러나기에, 나아갈 길의 나침반이 되어 열반으로 인도하는 것이다. 따라서 올바른 믿음[正信]이 확실히 드러나기 위해서는 붓다의 가르침에 관한 명확한 이해가 반드시 선행되어야 한다. 이해되고 나야 비로소 올바른 믿음이 생겨서 자연스레 귀의(歸依)도 하게 되는 것이다. 이러한 바른 믿음이 일어났다면 붓다의 '법(法)'이 자신에게서 어떻게 구현되는지를 확인하는 과정을 거치게 된다. 이런 확인 작업이 끝났을 때 비로소 "증득(證得) 했다"라고 하는 것이다.

견성(見性)이란?

수행이란 말이 나오면 빠지지 않고 등장하는 단어가 "견성(見性)"이지만, 견성에 대해서 명확히 이해하고 그 말을 쓰는 사람은 거의 없다. 견성에서 핵심이 되는 단어는 '보인다[見]'와 '성품[性]'이다. '성품[性]'이라는 글자는 '마음[忄]+생겨나다[生]'로 이루어졌는데, 이것은 마음이 만들어내는 특성을 말한다.

'견(見)' 자는 본래 '눈 밑에 다리'를 본뜬 글자였다. 그래서 서 있으면 대상을 신경 쓰지 않아도 '보인다'라는 뜻으로 출발한 글자이다. 물론 현재는 '보다'라는 뜻으로 쓰이지만, 번역 당시에는 '보인다'라는 뜻이었다. 그리고 '본다'라는 글자는 '시(視)'로 번역했다. 그렇다면 '본다'와 '보인다'의 차이는 무엇일까? '본다[視]'는 '보는 자가 대상을 본다'이고, '보인다[見]'는 '대상이 그대로 드러난다'라는 뜻이다. 그래서 전자는 언제나 자아인 주관이 함께하고, 후자는 자아를 동반하지 않는다. 대장경을 검색해 보면 '본다[視]'라는 표현은 거의 없고, 대부분 '보인다[見]'로 표현되어 있다. 여기엔 그만한 이유가 있는데, 그것은 붓다의 깨달음이 무아(無我)이기 때문이다. 만약 붓다가 '본다[視]'로 표현했다면, 무아의 가르침에 심각한 문제가 발생했을 것이다. '본다'라고 능동적으로 표현했다면, '보는 자'로서 자아가 등장하지 않고는 도저히 말할 수 없기 때문이다.

중생은 '모든 게 존재한다고 생각'을 하기에 '나'도 '대상'도 존재한다고 생각한다. 이것을 '일체를 소유한 중생[所有一切衆生]'이라고 하며, 그러한 존재들은 반드시 그 '존재 자체[體]'와 '모습[相]'과 '쓰임[用]'이 있다고 생각한다. 그리고 이것을 체(體), 상(相), 용(用)이라고 말하지만, 알고 보면 외형[相]과 쓰임[用]을 통해서 그런 '존재가 있다[體]'라고 추정하는 것이다.

그러나 우리는 존재 자체의 성품을 볼 수 없음에도 '그런 게 있을 것'이라고 생각한다. 이는 서양 철학자 플라톤이 말했던 이데아(Idea)의 개념이다. 동양 사람들도 크게 다르지 않게 체(體, 본체), 상(相, 모습), 용(用, 쓰임)으로 존재를 이해하려 했다. 그러나 본체를 볼 수 없음에도 우리의 내부 어딘가에 '근본 성품'으로 존재한다고 추정할 뿐이다. 이 생각의 연장선에서 '근본 성품을 보는 것'이 바로 견성(見性)이라고 생각하는 것이다. 그러나 여기엔 번역의 오류와 사람들의 어리석은 생각이 교묘하게 섞여 있다. '견(見)'은 보는 게 아니고 '보이는 것'이며, 성품은 볼 수 없음에도 그렇게 생각하는 것이다.

그렇다면 붓다는 견성(見性)을 강조했을까? 놀랍게도 붓다는 본무견성(本無見性)2이라며, 허망한 생각이라고 『열반경(涅槃經)』에서 지적하고 있다. 성품은 절대적으로 볼 수도 없고 보이지도 않는다. 성품이 존재해서 모양과 쓰임으로 드러나는 게 아니라, 모양과 쓰임을 보고 '성품이 있을 것'이라고 추측하는 게 중생이다. 그래서 붓다는 이런 것들을 '무기(無記)'라고 표현했다. 증명되지 않는 생각을 주춧돌 삼아 집을 지었다면 그 집이 온전할 리 없다. 그러니 그런 생각은 독화살을 맞은 것과 같다. 화살의 독은 순식간에 퍼지기에 잠시도 지체하지 말고 화살을 뽑아내야만 하는 것이다.

고려 시대 보조국사 지눌 스님이 쓴 『수심결(修心訣)』이라는 책에도 "견성"이라는 말이 등장한다. 그런데 저자는 "만약 만나기를 구한다면 곧 얻을 수 없음을 만나니, 다만 만날 수 없음을 알아야 할 것이다. 이렇게 마주하는 게 '보이는 특성'이다[若欲求會 便會不得 但知不會 是卽見性]"라고 밝혔다. 물론 기존의 해석본을 읽어보면 그렇게 되어있지 않다. 그러나 이것도 각 단어의 의미를 명확히 파악해서 문맥으로 해석하지 못한 오류로 보인다.

'본다'라는 사건에 대해서 얼마나 깊이 사유해 보았는가? 우리는

---

2   본무견성(本無見性): 여기서 근본은 '12처(處)', 견성은 '보이는 성질'을 이른다. 문맥상 '12처는 눈으로 보듯이 확인할 수 없다'라는 뜻으로 쓰인 말인데, 중국이나 한국에서 오랫동안 용어의 오해가 있던 것 같다.

'내 몸속에 진짜의 내가 있어서 외부의 대상을 눈이란 창문을 통해서 바라본다'라고 조금의 의심도 없이 생각한다. 이는 사실이 아니다. '본다'라는 사건은 다음과 같은 과정을 거쳐 일어난다. 대상의 경계에서 들어오는 '감각 자극[色境]'을 눈이라는 '감각 기능[眼根]'이 감지하여 생체 신호로 변환해서 신경망을 통해 뇌로 전달한다. 그러면 뇌는 그 자극을 해석하여 '보이는 대상[色入處]'과 '보는 자[眼入處]'를 동시에 만들어내고, '내가 대상을 본다'라는 생각[眼識]이 일어난다. 이런 방식은 '이(耳), 비(鼻), 설(舌), 신(身)'의 감각 기능에서도 똑같이 일어난다. 이 다섯 가지 감각을 통합하여 드러내는 게 '마나스(意, Ⓢmanas Ⓟmano)'이고, 그 다섯 감각 신호가 하나로 버무려져서 드러나는 게 바로 '법(法, Ⓢdharma)'이다.

이렇게 법(法)으로 드러나는 성질을 유식(唯識)에서는 유식삼성(唯識三性)으로 정의한다. 바로 ① 변계소집성(遍計所執性, 여러 감각이 모여야 생겨나는 성질) ② 의타기성(依他起性, 감각 신호에 의지해야만 일어나는 성질) ③ 원성실성(圓成實性, 이질감 없이 완벽한 하나처럼 만들어져서 진짜처럼 느껴지는 성질)이다.

우리가 '바라본다는 것'은 실제의 대상을 보는 게 아니다. 감각 신호에 의지해서 드러내는 환상의 법(法)을 내가 보고 있다고 착각하는 것이다. 이렇게 바라보는 게 중생이고, 이런 무지가 바로 무명(無明)이다. 이 사실을 깨닫는다면 어떤 일이 벌어질까? 무지[無明]는 앎[明]으로 바뀌고, 내가 보는 외부의 어떤 대상이 실재(實在)한다는 분별이 사라지면서 '완벽하게 드러나는 거울과 같다는 지혜[大圓鏡智]'로 전환된다. 다시 말해 내가 보고 있는 게 거울에 비친 대상이라는 사실을 알아차리는 지혜가 생겨나는 것이다.

붓다는 일체법(一切法)을 말했다. 일반적으로 '모든 법'이라고 해석하지만, 이것은 '일체가 법이다'라는 일체에 대한 붓다의 정의를 말하는 것이다. 그리고 이러한 정의가 완벽하게 이해되는 지혜를 '일체지(一切智)'라고 한다. '견성(見性)'도 비슷한 맥락으로 이해할 수 있는데, 개념에 대한 몰이해(沒理解)가 '견성 체험'이라는 수행 풍토를 만들어낸 것이다. 이것이야말로 매우 심각한 오류다. 성품은 보이지 않기에 체험하거나 체험될 수도 없다.

붓다는 이런 생각들이 '외도의 견해'라며 언제나 신랄하게 비판했다. 외도 비판을 조금이라도 공부한 사람이라면 누구나 아는 주지의 사실이다. 붓다는 자신이 비판한 것을 제자에게 가르친 적도 없고, 가르칠 수도 없다. 만약 그렇게 가르쳤다면, 붓다가 아니라 사기꾼에 불과하다. 누군가 '견성 체험'을 말한다면, 수행이란 무형의 상품을 파는 사기꾼이라고 생각하고 바로 걸러내길 바란다.

'아!' 하고 끝나지 않는다

깨달음이란?

깨달음이란 무엇일까? 보디(ⓢBodhi, 菩提)를 번역한 것이 "깨달음"인데, 뭔가 막연하다. '도대체 무엇을 깨닫지?'라는 의문이 생긴다. 깨닫는다는 것은 몰랐던 사실을 알게 되었을 때 사용하는 표현이지만, 요즘은 깨달음을 언급할 때 '경험했다, 느꼈다'라는 의미로 쓴다. '견성 체험'이나 '무념무상(無念無想)' 등을 깨달음의 대체용어처럼 쓰는 것을 보면, 어떤 특별한 '체험이나 느낌'을 추구한다는 생각을 지울 수 없다.

붓다는 깨달음을 뭐라고 설명했을까? 붓다는 깨달음을 '아뇩다라삼먁삼보리(阿耨多羅三藐三菩提)'라고 표현했다. 이것을 무상정등정각(無上正等正覺) 또는 무상정변지(無上正遍智)로 번역했다. 이 의미를 설명하기 전에 먼저 알아야만 하는 번역 원칙이 있다. 같은 경전 내에서 음역(音

譯)과 의역(意譯)이 함께 등장했을 때는 의역된 뜻은 원어와 완전히 일치하지 않음을 시사한다. 이런 단어의 뜻을 명확히 알기 위해서는 이런 단어들만 모아놓은 『대당중경음의(大唐衆經音義)』3를 참고하면 된다.

같은 경전에 '보리(菩提)'와 '각(覺)'도 동시에 등장하니, 우리가 아는 깨달음과 정확히 일치하지 않는다는 뜻으로 이해해야 한다. '아뇩다라(anuttara)'는 '가장 높다[最上, 無上]', '삼먁(Ⓢsamyak)'은 '평등하다, 보편적이다[正等, 遍]', '삼보리(sambodhi)'는 '바른 깨달음, 지혜[正覺, 智]'이란 뜻이다. 붓다는 자신의 깨달음이 '최상이고 공유되는 바른 깨달음'이라는 특징이 있음을 구체적으로 표현한 셈이다.

여기서 알아야 할 매우 중요한 단어는 '삼(三, sam)'으로 이것은 숫자 '3'이 아니라 '바르다[正]'라는 뜻이다. 그래서 이 글자가 들어간 단어는 '기존 단어가 지시하는 게 올바르지 않음'을 드러낸다. 붓다의 가르침을 한마디로 파사현정(破邪顯正)이라고 표현하는데, '삿된 것을 깨부숴야만 바른 게 드러난다'라는 뜻이다. 붓다는 이런 방식으로 가르침을 폈다. 예컨대 정각(正覺)이란 표현을 풀어서 해석하면 "기존에도 깨달았다는 말들은 난무했지만, 알고 보니 올바른 게 아니어서 그것을 극복하여 바르게 깨달았다"라는 말이다.

그렇다면 삿된 깨달음과 바른 깨달음은 무엇이 다를까? 바른 깨달음은 몰랐던 진실을 안 것이고, 삿된 깨달음은 제대로 알지 못한 것이다.

---

3 당나라 때 혜림(慧琳)이 여러 경전에 나오는 음과 뜻을 정리해 편찬한 불교용어 사전. 후에 『일체경음의(一切經音義)』로 증보되었다.

그런 이유로 8정도(八正道)에서 '바른 견해[正見]'가 맨 먼저 등장한다. 견해가 똑바르지 못하면 매우 곤란하다. 방향 설정의 오류 때문에 털끝만큼의 차이가 가면 갈수록 하늘과 땅의 간격으로 벌어지는 경험을 하게 될 것이다.

필자도 18세에 출가해 수행했지만, 30여 년간 어디로 가야 하는지조차 몰라 헤매기만 했다. '삿된 견해가 왜 삿된 견해인지 몰랐기 때문'이었다. 물론 열심히 수행했으니, 그에 따른 특별한 느낌이나 체험도 당연히 있었다. 문제는 언제나 '욕망, 분노, 어리석음' 앞에 너무나 무기력했다는 것이다.

'삿된 견해가 왜 삿된 견해인지 이해하는 것'이야말로 깨달음으로 가는 첫발이자 가장 쉽고 빠른 방법이다. 그러니 '외도(外道)의 견해'를 먼저 파악해야만 하고, 문제점이 무엇인지를 콕 집어낼 수 있는 능력도 갖춰야만 한다. 만약 이런 능력을 갖추지 못했다면, 제아무리 수행해도 소용이 없다.

최상의 깨달음, 일체법(一切法)이란?

붓다는 도대체 무엇을 알아냈기에 자신의 깨달음을 '최상이면서 누구나 공유할 수 있는 가장 올바른 깨달음'이라고 선언했을까? 도대체 무엇을 깨달았기에 이렇게 자신만만할까?

붓다는 경전에서 명확히 '최상의 깨달음'을 표현했지만, 우리는 '존재한다'라는 색안경을 끼고 있어서, 제아무리 경전을 읽어도 이해할 수 없다. 붓다의 깨달음을 한마디로 말하면 '일체법(一切法, Ⓢsarva-dharma)'이다. 사람들은 '일체(一切)'를 '모든'으로 해석해 '모든 법'으로 읽지만, 이것은 '일체(一切)=법(法)'이란 뜻이다.

고려대장경에서 '일체법'을 검색해 보면 15,351번이나 등장하는데, 그만큼 이 단어가 중요하다는 뜻이다. 이 말을 제대로 이해하지 못하면 경전 전체의 맥락이 어그러져 그야말로 배가 산으로 간다. 산스크리트어(Sanskrit, 고대 인도어)나 빨리어(Pali, 남방불교로 전승된 언어)는 '명사 중심'의 언어다. 기본적으로 모든 것을 '존재'라고 파악하고, 그 존재와 존재의 관계로 의미를 표현하는 언어다. 예를 들어 컵과 마우스가 놓여 있다면, 우리말은 동사적 표현을 쓰는 언어라 '컵과 마우스가 있다'라고 말한다. 그런데 명사적 표현을 주로 쓰는 영어는 기본적으로 존재한다는 생각이 포함되어 있기에 'Cup and mouse'라고만 해도 '컵과 마우스가 있다'라는 의미가 전달된다.

한문은 하나하나의 글자가 의미를 갖고, 또한 고립어(孤立語)라서 단어의 관계를 드러내는 조사(助詞)가 없다. 그런 이유로 고대 한문을 읽을 때는 특히 단순히 몇 개의 글자나 문장만으로 섣불리 해석하면 안 된다. 반드시 앞뒤 한 페이지 정도의 문장을 함께 읽어야 그 의미를 파악할 수 있다.

따라서 일체법(一切法, ⓢsarva-dharma)을 '모든 법'이라고 천편일률적으로 해석할 수 없다. '일체(一切, ⓢsarva)'는 '원래 하나였던 브라만이 나뉘어 존재하게 된 모든 것'이란 뜻이고, '법(法, ⓢdharma)'은 '다섯 감각신호를 해석하여 하나로 처리해 드러낸 환상(幻想)'을 의미한다. 꽤 복잡한 이야긴데, 일체법(一切法)을 한 문장으로 표현하면 "존재한다고 생각했던 '나와 대상'이 깨닫고 보니 다 환상이다"라는 뜻이다. 이것을 더 줄이면 "모든 게 환상이다"라는 말이다.

깨달음을 어떻게 얻어야 할까?

깨달음을 얻는 가장 쉽고 빠른 방법은 두말할 것도 없이 이미 깨달은 사람을 찾아가 배우는 것이다. 예를 들어 신발을 만들고 싶은데, 만들어 본 적이 없다고 생각해 보자. 지금 신고 있는 품질의 신발을 누구의 도움도 없이 스스로 쉽게 만들 수 있을까? 아마도 불가능할 것이다. 현재 신발은 수많은 세대를 거치며 축적된 기술과 지식의 결과물이다. 그저 한 세대의 노력으로 이루어진 게 아니라, 오랜 시간 전수되고 발전된 기술의 산물이다. 이 과정을 비약적으로 단축하는 가장 현명한 방법은 기술이 전수된 사람에게 배우는 것이다. 싯다르타도 깨달음을 얻기 위해 가장 먼저 한 일이 스승을 찾아가 배우는 것이었고, 그러다 보니 직간접으로 여러 스승을 거치면서 6년간 수행을 한 것이다.

우리도 깨달음을 얻으려면 깨달은 분이 있는지 먼저 찾아보고, 그런 사람이 없다면 자기 스스로 해결할 수밖에 없다. 문제는 붓다 이전이나 이후에도 스스로 깨달은 단 한 사람도 없다는 것이다. 깨달았다는 사람들도 알고 보면 모두 직간접으로 붓다의 가르침에 의지해 깨달았다. 그렇게 할 수밖에 없다.

첫 번째 스승 박가와

첫 번째 스승은 '박가와(ⓟBhaggava ⓢBhagavat, 브라만의 존칭)'[4]라는 고행주

---

4   박가와: 『테라가타(Theragatha, 長老尼偈)』의 주석서에 등장하는 인물로 맨 처음 그의 은신처를 찾아갔다고 함. 북방한역 경전에는 등장하지 않는다.

의자였는데, 선업(善業)과 악업(惡業)이 즐거움과 괴로움을 가져온다고 믿었다. 그래서 악업의 결과로 괴로움이 생겼으니, 자신을 미리 괴롭히는 고행(苦行)을 하면 선업(善業)만 남아 다음 생엔 즐거움만 있을 것으로 생각했다. 싯다르타는 이 생각에 의문을 가지고 선악업(善惡業)을 살펴보니 상상을 주장하는 것일 뿐, 그 어떤 근거도 발견하지 못했다.

하지만 '박가와'와 같은 생각은 지금도 우리에게 많은 영향을 미치고 있다. 우리는 절집에서 가장 먼저 선악과 업에 의한 인과(因果)를 강제적으로 주입받는다. 어릴 적 필자의 어머니는 절에서 『삼세인과경(三世因果經)』이라는 책을 가져왔는데, '붓다에게 꽃을 공양하면 다음 생에 예쁘게 태어난다'라는 이야기가 있었다. 그때는 성인의 말씀이니 당연히 맞겠거니 했다. 그러다가 오랜 세월이 지나 궁금해서 대장경을 검색했다가, 외도의 사상으로 비판하는 내용 일색이어서 매우 충격받았다.

선악의 업이 인과와 연결된 것이 숙명론(宿命論)이다. 이것은 과거의 원인이 현재의 결과를 낳고, 현재가 미래의 원인이 된다는 사고방식이다. 이것은 '세속 사람들의 진리[俗諦]'일 뿐이고, 이러한 생각의 허구를 드러내는 것이 '바로 참다운 진리[眞諦]'이다. 예를 들어 유치원생이 "엄마, 나는 어디서 나왔어?"라고 물으면 "엄마 배꼽에서 나왔어"라고 대답하는 게 속제(俗諦)와 같다. 어쩌면 이런 대답이 훨씬 받아들이기 쉬운 대답이다. 그러나 다 큰 성인에게는 적절하지 않다. 싯다르타가 첫 번째 스승을 찾았다가 하룻밤만 머물고 미련 없이 떠난 이유이기도 하다.

두 번째 스승 알라라 깔라마

두 번째 스승 '알라라 깔라마(ⓟAlara Kalama ⓢĀrāḍa Kālāma)'는 수론파(數

論派)⁵ 계통의 인물로 무소유처정(無所有處定)을 성취했다. 그는 많은 사람의 신뢰와 존경을 받으며 교단을 이끌었는데, 삼매(三昧, 선정)를 성취하는 게 목표였다. 삼매를 성취하려면 대상을 선택해서 그것에 잘 집중하기만 하면 된다. 그러다 보면 다른 것은 모두 사라지고 오직 대상만 남는데, 그때 대상과 하나가 된 것 같은 느낌이 든다. 이는 감각이 차단되었기에 발생하는 사건이다. 외부에서 들어오던 자극이 차단되면 그 신호를 해석하던 뇌는 당황하는데, 그때 신경 가소성(神經可塑性, neuroplasticity) 때문에 '빛이나 이미지가 보이는 경험'⁶을 하게 된다.

여기서 멈추지 않고 계속하게 되면 처음에는 희미했던 빛이 점점 선명해지는데, 몰입할수록 더 강렬한 빛으로 느껴진다. 이것을 이용해서 초선(初禪)에서 4선(四禪)까지 단계를 높여간 다음, 공무변처(空無邊處)를 닦는다. 공무변처는 대상을 확장하여 빛으로 가득 찬 공간을 만들어 나가는 방식으로 진행하는데, 이 과정에서 빛은 방을 채우고, 마을을 채우고, 나라와 세상을 채우며 끝없이 확장해 간다. 그리고 식무변처(識無邊處)를 닦는데, 대상을 안다는 인식(認識)을 상상하며 앞의 방식대로 끝없이 확장해 가는 것이다.

이것이 완성되면 무소유처정(無所有處定)을 닦는데, 이렇게 확장하

---

5 수론파(數論派): 힌두교의 정통 육파철학 중 하나. 일원론적 세계관으로 우주의 전개 원리를 순차적으로 나열하며 설명해서 붙여진 이름이다.

6 외부 자극을 해석하던 뇌가 자극이 사라지면 스스로 자극을 만들어서 가짜 영상을 보여준다. 신비 체험이나 수행 체험, 꿈도 같은 메커니즘으로 작동하면 허상이 실제로 보이는 것처럼 구현된다.

다 보면 우주와 내가 하나가 된 느낌으로 발전한다. 이때 무엇을 소유한다는 개념이 사라져서 완전한 무욕(無慾)의 상태가 된다. 이런 것들이 실제처럼 또렷하게 보이고 느껴지니 '진짜 내가 경험했다'라고 믿기 십상이다. 알고 보면 뇌가 만들어낸 허상에 불과하다.

하지만 싯다르타는 스승이 가르친 무소유처정에 도달했음에도 전혀 만족스럽지 않았다. 삼매 상태에서는 황홀하고 즐거웠지만, 시간이 지나면 언제나 배가 고파서 삼매에서 나와야만 했다. 삼매에서 나오면 달라진 게 아무것도 없는 서글픈 현실을 마주할 수밖에 없었다. 그래서 더 높은 경지를 찾아 '알라라 깔라마'의 소개로 '웃다까 라마뿟다'를 찾아가게 된다.

세 번째 스승 웃다까 라마뿟다

'웃다까 라마뿟다(ⓟUddaka Ramaputta Ⓢ Udraka Rāmaputra)'는 비상비비상처정(非想非非想處定)을 성취했다. 그가 성취한 삼매는 '생각이 있는 것도 아니고, 없는 것도 아닌 것처럼 느껴지는 상태'로 무소유처(無所有處)를 넘어선 다음 단계의 삼매이다. 싯다르타는 스승에게 이 이야기를 들었을 때 '과연 내가 이 경지에 도달할 수 있을까?'라는 의문을 가졌지만, '저 사람도 사람이고 나도 사람이니, 저 사람이 도달했다면 나도 할 수 있다'라는 생각으로 3일 만에 비상비비상처정을 성취했다고 한다.

그러나 앞의 삼매에서 겪었던 문제는 해결되지 않고 여전히 반복되었다. 현실로 돌아오면 여전히 괴로움에 노출되었다. 완전히 해탈하는 방법을 스승에게 물으니 "삼매에서 나오지 않고 그 상태에서 죽어야 한다"라는 대답만 돌아올 뿐이었다. 싯다르타는 '그 상태에서 죽는다고 해서 과연 해탈을 보장받을 수 있을까?'라는 의문이 들었다. 만약 보장만 된다면 실행할 수도 있겠지만, 죽어서 돌아온 사람이 아무도 없었기에 무작정 실행할 수도 없었다. 결국 이러한 삼매를 통해서는 해탈할 수 없음을 깨닫고, 새로운 길을 모색하기 위해 길을 떠났다.

붓다가 가르친 삼매

붓다가 가르친 삼매(三昧, 선정)는 기존의 삼매와 다르기에 반드시 배워야만 한다. 기존의 삼매는 입정(入定)과 출정(出定)이 필수인 데 반해, 붓다가 가르친 삼매에는 입정은 있어도 출정이 없다. 이유는 매우 명확하고 간단하다. 위의 스승들에게 좌절하고 떠났던 결정적 이유가 '출정으로 인한 괴로움의 원상 복구'였기에 그가 성취한 삼매에는 출정이 있어서도 안 되고 있을 수도 없다. 그래서 붓다가 가르친 삼매는 들어가면 나올 수도 없기에 '불퇴전(不退轉)'이라고 하고, 그 상태에 이른 이를 '수다원(須陀洹)'이라고 하는 것이다.

붓다가 가르친 삼매는 초선(初禪), 2선(二禪), 3선(三禪), 4선(四禪), 공무변처(空無邊處), 식무변처(識無邊處), 무소유처(無所有處), 비상비비상처(非想非非想處) 그리고 마지막으로 상수멸정(想受滅定) 또는 멸진정(滅盡定)의 아홉 가지 단계로 이루어져 있다. 앞서 살펴본 외도의 삼매와 그 용어가 멸진정만 다르고 모두 똑같다. 그러다 보니 외도의 8단계 삼매 위에 멸진정만 하나 더 얻었다고 생각하는데, 경전을 띄엄띄엄 읽어서 생겨난 오해일 뿐이다. 외도의 삼매와 붓다의 삼매는 그 결이 완전히 다르다.

그렇다면 무엇이 다를까? 붓다의 삼매는 초선에 들어가면 그 단계의 앎으로 사고와 삶이 변하고, 2선으로 넘어가면 또 그 단계의 앎으로 사고와 삶이 변하는 식이다. 이렇게 비상비비상처정까지 단계마다 일어나며 최종 단계인 멸진정에 이르면 더 이상 배울 일이 없다. 그래서 아라한(阿羅漢, ⓟarahant ⓢarhat)을 무학(無學)이라고 부르는 것이다.

외도의 삼매는 들락날락하며 일시적인 느낌을 체험한 것이다. 그러나 붓다의 삼매는 '일체(一切)가 법(法)'이라는 사실을 깨닫고 그것을 확립하는 과정에서 신(身), 수(受), 심(心), 법(法)의 어느 단계까지 올바른 기억[正念]이 확립되었는지에 따라 단계를 정한 것이다. 이것은 깊은 사유에 따른 앎의 수준이 높아지는 것이라서, 한 번 올라가면 아래로 내려가려 해도 내려갈 수 없기에 출정이 없다. 붓다가 가르친 삼매는 '종교적 체험이나 특별한 경험'을 얻는 게 아니라, 학습과 사유로 증득(證得)하고 체화(體化)되는 과정임을 명심하자.

해탈로 가는 세 가지 배움

삼학(三學)이란?

붓다는 깨닫고 싶으면 세 가지를 배워야 한다고 말했는데, 이것을 '삼학(三學, ⓢtrīṇi śikṣāṇi)'이라고 한다. 누구든지 깨달음을 얻으려면 반드시 이 세 가지를 배워야 한다. 그렇지 않으면 목표에 도달한다는 보장이 없고, 도달한 후에도 그게 진정한 깨달음인지 확인할 방법이 없기 때문이다. 그렇다면 우리가 배워야 할 세 가지는 무엇일까? 계(戒)와 선정[定]과 지혜[慧], 즉 삼학(三學)이다.

첫째, 계(戒, ⓢśīla)를 배우라고 했는데, 그게 무슨 의미일까? 대부분 고등종교(高等宗敎)는 빠짐없이 지켜야 할 금지 조항이 있다. 기독교엔 십계명이 있고 여타의 종교도 각각의 금지 사항이 있는데, 모두 반드시 지켜야만 하는 강제 규정이다.

그런데 붓다는 특이하게도 계를 배우라고 가르쳤다. 계의 각 항목은 상황에 따라 기준이 달라질 수 있기에 스스로 판단해서 열거나 닫아야만 한다. 상황에 따라 판단할 능력이 절대복종보다 더욱 가치 있는 일이기에 '왜 지키라고 말했는지'를 배워서 이해해야만 하는 것이다.

둘째, 정(定, Ⓢsamādhi)을 배워야 한다. 기존의 삼매(三昧, Ⓢsamādhi)는 원래 모든 감각을 차단하고, 대상에 집중해 대상과 자신이 하나라는 느낌을 성취하는 게 기본이다. 집중하고 앉아 있으면 될 일이다. 그런데도 삼매[定, 선정]를 배우라고 한 이유는 기존의 삼매와 이름만 같고 내용이 달랐기에, 배우지 않으면 열반으로 향해 가는 이정표를 제대로 읽지 못해 엉뚱한 길로 빠질 수 있기 때문이다.

셋째, 혜(慧, Ⓢprajña) 또한 배워야만 한다. 당시에는 64가지의 외도(外道)가 있었는데, 이들도 나름의 지혜를 갖추었다. 많은 사람이 그들의 의견에 동의하며 따르고 심지어 존경했다. 그러나 붓다는 그들이 말하는 지혜가 사실 버려져야 할 주장임을 밝히고, 진리에 올바르게 접근하는 방법을 일일이 가르쳤다. 그렇기에 붓다의 지혜는 배워야만 올바르게 최상의 깨달음을 얻을 수 있는 것이다. 이렇게 삼학은 열반에 도달하려면 반드시 배워야 할 것들이다.

계율[戒]

사실 계(戒, Ⓢsīla)와 율(律, Ⓢvinayaḥ)은 다르다. 계가 개인의 문제라면, 율은 사람들 간의 문제다. 여기서 계를 말하면서 율을 말하지 않는 이유는 해탈이 개인의 문제이기 때문이다. '계(戒)'라는 글자는 '창[戈]'과 '(두 손으로) 받들다[廾]'의 결합으로 '창을 들고 접근 못 하도록 보호한다'라는 기본 뜻이 있다. 이 계가 해탈과 관계있는 이유는 업설(業說)과 얽혀 있기 때문이다. 기존의 업설에선 선악업에 따라 윤회나 해탈, 열반이 연결되기에 매우 중요한 개념이다.

예를 들어 자이나교에서는 미세한 먼지처럼 질량을 가진 단위로 존재하는 업(業)이 영원불멸의 순수 영혼에 달라붙어 해탈을 방해한다고 여겼다. 따라서 자이나교에서는 불살생을 포함한 엄격한 계율을 지키는 게 중요했다. 지은 업이 '순수 영혼[命, ⓢjīva]'과 '비 영혼인 물질[非命, ⓢajīva]'을 달라붙게 만들어 해탈하지 못하게 방해한다고 생각했기 때문이다. 이렇게 계는 해탈과 밀접한 관계가 있다고 생각했다.

붓다 당시의 외도 64명 중에는 나름 합리적인 사람도 있었고, 터무니없는 사람도 있었다. 그들은 황당한 주장을 하면서도 계는 엄격히 지켰는데, 그런 모습만으로도 그들의 사상과 관계없이 존경받았다. 예컨대 누군가가 장작 위에서 10년을 꼼짝하지 않고 앉아 있으면 깨달음과 관계없이 그를 존경한다. 상상하기 어려운 인내와 노력을 보여줬기 때문이다. 그러다 보니 '저런 사람은 분명히 깨달은 사람이거나 훌륭한 수행자일 거야'라고 생각한 것이다.

계율에 대한 이런 잘못된 믿음과 실천은 해탈로 나아가지 못하고 일생을 허비하게 만든다. 그래서 붓다는 계를 왜 지켜야 하는지 배워서 상황에 따라 스스로 여닫을 수 있도록 했고, 초심(初心)에서 "선지지범개차(善知持犯開遮)"를 가르친 것이다. 예를 들자면 임진왜란 때 선봉장이 된 서산 대사는 수많은 왜적을 죽였는데, 그렇게 할 수 있었던 이유도 바로 여닫음이 가능해서다. 그는 불살생계(不殺生戒)를 지켜야 할 상황에서 더 큰 희생을 막기 위해 계를 과감히 연 것이다.

임진왜란은 민간인까지 무차별적으로 학살하면서 할당량을 채우는 방식의 잔혹한 전쟁이었다. 일반적 전쟁과 매우 달랐기에, 차라리 불살생계를 열어 더 큰 피해를 막는 게 올바른 선택이 될 수 있다. 이 대목에서 우리는 행위 자체보다 그 의도가 더 중요하다는 것을 알아야 한다. 칼을 들고 사람의 배를 가르는 의사와 강도는 어떤가? 의사는 생명을 살리려는 의도 때문에 면책을 받고, 강도는 생명을 뺏으려는 의도 때문에 면책을 받지 못한다.

계를 올바르게 배우면, 할지 말지에 대한 선택의 장애에서 벗어날 수 있다. 특히 올바른 것에 관한 확신으로 매사에 평온해진다. 스승을 잘못 만나 99명을 살해한 '앙굴리말라'가 깨달음을 얻은 사례를 보면, 살인을 저질렀다고 해서 절대 깨닫지 못하는 것도 아니다. 다만 살인을 저질렀던 사람이 승단의 일원으로 활동하면, 사람들은 저항감이 생겨 승단을 존경할 마음이 없어진다. 그래서 이 일로 살인을 저지른 사람은 승단의 일원이 될 자격이 없다는 조항이 생겼다. 만약 계율이 무시된다면 공동체 내에서 분쟁이 끊이지 않을 것이고, 수행은 불가능해질 것이다.

불자가 지녀야 할 계는 삼귀의계(三歸依戒)와 오계(五戒)가 있다. 삼귀의계는 붓다, 법, 승단에 귀의하는 것이며 오계란 '살생[殺], 도둑질[盜], 삿된 음행[婬], 거짓말[妄], 음주[酒]'를 하지 않는 것이다. 많은 사람이 계를 무작정 받기에 혹시 지키지 못할까 두려워하는데, 잘 배우면 어렵지 않게 계의 보호를 받으며 살 수 있다. 살생하지 않겠다고 말라리아모기를 방치해 말라리아에 걸려 고생한 사람을 보았는데, 이는 계를 받기만 하고 배우지 않았기 때문에 생긴 어리석음이다. 이런 상황에선 모기를 죽이는 게 합리적인 판단이다.

우리는 무기물을 먹고 살 수 없기에 살아 있는 생명체를 먹을 수밖에 없다. 그렇다면 "자신이라는 한 생명을 살리기 위해 그 수많은 생명을 희생시키는 것이 과연 정당한가?"라는 의문이 든다. 그렇기에 생명을 유지하는 데 필요한 최소한의 행위 외에 불필요한 살생을 피하는 게 더 현명한 것이다. 이것이 계율을 배워야 하는 이유이다. 우리 몸의 생명 활동을 보면 새로운 세포가 생겨나고 오래된 세포는 저절로 떨어져 죽는다. 이렇게 아무 짓을 하지 않아도 살생이 일어나는 게 생명인데, '살생하지 않겠다'라는 맹세가 가능할까? 설사 그렇다고 하더라도 지킬 수 있을까? 이런 생각 자체가 어리석음인데, 깨달음을 얻었다 한들 그리 대단한 깨달음일까?

선정[定, 三昧]

'선정(禪定, Ⓢsamādhi)'은 삼매(三昧), 삼마지(三摩地), 등지(等持), 정수(正受), 조직정(調直定), 정심행처(正心行處) 등으로도 번역됐다. 원래 '사마디[三昧]'는 '대상에 완전히 몰입한 상태'를 의미했다. 그러나 붓다가 가르친 삼매는 '바른 삼매[正定]'로 표현했듯이 '번뇌가 소멸하여 안정된 상태'이기에 기존의 삼매와 완전히 다르다.

'정(定)'은 '집[宀]+바름[正]'으로 이루어진 글자로 '집의 중앙에 발을 내딛다'라는 게 기본 뜻이다. '명분을 내세워 바로잡아 균형을 유지한다'라는 뜻도 가진다. 그래서 '바르고 정당한 상태'나 '평정한 상태'를 표현하기 위해 번역자는 이 글자를 선택한 것이다.

'등지(等持)'는 균등하게 지녀야 한다는 뜻으로, 고행이나 쾌락의 극단적인 태도에 경도되지 않고 균등하여 '평온한 상태를 유지하는 것'을 말한다. '정수(正受)'는 '바르게 받아들인다'라는 뜻으로, 대상을 바르게 이해한다는 의미이다.

'조직정(調直定)'에서 '조(調)'는 '말씀[言]+두루[周]'이니 '말씀을 잘 이해해서 직행한 고요함'을 뜻한다. '정심행처(正心行處)'는 '올바른 마음으로 진행된 처[心行處]'라는 뜻이다. 이것은 선가(禪家)에서 쓰는 심행처멸(心行處滅)7과 같은 의미이다. 이렇게 선정에 관한 다양한 번역은 붓다 가르침의 핵심이 무엇인지를 드러내려는 번역자의 자비심 넘치는 노고이다.

지혜[慧]

지혜(智慧)는 반야(般若, ⓟpaññā Ⓢprajña)의 번역어다. 여기서 '혜(慧)'는 '빗자루[彗]+마음[心]'으로 '빗자루를 손으로 쥔 모습 아래에 심장을 그린 형상'의 글자이다. 이는 마음을 정화하고 분별하는 과정을 상징한다. 붓다가 말한 반야는 우리가 일반적으로 아는 지혜와 확연히 다르다. '12연기(緣起), 4성제(四聖諦), 8정도(八正道)를 통해서 일체(一切)가 법(法)임을 이해하는 것'이 바로 '반야'라고 하는 그 '지혜'이기 때문이다. 따라서 반야라는 지혜는 이렇게 '진리를 깨닫는 것'에 초점이 맞춰져 있기에 잘 배워야 하는 것이다.

---

7 심행처멸(心行處滅)은 『대지도론(大智度論)』에 언어도단(言語道斷)과 함께 등장하는 말이다. 심행처(心行處)는 브라만교의 '아트만이 머무는 장소'를 뜻하므로, 이 장소는 소멸돼야 한다는 뜻으로 쓴 말이었다, 언어도단은 '언어로 된 도는 끊어져야 한다'라는 뜻으로 '언어적 사유가 끊어져야 한다'라는 말이다.

만약 이 지혜를 배우지 않고 스스로 깨닫고자 한다면, 평생 깨닫지 못할 가능성이 99.999%이다. 똑똑했던 싯다르타조차도 6년이란 세월을 헤맨 뒤에 겨우 길을 발견했음을 기억해야만 한다. 그래도 붓다의 도움 없이 스스로 깨닫고자 한다면, 그 과정에서 육체와 정신은 피폐해지고 큰 고통을 피할 수 없을 것이다. 그렇게 해서라도 최상의 진리를 깨달을 수 있다는 보장만 받는다면 한번 해볼 만하다. 하지만 거의 불가능에 가까운 일이다.

이미 붓다가 최고의 깨달음을 깨달았고, 거기에 도달하는 방법도 아주 친절히 가르쳤으니, 그대로 하기만 하면 어렵지 않게 깨달을 수 있다. 마치 운전 방법을 배우고 자동차를 이용하면 목적지에 쉽게 도달할 수 있는 것과 같다. 올바른 붓다의 지혜를 배우면 수행은 즐거운 꽃길이 겠지만, 외도의 지혜를 배운다면 수행은 가시밭길일 것이다.

『초전법륜경(初轉法輪經)』에 의하면 붓다의 설법을 듣고 다섯 수행자 가운데 교진여(憍陳如, ⓟkoṇḍañña Ⓢ Kondanna)가 가장 먼저 깨달음을 얻었다. 그때 붓다가 "꼰단냐가 깨달았구나(ⓟaññāsi koṇḍañña)!"라고 외쳤다고 한다. 이렇게 가르침을 제대로 이해만 한다면, 깨닫는 데까지 오래 걸릴 일도 없다. 오랜 시간이 걸렸다면, 자기 생각을 고집하면서 저항했을 가능성이 매우 높다. 그렇다면 그 사람은 아직도 귀의하지 못하여 제멋대로 '희망 고문'만 하고 있을 뿐이다.

대승불교의 핵심 사상인 '반야바라밀(般若波羅蜜)' 역시 '지혜를 완성한다'라는 뜻이다. 이 지혜를 완성했을 때 우리는 그를 '붓다'라고 부른다. 그래서 붓다는 몸[身]이 따로 존재하지 않는다. 그러니 붓다[佛]를 몸[身]으로 표현할 수 없다. 그런데도 붓다를 법신(法身), 보신(報身), 화신(化

身)의 3종류의 몸으로 표현했다. 이러한 생각은 '영원한 생명'을 믿는 사람들이 생각한 몸을 가진 붓다의 관점이다. 법신은 '브라만과 같은 신성 자체를 몸'으로 생각한 붓다의 관점이고, 보신은 붓다는 쉽게 될 수 없으니 '3아승지겁(阿僧祇劫, 한량없는 무량한 시간)을 닦아야만 비로소 얻을 수 있다'라고 생각한 사람들의 관점이다. 그리고 화신은 '붓다도 브라만의 신성이 화현한 몸'으로 생각한 관점이다. 이 삼신불(三身佛)은 힌두교 관점에서 바라본 붓다의 관점이다. 그래서 붓다에 '몸[身]'이라는 표현이 추가된 것이다.

사실 중생이 깨달아 알았을 때 그를 붓다라고 부르지, 붓다가 따로 존재하는 게 아니다. 그러니 '일체(一切)가 법(法)'이라는 분명한 깨달음이 생기면 그를 우리는 붓다라고 부르고, 그런 깨달음이 없으면 중생이라고 부를 뿐이다.

몸으로 완성하는 수행과 감각을 멈추어 얻는 삼매는 절대로 최상의 깨달음으로 연결되지 않기에, 붓다는 고행이나 삼매를 떠난 중도(中道)를 설한 것이다. 그러나 외도들은 해탈에 이르려고 고행이나 삼매에 의존한다. 그러다 보니 선업은 남기고 악업은 제거하려 하거나, 지수화풍(地水火風)으로 해체하여 관찰하는 방식에 집착한 것이다. 이것이 사마타[止]와 위빠사나[觀]이다. 사마타의 집중[止]으로 '환상을 경험'할 수 있고, 대상의 관찰[觀]로 '존재의 분별'을 얻을 수는 있다. 그러나 이런 단순한 집중이나 관찰만으로는 결코 '최고의 깨달음'을 얻을 순 없다.

우리는 계정혜의 삼학(三學)을 배워야 비로소 최고의 깨달음으로 쉽고 빠르게 나아갈 수 있다. '계(戒)와 선정(禪定), 지혜(智慧)를 올바로 배워야만 해탈에 이를 수 있다'라는 경전의 말씀을 결코 간과하면 안 된다.

그런데도 삼학을 '배우려는 사람'을 보지 못했다. 이제부터라도 '계를 지키고, 선정을 닦으면, 지혜를 얻는다'라는 막연한 설명은 잊어버리자. 계율도 배워야 하고, 선정도 배워야 하고, 지혜도 배워야만 비로소 해탈할 수 있다.

주장과 진리를 가르는 칼

법(法)과 진리

절에 다니다 보면 '법(法)'이란 말을 귀에 못이 박히도록 듣는데, 정작 무엇을 말하는지 정확히 아는 사람은 없다. 일반적으로 '불교의 진리'라거나 '붓다의 말씀' 정도로 생각한다. 엄격히 말한다면 '법(法)'은 '의근(意根)의 대상'이라서 '진리'와 같은 뜻은 아니다. 그러나 붓다가 일평생 '법(法)이 무엇인지' 말했기에 넓은 의미로 보면 '진리(眞理)'가 틀렸다고 말할 수는 없다.

"진리가 구체적으로 무엇이냐?"라고 묻는다면 선뜻 대답하기 어려울 것이다. 사람들은 '기독교의 진리', '불교의 진리', '과학의 진리' 등 각각의 영역에 해당하는 진리가 있는 것처럼 말한다. 사람들이 말하듯이 진리가 영역별로 따로 존재할까? 만약 그렇다면 그것은 진리라고 말할 수 없을 것이다. 시간과 공간의 제약이 없어야 비로소 진리라고 말할 수 있다. 어느 때나 어떤 장소에서도 똑같이 적용되어야만 참다운 진리이기 때문이다. 특정 시간과 장소에서만 옳다면 그것은 진리라기보다 상식이라고 해야 할 것이다. 진리라면 시간이나 공간을 넘어서야 하고 종교나 철학, 과학의 영역에도 똑같이 적용되어야 한다. 누군가가 기독교의 진리라거나 불교의 진리, 과학의 진리라는 식으로 따로 구분해서 말한다면, 진리가 아님을 자백하는 셈이다.

진리(眞理)와 주장(主張)은 무엇이 다를까? 대체로 사람들은 진리와 주장을 명확히 구분하지 못한다. 앞서 말했던 각 분야의 진리는 사실 주장에 더 가깝다. 진리는 언제나 증명을 포함하고 있기 때문이다. 이미 증명되었다면 논쟁의 여지 없이 진리라고 말하겠지만, 증명되지 못했다면 진리를 표방할지라도 주장일 뿐이다. 그런데도 이러한 주장들이 진리로 포장되어 끊임없이 생산되고, 누군가는 그것을 믿고 따르는 신념 체계를 작동한다.

불교 내에도 그런 문제가 있는데, 하나의 예가 윤회(輪廻)에 대한 문제이다. 윤회한다는 측도 윤회하지 않는다는 측도 그것을 완벽히 증명하지 못했기에, 논쟁이 끊이지 않고 진행되는 것 같다. 양쪽에서 각각 제시하는 증거들이 설사 수백, 수천 가지일지라도 확실한 증거가 없기에 논란이 끊이지 않는 것이다. 이런 것을 붓다는 무기(無記)라고 했다.

진리라면 반드시 증명되어야 하고 또 재현할 수도 있어야 한다. 어쩌다 한 번 발생한 사건은 진리라고 말할 수 없다. 우리는 이것을 우연이라고 말하지만, 사실 '어째서 그 사건이 일어났는지 알지 못한다'라는 표현일 뿐이다. 다시 말하지만, 진리라면 반드시 재현할 수 있어야 하고, 또 확인할 수 있어야 한다.

그렇다면 '최상의 진리'를 깨달았다는 붓다는 이런 고민이 없었을까? 당연히 이런 문제에 대해 깊이 고민했고, 이런 생각이 깨달음으로 향하는 동기가 되었다. 붓다는 이렇게 증명되지 않는 것들을 무기(無記)라고 했다. 무기(無記)라는 단어를 처음 들어본 사람도 분명히 있겠지만, 이 단어는 경전에 꽤 자주 등장한다. 등장 빈도가 높은 만큼 매우 '중요한 개념'이다.

선악무기(善惡無記)에 대한 오해

무기(無記)를 전통적으로 선악업(善惡業)과 연결해 이해하는데, 이것은 매우 심각한 오류이다. 이것은 "선(善)과 악(惡) 사이에 무기(無記)가 있다"라는 식의 생각이다. 선성(善性)과 악성(惡性) 사이에 무기성(無記性)이 있다는 것이다. 이 지점에서 "선악이 명확히 구분되는가?"라는 한 가지 의문이 든다. 어떤 사건이 벌어졌을 때 두부 자르듯 선명하게 무엇이 선이고, 악인지 단정할 수 있을까? 당연히 불가능하다.

극단적인 사례일지 모르지만, 테러가 자주 발생하는 국가에서 일하는 의료진의 선택을 생각해 보자. 민간인을 다치게 하거나 죽인 테러로 국가의 수배를 받는 테러리스트가 야심한 밤에 목숨이 위태로운 상태로 병원에 실려 왔다. 부하들이 총을 들이대면서 의사에게 수술을 강요하자 의사는 고민에 빠진다. 히포크라테스 선서를 떠올리며 우선 환자를 치료해야 한다는 소명 의식과 의료 행위를 거부하고 더 이상의 민간인 피해를 줄이고 싶은 사회적 책임감 사이에 첨예한 갈등이 벌어진다.

만약 의사로서의 소명 의식으로 목숨을 건진 테러리스트가 훗날 다시 무고한 민간인들의 희생을 초래했다면 어떤가? 그 의사의 선택과 행위는 선인가 악인가? 어떤 이는 악이라고 규정하면서 더 많은 생명을 살리기 위해 테러리스트에게 의료 행위를 하지 말아야 했다고 주장할지 모른다. 또 다른 이는 당장 눈앞에 꺼져가는 생명을 살리는 행위는 지고 지순한 행위이고, 진정한 악은 테러를 방치한 사회의 시스템이라고 할지도 모른다. 결국 선과 악이라는 개념도 상황과 조건, 그것을 바라보는 이의 가치관이나 관점이 뒤섞여 결정되는 변화무쌍한 개념에 불과하다. 혹자는 앞에 든 사례가 논리 비약이 심하다고 여길지 모른다. 그러나 꼼꼼히 따져보면 선과 악은 결코 구분 지을 수 없다. 단지 어떤 관점에서 바라보는가에 따라 선악이 결정되기 때문이다.

이러한 맥락에서 선성(善性)과 악성(惡性)에 결부시켜 무기(無記)를 이해하면 안 된다고 말하는 것이다. 선악과 함께하는 무기에 관한 이해는 외도의 생각일 뿐, 붓다의 설명이 아니다. 그런 이유로 옛 선사(禪師)도 "내가 선을 생각하지 않는데, 하물며 어찌 악을 생각하겠는가[吾不思善 況乎思惡]?"라고 말했다. 선과 악은 서로 분리되어 존재하는 게 아니라 '서로 얽혀서 일어난 것[緣起]'이다. 오직 선만 있다면 그것은 선이라는 이름조차 붙지 않았을 것이다. 선은 악이라는 상대 개념이 함께할 때 드러나며 선과 악은 관점의 차이일 뿐, 절대적인 선이나 악은 존재하지 않는다. 그래서 선과 악의 사이에 있다고 말하는 무기(無記)는 더더욱 있을 수도 없다.

무기(無記)에 대한 또 다른 오해

무기(無記)란 과연 무슨 말일까? '무기(無記, ⓟabyākata Ⓢavyākṛta)'의 '기

록할 기(記)' 자는 '말[言]+몸[己]'이다. '말하는[言] 그것 자체[己]'라는 뜻이다. 그러니 무기는 '증명되지 않은 사실'이란 의미이고, '아비야까따(P abyākata)'도 역시 같은 뜻이다. 경전에는 앞서 밝힌 '선악무기(善惡無記)'란 구절이 등장하는데, 여기서 무기에 대한 오해가 생겼다고 필자는 추측한다. 이것은 앞뒤의 문맥상 '선과 악은 무기이다'라는 뜻으로 읽어야 한다. 이것은 '선(善)과 악(惡) 그리고 무기(無記)'라는 3가지 성질을 의미하는 단어가 아니다.

앞서 말했듯이 선과 악은 결코 독립적으로 존재하지 않는다. 이러한 오해는 붓다의 가르침에 대한 심각한 오해를 낳았다. 경전을 자세히 살펴보면 무기의 반대말인 유기(有記, 근거가 있는 생각)도 함께 등장한다. 그렇기에 선악무기(善惡無記)를 세 가지 성질로 이해할 수 없는 것이다.

그렇다면 무기는 무엇을 뜻하는 말일까? 답을 말하기 전에 먼저 반드시 이해해야 할 게 있다. 기독교에서는 유일신이 세상을 창조했다면서 창조론을 말한다. 그렇다면 불교는 세상에 대해 어떤 관점을 취할까? 사람들은 대체로 '진화론이 아닐까?'라고 막연히 추측한다. 왜냐하면 창조론과 진화론은 서로 대립하는 생각이기 때문이다.

놀랍게도 붓다는 우리의 추측과 달리 이 두 가지 모두 '어리석은 견해'라고 부정하면서 무기라고 했다. 두 가지 모두 붓다가 활동한 당시에는 증명되지 않았기 때문이다. 붓다 당시에는 세상을 바라보는 두 가지 주된 견해가 있었다. 하나는 모든 존재는 누군가에 의해 만들어졌다는 전변설(轉變說)이고, 또 다른 하나는 모든 존재는 스스로 존재한다는 적취설(積聚說)이다.

전자는 브라만교의 논리로 브라만(창조의 신)이 세상을 만들었는데,

그 신이 혼자 있기 심심한 나머지 자신을 잘게 나눈 아트만(ⓢatman, 자아)이 되어서 존재 속으로 들어갔다고 주장했고, 후자는 세상은 여러 요소가 모여서 생겨났다고 주장했다. 전변설은 창조론과 비슷하고, 적취설은 진화론과 기본 개념이 매우 비슷하다. 두 가지 주장 모두 근본적으로 문제가 있는데, 그것은 '존재' 자체에 대한 어떤 증명도 없이 '존재한다는 기본 가정 위에 세워진 논리'라는 것이다.

이는 보고, 듣고, 냄새 맡고, 맛보고, 만지는 게 실제로 존재한다고 생각하고, 그 존재가 누군가에 의해 만들어졌다거나 스스로 생겨났다는 관점으로 이해한 것이다. 이러한 생각은 우리의 생각과 조금도 다르지 않은데, 이렇게 생각하는 생명체를 중생이라고 부른다.

붓다는 전변설과 적취설 논쟁이 단 한 번도 증명된 적이 없었고, 앞으로도 증명될 수 없다는 사실을 간파했다. 누군가 그것을 증명하지 못한다면 서로 옳다는 주장만 있을 뿐, 속 시원한 결론은 내려질 수 없을 것이다. 단지 "내가 보기에는 이게 맞다"라고 주장하는 정도의 이야기이다. 주장이 증명되었다면 논쟁은 벌써 끝났을 것이다. 이렇게 증명되지 않은 것을 무기(無記)라고 한다.

「전유경(箭喩經)」의 무기(無記)

이 무기(無記)를 잘 표현한 경전이 붓다와 만동자(蔓童子)의 대화를 수록한 『중아함(中阿含)』의 「전유경(箭喩經)」이다. 만동자는 출가한 지 6년이 되었지만, 붓다가 말하지 않은 문제에 궁금증이 생겨 다음과 같은 질문을 했다.

① 세계는 영원한가, 무상한가? ② 영혼과 육체는 하나인가, 아닌

가? ③ 중생은 죽은 뒤에도 존재하는가, 존재하지 않는가? ④ 여래는 사후에 존재하는가, 하지 않는가? ⑤ 정신과 육체는 하나인가, 둘인가? ⑥ 목숨과 신체는 같은가, 다른가?

이러한 만동자의 질문에 붓다는 대답하지 않고 "무기"라고 했는데, 증명되지 않았으며 무엇이라고 확정할 수 없었기 때문이다. 일반적으로 어떤 질문에는 질문자가 기대하는 답이 이미 포함되어 있다. ①번 질문엔 '세계는 영원하다' 혹은 '세계는 무상하다'라는 답을 기대한다. 하지만 ①번 질문은 세계라는 존재에 대한 그 어떤 증명도 없이 세상이 있다고 전제하고 질문을 던지고 있다. 형식은 질문이지만, 명확히 대답해 줄 수 없는 질문이다. 왜냐하면 세계라는 존재가 증명되어야만 그 존재가 영원한지, 영원하지 않은지 말할 수 있기 때문이다. 그 누구도 그런 존재를 단 한 번도 증명한 적이 없다. 위의 모든 질문은 이렇게 존재한다는 기본 가정 위에서 이루어진 엉터리 질문이다. 하나 마나 한 질문으로 주장만 있을 뿐, 결론이 없다. 이런 질문을 하고도 '무엇이 문제인지'를 명확히 알지 못하는 사람은 '존재에 대한 고민'이 전혀 없었다고 볼 수 있다.

무엇을 알아내려면 반드시 사유(思惟)가 필요하다. 만약 어떤 사람이 증명되지 않은 것을 포함해 사유한다면, 진리는 완전하게 드러나지 않기에 결국 미제의 사건이 되고 말 것이다. 어떤 사람이 99%의 진실과 1%의 거짓이 섞인 상태로 사유하여 결론을 내렸다고 하자. 대체로 그렇게 했을 때 사람들은 그 결론의 99%는 옳다고 생각할 것이다. 그러나 1%의 거짓 위에 얽히고설킨 논리이기에 결론 전체가 거짓이 되고 만다. 튼튼한 초석 위에 세워진 건물이 튼튼하다. 증명된 토대 위에 세워진 논리라야 진리를 올바로 드러낼 수 있는 것이다.

3층 누각만을 지으려는 부자

『백유경(百喻經)』엔 '3층 누각만을 지으려는 부자'의 비유가 등장하는데, 그 내용은 아래와 같다.

어느 날 한 장자(長者)가 멋진 3층짜리 누각을 보았는데, 너무 아름다워서 자신도 그런 3층 누각을 갖고 싶어졌다. 그래서 누각을 지은 목수를 불러 "저것과 똑같은 3층 누각을 내게 지어주시오"라고 말했다. 그런데 목수는 한 달 내내 땅을 다지고, 주춧돌을 놓으며 기초 작업만 했다. 이를 본 장자는 목수를 불러 "내가 3층짜리 누각을 지어달라고 했는데, 왜 집은 짓지 않고 땅에 이상한 짓만 하는 것이오?"라고 묻자 목수는 이렇게 답했다.

"기초가 튼튼해야 1층을 세울 수 있고, 1층 위에 2층을, 2층 위에 3층을 세울 수 있습니다. 기초가 단단하지 않으면 3층 누각을 지을 수 없습니다."

정말 그렇다. 기초가 단단하지 않은 상태에서 세워진 것은 결국 모래 위에 세운 누각과 같아 쉽게 무너지고 말 것이다. 붓다는 이처럼 증명되지 않은 것들을 사유의 기초로 삼으면 안 된다고 했다. 이것이야말로 붓다의 깨달음으로 나아가는 초석(楚石)이다.

불교학자들은 무기(無記)를 "붓다는 현실적인 분이라 형이상학적인 곤란한 질문은 대답하지 않았다"라고 말하기도 한다. 실상은 증명된 게 아니었기에 사유의 초석으로 삼지 않았던 것이었다.

무기(無記)와 유기(有記)

경전에는 어떤 외도가 붓다에게 "세상이 유한합니까?"라고 물었을 때 무기(無記)로 대답했고, 또 다른 외도가 와서 "세상은 무한합니까?"라고 물었을 때도 무기로 대답했다는 기록이 있다. 외도가 돌아간 후에 그렇게 대답한 이유가 궁금했던 아난(阿難)이 "붓다께서는 어째서 두 가지 물음에 한결같이 무기(無記)라고 말씀하셨습니까?"라고 물었다. 그러자 붓다는 "앞의 두 외도는 단견(斷見)과 상견(常見)을 가진 외도로, 여래(如來)가 유한하다거나 무한하다고 말한다면 '붓다도 나의 견해에 동의했다'라고 말하면서 자신의 주장이 옳다고 말할 것이다"라고 답했다.

다시 말하지만, 질문에는 듣고 싶은 대답이 이미 숨어 있다. 예를 들면 '닭이 먼저인가, 알이 먼저인가?'라는 질문을 받는다면 무척 난감할 것이다. 질문하는 사람은 '닭이 먼저'라거나 '알이 먼저'라는 대답을 기대하며 자기 생각과 같은지 궁금해할 것이다. 그러나 이 질문에 등장하는 닭과 알이 같은 개체인지, 아닌지를 알 수 없다. 따라서 그 어느 쪽도 선택할 수 없다. 질문 그 자체가 오류이다.

우리는 천당이나 지옥을 확인할 수 있을까? 죽은 사람이 돌아온 적이 없기에 천당이나 지옥이 있는지 없는지 확인할 방법이 없다. 혹자는 "가끔 죽었다가 살아난 사람이 있지 않느냐?"라고 반문하겠지만, 그는 죽었다가 살아난 게 아니라 '덜 죽었던 것'이다. 이미 죽었다면 절대로 돌아올 수 없다. 천당이나 지옥이 등장한 게 몇천 년이 지났지만, 그 어디에도 천당이 있다는 유력한 증거는 없다. 다만 맹신하거나 추종하는 사람만 있을 뿐이다.

앞에서 예시했던 「전유경」에서 보듯 붓다는 "천당이 있다"라거나 "없다"라고 말하지 않았으며, 무기라고 밝혔다. 증명되지도 않은 것을 "있다"고 하거나 "없다"라고 주장하는 것은 무기에 관한 기본적인 이해가 부족한 것이다. 그러한 말들은 단지 주장을 동조한 것에 불과하다.

무기가 아닌 사건만으로 사유해야 진리로 나아갈 텐데 어떻게 구분할 수 있을까? 의외로 간단하다. 우리는 안이비설신(眼耳鼻舌身)의 다섯 가지 감각 기관으로 대상을 파악한다. 대상이 감각 기관을 통과했다면 감각을 통과했다는 기록이 남을 것이다. 이것은 성(城, 생각하는 대상)과 동서남북에 배치된 성문(城門, 감각 기능)의 관계와 같다. 성안에 있는 게 성문을 통과했다면 당연히 통과했던 기록이 남아 있을 것이고, 통과하지 않았다면 통과한 기록이 없을 것이다. 예를 들어 빨간 사과를 생각했다면 이것은 "빨갛다"는 말속에 이미 눈으로 들어왔다는 기록이 있는 것이다. 그러니 기록이 있는 유기(有記)의 사건이라 자체적으로 증명된다. 그런데 만약 천당을 생각했다면, 천당은 안이비설신이란 감각 기관 그 어디로도 통과한 기록이 없어 무기(無記)의 사건이 된다. 감각 기관을 통과한 기록이 없다면 머릿속에서 자체적으로 상상한 것이라 증명할 길이 없다. 경전에 '감각을 수호하라'는 말이 자주 등장하는 이유다.

어떤 사람이 수행자를 자처하면서 유기와 무기도 구분하지 않고 사유한다면, 평생을 사유하더라도 결코 깨달음을 얻지 못할 것이다. 깨달음에 접근했는지 아닌지의 문제도 유기와 무기를 이해하고 사유하는지를 판단해서 금방 알 수 있는 것이다. 그래서 붓다도 상대방이 깨달을 가능성이 있는지 없는지 판별해 수기(授記, 성불하리라는 예언)할 수 있었다.

시간과 공간은 존재하는가?

논서(論書)에서는 붓다가 대답하지 않은 질문으로 십사무기(十事無記) 또는 십사무기(十四無記)를 말한다. 남방과 북방에 따라 10가지 또는 14가지로 숫자의 차이는 있으나 내용은 거의 같다. 일반적으로 무기(無記)를 성묵(聖黙, 성스러운 침묵)이라고 말하고, 선가(禪家)에서는 또 양구(良久, 조용히 한참 있는 것)라고 하면서 '말하지 않음'의 뜻으로 해석한다. 그러나 무기는 앞에서도 밝혔듯이 '침묵'이 아니고 '증명되지 않았다'라는 뜻이다. 무기가 말하지 않았다거나 대답하지 않았다는 뜻이 아니라는 것이다. '말하지 않았다'라는 말은 일반적으로 '묵연(默然)'으로 표현한다.

북방『잡아함(雜阿含)』의「사유경(思惟經)」,「견경(見經)」과『중아함』의「전유경」엔 십사무기(十四無記)가 나온다. 남방『니까야』의 십사무기(十事無記)는 아래와 같은데, 기본 주제의 내용은 북방과 크게 다르지 않다.

1. 세상은 영원한가?
2. 세상은 영원하지 않은가?
3. 세상은 유한한가?
4. 세상은 무한한가?
5. 몸과 마음은 같은가?
6. 몸과 마음은 다른가?
7. 여래는 사후에 존재하는가?
8. 여래는 사후에 존재하지 않는가?
9. 여래는 사후에 존재하기도 하고 존재하지 않기도 하는가?
10. 여래는 사후에 존재하는 것도 아니고 존재하지 않는 것도 아닌가?

무기의 주제를 요약하면 시간과 공간, 자아(自我), 여래(如來)의 사후에 관한 4가지 문제들이다. 다른 종교에서는 이런 문제들에 대해 "신이 세상을 창조했다"라거나 "세상은 스스로 존재한다"라는 나름의 해답을 제시한다. 그런데 불교는 이것에 대해 무기라고 말하며 속 시원한 대답을 내놓지 않은 것처럼 보인다.

정말 그럴까? 앞서 밝혔던 무기를 잘 이해했다면 붓다의 대답이야말로 진실을 꿰뚫는 가장 완벽한 대답임을 단박에 알 수 있다. 붓다는 언제나 증명된 사실을 근거로 사유했을 뿐, 증명되지 않는 주장을 끼워 넣고 절대 사유하지 않았다.

무기의 주제는 결국 시간과 공간, 존재에 관한 문제이다. 더 단순하게 말하면 '자아와 세간'으로 볼 수 있다. 다시 말하면 나와 세상에 관한 문제로, 나와 세상이 어떻게 존재하는가에 관한 문제이다. 사람들은 일반적으로 시간과 공간 속에 자신이 존재한다고 생각한다. 과거에는 시간과 공간이 서로 다르다고 생각했지만, 아인슈타인의 상대성 이론이 등장하면서 시간과 공간을 시공간(時空間)으로 이해하기 시작했다.

그렇다면 우리가 말하는 시간과 공간이 존재할까? 사실 우리에겐 시간을 감지할 수 있는 감각 기관이 없다. 그래서 시계를 만들어서 사용하는 것이다. 그러니 시간은 무기의 사건이기에 시간을 사유의 재료로 삼아서 낸 결론은 결국 심각한 오류를 만들어낸다. 공간도 비슷한 문제를 가지고 있다. 사실 공간이란, 감각 신호가 없을 때 '공간이 있다'라고 생각하는 것이지, 공간을 감지한 게 아니다. 따라서 이것도 무기의 사건이다. 이 문제는 12연기를 설명할 때 좀 더 자세히 다루겠다.

서양 철학자들도 이 문제를 깊이 고민했다. 3차원 좌표계를 고안

한 데카르트는 세상의 모든 게 정말 존재하는지 철저히 의심했다. 눈에 보인다고 정말 존재한다고 할 수 있을까? 꿈속에서도 깨었을 때와 똑같이 모든 게 생생하게 펼쳐진다. 그래서 꿈속에선 진짜인지 아닌지 구분할 수도 없다. 장자(莊子) 호접몽(胡蝶夢)의 "내가 장자가 되어 나비의 꿈을 꾸고 있는 것인가? 아니면 나비가 장자의 꿈을 꾸고 있는 것인가?"라는 고민은 현실과 꿈의 모호한 경계에 관한 질문을 던진다. 우리의 일상에서도 이러한 일이 느닷없이 벌어져 꿈속의 모든 게 실제처럼 느껴지기도 하고, 현실이 어쩌면 꿈일지도 모른다는 생각이 들기도 한다.

데카르트는 고민 끝에 "다른 것은 다 의심해도 지금 내가 이렇게 생각하고 의심하는 것만은 부정할 수 없겠다"라고 결론을 내렸고, "나는 생각한다, 고로 나는 존재한다"라고 한 것이다. 이 말의 핵심은 세상의 모든 걸 다 부정하더라도 '생각하고 있는 자아'만큼은 부정할 수 없다는 것이다.

자아의 문제는 붓다에게도 매우 중요한 질문이었다. 자아가 존재한다면 그 존재가 영원한지 영원하지 않은지를 말할 수 있고, 또 존재의 문제는 업과 윤회의 문제와도 직결되기 때문이다. 자아의 유무에 따라 수행의 방법도 확연히 달라지기에 매우 중대한 문제였다. 붓다는 이러한 유기와 무기라는 혁신적인 생각으로 존재에 관한 깊은 고찰을 통해서 최상의 깨달음을 성취했고, 그 구체적인 사유가 바로 12연기(緣起)이다.

법은 조작된 환상이다

법(法)이 '가르침'일까?

불교에서는 붓다[佛]와 가르침[法] 그리고 승단[僧]을 세 가지 보물, 즉 삼보(三寶)로 여긴다고 한다. 불법승(佛法僧)을 어째서 보물이라고 할까? 종교학의 관점으로 보았을 때 고등종교라면 교주, 가르침, 추종 집단이란 세 가지가 있어야 한다. 그런 이유로 불법승을 세 가지 보물이라 한다.

이 설명을 따르면 붓다와 스님들은 가시적인 존재라서 어느 정도는 이해할 수 있다. 그런데 정작 문제가 되는 것은 '법(法)'이다. 일반적으로 이것을 '붓다의 가르침'으로 생각하지만, 이미 가르침은 '교(敎)'란 단어를 쓰고 있다. 경전에서 '법'을 '가르침'으로 치환해 읽어보면 문맥이 통하지 않는 경우가 부지기수다. 삼귀의(三歸依)에서 귀의법(歸依法)을 "붓다의 가르침에 귀의합니다"라고 해석하니, 일반적으로 법은 '붓다의 가르침' 정도로 이해한다. 문제는 경전에 엄청난 빈도수로 등장하는 '법'이란 단어를 도저히 '가르침'이라고 해석할 수 없는 일이 자주 발생한다는 것이다.

예를 들어 '법계(法界)'와 같은 단어를 '가르침의 세계'라고 해석하면 '가르침의 세계가 따로 있나?'라는 의문이 자동으로 든다. '일체법(一切法)'이라는 표현도 있다. '일체(一切)'는 '모두'나 '모든'이라고 해석하는데, 이런 방식으로 해석하면 '모든 가르침'으로 해석된다. 그렇다면 '붓다가 일체법을 깨달았다'라는 표현은 '모든 가르침을 깨달았다'라는 뜻이 된다. 곰곰이 생각해 보면 간과할 수 없는 어폐가 있다. 가르침은 배워야 할 대상이지 깨달아야 할 대상이 아니다.

일체(一切)를 어떻게 해석해야 하나?

'법(法)'이라는 글자를 이해하려면 먼저 '일체(一切)'라는 말의 정확한 뜻을 알아야 안다. '일체'는 '사르바(Ⓢsarva ⓅPsabbe, 薩婆)'이다. 이 단어는 '만물, 전체, 온갖 것'을 뜻하며, 사전적으로는 '온통'이라는 의미도 포함되어 있다. 이 단어는 '형용사적 대명사'로 우리말엔 이런 용법이 없어서 우리말로 해석할 땐 대명사로 해석해야 한다. 이런 이유로 '일체법(一切法)'은 '모든 법'이 아니라 '일체가 법'이라고 이해해야만 한다. 그러니 붓다의 '일체법을 깨달았다'라는 표현은 '일체가 법임을 깨달았다'라고 이해해야만 한다. '모든 법을 깨달았다'가 아니다.

'사르바'를 어째서 '일체(一切)'로 번역했는지 살펴볼 필요가 있다. 한자에는 '모두'라는 뜻을 담은 하나의 글자로 '제(諸), 개(皆), 실(悉), 도(都)' 등이 이미 있다. 그런데도 굳이 왜 이례적으로 '일체(一切)'라는 두 글자 조합으로 표현해서 번역했을까? 그리고 '절(切)' 자는 '나무 위에 칼을 올려놓은 모습'을 본뜬 글자로 '무언가를 잘게 자른다'라는 뜻만 있었지 '모두'라는 뜻이 없었다. 따라서 '일체'는 '원래 하나였던 게 잘게 나뉘어 있다'라는 뜻이다.

이렇게 새로운 단어를 만들어 가면서까지 번역할 수밖에 없었던 사정을 이해하려면, 먼저 인도 신화를 이해해야 한다. 지금도 그렇지만, 당시 인도 사람들은 스스로 존재하는 '브라만 신[梵神]'이 지수화풍(地水火風)의 4가지 근본 물질인 4대(四大)를 만들었다고 믿었다. 그리고 브라만이 혼자 있기 심심한 나머지 자신을 잘게 나눈 '아트만(Ⓢatman, 자아 혹은 영혼)'이 되어 각 개체에 들어가 있다고 생각했다.

따라서 '일체(一切)'는 '원래 하나였는데 잘게 나뉘게 된 존재'라는 뜻으로, 이런 개념이 아예 없던 고대 중국인을 이해시키려는 노력이 바로 '일체(一切)'의 번역이다. 그만큼 이 '일체'는 인도 사상의 근간이고, 붓다는 이것을 비판하고 다시 정의했다. 따라서 이 단어의 전후 사정을 모른다면 불교는 도저히 이해할 수 없는 사상이 되고 말 것이다. 인도의 모든 사상은 '일체'에 관한 탐구로부터 시작된다. 붓다도 자신의 깨달음을 '일체지(一切智, 薩婆若)'라고 표현했다. 그러니 이 단어의 명확한 개념을 이해하지 못한다면 번역된 경전을 제아무리 읽어도 온전한 해득(解得)은 불가능할 것이다.

일체(一切)에 관한 서로 다른 생각들

사실 일체(一切)는 모든 인류의 관심사로서, 동서양이 표현만 다를 뿐 펼쳐진 양상은 똑같다. 먼저 전변설(轉變說)로 대변되는 브라만교의 '일체'

에 관한 입장은 '일체는 브라만이다'라는 결론이다. 원래 브라만이었는데 지금은 아트만(자아)으로 변형되어 모든 것으로 나타났다는 뜻이다. 즉, 개별적인 모든 존재에 브라만이 아트만으로 나뉘어 들어가 있으니, 완전체는 아니지만 본질은 여전히 브라만이라는 뜻이다.

이 생각은 유일신교가 가진 모순을 제법 극복한 좀 더 높은 수준의 신관(神觀)이다. 유일신교의 모순은 신을 쏙 빼고 살더라도 아무런 문제가 없다는 것이다. 신을 믿지 않고 사는 사람들도 많고, 또 우리 주변에서 불합리한 일들이 자행되는 것을 보면 신의 개입이 보이지 않기에 '신은 없는 것 같다'라는 생각이 들기 때문이다. 이 문제와 관련 브라만교에서는 흥미로운 해결책을 제시했는데, 바로 '신이 아트만(영혼)이 되어 모든 사물에 나뉘어 들어갔다'라는 것이다. 그러면 인간의 모든 일에 결국 신의 의지가 일정 부분 반영되기에 신이 개입하니 하지 않느니 하는 논란을 잠재울 수 있다.

반면 적취설(積聚說)로 대변되는 신흥 사문(新興沙門)들은 '일체'를 지수화풍이란 4가지 근본 요소[四大]로 해석했는데, 지금의 자연과학과 같은 입장이다. 지수화풍의 4대(四大)는 원래부터 있었던 가장 근본적인 요소로, 이것이 서로 어떤 순서로 조합되어 세상을 이룬다고 생각했다. 예를 들어 흙과 물을 섞어 일정한 공간을 만들고, 불[火, 열기]을 가하면 도자기가 만들어진 것처럼 세상의 모든 게 4대로 만들어졌다는 것이다. 이것이 신흥 사문들이 주장한 '4대요소설(四大要素說)'이다. 지금은 이런 생각이 자연과학의 영역에 포함되어 있지만, 당시엔 종교사상이었다.

브라만교는 "일체는 브라만이다"라고 주장했고, 신흥 사문들은 "일체는 4대"라고 보았는데, 여기에서 두 이론을 교묘하게 섞어 더 나아간

사상이 자이나교의 이론이다. '아트만'격으로서 불멸의 지바(Ⓢjīva, 생명)와 '4대(四大)'격의 아지바(Ⓢājīva, 생명이 아닌 것)로 나누고, 여기에 선악의 업(Ⓢkarma, 業) 이론을 결부시켰다. 이는 지금 우리가 붓다의 가르침이라 오해하고 따르는 이론이기도 하다. 우리는 윤회를 거듭하면서도 소멸하지 않는 마음(영혼)과 잠시 유지하는 육체로 이루어졌고, 이것을 움직이는 동력이 선악으로 작용하는 업이기에 업장을 소멸해야 해탈할 수 있다고 생각한다. 붓다는 이런 생각들의 오류를 낱낱이 비판했는데, 이것이 바로 그 유명한 외도(外道) 64견(見)의 비판이다.

붓다의 일체(一切) 그리고 법(法)과 맞물린 단어들

붓다는 일체(一切)를 어떻게 보았을까? 붓다는 "일체는 12입처(十二入處)"라고 정의했다. 좀처럼 이해하기 어렵지만, 깨달음의 핵심이다. 12처(十二處)의 개념을 이해하려면 먼저 법(法)의 의미와 그 법이 어떻게 드러나는지를 알아야만 한다. 그렇다면 법은 과연 무슨 뜻일까? '법(法)'이란 말의 원어는 '다르마(Ⓢdharma Ⓟdhamma, 達摩)'로 여전히 인도에선 다르마라는 단어를 사용하고 있다. 이 '다르마'는 힌두교와 불교가 같이 사용하는 용어지만, 그 개념은 아주 다르다. 힌두교에서 '다르마'는 반드시 성취해야 할 4가지 가치[8]가운데 하나로 '의무, 종교적 도덕'이란 의미로 쓰인다. 그러나 붓다는 이 단어를 '의무적으로 대응되는 대상'이라는 개념

---

8 푸루샤르타(purushartha): 힌두교인이 추구해야 할 4가지 가치로 ① 카마(애욕, 사랑) ② 아르타(재물, 권력, 명예) ③ 다르마(법, 의무, 종교적 도덕) ④ 모크샤(해탈)이다.

으로 썼고, 번역하는 승려들은 '법(法)'이라고 옮겼다.

법(法)의 본래 글자는 '灋'로 '물[氵]+해치[廌]+흘러가다[去]'로 구성된 복잡한 글자다. 해치[廌]는 사람의 죄를 판별해 단죄했다는 상징적인 동물인데, 고대에는 그 동물을 이용해 선악을 판별했기에 '법(灋)'이라는 글자가 '선과 악을 가르는 기준'이란 뜻으로 자리 잡게 된다. 훗날 '물이 일정한 방향으로 흘러가는 것과 같은 당연한 의무'라는 뜻의 간단하게 생략된 '법(法)'으로 완전히 자리 잡았다. 가끔 사찰의 주련을 보면 '法' 대신 '灋'으로 써놓은 글자를 볼 수 있다.

붓다가 말한 법(法)은 단순히 '의무나 도덕'을 말하는 게 아니다. 의근(意根)이 상대하는 대상을 가리키는 말로 쓰는 것이다. 우리는 외부 대상의 감각 신호가 감지되면 언제나 그 신호에 해당하는 대상으로 연결이 된다. 예컨대 "컵"이라는 소리를 듣는 즉시 그 단어와 관련 있는 색깔, 소리, 냄새, 맛, 질감의 다섯 감각이 하나로 버무려진 대상이 저절로 떠오르게 된다. 이렇게 떠오르는 대상이 바로 법(法)이다.

법(法, ⓢdharma)이란 단어는 안이비설신의(眼耳鼻舌身意)의 6근(六根)과 색성향미촉법(色聲香味觸法)의 6경(六境) 관계에서 의근(意根)이 상대하는 법경(法境)에서 등장한다. 이것을 이해하려면 의근이 구체적으로 무엇인지 이해해야만 그 상대가 되는 법경도 이해할 수 있다. 그러면 여기서 또 근(根)과 경(境)이 구체적으로 무엇인지 알아야 이 말도 이해가 될 것이다.

근(根): 제석천이 던지는 촘촘한 그물

앞에서 법(法)이 무엇인지 간단하게 밝혔을지라도 그 개념이 쉽게 이해되지 않았을 것이다. 이 법을 명확히 이해하기 위해 6근(六根)과 6경(六境)이 과연 무엇인지 분명히 알아야 한다. 불교에 입문하면 먼저 접하는 용어 중 하나가 6근(六根)이다. 우리는 이것을 눈[眼], 귀[耳], 코[鼻], 혀[舌], 몸[身], 뜻[意]의 여섯 감각 기관이라고 배웠다. 서양에서는 감각을 5가지로 말하는데, 불교는 이상하게 여기에 '뜻[意]'이라는 제6의 감각을 추가해 설명한다. 근데 문제는 '뜻[意]'이 정확히 무엇인지 아는 사람이 없다는 것이다.

사실 위의 설명은 6근의 바른 이해가 아니다. 우리는 흔히 '눈, 코, 입, 귀, 혀, 몸, 뜻'을 6근으로 알지만, '안근(眼根), 이근(耳根), 비근(鼻根), 설근(舌根), 신근(身根), 의근(意根)'이 바로 6근(六根)이다. 사람들은 '그게 그거 아니야'라고 말하겠지만, 엄연히 다른 표현이다. 안이비설신(眼耳鼻舌身)은 '눈, 귀, 코, 혀, 몸'이 맞지만 '안근(眼根), 이근(耳根), 비근(鼻根), 설근(舌根), 신근(身根)'은 '근(根)'이란 서술어가 포함되어 있기에 다른 것을 표현하는 말이다.

'근(根)'은 구체적으로 무엇일까? '근(根)'이 '뿌리'를 뜻하니, '눈뿌리[眼根], 귀뿌리[耳根], 코뿌리[鼻根], 혀뿌리[舌根], 몸뿌리[身根]'란 말일까? '근(根)'은 '인드리야(Ⓢindriya)'를 번역한 말로, 원전의 표현을 보면 '눈 인드리야, 귀 인드리야, 코 인드리야…'라는 식으로 표현되어 있다.

고대 한문은 띄어쓰기가 없으므로 일정한 글자 수를 맞추어 글을 쓰고, 또 그렇게 읽어야만 그 뜻이 비교적 정확히 전달된다. 그런 언어적 특성 때문에 번역 과정에서 글자 수를 맞추기 위해 말을 덧붙이거나 생략하는 경우가 많았다. 그러다 보니 '안근(眼根)'을 '안(眼)'으로 줄여 쓰는 방식이 많았기에, 글을 읽을 때 문맥을 따라 '안근(眼根)'인지, 단순히 '안

(眼)'인지를 구분해 읽어내야 하는 어려움이 있다.

'근(根)'으로 번역된 '인드리야(ⓢindriya)'는 원래 '제석천(帝釋天)이 던지는 그물'이다. 인도 신화에 따르면 그물코가 매우 촘촘하여 이것을 세상에 던지면 그 어떤 사람도 빠져나갈 수 없다는 그물이다. 따라서 이 그물이 가지는 상징은 '중생은 제석천의 손아귀에 있다'라는 것이다. 번역자는 왜 '그물'과 아무런 관련이 없어 보이는 '뿌리[根]'로 번역했을까? 필자는 이 번역을 도무지 이해할 수 없었는데, 우연히 한문에 정통한 건국대 임동석 교수에게 물어볼 기회를 얻게 되었다. 임 교수에 따르면, 불교가 중국 서북의 사막지대를 통해 전해지다 보니 그들에겐 그물이라는 개념이 없었다고 한다. 그의 대답에 오랫동안 품었던 의문이 비로소 해소되었다.

붓다가 감각 기관에 '인드라의 그물'을 서술어로 사용했던 이유는 무엇일까? 우리의 감각 기관은 기본적으로 감각 신호를 빠짐없이 포착하는데, 그러한 감각 기능을 표현하기 위함이었다. 눈의 기능적 역할은 모든 색깔 신호를 남김없이 포착하는 것이다. 예컨대 내가 빨간색을 좋아한다고 눈이 빨간색만 받아들이지 않는 것과 같다. 제석천이 던진 그물에 그 어떤 사람도 빠져나갈 수 없듯, 우리의 감각 기능은 그 어떤 감각 신호도 빠뜨리지 않고 포착한다.

보는 기능[眼根]은 모든 색깔 신호를, 듣는 기능[耳根]은 소리의 신호를, 냄새 맡는 기능[鼻根]은 모든 냄새 신호를 포착한다. 이 포착의 개념을 포함한 고대 한자가 바로 '뿌리[根]'이다. 뿌리는 기본적으로 흙을 꼭 붙들고 있다. 그러니 6근(六根)의 '뿌리[根]'는 단순한 나무뿌리가 아니라, '포착(捕捉, 꼭 붙잡음)'으로 이해해야만 한다.

혹자는 그냥 "'눈, 귀, 코, 혀, 몸'이라고 해도 될 것 같은데, 왜 군이 이렇게 복잡한 서술어를 사용하냐?"라고 물을 수도 있다. 그러나 그렇게 불러야만 했던 이유가 있다. 죽은 사람에게도 산 사람과 같이 눈, 귀, 코, 혀, 몸이 그대로 있지만 그들의 감각 기능은 작동하지 않기 때문이다. 붓다가 말한 '근(根)'의 표현은 단순한 신체 기관이 아니라, 작동하는 감각 기능을 말하는 것이다.

경(境): 튕겨 나온 감각 신호

'감각 기능[根]'이 작동해야 그 상대가 되는 '감각 신호[境]'도 가치가 있는데, 그 감각 신호를 '색경(色境), 성경(聲境), 향경(香境), 미경(味境), 촉경(觸境)'이라고 한다. 여기서도 '경(境)'이라는 서술어를 썼으니, 눈치 빠른 사람이라면 당연히 '색깔, 소리, 냄새, 맛, 접촉'을 의미하는 게 아니라고 짐작했을 것이다. '경(境)'은 '경계(境界, border)'를 의미하는 단어로 '대상의 가장자리에서 튕겨 나온 감각 신호'를 뜻한다.

'색(色, Ⓢrūpa)'과 '색경(色境)'은 엄연히 다른데, '색'이 외부에 존재하는 물질이라면 '색경(色境)'은 그 물질의 경계 지점에서 튕겨 나온 감각 신호이다. 여기 '사과(apple)'가 있다고 하자. 우리는 흔히 사과의 속성으로 붉은색이 있다고 생각하기에, 그 대상에 붉은색이 포함되었을 것으로 생각한다. 그러나 붉은색을 제외한 색이 사과에 흡수되었고, 오직 붉은색만이 경계에서 튕겨 나와 우리의 감각에 전달되어 포착된 것이다. 그러므로 사실 사과에는 빨간색이란 속성 자체가 포함되어 있지 않다.

마찬가지로 '성경(聲境)'도 대상 자체에 포함된 소리가 아니다. 소리도 대상의 경계에 부딪혀 발생한 소리 신호일 뿐이다. 냄새[香], 맛[味], 접촉 느낌[觸]도 대상의 경계에서 발생한 감각 신호이다. 좀 더 엄격히 말한다면 색경(色境)이 안근(眼根)에 감지되면, 감지된 신호는 생체 신호로 변환되어 시신경을 통해서 뇌에 전달되는데, 신호를 전달받은 뇌는 그 신호를 해석하여 색깔로 구현해 낸다. 그러니 '색경(色境)'은 '색(色)'으로 해석되기 전 단계의 '감각 자극'이지 실제의 '색(色)'도 아니다. 그래서 '색(色)'이라고 하지 않고 '색경(色境)'으로 표현한 것이다. 붓다의 세밀한 언어 사용은 타의 추종을 불허한다. 그렇기에 경전을 매우 정밀하게 꼼꼼히 따져가면서 읽어야만 이해할 수 있다.

의근(意根)과 법경(法境)

위의 설명으로 안이비설신근(眼耳鼻舌身根)과 색성향미촉경(色聲香味觸境)은 어느 정도 이해했을 것이다. 안근(眼根)은 색 신호[色境]만 감지하지, 소리 신호[聲境]나 냄새 신호, 맛 신호, 촉감 신호를 감지하진 않는다. 그런데 이상하게 우리는 사과를 보면 단순히 사과의 빨간색만을 보는 게 아니다. 새콤달콤한 맛도 사과의 냄새도 떠올리며, 씹을 때 나는 소리까지 버무려진 하나의 대상처럼 느껴진다. 사실 색깔, 소리, 맛, 냄새, 촉감은 서로 다른 경로로 들어온 독립된 감각 신호들인데 마치 한 몸인 것처럼 하나의 개체로 버무려져서 우리에게 드러난다.

이러한 현상을 통해 다섯 가지 감각을 하나로 통합하는 기능이 작동한다는 것을 곧바로 유추할 수 있는데, 이러한 통합 기능을 붓다는 '의근(意根)'이라고 불렀다. 이 의근은 '다섯 감각을 통합하는 기능'일 뿐, 통합하는 주체나 실체가 아님을 반드시 명심해야 한다. 만약 그런 실체를 생각하는 순간, '자아가 있다'라는 치명적 오류를 범하게 될 것이다.

의근을 이해했다면 그 대상이 되는 '법경(法境)'은 아주 쉽게 이해할 수 있을 것이다. 이것은 색성향미촉(色聲香味觸)이라는 다섯 가지 감각 신호를 버무려 '하나처럼 처리해 구현된 대상'이 바로 '법경(法境)'이다. 요약하자면, '색성향미촉의 다섯 가지 감각 신호를 통합하는 기능[意根]'을 통해 '하나처럼 구현된 대상[法境]'이 드러난다.

여기서 명심할 점은 외부에 존재하는 실체를 '나'라는 자아가 눈을 통해 보는 게 아니라는 것이다. 우리가 보고 있는 게 '4대(四大)로 이루어진 존재'거나 '아트만이 포함된 존재'가 아니라 '법경(法境)이라는 조작된 환상(幻相)'이라는 것이다.

이 법(法)을 이해하는 것이 불교의 핵심이므로, 법이 구현되는 과정을 다시 설명할 것이니 꼭 이해하길 바란다. 보는 기능이 색 신호를 감지하면, 그 색 신호는 생체 신호로 변환되어 시신경을 통해 뇌로 전달되고, 몸에서 일어나는 생체 신호도 신경망을 통해 전달된다. 그렇게 두 가지 신호를 전달받은 뇌는 그 신호들을 해석해서 세상과 자아를 구현해 내는 것이다. 뇌는 마치 감옥에 갇힌 죄수와 같아서 세상을 직접 본 적도 없고, 제 몸조차 본 적도 없는 그저 살덩어리일 뿐이다. 당연한 얘기지만, 두개골(頭蓋骨) 밖의 세상과 제 몸을 단 한 번 본적도 없었고 볼 수도 없었다. 그런데도 뇌는 단지 전달받은 신호를 기반으로 세상과 자아를 아주 훌륭하게 만들어낸다. 그러니 내가 본다고 말하지만, 뇌가 외부 대상과 자기 자신을 동시에 구현해 내는 것이다. 이렇게 우리는 자아가 있어서 눈을 통해 대상을 보고, 귀로 소리를 듣고, 코로 냄새를 맡으며, 혀로 맛을 느끼고, 몸으로 느낀다고 생각한다.

불법승(佛法僧)이 보배인 이유

위에서 '법(法)'이 어떤 과정을 통해서 드러나는지 밝혔다. '법'은 한마디로 '가상으로 구현된 허망한 대상'이란 뜻이지만, 이것이야말로 깨달음의 근간이니 소중한 보배로 여겨야 할 것이다. 그리고 이 '법'을 그 누구의 도움 없이 스스로 깨달은 분을 붓다[佛]라고 부르는 것이다. 만약 붓다가 법을 깨닫지 못해 그 법을 설할 수 없었다면, 우리는 자신과 세상이 '내가 보고 있는 그대로 실재한다'라는 생각을 끝내 버리지 못했을 것이다. 그렇게 탐진치에 물든 불행한 삶을 그대로 이어갈 수밖에 없었으리라. 그러니 불법승 가운데 불(佛), 즉 붓다야말로 다시 없을 위대한 보배이다.

붓다의 가르침을 따라 수행하여 깨달음을 성취한 승가(僧伽), 즉 최소한 수다원(須陀洹, 성인의 흐름에 들어간 분) 이상의 경지를 이룬 수행자들은 '법'을 직접 확인한 이들이다. 수다원 이상이라야 귀의할 수 있는 승가의 일원으로, 그들은 최소한 자신과 보고 있는 세계가 '법'이라는 사실에 의심이 없다. 그래서 그들은 최소한 자신이 보고 있는 몸이 실제 몸이 아닌 환상으로 구성된 것임을 알기에 유신견(有身見, 몸이 있다는 견해)이 사라지는 것이다. 따라서 수다원 이상이라야 '법'을 깨달은 성인으로 여기는 것이다. 만약 법을 깨닫지 못했다면 삼보(三寶)에 포함될 수 없다. 법을 깨닫지 못한 승려에겐 공양을 제공할 순 있지만, 귀의의 대상이 아니다.

결론적으로 붓다와 붓다가 깨달은 법 그리고 그 법을 재현하는 승가는 우리에게 그야말로 소중한 보배이고 불교 신앙의 핵심일 수밖에 없다.

전도(傳道) 선언의 진짜 이유

붓다는 교진여 등 다섯 수행자가 깨달음을 얻은 후에야 비로소 전법을 선언했다. 달리 말하면, 법(法)을 이해한 사람만이 그 법을 전할 수 있다는 의미이다. 아직 깨닫지도 못했으면서 법을 전하려는 것은, 마치 '눈먼 사람이 눈먼 사람을 인도하려는 것'과 같다. 붓다는 다섯 수행자가 깨달았을 때 "이제 나를 포함해 6명의 아라한이 있다"라고 선언하고, "각자 다른 곳에 가서 사람들에게 해탈로 이끄는 법(法)을 전하라"라고 했다. 이것은 많은 사람이 법을 이해하고 깨달음을 얻어 평온한 삶을 살도록 하고 싶은 자비심의 발로였다.

우리가 불교를 공부하는 이유도 법에 귀의하여 해탈하고 열반의 삶을 살아가기 위함이다. 그러니 우리가 얻어야 할 열반은 죽어서 가는 '외도의 열반'이 아니라 '살아서 성취하는 열반(涅槃)'이다. 그런데 나와 대상을 실재하는 존재로 여기는 한 탐진치(貪嗔痴)의 삼독심(三毒心)을 절대로 피할 수 없다. 우리는 존재한다는 생각 때문에 '좋은 것'은 끊임없이 소유하려 하고, '싫은 것'은 화내면서 밀어내며, 다른 사람의 생각에 휩쓸려 다니다 결국엔 진리를 보지 못하게 된다.

모든 게 환상이라는 최상의 깨달음을 얻고 나면, 내가 보고 있는 게 '실제 세상[世間]'이 아니라 '법으로 된 세계[法界]'라는 사실을 확인하게 된다. 그러면 그것을 갖기 위해 목숨을 걸 필요도 없고, 옆에 있는 것이 싫다고 해서 죽기 살기로 쫓아낼 필요도 없게 된다. 또한 세상에서 대단하다고 여기는 목적이나 대상을 따라가며 미련하게 집착할 이유도 저절로 사라지게 된다. 이렇게 '존재한다'라는 생각이 사라지면 자연스럽게 탐심, 진심, 치심이 사라져서 헐떡이던 마음은 저절로 평온한 상태로 바꿰게 되는 것이다.

그래서 '법(法)'을 깨닫는 일이 매우 중요하며, 삼보(三寶)의 한가운데 '법(法)'이 자리하는 것이다. 그런 이유로 붓다는 『열반경(涅槃經)』에서 마지막 유언으로 "법(法)에 의지하고, 스스로[自]에 의지하라"[9]고 말한 것이다.

---

[9] 대승의 『열반경』엔 없다. 디가니까야(Dīgha Nikāya, 長部)의 제16경 『대반열반경(Mahāparinibbāṇa Sutta)』에 등장한다. 법으로 구현된다는 사실에 의지하고, 스스로에게서 일어나는 사건이라는 사실에 의지하라는 뜻이다.

쾌락도 고행도 버려라

중도(中道)와 중용(中庸)의 차이

불가(佛家)에선 '중도(中道)', 유가(儒家)에선 '중용(中庸)'을 말한다. 이것은 같은 것일까? 아니면 다른 것일까? 이 두 단어엔 모두 '중(中)'이라는 글자가 있어 일반인은 구분하기 쉽지 않다.

중도를 말할 때 항상 나오는 비유가 '거문고[琴絃]의 비유'[10]인데, 그중에 잘 알려지지 않은 이야기가 있다. 아직 출처를 찾지 못했지만, 6년 고행을 멈춘 이유가 가장 잘 설명되는 이야기여서 소개한다. 싯다르

---

[10] 『잡아함』 권9 「이십억이경(二十億耳經)」, 『증일아함』 권29 「사문이십억경(沙門二十億經)」, 『앙굿따라 니까야』 「소나경(Sona-sutta)」에도 비슷한 이야기가 나온다.

타가 네란자나강[尼連禪河] 부근에 앉아 뼈와 살가죽이 맞닿을 정도로 고행하던 중에 뗏목을 타고 강을 거슬러 올라가는 악사(樂士) 스승과 제자가 있었다. 스승이 제자에게 "거문고 줄을 너무 팽팽히 당기거나 너무 느슨하게 풀면 좋은 소리가 나지 않는다"라고 꾸짖었다. 우연히 대화를 들었던 싯다르타는 지나온 수행을 되돌아보고 곧바로 자신의 어리석음을 깨닫고 고행을 멈추었다고 한다.

'중용(中庸)'을 사전에서 찾아보면 "과하거나 부족함이 없이 떳떳하며 한쪽으로 치우침이 없는 상태나 정도"로 나온다. 이런 이야기를 듣게 되면, 중도나 중용은 꽤 비슷한 개념처럼 여겨진다. 양쪽 다 "지나치지도 부족하지도 않은 적당한 긴장감을 유지하는 것"이라는 어감이 든다.

만약 두 개념이 같았다면 번역자는 아마 고민하지 않고 '중용(中庸)'을 번역어로 썼을 것이다. 그런데 '중도(中道)'라고 썼으니, 개념이 다르다는 것을 추정할 수 있다. 한역경전(漢譯經典)의 번역은 개인이 아닌 국책 사업이었다. 따라서 불전에 능통한 삼장법사(三藏法師)와 한문에 능통한 학자가 함께 논의하여 용어를 결정했기에, 중용과 개념적 정의가 분명히 다르다고 이해해야 할 것이다. 그렇다면 중도와 중용은 무엇이 다를까?

먼저 공통으로 들어있는 '중(中)' 자는 '가운데'라는 뜻이다. 예전에는 '과녁에 적중한 화살'을 본뜬 글자로 생각했지만, 최근에는 '운동장에 꽂힌 깃발'을 본뜬 글자로 보기도 한다. 그래서 '가운데', '적중', '속', '절반', '곧다' 등 여러 뜻으로 다양하게 쓴다.

'용(庸)' 자는 '경(庚)+용(用)'으로 이루어진 글자로 '(사람을)쓰다', '채용하다'의 뜻을 가진다. '경(庚)'은 원래 농사지은 알곡을 타작해 찌꺼기를 거르던 거름망 같은 도구를, '용(用)'은 나무로 만든 큰 들통을 본뜬 글자이다. 따라서 '용(庸)'을 글자대로 보면 '위에서 불필요한 것을 걸러내고, 아래에 남은 쓸만한 것만을 골라내는 것'을 의미한다.

그래서 '중용(中庸)'은 '특정 사상이나 의견에 편향되지도 않도록 잘 걸러서 적절하게 절충하는 태도'라고 볼 수 있다. 예를 들어 진보와 보수가 극단적으로 대립할 때, 양측의 극단적 태도를 걸러내 합의한 부분만을 수용하는 것이다. 춘추시대에 등장한 유교가 정치 이념에서 주목받고 채택된 사상과 철학이기에 주로 정치적 문제 상황을 극복하기 위한 논리이다.

'중도(中道)'의 '도(道)'는 '머리[首]+쉬엄쉬엄 가다[辶]'로 '정신적 목표를 향해 천천히 나아간다'라는 뜻으로, '무형의 길'에 쓰는 글자이다. 실제로 걸어갈 수 있는 길은 '족(足)'이 붙은 '노(路)' 자를 쓴다. 따라서 '중도(中道, Ⓢmadhyama-pratipad)'는 '깨달음이라는 과녁에 적중하는 무형의 길'이란 뜻으로 번역된 용어이다. "여래는 양극단을 떠나는 것을 중도에서 설명한다[如來離於二邊說於中道]"라고 했다. 이것은 고행과 선정을 적당히 섞고 절충하는 수행이 아니라, 양쪽의 극단이 모두 틀렸으니 버리고 진리에 이르는 유일한 길을 '중도'에서 찾았다는 설명이다.

중도(中道): 진리에 이르는 유일한 길

붓다를 삼계도사(三界導師)라고 하니, 사람들은 '도사(導師)'를 '도사(道士)'라고 이해하여 '세상에 나타난 도술을 부리는 도사'로 여기기도 한다. 여기서 '도(導)'는 '도(道)+촌(寸)'으로 구성된 글자로 '길을 안내한다'라는 뜻이다. 앞서 말했듯이 '도(道)'는 '눈에 보이지 않는 길'이고, 여기에 손을 그린 '촌(寸)' 자를 붙였으니 '손잡고 목표에 간다', '안내한다'라는 뜻이 된다. 따라서 '삼계도사(三界導師)'는 '세상 사람을 이끄는 스승, 세상 사람의 안내자'란 뜻이다. 붓다는 자신의 깨달음을 '중도(中道)'로 설명했으니, 중도를 알면 열반의 삶으로 곧바로 인도되는 것이다.

싯다르타의 수행 이력을 살펴보자. 처음엔 삼매(三昧)를 통한 극단적인 즐거움을 추구했다가 일주일 만에 떠나버렸고, 이후에는 업(業)을 멈추려고 6년 동안 극한의 고행을 했다. 선정(禪定) 삼매의 즐거움은 감각적인 쾌락보다 훨씬 강렬하며, 실제로 삼매에 들어가면 단 한 번도 맛보지 못한 편안함과 강렬한 희열이 느껴진다. 이 느낌이 너무 강렬하기에 단 한 번만의 체험으로도 중독되어 계속 갈구하게 되는데, 수행자에겐 누가 뭐래도 이때가 가장 위험한 순간이다. 그것이 '환상으로 조작된 느낌'이라는 사실을 알아채기 전까지는 거부하거나 그만두기 어렵다.

지금도 많은 수행자가 이 느낌에 빠져 허우적거리는데, 심각한 문제는 그것을 '수행의 결과로 얻어진 굉장한 경지'로 여긴다는 점이다. 대체로 이런 체험이 단 한 번만이라도 일어나면, 마치 불나방이 불을 향해 날아가듯 평생 그 환상만을 좇는 수행자로 살게 된다. 그래서 붓다는 그것을 "수행자로 만들기도 하지만 가장 위험한 순간"이라고 경고했다. 옛 선사도 "제아무리 훌륭한 경계가 나타나도 다 환상이니 던져버려라!"라고 이르신 것이다.

싯다르타도 '이 즐거움이 지속되면 열반이 될 것이라는 견해'에 빠졌다가 '열반으로 이어질 수 없는 삿된 견해', 즉 사견(邪見)이라는 사실을 깨닫고 버린 것이다. 그렇게 쾌락을 버린 뒤, 자이나교도들이 믿었던 "순수 영혼'과 '비(非) 영혼'이 업(業)으로 결합한다"라는 견해를 받아들였다. 이러한 견해를 바탕으로 업을 짓지 않으려고 음식도 끊고, 호흡까지 멈추는 고행까지도 실행했다. 고행의 모습, 즉 앙상하게 드러난 갈비뼈와 그 위로 날이 선 힘줄과 핏줄이 극사실적으로 표현된 게 '고행상(苦行像)'이다. 싯다르타는 그 견해도 열반으로 이어지지 않는 삿된 견해임을 깨닫고 이것도 버렸다.

중도는 단순히 고행과 쾌락을 적절히 섞는 중간을 뜻하지 않는다. 붓다는 삼매와 고행이라는 양극단이 삿된 견해라서 해탈이나 열반에 이를 수 없어서 버린 것이다. 경전에서 '리(離)'로 표현되는 '여읜다'라는 표현은 '완전히 폐기한다'라는 말이다. 그러니 '중도(中道)'는 '해탈로 나아가는 올바른 길'이란 뜻으로, 이 길은 유일한 길이라서 다른 길은 있을 수도 없다.

싯다르타는 삿된 견해를 의지했기에 해탈하지 못한 두 극단을 버렸다. 삿된 견해란 '존재'와 '인과적 사고방식'인데, 이는 '업(業)'과 결합해 선한 업을 쌓으면 좋은 과보를 받고, 악한 업을 쌓으면 나쁜 과보를 받는다는 식의 선인선과(善因善果) 악인악과(惡因惡果)를 생각했다. 또 '신(神)이 원인이고 중생(衆生)이 결과'라는 방식의 신인인과(神人因果)도 있는데, 이것은 인과와 결합한 또 다른 삿된 견해로 '존재한다'라는 생각에 변형된 업이 추가된 이론이다. 이들은 업을 '실재하는 존재'로 봤다. '업, 영혼, 윤회…' 등 '이름이 있는 것'은 실제로 존재한다고 생각했는데, 그 이유는 '존재하니까 이름이 있는 것'이라고 여겼기 때문이다.

존재 단위를 '몸[身]' 단위로 보아 '거친 몸[麤身]'과 '미세한 몸[細身]'으로 나누어 설명하기도 했다. 이런 표현에서 주의 깊게 볼 단어가 '추세(麤細)'이다. '거칠다[麤]'라는 표현은 보고 느낄 수 있다는 뜻이고, '미세하다[細]'라는 표현은 보거나 느낄 순 없지만 실제로 존재한다는 뜻이다. 당시에는 보이지 않는 것도 '실재(實在)하는 미세한 몸'으로 구분해 생각했다. 우리가 인식하는 물리적인 몸은 '거친 몸'이고, 인식이나 감정 그리고 의식과 같은 요소들은 '미세한 몸'이라는 식이다.

싯다르타는 이러한 삿된 견해와 두 극단을 버리고 새로운 길을 모색했다. 붓다는 신이나 선악의 업 때문에 그 결과로 즐거움과 괴로움이 드러난 게 아니라 '연기(緣起)했다'라는 사실을 깨달았다. 그것을 중도(中道)로 설명한 것이다.

괴로움은 운명이 아니라 착각

새로운 사유의 시작

싯다르타는 태자였을 때 농경제(農耕祭)에 참석했다가 우연히 잠부나무[閻浮樹] 아래에 고요히 앉았다. 그때 여러 가지 생각을 하며 사유에 잠겼는데, 아무 짓도 하지 않았음에도 마음이 너무나 행복하고 평화로웠다. 그 느낌은 수행으로 얻어진 평온함이 아니었다. 싯다르타는 행복한 결과를 얻으려면 반드시 그 원인이 되는 무엇인가를 어떻게 해야 한다고 생각했는데, 어린 시절의 그 평온함은 원인에 따른 결과가 아니었음을 깨닫게 된다.

싯다르타는 어린 시절 잠부나무 아래에서 느꼈던 평화로움을 떠올리고, 즐거움과 괴로움이 인과에 의한 게 아니라 '자신에게 일어난 느낌'이라는 사실을 알아낸다. 대체로 사람들은 갖고 싶은 것을 가졌을 때 즐거운 느낌이 생긴다는 점을 경험으로 안다. 그러나 그 느낌은 언제나 똑같지 않고 만족의 강도는 점점 약해진다. 그래서 좀 더 강한 자극을 좇아가지만, 미봉책일 뿐 완전한 해결책이 아니다. 문제를 해결하려면 그 느낌이 드러나는 과정을 있는 그대로 바라보고 이해해야만 완전한 해결책을 찾아낼 수 있다.

싯다르타는 그 당시 유력한 여러 가지 이론과 수행 방법을 통해 열반을 얻으려 했지만, 그 어떤 방법도 만족스럽지 못했다. 그래서 '지금까지의 방법이 실패했으니, 그것을 다시 검토해야만 한다'라고 생각했다. 그렇다면 '즐거움과 괴로움이라는 느낌은 어떻게 발생하는 것일까?'라는 의문을 품었고, 이 발상의 전환이 그를 새로운 차원으로 이끌었다.

철석같이 믿었던 생각이 깨졌고 이것이 대전환의 시작이었다. '태어남이 원인이 되어 죽음이라는 결과가 되었다'라는 식의 생각이 무너진 것이다. '태어남이 있으니 죽음도 있게 되었고, 죽음이 있게 되니 태어남도 있게 되었다'라는 사실이 보였다. 다시 말해 '태어남' 때문에 '죽음'이 있던 게 아니라, 태어남과 죽음은 '서로 얽혀 있는 사건'이었다. 어느 한쪽이 생겨나면 반대쪽도 동시에 얽혀서 생겨나고 동시에 같이 사라진다는 것을 발견했는데, 그 사건으로 싯다르타는 생사의 문제를 해결할 실마리를 얻게 되었다고 한다.

우리는 태어남과 죽음이 시간상 떨어져 있다고 생각한다. 그래서 태어남과 죽음을 서로 다른 별개의 사건으로 인식한다. 사실 죽음과 태어남은 동시에 얽혀서 일어난 사건이다. 이런 새로운 방식의 사유는 4성제(四聖諦)로 이어지게 된다.

4성제(四聖諦): 귀 기울여 들어야 할 선언

일반적으로 고집멸도(苦集滅道)를 4성제(四聖諦)라고 하고 '성스러운 진리'라고 배운다. 고성제(苦聖諦)는 '괴로움은 성스러운 진리'라는 표현인데, '괴로움'이 정말 성스러운 진리일까? 집성제(集聖諦)가 괴로움의 원인이라면, 그것은 또 왜 성스러운 진리일까? 멸성제(滅聖諦)는 '소멸은 성스러운 진리'라는데 소멸이 성스러운 진리라고? 도성제(道聖諦)는 '8정도(八正道)가 성스러운 진리'라고 하는데, 도무지 이해되지도 않는 이야기가 주입된 느낌이다. 8정도의 정견(正見), 정사유(正思惟), 정어(正語), 정업(正業), 정명(正命), 정정진(正精進), 정념(正念), 정정(正定)은 그저 앞에 '바르다[正]'라는 말이 붙어 있으니, 마치 뭔가 도덕책을 읽는 느낌도 들 수 있다.

먼저 '성제(聖諦)'란 글자를 분석해서 어원과 번역자의 생각을 들여다보자. '성제(聖諦)'에서 '성(聖)'이라는 글자는 '귀[耳]+입[口]+임[壬](人)]= 𠂤'으로 '남의 말을 잘 듣는 사람'을 도형화한 글자이다. 그래서 '성인(聖人)'은 단순히 '지혜로운 사람'이라기보다 '남의 말에 귀 기울이는 사람'이라는 뜻이다.

어째서 '성(聖)'을 번역어로 썼을까? 번역자가 '말을 잘 들으신 분', '남의 말을 잘 들어주시는 분'이란 두 가지 의미를 읽어냈다고 생각한다. 사람들은 보통 남의 말을 듣고 대충 '그렇구나!'라고 생각하지만, 주의 깊게 듣고 분석해야 진위가 비로소 드러난다. 그래서 '진리를 잘 들을 수 있고 명확히 이해한 사람'이라야 성인이라고 말할 수 있다. '제(諦)' 자도 매우 흥미로운데, '말[言]+임금[帝]'으로 '가장 권위 있는 말'을 뜻한다. 그러므로 '성제(聖諦)'란 귀 기울여 들을 가치가 있고, 권위 있는 말이니 "귀 기울여 잘 들어야 할 선언"으로 해석할 수 있다.

경전을 읽다 보면 "귀 있는 자 와서 듣고, 눈 있는 자 와서 보라"라는 문구가 자주 등장하는데, 이러한 표현을 염두하고 번역자가 '진리(眞理)'라는 단어 대신 '성제(聖諦)'라는 단어를 선택한 듯하다.

고성제(苦聖諦) : 조작된 괴로움의 소멸

일반적으로 '고성제(苦聖諦)'를 설명할 때 '일체개고(一切皆苦)'라면서 '모든 게 다 괴롭다'라고 말한다. 그러면서 '삶 자체가 괴로움'이라 태어남도 괴롭고, 늙음도 괴롭고, 질병도 괴롭고, 죽음도 괴롭다고 하고, 사랑하는 사람과 헤어져도 괴롭고, 미워하는 사람과 마주쳐도 괴롭고. 원하는 것을 얻지 못해 괴롭고, 5온이 왕성해서 괴롭다고 한다. 이것을 우리는 4고(四苦) 또는 8고(八苦)라고 배웠다.

자아를 실제로 존재한다고 믿는 한, 실재하는 대상에 집착할 수밖에 없다. 그러면 언제나 좋은 것은 가지고 싶고 나쁜 것은 피하고 싶다. 그런데 제 마음대로 되지 않으니 괴롭다. 이것을 한마디로 '5음성고(五陰盛苦)' 또는 '5취온고(五取蘊苦)'라고 표현했는데, 이것은 "모든 게 5가지 존재의 무더기로 이루어졌다는 생각을 받아들여 그렇게 생각하니 괴로워졌다"라는 말이다.

사실 이 모든 괴로움은 나와 세상이 실제로 존재한다는 생각에서 비롯된다. 그러나 나와 세상이 존재한다는 것은 증명할 수도 없고, 단 한 번도 증명된 적이 없다. 붓다가 입이 닳도록 정성스럽게 일러주어도 '존재한다는 생각을 버리지 못해 괴로워하는 것'은 어떤 방법으로도 해결할 수 없다.

필자도 뒤에 안 사실이지만, 붓다는 "일체개고(一切皆苦)"라고 하지 않고 "일체행고(一切行苦)"라고 설했다. 이 두 표현은 어떤 차이가 있을까? 일체개고는 "4대(四大)로 이루어진 불완전한 몸에 신성(神性)인 영혼(아트만)이 들어가 있으니 괴롭다"라는 의미이고, 일체행고는 '일체는 조작되었기에11 괴로워졌다'라는 의미이다. 전자는 괴로움에 관한 브라만교의 관점이고, 후자는 붓다의 관점이다.

만약 일체개고의 상황이라면 불완전한 신성인 아트만이 완전한 신성의 브라만을 되찾아야 괴로움이 해결될 것이고, 일체행고라면 괴로움으로 조작되는 전 과정을 파악해야 괴로움을 소멸하는 방법도 자연스레 드러날 것이다. 따라서 고성제는 '일체행고'로, '괴로움은 조작되었으니 얼마든지 소멸시킬 수 있다는 사실'을 밝힌 것이다. 그래서 '괴로움에 대한 성스러운 진리의 선언[苦聖諦]'이라고 한 것이다.

고집성제(苦集聖諦): 모여서 일어난 사건

고집성제(苦集聖諦)를 줄여서 '집성제(集聖諦)'라고 하는데, 대체로 '괴로움의 원인'이라고 해석한다. 또 괴로움의 원인이 갈애(渴愛)라고 설명한다. 여기서 재미있는 사실은 원인을 나타내는 그 어떤 단어도 등장하지 않는다는 것이다. '고집(苦集)'은 '괴로움이 모였다'라는 말이지 '괴로움의 원인'이 아니다. 이런 설명은 잘못 이해한 의설(義說, 거짓 주장)이다.

---

11   행(行, ⓢsaṃskāra)은 "조작되다", "진행되다"의 뜻으로 'A를 B로 바꾼다', 즉 감각된 신호를 실제 대상으로 바꾸어 조작하는 것을 말한다.

'집(集)'이라는 글자는 '새들이 나무에 다닥다닥 모여 있는 모습'을 형상화한 글자이다. 그래서 이것은 여러 가지가 모여서 어떤 사건을 발생시키는 것을 뜻한다. 전체의 뜻은 '괴로움이 집기(集起) 되었다는 것은 귀 기울여 들어야 할 진리의 선언'으로, '괴로움은 모여서 일어나게 된 사건'임을 밝힌 것이다.

그 괴로움이 일어나는 과정을 설명한 게 바로 12연기(緣起)이니, 간략히 추리더라도 12가지 사건이 얽히고 모여서 괴로워진 것이다. 이렇게 드러나는 괴로움은 실제로 존재하는 고정된 실체일 수 없다. 괴로움이 고정된 실체라면, 변하지 않을 것이기에 뭔 짓을 해도 없어지지 않을 것이다. 또 업(業)에 매였다면 전생의 원인이 이번 생의 결과가 될 것이고, 이번 생이 원인이 되어 다시 다음 생의 결과를 만들어 낼 것이다. 그렇다면 이미 다 결정된 것이기에 숙명대로 흘러가고, 숙명에 따라 해탈이나 열반에 들 것이다.

고멸성제(苦滅聖諦): 열반의 실현 확인

고멸성제(苦滅聖諦)는 줄여서 '멸성제(滅聖諦)'라고 하고, 일반적으로 '괴로움의 소멸'이라고 하면서 갈애(渴愛)가 완전히 사라진 상태라고 설명한다. 그러나 12연기의 첫 항목이 무명(無明)이니, 이 설명은 앞뒤가 맞지 않는 설명이다.

무명이 사라져야 비로소 5취온고(五取蘊苦)가 사라지는 게 연기의 구조이니, 무명(無明)이 명(明)으로 바뀌어야 괴로움에서 완전히 벗어나는 것이다. 이것이 환멸연기(還滅緣起)이다. 이렇게 연기(緣起)를 깨달아서 무명(無明)이 명(明)으로 전환되고, '괴로움이 사라질 수 있음을 확인

한 것'이 바로 멸성제(滅聖諦)이다.**12**

'멸(滅)' 자는 '水[물]+威[없앤다]' 구성으로 이뤄진 글자이다. '멸(威)' 자가 '도끼+창+불'을 묘사한 글자여서 이미 '없앤다'라는 뜻이 있는데도, 거기에 '물'까지 더한 형태이니 '온갖 수단을 동원해서 완전히 없애버린다'라는 의미를 내포한 의미의 글자이다. 니르바나(Ⓢnirvāna Ⓟnibbāna, 涅槃)가 '완전히 불이 꺼진 상태'를 의미하니 '멸(滅)' 자를 선택한 번역자의 안목에 감탄이 절로 나온다. 그렇기에 멸성제(滅聖諦)는 '괴로움이 소멸한 열반의 실현을 확인했다는 것은 귀 기울여 잘 들어야 할 선언'으로 정의할 수 있다.

고멸도성제(苦滅道聖諦) : 열반을 성취하는 길

'도성제(道聖諦)'는 고멸도성제(苦滅道聖諦)를 줄여서 부르는 말로, '괴로움이 소멸하는 길'이라고 가르친다. 이것은 '괴로움이 완전히 사라진 열반을 성취하는 길은 귀 기울여 잘 들어야 할 선언'이란 뜻이다. 이 '길'을 '노(路)'를 쓰지 않고 '도(道)'를 쓴 이유는 앞서 말했듯이 발로 걸어가는 길이 아니기 때문이다. 따라서 몸을 써서 괴로움을 없애는 수행은 의미가 없는 것이다. 그래서 걷고 머물고 앉거나 누워 있을 때나 말하고 침묵하고 움직이거나 가만히 있을 때[行住坐臥 語默動靜], 즉 일상생활의 모든

---

12 '무명이 멸하므로 행이 멸하고, 행이 멸하므로 식이 멸하게 되는' 방식이다. 이렇게 돌이켜 끊는 것을 환멸연기(還滅緣起)라고 한다. 반대로 '무명이 있으므로 행이 있고…' 방식을 유전연기(流轉緣起)라고 한다.

순간 언제나 가능하다. 정상적으로 사유(思惟)만 할 수 있으면 누구든지 '최상의 깨달음'을 확인하고 곧바로 벗어날 수 있기 때문이다. 그런 이유로 붓다의 수행을 '사유수(思惟修)'13라고 번역한 것이다.

그 방법으로 제시된 '길[道]'이 바로 '8정도(八正道)'이다. 이것의 항목 8개를 보더라도 그 어디에도 몸을 써야 하는 대목은 없다. 하다못해 '어떻게 앉고, 어떻게 숨 쉬라'하는 말조차도 없다. 일반적으로 수행하는 곳에 가면 어떻게 앉고, 어떻게 숨 쉬고, 손 모양은 어떻게 하고···. 지켜야 할 규칙이 많다. 붓다가 가르친 수행은 다 필요 없다. 분명히 말하지만, 정상적인 사유만 할 수 있다면 누구나 최상의 깨달음을 얻을 수 있다.

3전12행(三轉十二行) : 보였고, 증명했기에, 권한다

붓다는 고집멸도(苦集滅道)의 4성제(四聖諦)를 시전(示轉), 증전(證轉), 권전(勸轉)으로 나누어서 '12가지 수행 모습' 즉 3전12행(十二行相)으로 설명했다.

시전(示轉), 증전(證轉), 권전(勸轉)은 누구의 관점인지에 따라서 그 순서가 바뀐다. 먼저 붓다의 관점으로 말하면 '4성제가 보였고[示], 증명했기에[證], 권한다[勸]'가 되고, 제자의 관점에선 '권(勸)한 4성제를 보아야 하고[示] 증명해야 하는 것[證]'이다.

붓다는 "괴로움이 진행되었다는[苦] 게 우연히 보여서, 모여서 일어

---

13 사유수(思惟修)는 '사유를 닦는다'가 아니라 '사유하면 닦아진다'라는 뜻이다. '사유를 닦는 것'은 '수사유(修思惟)'라고 표현한다.

남[集]이 보였고, 괴로움이 사라질 수 있음[滅]도 보였고, 괴로움을 소멸하는 길[道]까지 보였다[示轉]. 그래서 괴로움의 진행과 모여서 일어남과 괴로움의 사라짐과 괴로움이 소멸하는 길을 스스로 증명했다[證轉]. 그리고 괴로움의 진행과 모여서 일어남과 괴로움의 사라짐과 괴로움이 소멸하는 길을 스스로 증명하라고 권한다[勸轉]"라고 4성제를 표현했다.

이 4성제에서 꼭 알아야 할 것이 있다. "무명으로 연기했기에 존재한다고 받아들여서 괴로워졌다"라는 사실을 발견했고, 그것을 스스로 확인하고 증명해서 얻었으며, 도달하는 방법도 드러났기에, 해보라고 권했다는 사실이다. 그러니 우리가 해야 할 일은 "권한 것을 배워서 사실인지 확인하고, 닦아서 열반을 얻고, 그 열반에 이르는 길을 또 다른 사람에게 그렇게 권하는 것"이다.

우리 주변에서 종종 수행을 들먹이는 사람들이 있다. 자나 깨나 화두가 들려 참나가 드러난 그 자리에서 흔들림이 없다고 하거나, 또는 뭐라고 말로 표현할 수조차 없이 환상적이라는 경험을 말하기도 한다. 이는 싯다르타가 처음 수론파(數論派, 힌두교의 육파철학 중 하나) 스승들에게 배워서 얻었던 삼매의 한 부분이다. 싯다르타가 열반에 이를 수 없기에 의미 없다고 버린 수행이다.

이런 잘못된 생각에 경도된 수행자는 붓다의 외도 비판을 아예 읽어보지도 않았을 가능성이 농후하다. 『선요(禪要)』에 "부처를 써서 부처를 찾고, 마음을 가지고 마음을 찾으니, 세월이 다해 형태가 다 없어져도 끝내 얻을 수 없는 것이다[使佛覓佛 將心捉心 窮劫盡形 終不能得]"라는 말이 나온다. 언제나 '보는 자'와 '보이는 자'의 관계로 깨달음을 얻으려고 한다면 끝까지 깨닫지 못한다는 꾸짖음이다.

'무아(無我)'를 이해하지 못해서 생겨난 어리석은 생각은 언제나 증명할 수 없는 생각으로 쌓은 허상에 불과하다. 그러니 그들의 수행에는 구체적으로 증명이 가능한 이론과 방법이 있을 리 없다. 그저 자신이 가르치는 대로 열심히 하다 보면 언젠가 몰록(불현듯) 깨닫는다고 말할 뿐이다. 복불복 게임처럼 무작위로 깨닫는다는 말인데, 분명히 알았다면 가르친 대로 정확하게 실행했을 때 어김없이 재현되어야 한다. 그래서 붓다의 3전12행(三轉十二行)의 4성제(四聖諦) 법문이 특별하다. 붓다는 자신의 깨달음을 분명하게 스스로 증명하고, 어떻게 얻어야 하는지 구체적인 방법까지 제시하고 있다.

8정도 · 4성제의 특별함

붓다가 멸성제(滅聖諦)에서 열반에 이르는 길로 제시한 것이 이 8정도(八正道)인데, '팔지성도(八支聖道)'라고도 한다. 이것은 여덟 개의 가지[支, branch]로 이루어진 성스러운 길로서 괴로움의 소멸로 인도하는 길이다. 이 각 항목은 몸통이 아니라 가지이다. 그래서 그 가지[支]를 거슬러 올라가면 끝내 몸통을 만나게 된다. 따라서 8정도의 각 항목은 서로 밀접하게 한 몸처럼 상호작용을 하며, 괴로움의 소멸로 이끌게 된다.

4성제(四聖諦)의 가르침이 특별한 이유는 기존의 사상과 다르게 A~Z까지 숨김없이 그대로 드러내고 있기 때문이다. 기존의 사상은 증명되지 않는 사실을 이론적으로 체계화했을 뿐이라서 절대로 증명할 수 없다. 예를 들어 선정(禪定)주의자, 고행(苦行)주의자, 자이나교도 등이 말하는 열반은 죽어야만 성취되는 열반이기에 증명할 수도 없고 증명된 적도 없다. 이것은 허황한 개념을 이리저리 엮어서 만든 이론으로 그럴듯하게 들리지만, 확인 불가능한 주장일 뿐이다.

붓다의 가르침은 이런 면에서 확연히 다르다. 붓다는 자신이 얻은 깨달음의 전 과정을 하나하나 소상히 밝혔다. 그것이 바로 4성제와 8정도, 12연기이다. 이것은 별도의 개념 같지만, 사실은 똑같은 내용의 다른 설명이다.

4성제를 떠나서 '최상의 깨달음'을 얻을 수 없다. 설령 깨달음을 얻었다고 하더라도, 그것은 소소한 깨달음일 순 있어도 '최상의 깨달음'이 아닐지 모른다. 어째서 그럴까? 붓다는 최상의 깨달음을 판별하는 방법을 제시했는데, 깨달았다는 사람에게 "탐(貪), 진(瞋), 치(癡)"가 남았는지를 확인하라는 것이다. 만약 삼독심(三毒心) 남아 있다면 '최상의 깨달음'이 아니라는 것이다. 그렇다면 붓다의 깨달음만이 삼독심을 다스린다는 것인데, 그것은 또 왜 그럴까?

탐심(貪心)은 대상이 맘에 들어 '갖고 싶은 마음 작용'이고, 진심(瞋心)은 대상이 맘에 들지 않아서 '화나는 마음 작용'이며, 치심(癡心)은 잘 몰라서 끌려다니는 '어리석은 마음 작용'이다. 그래서 상대방이 이러한 삼독심으로 살아가는지 확인하면, 그 사람이 최상의 깨달음을 얻었는지 아닌지 바로 확인할 수 있는 것이다.

세 가지 중에서 가장 빠르게 확인할 수 있는 게 진심(瞋心)으로 '화내는 마음 작용'이다. 이것은 상대방이 싫어하는 것만 건드리면 바로 튀어나오기 때문이다. 그래서 옛 선사들도 이것으로 상대방의 수행 정도를 판별하곤 했다. 그다음은 탐심(貪心)인데, 여러 가지로 포장해서 그렇지 않은 척하기에 겉으로는 잘 드러나지 않는다. 탐심의 대상은 다양해서 재물, 이성, 음식, 명예, 잠(편안함) 등 사람의 성향에 따라 다르게 탐닉

한다.

가장 판단하기 쉽지 않은 게 치심(癡心)이다. 인도에서는 태양을 바라보며 실명할 때까지 응시하거나, 한쪽 다리를 들고 오랜 시간 서 있기도 하고, 또 어떤 사람은 자기 몸에 바늘이나 칼을 찌르며 고통을 감내하기도 한다. 이렇게 하면 해탈할 것이라는 '잘못된 믿음으로 수행하는 것'은 수행자의 어리석음이고, 이 모습을 보고 일어나는 존경심은 바라보는 사람의 어리석음이다. 그렇다면 왜 이런 무모한 고행을 계속할까? 처음에는 고통스럽지만, 시간이 지나면서 그 고통은 익숙해지고 그것이 희열로 변질되는데, 이런 희열에 빠져들면서 자신도 모르게 점점 고행에 중독이 되는 것이다.

수행자에게 가장 필요한 사람은 스승인데, 수행자가 스승을 선택하기 전에 반드시 삼독심이 그를 지배하고 있는지 아닌지를 먼저 살펴야만 한다. 만약 스승이 될 사람이 삼독심에서 벗어나지 못했다면, 멀리하는 게 좋다.

세상을 꿰뚫는 세 가지 렌즈

삼법인(三法印)의 등장

불교에 입문하면 기본적으로 삼법인(三法印)을 배운다. 불교 사전에는 "불교의 근본 교의를 세 가지로 나타낸 것"으로 정의되어 있고, '인(印)'이 도장이란 뜻이니, '불변의 진리'를 나타낸다고 설명한다. 사실 붓다는 '삼법인(三法印)'이라는 용어를 쓴 적이 없다. 종교·사상·이론 따위의 취지와 이념 등을 설명한 논서(論書)에 등장한 개념이다. 대장경에서 '삼법인(三法印)'이란 단어를 검색해 보면 『아함경』에는 아예 없고 대승 경전에도 거의 등장하지 않는다. 다만 논서에 몇 군데 등장한다.

붓다의 입멸 뒤 시간이 점차 흐르면서 불전(佛典)에도 외도의 책이 섞이기 시작됐다. 그러다 보니 붓다와 외도의 사상을 구분해야 했기에 '붓다의 가르침에만 있는 특징'을 찾았는데, 바로 '세 가지 법인' 즉 삼법인(三法印)이다. 붓다의 가르침에만 있는 특징이기에 '법인(法印)'이란 '붓다의 법으로 인정한다'라는 의미다.

이런 혼입(混入, 한데 섞여 들어감)의 문제는 인도보다 중국이 더 심각했다. 불교는 대승불교 성립 이후 중국에 뒤늦게 졌는데, 외국의 사상이다 보니 중국의 입맛에 맞지 않았다. 그래서 자체 제작해 유통하는 일도 벌어졌다. 그러다 보니 경전마다 내용이 다르기에 위경(僞經, 붓다가 직접 설하지 않은 경전)의 색출은 매우 중요한 문제로 떠올랐다.

"범본(梵本, 산스크리트어로 쓴 책)이 있어야만 진본(眞本)"이라는 기준도 세웠지만, 문제는 범본이 있어도 불설(佛說)인지 의심이 드는 경전이 종종 발견된다는 것이다. 이럴 때 "내용이 의심스럽다"라는 말을 적을 수도 없어서 경전 제목에 '불설(佛說)'을 붙여서 표시했다. 성인의 말씀을 함부로 판단하는 게 주제넘다고 생각해서 조심스럽게 표시만 하고 진위 판단을 유보한 느낌이다.

붓다 입멸 후 부파불교(部派佛敎, 불멸 100년 이후에 생긴 종파들의 불교)를 거치며 삼법인(三法印) 또는 사법인(四法印)**14**이란 기준이 세워졌다. 삼법인은 바로 제행무상(諸行無常), 제법무아(諸法無我), 열반적정(涅槃寂靜)이다. 자칫 남방 상좌부에서 말하는 삼특상(三特相, ⓟtilakkhana)**15** 과 혼동하

14　삼법인(三法印)에 일체개고(一切皆苦)를 추가해서 사법인(四法印)으로 말하기도 한다. 그러나 일체행고(一切行苦)가 정확한 표현이다.

15　무상(無常, ⓟanicca), 고(苦, ⓟdukkha), 무아(無我, ⓟanatta)라는 삼특상은 '일체(一切)'가 가지는 특성을 설명한 것이다.

는데, 삼특상은 삼법인처럼 보이지만 다른 설명이다.

제행무상(諸行無常): 잠시도 머물지 않는 가짜

사람들은 불교를 "무상(無常)이나 말하는 종교"라며 "불교는 염세적"이라고 말한다. 이것은 용어에 대한 심각한 오해다. 특히 '무상(無常)'이라는 단어를 부정적 어감으로 느끼기도 하는데, 불교의 무상을 제대로만 들여다본다면 절대 그렇게 말할 수 없다.

앞서 삼법인은 '붓다의 가르침에만 있는 특징'으로 다른 가르침엔 없는 것이라고 했다. 그렇다면 '무상(無常)'은 불교 경전에만 등장할까? 전혀 그렇지 않다. 이미 붓다 이전에도 '무상하다'라는 표현이 자주 등장한다. 그 예로 고대 그리스의 철학자 헤라클레이토스의 사상을 대표하는 "한 번 뛰어든 강물에 다시 들어갈 수 없다"라거나 "만물은 유전한다"라는 말과 같은 것이다. 만물은 흘러가고 결코 머무는 일이 없으니, 같은 강에 두 번 들어갈 수는 없다는 말이다. 그래서 무상이 삼법인에 들어 있는 것은 잘못처럼 보인다. 하지만 '무상(無常)'에 해당하는 빨리어를 찾아보면, 우리가 아는 무상과 다른 표현임을 알 수 있다.

우리가 아는 무상은 '존재가 시간에 따라 변한다'라는 뜻으로 빨리어는 '아사사타(ⓟasasata Ⓢdhruvatā)'이지만, '제행무상(諸行無常)'에서 말하는 무상은 '아니짜(ⓟanicca Ⓢnityatā)'로 '영속적이지 않다'라는 의미다. 좀 더 깊이 들어가 보면 '아사사타(asasata)'는 '존재가 시간에 따라 모양이 변한다'라는 뜻이고, '아니짜(anicca)'는 '잠시도 존재하지 않는다'라는 뜻이다. 따라서 붓다는 '시간에 따라 변해가는 무상'을 말한 게 아니었다. 붓다의 무상은 그 누구도 말했던 적이 없었다. 그래서 제행무상이 삼법인에 들어간 것이었다.

　빨리어 '아니짜(anicca)'를 '무상(無常)'으로 번역했는데, 왜 뜻이 이렇게 서로 차이 날까? 그 이유는 각 언어가 가지는 특성 때문이다. 필자가 미국에 있을 때의 일이다. 말리부 해변의 백사장을 걷는데, 한 꼬마가 무언가를 보고 "젤리피쉬(jellyfish)"라고 외쳤다. 그 순간 눈에 띈 것은 '해파리'였다. 젤리피쉬(jellyfish)는 어감(語感)상 '말랑말랑한 물고기'가 연상되는데, '해파리'는 '둥둥 떠다니는 바다의 파리'로 느껴진다. 'jellyfish'를 '해파리'로 번역하면 'jellyfish'의 말랑말랑한 느낌까지 전달될까? 아마도 그렇지 않을 것이다.

　같은 대상을 보고도 표현이 다르듯이, '무상'이라는 개념도 번역 과정에서 이런 차이를 마주할 수밖에 없기에 원어를 참고해 가며 이해해야 한다. 안타깝게도 고대 한문은 특성상 이런 차이를 극복해서 번역할 수 있는 언어가 아니다. 그러다 보니 '아니짜(anicca)'와 '아사사타(asasata)' 모두 '무상(無常)'으로 똑같이 번역될 수밖에 없었을 것이다. 그래서 무상이란 단어가 나오면 문장의 앞뒤 문맥을 통해 어떤 의미로 그 단어를 썼는지 확인해야만 한다.

　제행무상(諸行無常)은 빨리어 'sabbe saṅkhārā aniccā'를 번역한 것인데, 'sabbe'는 '일체(一切)'로 번역됐고 대명사로 해석해야 한다고 이미 설명했다. 고대 한문은 모든 글자를 붙여서 썼기에 글자 수를 반드시 고려해 문장을 작성해야 하고 또 그렇게 읽어야 한다. 그래서 4자, 5자, 7자 단위로 글을 썼는지를 먼저 알아내고서, 그런 형식대로 끊어 읽어야 문장을 제대로 읽어낼 수 있다. 글자 수를 맞추기 위해 어쩔 수 없이 '일체(一切)'를 '제(諸)'로 바꾸어 쓰기도 했는데, 제행무상(諸行無常)은 일체행무상(一切行無常)**16**으로 번역해야 원문에 가까운 뜻이 된다. 그래서 대장경을 검색해 보면 아예 이렇게 번역된 곳도 많다.

붓다는 단순히 '무상하다'라고 말한 게 아니다. '제행(諸行)'이 '무상(無常)하다'라고 했다. 제행무상(諸行無常)을 직역하면 "일체는 진행[行]되었기에 무상하다"이다. '상카라(Ⓟsaṅkhāra)'는 '행(行)' 또는 '유위(有爲)'라고 번역한다. 먼저 '행(行)'은 시장의 네거리(㣺)를 본뜬 글자인데, '동서남북 어느 쪽으로든 진행할 수 있다'는 기본 의미가 있다. 상카라를 번역한 또 다른 단어 '유위(有爲)'에서 '위(爲)'는 '가지+코끼리'이며 '코끼리를 길들이는 모습[爲]'을 표현한 글자이다. 그래서 유위는 '코끼리를 조련하는 것처럼, 길들이거나 조작하여 존재하도록 만든다'라는 뜻이 된다. 그래서 자연 그대로의 상태가 아니라 '인위적으로 만들어진 것'이라는 의미도 가진다. 당연한 얘기지만, 상반된 개념 '무위(無爲)'는 '조작되지 않은 상태'를 말한다.

'상(常)'은 '집[尙]+수건[巾]'이 조합된 글자로 '행주치마'를 가리키는 말이었지만, 여자가 집안에서 늘 행주치마를 입고 있었기에 나중에는 '항상, 늘, 언제나'라는 뜻으로 쓰였다. 그래서 지금은 '치마'를 나타내기 위해 '상(裳)'을 새로 만들어 쓰고 있다. 이렇게 언어는 시간이 지나면서 의미가 변하므로 번역 당시에 그 글자가 무슨 의미로 쓰였는지 알아야만 문장을 제대로 해석할 수 있다. 그렇지 않고 지금 그 글자가 쓰인다고 해서 꼭 그 뜻이라고 생각한다면 큰 낭패를 겪기 마련이다.

---

16 『잡아함』에는 "一切行無常 一切法無我 涅槃寂滅"로 번역됐다.

제행무상(諸行無常)에서 '제행(諸行)'이 '일체는 조작되었다'라는 뜻인데, 일체가 어떻게 조작되었다는 말일까? 우리는 세상도 존재하고 나도 존재한다고 생각한다. 그렇게 존재하는 세상 속에서 나는 태어나서 살다가 죽는다고 생각한다. 그러나 사실은 다르다. 외부의 감각 자극에 반응한 감각들이 만들어낸 신호를 뇌가 해석하면, 해석한 신호대로 외부 세계가 존재한다고 상상해서 세상을 그려낸다. 동시에 몸으로 전달된 신호도 해석해 세상과 짝지어 나를 만들어낸다. 이 두 가지가 작동할 때 '내가 세상을 본다'라는 의식이 발생한다. 그러면 마치 내가 보는 세상에 사는 듯한 착각을 만들어 철석같이 믿고, 조금도 의심하지 않기에 죽을 때까지 그게 '가짜라는 사실'을 전혀 눈치채지 못한다. 이런 어리석음으로 살아갈 때, 중생이라고 부르는 것이다.

'제행(諸行)'은 이렇게 '나와 세상이 조작되었다'라는 말이다. 그렇다면 '무상(無常)'은 무엇을 이르는 말일까? '나와 세상[一切]'은 감각 자극의 촉발로 조작하여[行] '가짜 나[我]와 가짜 세상[法]'을 만들었으니, 그 가짜들은 '감각 신호가 있으면 나타났다가 감각 신호만 사라지면 바로 사라진다[無常].' 여기서 말하는 '무상(無常)'은 눈뜨면 보이다가 눈감으면 사라지듯이 '감각 자극이 있자마자 나타났다가, 감각 자극이 사라지자마자 즉시 사라지는 것'을 말한다. 그렇기에 이 무상은 '잠시도 존재하지 않는다'라는 뜻이다. 존재가 변해서 무상한 게 아니다. 존재로 구현된 가짜라서 잠시도 머물지 않기에 무상하다고 한 것이다.

위 내용을 불교 용어로 바꿔서 다시 이해해 보자. 5경[色聲香味觸境]을 5근[眼耳鼻舌身根]이 감지해 생체 신호로 바꾸어 뇌에 전달하면, 뇌에서는 다섯 신호를 통합 해석하는 의근(意根)과 다섯 신호를 통합 해석하여 구현된 법경(法境)이 함께 나타난다. 의근과 법경은 머릿속의 가상 공간[處]이다. 안이비설신의(眼耳鼻舌身意)라는 내입처(內入處)와 색성향미촉법(色聲香味觸法)이라는 외입처(外入處)로 모든 게 구현된다. 이렇게 여섯 쌍[六入]의 12개 가상 공간이 세워지면 안이비설신의계(眼耳鼻舌身意界)와 색성향미촉법계(色聲香味觸法界), 안이비설신의식계(眼耳鼻舌身意識界)라는 18가지의 계(界)로 나누어서 대상이 속한 영역을 구분하게 된다.

워낙 간략한 설명이라서 여러 번 읽어도 선뜻 이해하기 쉽지 않을 것이다. 하지만 걱정할 필요는 없다. 단지 용어만 익혀두자. 계속 설명하고 또 설명할 것이므로 차근차근 읽기만 해도 단박에 이해되는 순간을 마주할 것이다.

일체행고(一切行苦): 조작과 괴로움

삼법인(三法印)에 일체개고(一切皆苦)를 더해서 사법인(四法印)으로 말하거나, 열반적정(涅槃寂靜)을 빼고 일체개고(一切皆苦)를 넣어서 삼법인(三法印)이라고 말하기도 한다. 그러나 앞에서 밝혔듯이 '일체행고(一切行苦, ⓟsabbe saṅkhārā dukkhā)'가 올바른 표현이다. 일체개고(一切皆苦)는 브라만교에서 바라본 괴로움인데, 용어가 비슷해 명확히 구분하지 못한 것이다. 그 이유 중 하나가 바로 '개(皆)'자 때문인데, 이것을 '다 개(皆)'로만 알고 있어서 생긴 오해이다.

'개(皆)'는 금문(金文, 철기나 청동 기물에 새겨진 글자)에 '𣍟'로 그려져 있다. '比+曰'로 이루어진 글자로 '여러 사람이 같은 소리를 낸다'라는 기본 의미가 있는 글자이다. 그래서 경전에선 '개(皆)'가 '이구동성으로 말한다'라는 뜻으로 주로 쓰였다. 경전에는 '실개(悉皆)'라는 표현이 자주 등장하는데, 이것을 그대로 번역하면 '다 다'나 '모두 모두'가 된다. 중국 사람들은 이렇게 쓸 수 있겠지만, 경전은 산스크리트어를 번역한 것이기에 이런 번역은 용납되지 않는다. '실(悉)'17자는 '모두'란 뜻이 아니라 번역 당시에는 '새겨져 있다, 자세히 알다'라는 뜻으로 쓰였다.

'일체행고(一切行苦)'란 이미 앞에서 밝혔듯이 '일체(一切)'는 (존재로) 조작되어서 괴로워졌다'라는 뜻이다. '괴로움(ⓟdukkha)'을 '괴로울 고(苦)'로 번역했는데, '풀[艹]+오래된 것[古]'으로 이루어진 글자이다. '풀이 처음에는 부드러워 먹을 수 있지만, 시간이 지나 딱딱해지면 쓴맛이 난다'라는 데서 '쓰다, 괴롭다'라는 뜻으로 확장됐다. 그래서 '처음에는 좋았어도 시간이 흘러가면 고통스럽게 변한다'라는 뜻이 글자 안에 기본적으로 내포되어 있다.

따라서 '일체행고(一切行苦)'는 '일체는 조작되었기에 점점 괴로워진다'라는 의미를 내포한다고 볼 수 있다. 붓다는 '세상이 절망적이다'라는 생각으로 '괴로움[苦]'을 언급하지 않았다. "일체가 존재로 조작되어서 괴로워진 것이니, 조작된 환상이라는 사실만 깨달아 알면 괴로움은 저절로 소멸한다"라는 사실을 일러주려고 괴로움을 설했을 뿐이다.

붓다는 12연기(緣起)에서 무명(無明)과 조작이 얽히면 결국 취함[取]과 존재[有]가 얽혀서 '존재의 괴로움[五取蘊苦]'이 일어난다고 했다. '괴로움'을 이렇게 있는 그대로 통찰한 가르침은 그 어디에도 없다. 외도

---

17 실(悉): 采[짐승의 발톱]+心[심장]으로 '(마음에) 새겨져 있다', '자세히 알다'로 쓰이다 '모두'의 뜻을 갖게 됨.

가 말하는 괴로움은 선정주의자(禪定主義者)든 고행주의자(苦行主義者)든 인과의 생각에서 벗어나지 못해 생겨난 괴로움으로 그야말로 중생의 망상(妄想)일 뿐이다.

제법무아(諸法無我): 환상과 없는 실체

제법무아(諸法無我, ⓟsabbe dhammā anattā)도 법인(法印)이기에 붓다의 경전에만 있고, 다른 교설엔 해당 사항이 없다. 여기서 핵심 단어는 '법(法, ⓟdhamma)'과 '무아(無我, ⓟanattā)'인데, 법은 '무명과 얽혀서 존재로 조작된 환상'이고, 무아는 '실재하는 자아가 없다'라는 뜻이다.

우리는 존재를 파악할 때 체상용(體相用)이라는 세 가지 관점으로 본다. 체(體)는 '본체(本體, 근본 실체)'이고, 상(相)은 '모양, 형태'이며, 용(用)은 '쓰임, 기능'을 말하는데, 우리는 존재를 "본체가 있기에 모양과 쓰임으로 드러난다"라고 본다. 그러나 사실 우리는 본체[體]를 본 적도 없고 볼 수도 없다. 그것은 단지 관념 혹은 개념에 불과할 뿐이다.

우리는 컵의 외형[相]과 쓰임새[用]는 볼 수 있지만, 그 컵의 '실체[體]'는 볼 수 없다. 이렇게 실체를 볼 수 없음에도 그것이 있는 것처럼 느끼는 것은 '언어적 사유' 때문에 벌어지는 허망한 생각이다. 언어는 기본적으로 대상에 이름을 붙이는 작업에서 시작되는데, 이름을 붙이면 마치 '이름 지어진 대상'이 실체로 있는 것 같은 착각을 불러일으킨다. 그래서 본체가 보이진 않지만, 분명히 있을 것이라고 끊임없이 집착하는 것이다. 이런 식의 생각은 동아시아 불교의 존재를 파악하는 관점이다.

남방 상좌부도 비슷하게 생각했다. 이것은 한역 경전의 시설(施設)과 승의(勝義), 남방의 빤야띠(ⓟpannatti)와 빠라마타(ⓟpatamatta)를 비교해 보면 바로 알 수 있다. 현재 남방 상좌부불교에선 '빤야띠(개념)'와 '빠라마타(궁극적 실재)'를 말하면서 '개념'이 아닌 '궁극적 실재'를 찾아야 한다고 가르친다. 흥미로운 점은 '빠라마타'가 북방 한역불전에선 '승의(勝義)'**18**로 번역했는데, 이것은 '뛰어난 거짓'이라는 뜻이다.

붓다의 무아는 이러한 '궁극적 실재'나 '실체'가 없다는 뜻이니, '자아라는 실체가 있을 것'이라는 그 철석같은 믿음도 결국 추측일 뿐이라고 말하는 것이다. 불교도들은 무아(無我)를 붓다만 말했다고 착각하는데, 당시의 적취설을 취했던 신흥 사문(新興沙門)도 무아를 주장했다. 그렇다면 '붓다의 가르침에만 있고 다른 가르침엔 없다'라고 정의된 법인(法印)이 거짓이 아닐까?

물론 붓다와 신흥 사문 모두 무아를 말했지만, 무아의 이유는 매우 다르다. 신흥 사문들은 지수화풍(地水火風)이란 4대(四大)의 조합으로 모든 게 존재한다고 생각했기에, 사람도 결국 모두 4대로 돌아갈 뿐이니 영혼이나 자아 같은 게 없다고 주장했고, 붓다는 나와 세상이 존재가 아닌 '법(法)'으로 드러난 것이기에 실체가 없다고 했다. 그래서 무아를 똑같이 말했어도 그 의미가 현격히 다른 것이다.

---

18 의(義, Ⓢartha)는 '옳다, 뜻'으로 쓰인 게 아니라 '거짓'이란 뜻으로 쓰였다. '아르타(Ⓢartha)'는 '부와 명예'를 뜻하는데, 힌두교인이 추구해야 할 가치로 생각했다. 붓다는 이것을 '잘못된 가치'라고 여겼다. 그래서 불교 경전에선 의(義)를 '거짓'이란 뜻으로 쓴다.

법(法) : 머릿속에 구현된 환상

'법(法)'은 불교 경전에서 다양한 의미로 쓰여서 무엇을 말하는지 종잡을 수 없다. 예를 들어 불법(佛法)은 '붓다의 가르침'으로 해석하니, 여기선 법이 '가르침'이고, 법계(法界)는 '삼라만상(參羅萬像)'이라고 하니 '법'은 '사물'이 될 것이다. 또 색성향미촉법(色聲香味觸法)에선 법이 '정신적인 것'을 의미하니, 어느 장단에 춤을 춰야 할지 도무지 알 수가 없다.

지금도 인도에서는 '다르마(Ⓢdharma)'라는 단어를 사용하는데, '의무, 도덕'이란 뜻으로 힌두교도라면 반드시 추구해야 할 네 가지 가치 중 하나다. 붓다는 다르마에서 '의무적'이란 개념만 빌려서 '의근(意根)에 의무적으로 상대한다'라는 뜻으로 다르마[法]란 용어를 썼다. 그래서 불교와 힌두교가 같은 '다르마'라는 용어를 쓰지만 그 뜻은 서로 다르다.

이 다르마를 번역자는 '법(法)'으로 번역했다. 경전에선 법이란 단어를 '법칙(法則), 방법(方法)'의 뜻으로 사용하지 않았지만, 지금은 그런 뜻으로 쓰고 있다. 요즘 '인과법(因果法)'이란 표현을 자주 접하는데, 이것은 법의 명확한 뜻을 모르기에 '인과의 법칙'이란 뜻으로 단어를 왜곡하여 쓰는 것이다.

붓다가 가르친 '법(法)'은 마나스(Ⓢmanas, 意)의 대상인 다르마(Ⓢdharma, 法)'에서 유래한 단어이다. 우리는 오감(五感)으로 세상과 소통하기에, 언제나 안이비설신(眼耳鼻舌身)이란 다섯 감각 기관이 색성향미촉(色聲香味觸)의 다섯 대상을 마주한다. 그래서 눈은 색, 귀는 소리, 코는 냄새, 혀는 맛, 몸은 촉감과 마주하는 것이다. 다섯 가지 감각 기관과 대상이 서로 영향을 주는 일은 벌어지지 않는다. 마치 색이 소리에 영향을 미치지 않듯이 완전히 구분된다. 그런데 우리가 마주하는 대상은 이 다섯 가지가 마치 하나의 대상처럼 작동한다.

분명히 색, 소리, 맛, 냄새, 촉감이 분명히 다른 영역임에도 사과를 보면 빨갛고 향긋하며 시큼하고 사각거리며 딱딱한 느낌이 느껴진다. 즉 다섯 감각이 하나처럼 통합되어 작동하는 것이다. 그렇다면 다섯 감각을 하나로 통합하는 기능이 작동한다고 볼 수밖에 없는데, 그렇게 '감각을 통합하는 기능'을 '의근(意根)'이라고 한다. 그리고 색성향미촉을 하나로 버무려 실제 대상처럼 구현한 게 바로 '법경(法境)'이다. 그렇기에 우리가 마주하는 대상은 머릿속에서 구현된 '법(法)'이지, 실제 외부의 대상이 아니다. 우리가 사는 세상도 '외부 세상'이 아니라 '법(法)'들로 이루어진 '법계(法界)'가 되는 것이다.

이상의 설명을 종합해서 제법무아(諸法無我)를 다시 한번 해석한다면, "일체는 법이라서 실체가 없다"라는 말이 된다. 따라서 무아(無我)는 '무조건 자아가 없다'라는 말이 아니라, 우리가 존재한다고 생각한 나와 대상이 환상으로 조작된 법이라서 자아(실체)가 없다고 한 것이다.

'나라는 실체'에 대한 착각

흔히 '내가 있어서, 무엇을 한다'라고 생각한다. 그러나 앞에서 언급했듯이 '나라는 실체'가 있다고 생각하는 것도 언어와 인과의 생각이 불러온 오류이며, 뒤집힌 생각이다. 이러한 뒤집힌 생각에서 벗어나는 게 바로 해탈인데, 총 여덟 단계가 있다.

해탈의 첫 단계는 초선(初禪)이며, 언어적 사유에서 벌어지는 오류에서 벗어나는 것이다. 계속 강조하지만, 언어로 생각하다 보니 언제나 존재가 무엇을 한다고 착각한다. '내가 존재한다'라는 그 생각을 버리지 못하니, 그 존재가 어디에서 와서 살다가 어디로 간다는 생각으로 발전한다. 이 생각은 '윤회한다'라거나 '윤회가 없다'라는 생각으로 이어지는데, 그 두 극단의 생각 가운데 하나를 선택하도록 강요받는다. 그러면 사람들은 하나를 선택해 지지하거나 우왕좌왕하다 도저히 모르겠다며 포기하기 일쑤다.

사실 이것은 언어와 시간적 인과의 사유로 발생한 '실체가 있다는 생각'에서 출발한 것이다. 이 출발의 오류만 바로잡는다면, 뒤에 따라오는 질문 전체가 얼마나 우매한지 저절로 알게 된다. 있지도 않은 것을 상상해 놓고 그것에 대해 끊임없이 어떻다고 말하는 어리석은 짓이기 때문이다. 증명되지 않고 증명할 수도 없는 생각에 계속 사족을 달고 "내가 옳니, 네가 틀렸니" 하면서 갑론을박하는 셈이니 얼마나 어리석은가.

결론적으로 제법무아(諸法無我)는 "일체(一切)는 존재가 아닌 법(法)이기에 그 실체가 없다"라는 위대한 통찰이며, 모든 질문을 한 방에 끝내버린 위대한 최상의 깨달음이다. 그런데도 윤회 논쟁을 벌이고 있다면, 붓다가 가르친 최상의 깨달음을 향해 단 한 발짝도 내딛지 못한 것이다. 그렇기에 제법무아도 법인(法印)으로 뽑아낸 것이다.

열반적정(涅槃寂靜): 괴로움이 사라진 고요

열반적정(涅槃寂靜)은 또 무슨 이유로 법인(法印)일까? 열반적정(涅槃寂靜)은 열반(涅槃)에 대한 붓다의 정의로서 '열반은 번뇌가 사라진 고요함이다'라는 뜻이다.

사람들은 깨달아야만 열반을 알 수 있지, 깨닫기 전엔 알 수 없다고 말한다. 이런 생각은 붓다 당시 사람들도 비슷했는지, 경전에는 붓다에게 "열반을 볼 수 있습니까?"라고 묻는 장면이 나온다. 붓다는 "열반을 볼 수 없다면, 한 발도 나아갈 수 없다. 나의 열반은 '보이는 열반'이다"라고 대답했다. 그래서 4성제(四聖諦)를 3전12행(三轉十二行)으로 설명할 때 "멸성제(滅聖諦)가 보였고"라는 표현을 한 것이다.

붓다 이전에도 열반을 이야기했지만, 붓다의 열반과는 다르다. 선정주의자(禪定主義者)들이 말하는 열반은 '선정에 들어서 기쁨과 즐거움을 경험할 때 그대로 죽어 브라만[梵]과 하나가 되는 것'이고, 사문들은 영생하는 영혼이 물질로 이루어진 육신을 벗어나 완전히 자유로워지는 것으로 생각했다. 그래서 이들의 열반은 죽어야만 이루어지는 열반으로 증명된 적도 증명할 수도 없다. 반면 붓다가 밝힌 열반은 '모든 번뇌가 완전히 사라지고 고요한 상태로 존재하는 것'이라서 최상의 진리를 깨닫게 되면 바로 성취되는 것이기에 그 자리에서 바로 확인할 수 있다.

열반은 괴로움이 사라진 상태를 말하는 것이다. 그래서 괴로움이 집기(集起, 모여서 일어남)한 사실만 안다면 '소멸한 상태가 어떠한지'는 깨달음을 얻지 못했어도 그 자리에서 곧바로 확인할 수 있다. 진정한 열반은 죽어서 가는 곳이 아니라 '탐진치가 사라진 평온한 삶 그 자체'이기 때문이다.

감각이 만든 착각의 비밀

3과설(三科說)의 한계

불교에 입문하면 5온(五蘊), 12처(十二處), 18계(十八界)라는 단어를 자연스럽게 접하게 되는데, 이것을 불교 사전이나 입문서에서는 3과설(三科說)로 설명한다. 그렇다면 무엇이 3과설일까?

'3과(三科)'에서 '과(科)'라는 글자는 문과(文科), 이과(理科), 과목(科目) 등 용례로 알 수 있듯이 과목이나 과정이라는 뜻이다. 이 글자는 "곡식[禾, 벼]을 그릇에 담아[斗, 말] 종류별로 나눈 것"을 본떠서 만든 글자이다. 그래서 콩은 콩대로 쌀은 쌀대로 분류하는 행위를 가리킨다. 따라서 3과설은 세상의 모든 존재를 '5온, 12처, 18계'로 과목을 나누어 설명했다는 것이다.

그런데 놀랍게도 붓다는 3과설로 말하지 않았다는 것이다. 대장경에서 '3과설'을 검색해 보면 그 어떤 경전에도 등장하지 않는다. 불전(佛典, 불경)이 중국에 전파되는 과정에서 붓다의 가르침을 체계적으로 이해하려는 시도에서 탄생한 이론이기 때문이다.

불전이 대량으로 중국에 수입되고 번역되던 시기에는 양도 방대하고, 타 문화권에 토대를 두고 있으니, 명확한 뜻을 파악하기 어려웠다. 그런 고민에서 북송(北宋) 때 선승(禪僧)이자 역경승(譯經僧)이던 연수 스님이 100권의 방대한 불교 백과사전과 같은 『종경록(宗鏡錄)』을 저술했다. 이는 후학들에게 불교를 쉽게 이해시키려고 경전을 망라해 정리한 책이다. 이 책에서 사람들의 수준에 따라서 5온, 12처, 18계로 설명했다고 풀이하고 있다. 그러나 이 말이 사실인지는 경전을 통해 직접 확인할 필요가 있다.

당시에는 대장경을 누구나 열람할 수 없었기에 이런 설명도 나름 꽤 설득력이 있었다. 하지만 만약 경전을 직접 살펴본다면 붓다의 가르침과 얼마나 동떨어졌는지 바로 알 수 있을 것이다.

3과설의 출발은 붓다의 가르침을 체계적으로 정리하려는 것이었지만, 결과적으로는 나락으로 끌어내렸다. 그렇기에 붓다의 가르침을 배울 때 논서를 먼저 보지 말고, 어렵더라도 대장경에서 해당 용어의 용법과 맥락을 분석하고 이해해야만 한다. 그런 과정을 거치지 않고 논서에만 의지하면, 언젠가 해결할 수 없는 난제를 만나게 될 것이다. 논서를 보지 말라는 게 아니다. 경전을 먼저 읽고 도저히 이해되지 않을 때 논서를 통해 다른 사람의 이해를 참고하여, 중도(中道)를 드러내는 8정도(八正道)의 사유로 사실을 확인해야 한다는 것이다.

'5온(五蘊)', '12처(十二處)', '18계(十八界)'는 단순한 철학적 개념이

아니다. 우리가 경험하는 법계(法界)가 어떻게 구현되고 작동하는지를 설명하는 매우 중요한 교설이다. 우리가 살아가면서 겪는 모든 현상은 12처에서 구현되는데, 이것을 통해 우리는 '나와 세상이 존재한다'라고 인식한다.

5온(五蘊): 다섯 가지 무더기

5온(五蘊)은 붓다 이전부터 쓰던 개념이다. 당시에 공부 좀 했다는 사람들은 5온으로 세상이 구성되었다는 생각에 이견이 없었다. 그런데 경전에 5온이 등장하는 문장을 보면 설명한다기보다 비판하는 느낌이 드는 건 왜일까? 우리에게 친숙한 『반야심경』에도 5온이 텅 비었다느니, 색은 공과 다르지 않다느니, 색이 바로 공이라느니 온통 잡아먹을 듯이 달려들고 있다. 이제부터 붓다가 왜 5온에 시비를 걸었는지 알아보자.

경전에선 '세상'이 '세간(世間)'으로 번역됐는데, 어떤 생각으로 살아가는가에 따라 세간을 바라보는 시각이 다를 것이다. 그래서 창조신[梵神]을 믿고 사는 사람들에겐 '신의 섭리로 움직이는 세상[一切世間]'일 것이고, 네 가지 원소[四大]로 이루어졌다고 생각하면 제세간(諸世間)[19] 일 것이고, 다섯 가지 무더기[五蘊]로 이루어졌다고 생각하면 5온세간(五蘊世間)이 되는 것이다. 이외에도 많은 세간이 경전에 등장하는데, 그만큼 세상을 바라보는 시각이 다양했다.

---

19 불전(佛典)에선 제(諸)가 대체로 '모두'가 아니라 '4대설(四大說)에 근거한 모든 존재'라는 뜻으로 쓰였다.

여기서 '온(蘊)'을 파자(破字)해 보면 '풀[艹]'이 위에 있고, '실[糸, 실타래]'이 왼쪽에, 오른쪽에는 '네모난 틀 안의 죄수[囚]', 아래에는 '그릇[皿]'이 그려진 글자로 '다발 지은 풀을 그릇에 담긴 죄수가 바라보는 형상'이다. 인간이 세상을 다발 지어서 바라보는 모습을 잘 표현한 그림(글자)으로 느꼈기에 번역자가 당시에도 잘 쓰지 않던 어려운 글자임에도 이 '온(蘊)'자를 선택한 것 같다.

5온설(五蘊說)은 일체(一切)를 '다섯 가지 무더기'로 설명하는 방식이다. 색의 무더기인 색온(色蘊), 느낌의 무더기인 수온(受蘊), 생각한 형태의 무더기인 상온(想蘊), 업(業)의 무더기인 행온(行蘊), 인식의 무더기인 식온(識蘊)으로 세상이 존재한다는 생각이다. 여기의 이 무더기들도 추세(麤細)[20]로 구분되어 색온(色蘊)은 눈에 보이는 거친 무더기이고, 수상행식온(受想行識蘊)은 미세하여 눈에 보이진 않지만 실제로 존재하는 무더기라고 생각했다.

다섯 가지 존재로 모든 게 이루어졌다고 생각하는 사람은 나도 세상도 5온으로 존재한다고 생각한다. 그래서 '나'를 '다섯 가지 무더기의 결합체[五蘊]'라고 생각한 사문들이 많았다. 붓다는 이것은 외도의 생각으로 잘못된 생각이라 비판하며 바로 잡은 것이다. 이렇게 존재의 무더기를 취해서 자신이라고 믿고, 세상도 그렇게 이루어졌다고 생각하니,

---

[20] 붓다가 활동했던 당시에는 눈에 보이는 물질[色]이 거칠게[麤] 존재하듯이, 보이지 않는 정신적인 느낌[受], 생각[想], 업[行], 인식[識] 등의 요소들도 미세[細]한 물질로 존재한다고 생각했다.

그런 세상에서 그런 존재가 태어나고 죽기를 반복하며 윤회하고 있다고 생각하는 것이다.

그래서 12연기에서 '다섯 가지 무더기를 취하여 괴로워졌다', 즉 5취온고(五取蘊苦)라고 결론을 내린 것이다. 이것을 달리 말하면 '존재한다고 생각하기에 괴로워졌다'라는 뜻이다.

5온(五蘊)과 5취온(五取蘊), 5취온고(五取蘊苦)

5취온(五取蘊)에서 '취(取)'는 '귀[耳]+손[又]'으로, 여기서 우(又)는 '손으로 잡는다'라는 뜻이었다. 과거 전쟁터에서는 전리품으로 적의 귀를 잘라 승리를 증명했기에 '취한다, 제 것으로 만든다'라는 뜻으로 쓰이게 되었다. '듣다[耳]+또[又]'로 본다면 '반복적으로 듣고 익숙해져서 의미가 확정된다'라는 뜻으로 이해할 수도 있을 것이다.

사람이 태어났을 때는 엄마가 앞에 있어도 '엄마'라는 의미로 인식하지 못한다. 그러다가 엄마의 "엄마야, 엄마!"라고 10,000번 정도 반복하는 소리를 들은 아이는 비로소 '엄마'라고 말한다. 이 과정에서 '엄마'라는 존재와 '엄마 아닌 존재'로 구분되어 인식하게 된다. 아이가 성장하면서 이런 과정을 계속 반복하다 보면 점점 구분하는 것들도 늘어나 '나와 세상이 존재한다'라고 받아들이게 된다.

이러한 과정이 바로 '취(取)'이다. 우리는 끊임없이 반복되는 경험을 통해 존재를 확립하고, 그것에 집착하게 된다. 5온이 모든 존재라면, 5취온은 모든 존재를 받아들여 '나와 세상이 존재한다고 생각하는 것'을 말한다. 그러니 5취온고(五取蘊苦)는 '나와 세상이 존재한다는 생각을 받아들였기에 괴로워졌다'라는 의미이다.

일반적으로 괴로움을 '여덟 가지 괴로움[八苦]'이라며 '생(生), 노(老), 병(病), 사(死)'와 '구부득고(求不得苦), 애별리고(愛別離苦), 원증회고(怨憎會苦), 5음성고(五陰盛苦)'[21]라고 말하지만, 경전에 의하면 앞의 일곱 가지 괴로움의 결론이 5취온고이다. 이런 괴로움이든 저런 괴로움이든 모두 5취온고라는 뜻이니, 결국 이것도 존재를 받아들여서 존재한다고 생각하니 괴로워졌다는 결론이다.

괴로움에 관한 이해의 차이는 수행을 대하는 태도와 깨달음의 방향을 바꾸어 버리게 된다. 괴로움이 여덟 가지로 존재한다고 생각한다면 괴로움을 끊어내려고 노력하고, 존재를 받아들여서 괴로워졌다고 생각한다면 왜 존재하게 되었는지 알려고 노력할 것이기 때문이다. 전자를 받아들인 사람은 '그런 상황을 만들지 않으며 사는 것'을 수행으로 여기고, 후자는 어떻게 존재를 받아들였는지 알기 위해 12연기(緣起)를 깊이 사유할 것이다.

5온(五蘊)은 비판의 대상

앞에서도 잠깐 언급했지만, 5온은 붓다의 교설이 아니기에 언제나 비판의 대상으로 등장한다. 만약 붓다의 교설이었다면 굳이 가르치고 부정할 이유가 없다. 그리고 5온(五蘊)의 색수상행식(色受想行識)이 12연기에 그대로 들어가 있는데, 12연기와 5온의 설명이 매우 다르다. 또 한 가지 신경 써서 보아야 할 지점은 '온(蘊, 무더기)'이라는 서술어를 붙여서 용어를

---

21 번역자에 따라 5취온고(五取蘊苦), 순대고취집(純大苦聚集)으로 번역했다.

사용한다는 것이다.

만약 5온이 붓다의 교설이었다면, 『반야심경』에서 "5온이 텅 비었다[五蘊皆空]"라고 하지 않았을 것이다. 5온은 중생이 일체를 바라보는 하나의 시각이다. 5온세간(五蘊世間)에서 설명했듯이 중생은 '나와 세상이 다섯 가지 무더기로 존재한다'라고 철석같이 믿는 것이다.

12연기에서는 색수상행식이 다른 순서로 배치되어 있다. 붓다 설법의 특징은 단어의 배치나 개념에 매우 꼼꼼하다는 것인데, 5온과 12연기의 단어 배치에 관심을 가지고 눈여겨볼 필요가 있다.

색(色)은 5온(五蘊)에선 가장 먼저 등장하지만, 12연기에서는 식(識)의 상대인 명색(名色)으로 등장한다. 수(受)는 촉(觸)의 뒤에, 상(想)은 수(受)와 함께 일어나는 상사(想思)로, 행(行)은 무명(無明) 다음에, 식(識)은 명색과 짝을 이루며 등장한다. 5온에선 각 항목이 독립적인 존재의 무더기지만, 12연기에서는 상호 관계 속에 얽혀서 작동한다.

경전에선 4성제, 8정도, 12연기는 비판하지 않고 언제나 설명만 한다. 그것은 붓다 자신의 깨달음에 관한 내용이었기 때문이다. 만약 그것을 비판한다면, 비판하는 순간 그것은 곧바로 불가지론(不可知論, 유신론과 무신론 모두 배격하는 종교적 인식론)이 되어버릴 것이다. 붓다는 외도 비판에서 불가지론을 신랄하게 지적했기에, 스스로 자신의 교설을 비판한다면 모순이 되고 만다.

5음(五陰)과 5음법신(五陰法身)

인도 출신 당나라 승려 실차난타(實叉難陀)는 5온(五蘊)을 5음(五陰)으로 번역했는데, 다섯 개의 '그늘'이란 뜻이다. 사실 우리가 마주하는 대상은 그 대상 자체가 아니라 대상의 그늘과 같은 신호이기 때문이다. 대상 자체가 아니라 대상의 흔적인 그늘을 마주한다는 그의 번역은 경전 이해의 깊이가 고스란히 느껴진다.

수(受)도 통(痛)으로 번역했는데, 사실 '수(受)'는 '배를 주고받는 모습'을 본뜬 글자라서 '직접 주고받는다'라는 뜻을 가지지만, '통(痛)'은 '묶인 사람과 큰 종이 나란히 있는 모습'을 본뜬 글자여서 '큰 종의 울림이 전달되어 아프다'라는 뜻이다. 수와 통은 모두 느낀다는 공통점이 있지만 대상과의 간격이 다르다.

그리고 5취온(五取蘊)도 5성음(五盛陰)으로 번역했는데, '성음(盛陰)'은 '그릇에 담긴 그늘(신호, 자극)'이란 뜻이다. 신체 기관을 그릇으로 표현하고, 대상을 그늘로 표현하여 대상이 어떻게 구현되는지 직관적으로 느껴지도록 번역했다. 당시 한자를 사용했던 사람들에겐 현장감 있게 체감되는 번역이었을 것이다.

'5음(五陰)'을 잘 표현한 『증일아함』 「청법품(聽法品)」 5번째 경에서 실차난타 번역을 통해 5온과 5취온의 관계를 살펴보자.

【원문】 爾時 世尊與數千萬衆 前後圍遶而爲說法說 五盛陰苦。云何爲五? 所謂色痛想行識。云何爲色陰? 所謂此四大身 是四大所造色 是謂名爲色陰也。彼云何名爲痛陰? 所謂 苦痛樂痛不苦不樂痛 是謂名爲痛陰。彼云何名想陰? 所謂 三世共會 是謂名爲想陰。彼云何名爲行陰? 所謂 身行口行意行 此名行陰。彼云何名爲識陰? 所謂 眼耳鼻口身意 此名識陰。

【번역】그때 세존께서는 함께하는 수천만의 무리에게 앞뒤로 둘러싸여 법설(法說)의 5성음(盛陰)의 괴로움을 설하셨다. 무엇을 다섯이라 일러주는가? 색(色), 통(痛), 상(想), 행(行), 식(識)이라고 말하는 것들이다.

무엇을 색음(色陰)으로 일러주는가? 여기 이것은 '4대의 몸'으로 4대로 만들어진 색이라고 말하는데, 이것은 이름 지어진 색음(色陰)이라고 말해야 한다.

저들은 무엇을 이름 지어진 통음(痛陰)으로 일러주는가? 괴로운 느낌, 즐거운 느낌, 괴롭지도 즐겁지도 않은 느낌을 말하는데, 이것은 이름 지어진 통음(痛陰)이라고 말해야 한다.

저들은 무엇을 이름 지어진 상음(想陰)으로 일러주는가? 3세(世)가 함께 만나는 것을 말하는데, 이것은 이름 지어진 상음(想陰)이라고 말해야 한다.

저들은 무엇을 이름 지어진 행음(行陰)으로 일러주는가? 몸의 행과 입의 행과 뜻의 행이라고 말하는데, 여기 이것은 이름의 행음(行陰)이다.

저들은 무엇을 이름 지어진 식음으로 일러주는가? 눈, 귀, 코, 입, 몸, 생각[22]이라고 말하는데, 여기 이것은 이름의 식음(識陰)이다.

---

22 안이비구신의(眼耳鼻口身意)의 뒤에서 인식하는 자아가 관리한다는 뜻이다.

【원문】 彼云何名爲色? 所謂色者 寒亦是色 熱亦是色 飢亦是色 渴亦是色。云何名爲痛? 所謂痛者 痛者名覺 爲覺何物 覺苦 覺樂 覺不苦不樂故 名爲覺也。云何名爲想? 所謂想者 想亦是知 知青黃白黑 知苦樂故名爲知。云何名爲行? 所謂行者 能有所成故名爲行 爲成何等或成惡行或成善行故名爲行。云何名爲識? 所謂識(者) 識別是非 亦識諸味此名爲識也。

【번역】 저들은 무엇을 이름 지어진 색(色)이라고 일러주는가? '색(色)이란 자'23를 말하지만, 차가움 역시 색이고, 더움 역시 색이며, 배고픔 역시 색이고, 목마름 역시 색이다. 무엇을 이름 지어진 통(痛)으로 일러주는가? '느끼는[痛] 자'를 말하지만, 느끼는 자도 이름한 감각으로 어떤 물건을 감각 하면 괴로움을 느끼고 즐거움을 느끼며 괴롭지도 않고 즐겁지도 않음을 느끼기 때문에 감각이라고 이름하는 것이다.

무엇을 이름 지어진 상(想)으로 일러주는가? '상상[想]하는 자'라고 말하지만, 상상 또한 이렇게 아는 것으로 파랑, 노랑, 하양, 검정을 알고 괴로움과 즐거움을 알기 때문에 안

---

23 색자(色者), 통자(痛者), 상자(想者), 행자(行者), 식자(識者)는 그것이 현상이 아니라 그 자체가 존재라는 표현이다.

다고 이름하는 것이다.

무엇을 이름 지어진 행(行)으로 일러주는가? '진행하는 자'라고 말하지만, 능히 존재를 이루었기에 행(行)이라고 이름하고, 이룬 어떤 것들이 나쁜 진행[惡行]을 이루었거나 훌륭한 진행[善行]24을 이루었기에 행(行)이라고 이름한 것이다.

무엇을 이름 지어진 식(識)으로 일러주는가? '인식[識]하는 자'라고 말하지만, 옳고 그름을 구별해 인식하고 또한 모든 존재의 맛을 인식하는 여기 이것을 인식[識]이라고 이름하는 것이다.

중생은 색수상행식(色受想行識)을 그 자체의 존재로 여기지만, 사실 그것은 색수상행식의 그늘(감각 신호)이고 이름 지어진 대상일 뿐이라고 밝히고 있다.

『화엄경』엔 계신(戒身), 정신(定身), 혜신(慧身), 해탈신(解脫身), 해탈지견신(解脫知見身)이라는 5음법신(五陰法身)이 등장한다. 그러다 보니 그럴듯한 억지도 생겨났다. 깨달음이 성취되면 5온인 색수상행식이 바뀐다는 논리다. 색신(色身)은 계신(戒身)으로, 수신(受身)은 정신(定身)으로, 상신(想身)은 혜신(慧身)으로, 행신(行身)은 해탈신(解脫身)으로, 식신(識身)은 해탈지견신(解脫知見身)으로 달라진다는 것이다.

---

24 여기서 선행(善行)과 악행(惡行)은 선악(善惡)의 업(業)을 말하는 게 아니라 붓다와 중생으로 진행된다는 말이다.

알고 보면 5음과 5음법신은 아무런 관련이 없는 내용이다. 추세(麤細)의 몸 단위로 인식하는 (물리적인 몸, 인식이나 감정 또는 의식 같은 요소로 구분해 생각하는) 고대 인도인의 사유 방식 때문에 그런 몸이 있을 것이라고 오해한 것이다. 5음법신은 "계정혜를 배우면 해탈하게 되고 해탈했다는 지견(知見)이 생긴다"라는 붓다의 말을 오해하여 '부처가 되면 그런 몸이 성취될 것'이라고 생각한 사람들의 논리이다. 경전에는 이것을 '의설(義說, 겉은 비슷하나 논리에 맞지 않는 이야기)'로 명확히 표현하고 있다.

근(根)과 경(境): 감각 기능과 신호

경전에는 '근(根)'과 '경(境)'을 서술어로 쓴 단어가 자주 등장하는데, 그 차이를 명확히 알아야만 비로소 경전이 이해되기 시작한다. 일반적으로 근은 감각 기관이고 경은 감각 대상으로 받아들인다. 그래서 6근(六根)은 눈, 귀, 코, 혀, 몸, 뜻[眼耳鼻舌身意]으로 6경(六境)은 색깔, 소리, 냄새, 맛, 감촉, 생각[色聲香味觸法]쯤으로 이해한다.

안이비설신(眼耳鼻舌身)이 단독으로 쓰일 때는 '눈, 귀, 코, 혀, 몸'이라는 신체의 감각 기관을 말하는 것이지만, 여기에 근(根)을 붙일 때는 '대상 신호를 감지하는 감각 기능'이란 뜻이 된다. 이미 설명했듯이 근(根)은 인드리아(ⓢindriya)의 번역어로 제석천의 그물인 제망(帝網)이라는 단어에서 유래했다. 그 그물은 그물코가 촘촘해 그 무엇도 빠져나갈 수 없다고 전해진다. 그래서 근(根)이 서술어로 붙으면 '다 잡아낸다'라는 뜻이 추가된다. 그렇기에 '안근(眼根)'은 '눈'이라는 감각 기관이 아니라 '색깔 자극을 감지하는 기능'을 표현한 말이다. 예를 들어 박쥐는 초음파로 대상을 본다고 하니 초음파를 감지하는 게 눈[眼]일 것이고, 초음파로 여겨지는 자극을 감지하는 기능은 안근[眼根]이 될 것이다.

색성향미촉(色聲香味觸)과 색경(色境), 성경(聲境), 향경(香境), 미경(味境), 촉경(觸境), 법경(法境) 역시 같은 맥락이다. 색성향미촉이 단독으로 쓰일 때는 색깔, 소리, 냄새, 맛, 접촉이라는 대상 자체를 뜻하지만, 경(境)을 붙이면 그 '대상의 경계 지점에서 떨어져 나온 자극 신호'를 나타내는 말이 된다. 예컨대 색(色)이 '색깔'이라면 색경(色境)은 '색깔로 해석될 재료(신호, 자극)'이다.

그렇기에 '6근(六根)이 6경(六境)을 만난다는 것'은 단순히 안이비설신의가 색성향미촉법을 만난다는 말이 아니다. 안이비설신의 다섯 감각 기능[根]이 대응하는 감각 대상에서 떨어져 나온 신호들[境]을 감지하여 해석 통합하고, 통합된 대상도 함께 만들어 냈다는 의미이다.

우리는 개별적으로 작동하는 안이비설신이란 5가지 감각 기능을 통해 접수되는 5가지 감각 신호를 하나의 대상에서 동시에 느낀다. 이를테면 사과의 색깔, 소리, 냄새, 맛, 촉감이 이상하게도 하나처럼 동시에 느껴진다는 것이다. 그러면 5가지 신호를 하나로 통합하는 기능이 있다고밖에 말할 수 없다. 그래서 붓다는 제6의 감각 기능이 있다며 의근(意根)이라고 부른 것이다. 그렇다면 의근(意根)의 대상인 법경(法境)은 '다섯 가지 신호를 하나처럼 처리해서 만들어낸 종합 신호'가 되는 것이다.

12처(處): 일체를 구현하는 가상 공간

일반적으로 6근(六根)과 6경(六境)을 '안이비설신의'와 '색성향미촉법'이라고 말한다. 하지만 안근(眼根)처럼 근(根)이, 색경(色境)처럼 경(境)이 붙었다고 생각하고 경전을 읽어야 한다. 그래야 '감각 기관'인지 '감각 기능'인지 구분할 수 있고, '대상 자체'인지 '대상 신호'인지 구분할 수 있기 때문이다.

그러니 6근과 6경을 합한다고 단순하게 12처가 될 리가 만무하다. '처(處)'라는 서술어가 가지는 의미를 안다면 도저히 이렇게 볼 수 없기 때문이다. 이것은 한문으로 번역하는 과정에서 부득이한 간소화**25**에 따른 오해임을 이해해야 한다. '처(處)'는 본래 아트만[我]이 머무는 장소에서 출발한 단어였지만, 붓다는 '감각된 신호를 해석하여 주관과 객관이라는 한 쌍으로 구현하는 가상 공간'이라는 의미로 이 단어를 썼다. 그래서 한 쌍으로 보면 6입(六入)이고, 분리해 보면 12처(十二處)**26**이다.

과거에는 언어와 자료의 한계로 경전 해석이 어려웠지만, 지금은 산스크리트어나 빨리어 경전을 통해 더 입체적으로 이해할 수 있다. 그런데도 5온(五蘊), 12처(十二處), 18계(十八界)를 아직도 3과설(三科說)로 이해하기에 붓다의 법(法)을 제대로 이해할 수 없게 되었다. 사실 3과설은 나와 세상이 어떻게 구현되어 인식되는지 설명하는 내용이다. 그러나 세상의 존재를 지식의 정도에 따라 3단계로 과목을 나누어 설명했다고

---

25 한문은 자수(字數)를 맞추기 위해 글자를 줄여 쓰기도 한다. 아라한(阿羅漢)의 '아(阿)'는 부정사이므로 나한(羅漢)으로 쓰면 정반대의 의미가 되지만, 자수를 맞추려고 나한으로도 썼다.

26 입(入), 입처(入處), 처(處)는 모두 같은 말인데, 번역자에 따라 조금씩 다르게 번역했다. 더 알아보기 힘든 경우는 원어에서 처(處)를 처소격으로만 써서 번역 과정에서 누락된 경우도 많다. 이럴 때는 앞뒤 문맥을 깊이 따져보아야만 해석이 되기도 한다.

생각한 것이다.

　　12처가 단순히 6근과 6경의 결합이 아니라 '일체를 구현하는 가상 공간'이라고 이미 언급했다. 12처는 나와 세상이 구현되는 그야말로 일체, 그 자체이다. 그래서 붓다는 "일체(一切)는 12입처(十二入處)이다"라고 말한 것이다. 재차 언급한 것은 그만큼 중요하기 때문이니, 허투루 넘기지 말고 잘 사유해야 한다.

　　우리가 시각, 청각, 후각 등 5가지 감각 기능을 통해 외부 자극을 감지하면, 감지된 감각 정보는 생체 신호로 변환이 이루어진다. 이 생체 신호는 신경망을 통해 뇌에 전달되고 동시에 몸에서 발생하는 생체 신호도 전달되는데, 그러면 뇌는 양쪽의 신호를 받고 그것을 해석하여 6개의 쌍으로 된 12개의 가상 공간을 구현해 낸다. 그러면 안이비설신의(眼耳鼻舌身意)와 색성향미촉법(色聲香味觸法)이 가상 공간에서 보는 눈과 보이는 색깔, 듣는 귀와 들리는 소리, 냄새 맡는 코와 맡아지는 냄새, 맛보는 혀와 느껴지는 맛, 느끼는 몸과 접촉되는 느낌, 통합한 생각[意]과 통합된 대상[法]으로 쌍을 이루면서 구현된다.

　　그때 내가 색깔을 보았고, 소리를 들었고, 냄새를 맡았고, 맛을 보았고, 몸으로 느꼈으며, 통합된 대상을 마주한다는 인식(認識)[27]이 생겨난다. 이런 인식이 일어나면 대상을 18가지의 방식으로 분류하여 파악하게 되는데, 이게 바로 18계(十八界)이다.

27　이것이 '안(眼)과 색(色)이 만나면 안식(眼識)이 일어난다…'라는 표현이다.

18계(界) : 18가지의 분별 영역

'계(界)'는 다투(Ⓢdhātu)를 번역한 것인데, 본래 '기본 요소'나 '본질'이란 뜻이었는데, 불교에선 '분별의 영역'이라는 의미로 쓰인다. 예컨대 물과 같은 '액체의 영역'을 수계(水界), 딱딱한 '고체의 영역'을 지계(地界), '냉온(冷溫)의 영역'을 화계(火界), '힘과 유동의 영역'을 풍계(風界)라고 나누고 4계(四界)라 한다. 그렇다면 지수화풍(地水火風)의 4대(四大)와 4계(四界)는 무엇이 다를까?

4대는 근본 물질을 말하지만, 4계는 물질로 보는 게 아니라 영역으로 나누어 인식한다는 뜻이다. 사실 인식 작용은 근본 물질을 확인하는 게 아니라 이렇게 계(界, 영역)로 나누어 인식하게 된다. 그래서 대상을 감각 기능별로 크게 분류하면 '18가지 영역[十八界]'이 되는 것이다.

일반적으로 18계를 '6근(六根)+6경(六境)+6식(六識)'이라고 배우는데, 이것은 계(界)의 설명과 들어맞지 않는다. 경전에선 18계를 "謂十八界 眼界 色界 眼識界 乃至 意界 法界 意識界"라고 기록하기에 무슨 말인지 헛갈릴 수 있다. 그러나 이것은 "1. 眼界 2. 色界 3. 眼識界 4. 耳界 5. 聲界 6. 耳識界 7. 鼻界 8. 香界 9. 鼻識界 10. 舌界 11. 味界 12. 舌識界 13. 身界 14. 觸界 15. 身識界 16. 意界 17. 法界 18. 意識界"를 축약한 문장이다.

여기서 안계(眼界)는 '눈의 영역', 색계(色界)는 '색깔의 영역', 안식계(眼識界)는 '눈으로 보았다고 생각하는 영역'이다. 이렇게 우리는 대상을 18가지의 영역으로 구분하여 어느 쪽에 속해 있는지 자연스레 구분하게 된다. 이렇게 구분이 지어져야만 대상을 명확하게 분류해서 저장하고, 또 꺼내서 처리할 수 있기 때문이다.

예를 들어 12처에서 '나와 사과'를 구현하면, 동시에 '내가 사과를 보았다'라는 인식 작용이 일어난다. 이때 사과를 보는 쪽이 안계(眼界), 보이는 사과 쪽이 색계(色界), '사과를 본다는 것'을 아는 쪽이 안식계(眼識界)라는 영역으로 구분된다. 이렇게 이입(耳入), 비입(鼻入), 설입(舌入), 신입(身入), 의입(意入)도 구현되는데, 이때 그에 따르는 인식 작용과 계 분별(界分別)도 함께 일어나는 것이다. 이렇게 6근, 6경, 6식, 18계는 아주 밀접한 관계 속에서 드러난다.

우리는 대체로 '6식이 6근을 통해서 6경을 본다'라거나, '6경이 6근을 통하여 6식이 안다'라는 식으로 알고 있다. 다시 말해 내 마음이 눈을 통해서 세상을 본다거나, 세상이 눈에 감지되면 내 마음이 안다는 식이다. 모르긴 몰라도 독자가 들었던 설명도 크게 다르지 않았을 것이다. 여기서 한 번만 더 생각해 보자! 이게 과연 6년 고행을 해서 겨우 깨달을 만한 사건일까? 솔직히 말하면 죽기 전에 누구나 알만한 일이다. 그렇다면 굳이 수행하지 않아도 저절로 깨닫는다는 것이니, 운명론이나 숙명론과 크게 다를 게 없다.

다시 한번 간단히 정리해 보자. 5근(五根)이 5경(五境)을 만나 감지된 신호를 뇌에 전달하면, 뇌는 이것을 종합하여 의근(意根)과 법경(法境)을 구현한다. 이 의근과 법경이 만나는 상황은 내입처와 외입처라는 가상 공간으로 구현된다. 이때 '6가지 인식 작용[六識]'이 일어나고 동시에 '18가지의 계분별[十八界]'이 일어나게 된다.

2부

도와 덕의 틀 깨기

8정도는 길이다

보는 법이 달라져야 길이 열린다

8정도(八正道)의 번역과 의미

8정도(八正道, Ⓢāryāṣṭāṅgamārga)는 번역자에 따라 '팔지성도(八支聖道, Ⓟariyo aṭṭhaṅgiko maggo)'로 번역하는데, 팔지성도가 원어에 좀 더 가까운 번역이다. 여기서 빨리어 '막고(maggo)'는 길인데, 8가지 길이니까 복수여야 하는데도 단수이다. 8가지 항목이지만, 앞의 7가지가 모두 정정(正定)으로 귀결된다는 의미이다. 8정도는 다음과 같다.

1. 정견(正見, Ⓟsammādiṭṭhi)
2. 정사유(正思惟, Ⓟsammāsaṅkappo)
3. 정어(正語, Ⓟsammāvācā)
4. 정업(正業, Ⓟsammakammanto)

5. 정명(正命, ⓟsammaajivo)

6. 정정진(正精進, ⓟsammāvāyāmo)

7. 정념(正念, ⓟsammāsati)

8. 정정(正定, ⓟsammāsamadhi)

8정도는 별개의 항목이 아니라 매우 밀접한 관계에 있다. 바른 견해[正見]라야 바르게 사유[正思惟]하고 바르게 말[正語]하며, 바른 업[正業]을 알아 올바른 생활[正命]을 영위하고, 바른 정진[正精進]으로 바르게 기억[正念]되면 바른 삼매[正定]인 열반이 성취되는 것이다.

뜬구름 잡는 이야기처럼 느껴질 것이다. 도덕 교과서도 아닌데 '바를 정(正)' 자만 앞에 쓰여있으니 그저 똑바로 살라는 말로 들릴 법하다. 그리고 "저런다고 해탈이 되겠어?"라는 생각이 가장 먼저 머리를 스칠지도 모른다. 8가지 항목도 해탈과는 전혀 무관해 보이는데, 최소한 깊은 산속에 들어가서 뭔가 아주 특별한 수행을 해야만 할 것 같은 선입견 때문이다.

8정도의 가치를 제대로 이해하지 못한다면, 수행에 가장 큰 저해 요소가 된다. 깨달음을 얻어 열반에 이를 수 있는 유일한 길이 바로 8정도이다. 이 길을 떠난 열반은 없다. 8정도를 잘 알지도 못하면서 수행한다면 망망대해의 풍랑 속에 방향을 잃은 쪽배에 올라탄 신세일 뿐이다.

정견(正見) : 수행의 기초이자 나침반

'정견(正見)'은 8정도에서 가장 첫 번째이자 수행으로 나아가는 기초 작업이다. '견(見)'은 앞을 바라보며 서 있는 눈[目]의 모습(罒)을 본뜬 글자이다. 이것은 신경 써서 보는 게 아니라 '자연스럽게 보인다'라는 뜻인데, 여기서는 의미가 확장돼 '견해(見解)'라는 뜻으로도 쓰였다.

정견(正見, ⓟsammādiṭṭhi)에서 '삼마(sammā, 正)'는 '올바르다'이며 '디띠(diṭṭhi, 見)'는 '견해' 또는 '지혜'를 뜻한다. 따라서 정견이란 삿된 주장이 아닌 '진리에 대한 올바른 견해가 생겨난 상태'를 말하는 것이다. 그렇다면 진리에 대한 올바른 견해란 무엇일까?

그것은 바로 4성제(四聖諦)이다. 4성제가 눈에 들어오는 순간, 바른 견해가 생겨나는 것이다. 정견이 생겨나지 않으면 열반을 향해 단 한 발도 내딛지 못한다. 그런데도 내디뎠다고 말한다면, 열반은 절대 보장받을 수 없을 것이다.

혹자는 4성제 정도는 안다고 생각할지 모르겠다. 그것이 "모두 다 괴로운데 원인은 갈애이며, 열반이 따로 존재하고 또한 그 열반에 이르는 길이 있다"라는 식으로 이해했다면 사유가 이렇게 전개된다. 갈애를 없애는 게 정견, 갈애를 없애는 사고가 정사유, 갈애를 없애야 한다고 말하는 게 정어, 갈애를 없애는 행위가 정업, 갈애를 없애는 생활이 정명, 갈애를 없애는 노력이 정정진, 갈애를 없애는 알아차림이 정념, 갈애를 없애는 집중이 정정일 것이다. 이는 정견(正見)을 빙자한 사견(邪見, 삿된 견해)으로, 비슷하나 내용이 논리에 맞지 않는 견해이다.

우리는 저마다 다양한 견해를 가지고 있는데, 서로의 의견이 충돌하면서 언제나 다툼이 일어난다. 이 다툼은 도대체 왜 생겼을까? 사실이 증명되지 않았기 때문이다. 그래서 진리를 깨닫게 되면 가장 먼저 생겨나는 변화가 '다툼이 사라지는 것'이다. 예컨대 어떤 사람이 '사람은 죽으면 반드시 저세상에 다시 태어난다'라고 하면, 또 다른 이는 '사람은 죽으면 끝이다'라고 주장한다. 그러면서 서로 상대에게 틀렸다고 강력하게 주장하며 다툰다.

이 다툼을 끝내는 획기적인 방법은 사실 여부를 증명만 하면 된다. 문제는 다음 생에 다시 태어나거나 태어나지 않음을 증명할 길이 딱히 없다는 점이다. 죽은 사람이 되돌아와서 말해주면 간단히 해결되는데, 그런 일은 절대로 일어나지 않는다. 가끔 죽었다 살아난 사람이 있다고 말할지도 모르겠지만, 그것은 덜 죽었던 것이지 죽었다 살아난 게 아니다. 완전히 부패해 흐물흐물한 시체가 살아난 경우는 그 어디에도 없다. 그렇다고 다음 생이 있다거나 없다고 주장하는 게 아니다. 증명된 적이 없는 '존재한다'라는 가정이 있고, 증명되지 않은 가정을 근거로 펼치는 주장이었다고 말하는 것이다.

의견이 양립하거나 대립하는 문제의 발단은 무엇 때문일까? 사실 관계를 확인하지 않아서다. 저세상이 있다고 상상해 놓고 거기에 가는지 안 가는지 따지는 오류를 범했으니 해결책 없는 주장만 난무하는 것이다. 이 문제를 해결하려던 중에 싯다르타는 '증명할 수 있는 것으로만 사유하여 결론에 이르면 어떨까?'라고 획기적으로 생각했다. 사실에 근거한 생각이니 증명할 필요도 없고 '가감이 필요 없는 참다운 진리'에 도달할 수 있기 때문이다.

이 대목에서 정작 문제는 '어떻게 증명이 필요 없는 것만 골라내는가?' 하는 것이다. 이 문제의 해결책은 의외로 간단했는데, 감각 기관을 통과했는지 확인만 하면 되었다. 사유의 대상이 감각 기관을 통과했으면 '통과했다는 기록'이 있으니 유기(有記, 증명되는 것)이고, 통과한 기록이 없으면 무기(無記, 증명되지 않는 것)일 것이니, 무기는 제외하고 유기만으로 사유하면 되는 것이다. 다시 말해 사과를 생각한다면 눈 있는 사람은 누구나 사과를 확인할 수 있으니 유기이고, 천당을 생각한다면 안이비설신(眼耳鼻舌身)의 그 어디로도 천당을 확인한 적이 없으니 들어온 기록이 없는 무기라고 판단하는 것이다.

무기로 사유하는 것은 가상의 이론을 펼친 것이니 끝내 증명할 수 없다. 이렇게 증명되지 않는 이론을 주장이라고 하고, 증명되는 것을 진리라고 하는 것이다. 앞에서 살펴봤던 육사외도의 견해는 이렇게 증명할 수 없는 무기를 끼워 넣고 이론을 펼친 것이라서 외도(外道)라고 부른 것이다.

몇 번 강조한 예시지만, 다시 시간과 공간 그리고 인과를 되짚어 보자. 우리는 절대로 시간과 공간을 느낄 수 없는데, 그것을 느끼는 감각 기관이 없기 때문이다. 우리에게 시간을 느낄 수 있는 감각 기관이 있다면 굳이 시계를 만들어 쓸 이유가 없다. 공간도 마찬가지인데, 느낌이 없을 때를 해석하여 공간이라고 인식하는 것이다. 이렇게 느낄 수도 없는 시간과 공간에 우리는 살아간다고 착각한다.

그렇다면 존재는 어떨까? 존재로 여기는 대상에서 떨어져 나온 신호를 감지하고 그것을 해석하여 존재로 그려냈을 뿐이다. 낮에 하늘을 올려다보면 별을 볼 수 없는데, 정말 하늘에 별이 없을까? 물론 별은 밤낮없이 빛나고 있다. 하지만 뇌가 다른 신호에 비해 미미한 낮의 별빛을 의미 있는 신호로 해석하지 않기에 보이지 않는 것이다. 그러니 보인다고 해서 있다고 하고, 보이지 않는다고 해서 없다고 말할 수도 없다. 존재해서 존재한다기보다 뇌가 해석했는가 아닌가에 따라 존재 여부를 결정하는 것이다.

이렇게 시간과 공간, 존재는 모두 무기의 영역이다. 우리는 이런 무기의 시간을 근거로 두고 인과(因果)로 사유한다. 그것이 무인론(無因論)이든, 인과론(因果論)이든, 숙명론(宿命論)이든 관계없이 언제나 시간의 선후 관계로 생각하는 것이다. 이렇게 시간적 선후 관계를 집어넣고 사유한다면, 무기를 덧붙여서 사유한 것이라 증명할 수 없게 된다.

위와 같이 생각하는 게 사견(邪見)이고, 왜 그렇게 생각하면 안 되는지 아는 것이 정견(正見)이다. 또한 인과(因果)로 이해하는 게 사견이고, 연기(緣起)로 이해하는 것이 정견이다. 『중아함(中阿含)』 7권 「분별성제경(分別聖諦經)」에 정견(正見)의 설명이 있어서 소개한다.

【원문】 云何正見? 謂聖弟子念苦是苦時 習是習 滅是滅 念道是道時 或觀本所作 或學念諸行 或見諸行災患 或見涅槃止息 或無著念觀善 心解脫時 於中擇 遍擇 次擇 擇法視。遍視觀察明達 是名正見。

【번역】 무엇을 바른 견해라고 일러주는가? 성스러운 제자는 '기억의 괴로움[念苦]'이 이 괴로움이었을 때, 익힌 것[習]이니 이것을 익혔다고 하고, 소멸[滅]하니 이것이 소멸한다고 하고, 기억의 길[念道]이 이런 길이었을 때는 근본[本處]에서 만들어졌음을 관찰하거나, 기억에서 모든 존재가 진행되었음을 배우거나, 모든 존재로의 진행이 재앙과 근심인 게 보이거나, 열반은 '멈추어 쉬는 것[止息]'이라는 게 보이거나, 선업(善業)을 관찰하는 기억도 애착이 없다고 하며,

마음이 해탈했을 때는 가운데를 선택하든, 두루 선택하든, 차례로 선택하든 '선택한 것'을 법(法)으로 보게 된다고 말한다. '두루 보는 것[遍視]'을 밝게 통달하여 관찰하는 이것을 정견이라고 이름하는 것이다.

『중아함』의 번역자 실차난타(實叉難陀)는 집성제(集聖諦)의 '모일 집(集)'을 '익힐 습(習)'으로 번역했는데, 상당히 뛰어난 번역이라고 생각한다. 무명(無明)과 행(行)이 얽혀서 존재를 드러내는 과정은 사람들이 생각을 받아들이면서 익히는 과정을 말하는 것이기 때문이다. 이 경전에서는 정견을 고집멸도(苦集滅道) 4성제로 바라보는 것이라고 정의했다.

번역자는 괴로움을 '기억이 구현되는 장소[念處]에서 발생한 괴로움[念苦]'으로 볼 때 비로소 익혔으니 익혔다고 알고, 소멸하니 소멸한다고 알게 된다고 표현했다. 이 말은 인과적이거나, 우연한 발생이거나, 존재에 내재한 게 괴로움[苦]이라는 그 생각들이 삿된 견해라는 뜻이다. 또 기억에 얽혀서 발생했다는 게 보여야만 바른 견해가 된다는 것이다. 나아가 '존재로 바라봄을 익히[集]는 것, 존재로 보니 괴로워졌다는 사실이 보이는 것[滅], 열반은 '죽어서 가는 것'이 아니라 '잘못된 생각이 멈추고 쉬는 것'임을 아는 것[道]과 '선악(善惡)이란 업(業)의 관점으로 보는 것'에도 애착이 없는 것을 정견이라 말하고 있다.

이어서 '심해탈(心解脫)' 했을 때를 말했는데, 여기서 마음[心]은 '마음'이란 존재를 말하는 게 아니라 '마음 작용'을 말하는 것이다. 심해탈은 '존재한다고 생각하는 마음 작용에서 벗어난다'라는 뜻인데, 심해탈에 이르면 대상의 가운데를 선택하든 주변을 선택하든 차례로 선택하든 모두 환상으로 구현된 법(法)이라고 보게 된다는 것이다.

정견(正見)을 얻으면?

정견이 확립되면 어떻게 될까? 4성제(四聖諦)만이 진리라는 안목이 생긴다. 다시 말해 '일체는 조작되어 괴로워졌고, 그 괴로움은 집기(集起)28한 것이니, 소멸할 수 있으며, 그 소멸의 길도 드러나게 된다'는 것을 보는 안목이 생긴다.

붓다는 『중아함(中阿含)』「성도경(聖道經)」에서 "삿된 것을 삿되다고, 바른 것을 바르다고 보는 것[若見邪見是邪見者 是謂正見 若見正見是正見者 亦謂正見]"을 정견이라고도 했다. 언뜻 당연한 것 같지만 그렇지만도 않은 게 현실이다. 우리는 때때로 바르지 않은 것을 바르다고 착각하거나, 올바름을 보고도 옳다고 생각하지 못하는 경향이 있다. 싯다르타도 6년이란 시간 동안 목숨을 잃을 정도의 고행을 하면서 헤맸다.

삿된 것을 삿되다고 보지 못하는 이유는 무엇일까? 욕망과 집착이 우리의 시야를 가리기 때문이다. 보통 우리는 좋아하는 사람의 단점을, 싫어하는 사람의 장점을 애써 외면한다. 이렇게 주관적 판단과 감정이 개입되면, 있는 그대로 보지 못하게 된다. 우리가 4성제를 진리로 받아들이지 못하는 이유도 같은 맥락이다.

정말로 4성제를 이해했다면 '다른 견해의 무엇이 오류'인지도 알아

---

28   집기(集起)는 '모여서 일어난다'는 뜻이니 12연기를 가리킨다. 연기는 마음 작용을 설명한 것이지, 외부 존재를 설명하는 게 아니다.

야 하고, 남에게 거침없이 설명할 수 있어야 한다. 설명하지 못하면 스쳐 지나간 이론일 뿐이다.

괴로움[苦]은 이래서 괴롭다고, 익힌[習] 것은 이래서 익혔다고, 소멸[滅]은 이래서 소멸한다고, 소멸에 이르는 길[道]은 이래서 소멸에 이르는 길이라고 볼 수 있고 설명할 수 있어야 바른 견해[正見]가 생겨난 것이다. 즉 괴로움이 무엇인지, 어떻게 만들어지는지, 소멸하면 어떻게 되는지 그리고 그 방법이 무엇인지를 분명히 아는 것이다. 정견이 없으면 삿된 견해를 진리로 착각해 잘못된 수행을 하면서도 무엇이 잘못인지조차 알지 못한다. 그러면 어리석은 수행만 고집하다가 정작 괴로움은 소멸하지 못한 채 일생을 마치게 된다.

열반을 향해 가는 수행자가 정견이라는 나침반이 없이 무작정 출발한다면, 엉뚱한 길에서 방향을 잃은 채 헤매고 말 것이다.

여실지견(如實知見) : 비로소 사실이 보임

불교를 접하다 보면 "여실지견(如實知見)"이란 말을 자주 듣게 된다. 그러나 무슨 뜻인지는 잘 알지 못한다. 그저 '있는 그대로 보라'는 정도로 이해할 뿐이다. 사실 여실지견이 단독으로 쓰이는 경우는 거의 없고 '여실지견~'으로 쓰여 '실제와 같이 알면 ~이 보인다'라는 말로 쓰인다. 즉, 정견이라야 비로소 어떤 사실이 보인다는 표현이다.

바른 견해는 이론과 수행이 서로 꼭 들어맞을 때라야 완성된다. '나는 오늘부터 정견을 가져야지'라고 생각한다고 해서 이루어지지 않는다. 어쩌면 제아무리 노력해도 정견을 얻지 못할 수도 있다. 무엇이 잘못되었는지조차도 모를 뿐만 아니라 무엇부터 건드려야 할지도 모르는 총체적 난국이기 때문이다.

　그러나 걱정할 필요는 없다. 이미 정견에 도달한 붓다가 정견을 매우 상세히 가르쳤기 때문이다. 우리는 단지 배우고 사실인지 확인만 하면 된다. 아무것도 없는 상태에서 처음 만드는 게 힘들지, 배워서 만드는 것은 '누워서 떡 먹는 것'만큼이나 쉽다.

　만약 어떤 사람이 "정견이 뭡니까?"라고 물어올 때, 자신 있게 4성제(四聖諦)를 설명하지 못하고, 삿된 견해를 듣고도 우왕좌왕하며 바로 반박하지 못하면, 아직 정견이 갖추어지지 못했음을 알아야 할 것이다. 붓다가 육사외도를 일일이 비판한 이유는 그들의 삿된 견해로는 해탈에 이를 수 없음을 명확히 보았기 때문이다. 깨달음으로 나아가려는 수행자는 반드시 외도의 가르침을 읽고 그 가르침의 잘못이 무엇인지 분명하게 알 수 있어야 한다. 그렇지 않으면 외도의 수행을 하면서도 그렇다는 사실조차 모른 채 일생을 허비하게 된다.

　싯다르타는 외도의 방법으로는 깨달음을 얻을 수 없다는 사실을 처절한 6년 수행을 통해 깨닫고, 4성제와 중도인 8정도를 말했다. 붓다는 외도를 일일이 비판했는데, 살펴보면 그 무엇도 흠잡을 수 없는 매우 현명한 판단이다. 붓다는 외도의 64견을 비판하면서 '3세(三世)'로 분류했다. 그것은 '과거에 집착하는 자, 미래에 집착하는 자, 현재에 집착하는 자들'이었다. 그렇다면 붓다는 어째서 외도의 견해를 이렇게 시간으로 나누었을까?

　앞에서도 밝혔듯이 우리는 시간과 공간으로 나와 세상을 파악하고, 그 과정에서 인과의 논리를 동원해 원인과 결과로 유추한다. 그러다 보니 우리는 원인을 찾을 때 시간적인 환원이나 공간적인 환원을 통해 근원에 접근하려 한다. 과거로 거슬러 올라가거나 공간적으로 쪼개가면서 그 원인을 파악하는 것이다.

시간으로 환원하면 '내가 결과라면 원인은 부모이고, 부모의 원인은 조부모이고, 조부모는…' 이렇게 계속 소급하다 보면 죽을 때까지 소급해도 끝나지 않을 것이다. 이럴 때 이 생각을 효과적으로 끝내는 영악한 방법이 있는데, 이름을 붙이고 끝내는 것이다. 그래서 태초(太初)라는 개념이 생겼고, 또 그것은 '스스로 존재하는 신'이 창조했다고 하는 것이다. 이러한 사고방식은 현대 과학에서도 똑같이 빅뱅(big bang)이란 이름만 남겼다.

공간의 환원은 공간을 점유하는 대상을 반으로 나누고, 또다시 나누기를 반복하는 것이다. 그러다 보면 이것도 결론이 나지 않는데, 그럴 때 또 이름을 붙이고 끝낸다. 그것을 고대 인도에서는 4대(四大)라는 '근본 요소[大, Ⓢmahābhūta]'로, 현대 물리학에서는 '원자(原子, atom)'라고 이름을 붙였다.

시간이든 공간이든 뭔가 근원을 밝혀낸 것처럼 느껴지지만, 사실 아무것도 밝혀낸 게 없다. 다만 이름만 하나 덩그러니 남았을 뿐, 그 무엇도 증명되거나 해결된 것이 없다. 이런 것들이 계속 말하지만 증명되지 않는 것, 즉 무기(無記)이다. 이런 무기를 기초로 논리를 전개하면 아무것도 증명할 수 없기에 언제나 주장에 불과하다.

그러니 시간으로 환원한 브라만교, 공간으로 환원한 신흥 사문은 주장만 했을 뿐 아무도 진리에 접근하지 못한 것이다. 그래서 붓다는 과거, 미래, 현재에 집착하는 자들이라고 외도를 비판했다. 그렇다면 붓다의 깨달음은 적어도 시간과 공간에 의지하거나, 그 논리를 조금 더 전개한 '시공간의 인과'에 의지한 내용은 아닐 것이다.

'사견을 사견이라고 알고, 정견을 정견으로 아는 것을 정견이라고 이름한다'라는 정견에 관한 붓다의 정의는 군더더기 없이 깔끔하다. 정견을 제대로 아는 것은 무엇보다 중요하다. 8정도의 첫 단추인 정견이 중요한 이유는 8정도는 서로 맞물려 있는 톱니바퀴와 같아서 연쇄적으로 서로 영향을 주면서 작용하기 때문이다. 바른 견해[正見]라야 바르게 사유[正思惟]하고 바르게 말[正語]하며, 바른 업[正業]을 알아 올바른 생활[正命]을 영위하고, 바른 정진[正精進]으로 바르게 기억[正念]되면 바른 삼매[正定]인 열반을 성취하는 것이다.

선사(禪師)의 정견: 깨달음의 첩경

조주 선사의 무자(無字) 화두만 살펴보더라도 이 대화가 정견을 드러내고 있음을 알 수 있다. 무자 화두는 "일체중생실유불성(一切衆生悉有佛性)이라고 했으니, 저 개에게도 불성이 있는 게 아닙니까?"라고 어느 학인이 물으니, 조주 스님이 "없다[無]"라고 일러준 데서 시작한다. 이 화두의 요지는 "경전에는 불성이 '있다'라고 했는데 왜 조주 스님은 '없다'라고 대답했는가?"의 진실을 알아내는 데 있다. 이것은 사실 매우 간단한 문제이다. 해당 경전만 찾아보더라도 바로 그 해답이 명확하게 기록되어 있기 때문이다.

『대반열반경』에는 "思惟其義 則能了知一切衆生悉有佛性"라고 기록돼 있는데, 의설(義說, 거짓 주장)로 사유하니 불성이 있다고 생각한다는 것이다. 여기서 문제는 번역 당시 글자 뜻이 질문 당시와 달라졌다는 것이다. '일체(一切)'는 '나와 세상이란 모든 존재'라는 뜻이 '모두'로 바뀌었고, 실(悉)은 '깊이 새기다'라는 뜻이 '모두'로 쓰이기 시작했고, 의(義)는 '거짓'에서 '뜻, 옳다'로 바뀌었다. 그러니 단어의 뜻이 바뀌기 전 "一切衆生悉有佛性"이란 문장의 원래 뜻은 '일체라는 존재로 여기는 중생은 불성이 존재한다고 마음에 새겨져 있다'이다. 그리고 이것은 잘못된 사유로 의설[思惟其義]이라고 밝히고 있다.

불성(佛性)이 있다는 생각도 사견(邪見)에 해당한다. 불성을 '존재하는 부처의 성품'이라고 받아들이면, 모든 중생 안에 이미 불성이 존재하므로 언젠가는 붓다가 된다는 결론에 도달하는데, 이것은 외도가 말했던 결정론과 같은 맥락이다. 조주 스님은 존재로 바라보는 외도의 시각을 바로잡고 정견을 드러내고자 '무(無)'라고 답한 것이다. 붓다는 불성이 있어서 발현되는 게 아니라, 무명(無明)이 명(明)으로 전환될 때 드러나는 것이다. 최상의 진리를 깨달았는가 깨닫지 못했는가의 문제이지, 불성이 있느냐 없느냐의 문제가 아니다.

선사들은 '뜬구름 잡는 이야기'를 화두로 제시한 게 아니다. 화두의 해답은 언제나 정견을 확립하는 데 초점이 맞추어져 있다. 1,700 공안(公案)이 모두 정견에 방점이 찍혀있음을 알아야 한다. 붓다와 조사의 깨달음이 모두 최고의 깨달음이라면, 그 깨달음은 항상 유일한 것이기에 결코 서로 다를 수 없다. 조사선(祖師禪)에서 제시하는 화두 역시 정견을 드러내고 있으니, 이 정견이야말로 깨달음의 첩경이라 하겠다.

생각이 바뀌면 삶도 바뀐다

정사유(正思惟, ⓟsammāsaṅkappo)

정사유(正思惟)는 '바르게 생각한다'라는 뜻인데, '생각한다'라는 말은 사(思), 량(量), 상(想), 념(念), 고(考), 지(志) 등 다른 글자로도 표현할 수 있었다. 그런데 번역자는 왜 '사(思)'를 택했을까?

'사(思)'는 '밭[田]+마음[心]'으로 이루어진 글자로, 밭고랑이 세로와 가로로 구획되어 있듯이 질서 있게 생각하는 것을 뜻한다. 그리고 고대에는 '사(思)'에서 전(田)은 '아기의 정수리[囟]'를 본뜬 모양이었고, 그 밑에 심장이 그려져 있었다. 정수리는 머리의 중심이니, '사(思)'는 '머릿속에서 깊이 생각하고 숙고하는 것'을 표현한 글자이다.

또 '유(惟)'는 '마음[心]+새[隹]'로 이루어졌는데, 여기서 '새 추(隹)'자는 참새와 같은 꼬리가 짧은 새를 본뜬 글자이다. 이런 새들은 온종일 끊임없이 먹이를 쪼아 먹기에, '무언가를 지속해서 집중적으로 추구한다'라는 기본 의미가 있다. 따라서 '유(惟)'는 '오직 한 가지 생각에 집중하고 몰두하는 것'을 의미한다. 이상의 내용을 종합하면, 정사유는 '4성제(四聖諦)라는 바른 견해[正見]가 옳은지 그른지 정확하고 바르게 또 깊이 생각하는 것'이다.

바르게 사유하려면 바른 견해가 있어야 한다. 4성제라는 진리에 관한 올바른 견해를 토대로 사실인지 아닌지 사유할 수 있고, 그런 사유를 통해 스스로 증명하는 과정을 거쳐야만 비로소 진리가 체화된다.

누구에게도 의지하지 않고 최상의 깨달음을 얻은 사람은 싯다르타 한 명이다. 그 이후의 깨달음은 깨달음에 관한 붓다의 가르침을 듣고, 사실인지 아닌지를 사유하고 확인해서 얻는 것이다. 이것이 불교의 깨달음에 관한 입장이다. 그런 이유로 8정도의 정사유는 불교 수행의 핵심에 해당한다고 하겠다. 불교에서 수행은 사유로 완성하는 것이다.

몸의 수행과 사유의 수행

쾌락주의자나 고행주의자들은 '몸을 이용해서 노력하는 것'을 수행이라 여겼다. 쾌락주의자는 몸의 움직임을 제어해 쾌락을 극대화하려 했고, 고행주의자는 악업을 없애는 수단으로 몸을 괴롭혀 행복을 보장받으려고 했다. 이런 양극단의 수행을 모두 경험한 싯다르타는 이것으로는 해탈을 얻을 수 없음을 깨닫고 그것들을 과감히 버렸다. 그러니 싯다르타가 깨달은 진리를 따르는 불교의 수행은 적어도 몸으로 노력하거나 감각을 차단하는 방식일 수 없는 것이다.

싯다르타가 최고의 깨달음을 얻은 방식은 바로 올바른 사유였다.

깨달음을 얻은 뒤 붓다로서 그가 해탈의 방법으로 제시한 8정도에도 정견(正見), 정사유(正思惟), 정정진(正精進), 정념(正念)의 사유에 관한 항목이 주된 수행으로 등장한다. 4성제로 바르게 사유해서 연기(緣起)하여 드러나는 법(法)을 확인만 한다면, 집착이 자동으로 해체되어 괴로움이 소멸한 열반의 삶으로 전환되는 것이다. 그래서 불교의 수행을 '사유수(思惟修)'라고 말한다.

하지만 우리는 사유의 중요성은 간과한 채 "몸으로 고된 수행을 해야만 깨달음을 얻는다"라는 식으로 이해한다. 물론 필자도 그랬고 적지 않은 수행자들 역시 그렇게 생각할 것이다. 대체로 초기에는 몸을 혹사하며 수행하기 마련이다. 필자도 삼칠(三七)일 동안 잠을 자지 않는 용맹정진(勇猛精進)을 해보았다. 끝나고 나니 '나도 뭔가 해냈다'라는 나름의 성취감이 있었다. 그러나 그 이상도 그 이하도 아니었다. 과연 그런 몸부림으로 무엇을 얻을 수 있을까?

오죽하면 붓다가 하다못해 노력하더라도 똑바로 하라고 정정진(正精進)이라고 말했을까! 필자에게 올바른 견해가 없었으니 무슨 짓을 해도 결국 모두 헛발질이었다. 견해가 바로 서야 올바르게 사유하여 바른 수행도 이루어지는 것이다. 말뚝 신심 하나만 믿고 뛰어들면, 백전백패(百戰百敗)다.

경전에서 말하는 정사유(正思惟)

『중아함』의 「분별성제경(分別聖諦經)」엔 정사유(正思惟)를 다음과 같이 정의하고 있다.

【원문】云何正志? 謂聖弟子念苦是苦時 習是習 滅是滅 念道是道時 或觀本所作 或學念諸行 或見諸行災患 或見涅槃止息 或無著念觀善 心解脫時 於中心伺 遍伺 隨順伺 可念則念 可望則望 是名正志。

【번역】무엇을 '바른 의지[正志]'라고 일러주는가? 성스러운 제자는 '기억의 괴로움[念苦]'이란 이것이 괴로움이었을 때는 익힌 것[習]이니 이것을 익혔다고 하고, 소멸[滅]하니 이것이 소멸한다고 하며, 기억의 길[念道]이란 이것이 길이었을 때는 근본[本處]에서 만들어졌음을 관찰하거나, 기억에서 모든 존재가 진행되었음을 배우거나, 모든 존재로의 진행이 재앙과 근심인 게 보이거나, 열반은 '멈추어 쉬는 것[止息]'이라는 게 보이거나, 선업(善業)을 관찰하는 기억도 애착이 없다고 하며, 마음이 해탈했을 때는 가운데의 마음 작용을 엿보되 두루 엿보고, 따라가며 엿보아 '기억해야 할 것'은 바로 기억하고, '바라볼 수 있는 것'은 바로 바라본다고 말하는, 이것을 '바른 의지[正志]'라고 이름한다.

여기서 '바른 의지[正志]'는 정사유(正思惟)의 다른 번역이다. '지(志)' 자는 원래 금문에서 '지(之)+심(心)'으로 된 글자였다. 지(之)는 '나아간다'라는 뜻이니 '마음으로 신경 쓰면서 의지를 갖추고 나아간다'라는 기본 뜻을 가진다. 또 지금의 지(志)인 '사(士)+심(心)'으로 보면 '선비가 마음을 쓰는 행위', 즉 '연구한다'라는 뜻으로 해석할 수도 있다. 거듭 강조하지만, 정지(正志)이든 정사유(正思惟)이든 바른 견해가 서고 난 뒤, 그 견해의 사실 여부를 확인하는 작업이 바로 '바른 사유'인 것이다.

위의 "기억의 괴로움이란 이것이 괴로움이었을 때[念苦是苦時]"라는 표현은 깊이 생각해야만 비로소 이해할 수 있다. 일반적으로 우리는 외부에 괴로움의 원인이 있다고 생각한다. 그러나 사실 괴로움은 기억 속에서 작동하는 괴로움일 뿐이다. 12처에서 자아와 세상을 동시에 존재로 구현하고, 우리는 그것을 진짜라고 철석같이 믿고 있기에 벌어진 괴로움이기 때문이다. 그러니 괴로움은 '기억의 괴로움[念苦]'인 것이고, 이 사실을 명확하게 이해했을 때라야 집성제[集, 習]**29**와 멸성제[滅]도 이해되는 것이다. 괴로움이란 기억 속에서 작동한 것이라는 사실을 이해해야만 비로소 괴로움이 익혀졌음[習]을 이해하고, 또 그래야만 괴로움이 소멸[滅]한 열반도 비로소 알 수 있기 때문이다.

번역문에서 "기억의 길이란 이것이 길이었을 때[念道是道時]"라는 표현에서 알 수 있듯이 '8정도의 길'은 '물리적으로 걸어갈 수 있는 길[路]'이 아니다. 사유로 도달하는 '기억으로 향해 가는 길[念道]'이다. 이런 길[道]을 발견하면, 아래의 다섯 가지를 하게 된다고 한다.

1. 관본소작(觀本所作): 근본 장소인 12처에서 자아와 세상이 만들어졌음을 관찰함.
2. 학념제행(學念諸行): 기억에서 모든 존재가 진행되었음

---

29 『중아함』의 번역자 실차난타는 '집(集)'을 '습(習)'으로 번역했다.

을 배움.
3. 견제행재환(見諸行災患): 모든 존재로의 진행이 재앙과 근심인 게 보임.
4. 견열반지식(見涅槃止息): 열반은 '멈추어 쉬는 것[止息]'이라는 게 보임.
5. 무착념관선(無著念觀善): 선업(善業)을 관찰하는 기억도 애착이 없음.

다섯 가지 항목을 좀 더 자세히 살펴보자. 먼저 '관본소작(觀本所作)'은 12처에서 자아와 세상이 함께 만들어졌다는 사실을 관찰하게 된다는 뜻이다. 여기서 말하는 '본소(本所)'는 '근본 장소'로, 6개 내입처(內入處)와 6개 외입처(外入處)로 이루어진 가상 공간인 '12처(處)'를 의미한다. 내입처는 자아를, 외입처는 외부 대상을 구현해 낸다. 만약 이러한 12처의 작용을 이해하지 못하면 언제나 자아와 세상이 존재한다고 생각할 수밖에 없다. 그러면 부지불식간에 그 자아를 찾으려고 하기에 '참나'를 찾는 작업을 끊임없이 하게 된다.

누군가가 '참나[眞我]'를 찾는다고 말한다면, 12처를 이해하지 못했기에 무아(無我)도 법(法)도 모른다는 뜻이다. 그래서 경전에는 무아를 이해했다면 '사유시처(斯有是處)', 무아를 모른다면 '무유시처(無有是處)'라는 표현이 자주 등장한다. 사유시처는 '여기에는 이 12처가 있다'라는 말이고, 무유시처는 '여기에는 이 12처가 없다'라는 말이다. 따라서 붓다의 무아는 이 12처의 깨달음에서 비롯된 것이다.

'학념제행(學念諸行)'은 '기억에서 모든 존재가 진행되었다는 것을 배운다'라는 뜻이니, 곧 12연기(緣起)를 배운다는 말이다. 여기서 제(諸, Ⓢsarva)는 '모든 존재'라는 뜻이다. 12연기의 구조를 보면 무명(無明)과 함께 얽히는 행(行)의 작용으로 '존재한다고 믿게 만든다[五取蘊苦]'라는 것이다. 지금 이해하지 못하더라도 뒤에 12연기에서 확인할 수 있다.

이어 '견제행재환(見諸行災患)'은 이렇게 존재로 진행되어 재앙과 근심으로 작용한다는 게 보인다는 말이다. 사실 우리는 '나'도 '세상'도 존재한다고 생각하기에 탐진치라는 삼독심을 여의지 못하는 것이다. '나'도 '세상'도 환상이라는 사실을 안다면, 탐진치는 저절로 사라지고 말 것이다.

'견열반지식(見涅槃止息)'은 번뇌가 멈추어진 게 열반이라고 밝히고 있다. 즉, 죽어서 열반의 세계에 다시 태어나는 게 아니라는 말이다. 죽어서 완성하는 게 열반이라면, 증명할 수도 없고 그곳에 갈 수도 없다.

계속 살펴보자. '무착념관선(無著念觀善)'은 세상이 선악업으로 이뤄졌다고 관찰하던 기억에 애착이 없는 것이다. 사실 우리는 '선업과 악업으로 세상을 관찰하는 것'을 멈추기 어렵다. 결정적 이유는 세상을 인과로 바라보는 생각이 굳건하게 자리하고 있기 때문이다. 이런 이야기는 선가(禪家)에 심심치 않게 등장하는 '불사선불사악(不思善不思惡)', 즉 "선도 악도 생각지 말라"는 말과 같은 맥락이다. 만약 선악의 개념으로 업을 이해한다면, 선사들의 이 말이 매우 이상하게 들릴 것이다. 붓다도 선악의 업이 아닌 '바른 업[正業]'을 내세우지 않았던가!

또 "마음이 해탈했을 때[心解脫時]는 자신의 가운데에서 작용하는 마음을 엿보게 된다[於中心伺]"라고 했는데, '엿본다는 것[伺]'은 직접적으로 관찰할 수 있다는 게 아니다. 흔적을 추적하여 간접적으로만 알 수 있다는 말이다. 직접 볼 수 있다면 보는 자와 보이는 대상이 있어야 하기에, 다시 자아가 등장하게 된다. 그래서 '엿본다'라는 표현을 쓴 것이다.

이렇게 엿보는 방법은 종합적[遍伺]이거나, 흔적을 따라가는 방식[隨順伺]으로 가능하며, 이렇게 '엿본 것'에서 '기억해야 할 것은 곧바로 기억한다[可念則念]'라고 했는데, 기억해야 할 것은 무엇일까? 이것은 뒤에 설명할 정정진(正精進)과 정념(正念)의 관계를 설명한 것인데, 선법과 악불선법을 가려서 기억하는 것을 말한다. 여기서 말하는 '선법(善法), 악불선법(惡不善法)'은 '선업(善業), 악업(惡業)'과 전혀 다른 내용이니 절대로 오해하면 안 된다.

이렇게 바른 기억이 확립되면 '바라볼 수 있는 것'이면 곧바로 바라보게[可望則望] 되는데, 감각 기관을 통해서 들어온 것은 '실제로 바라볼 수 있는 것'이니 바라보고, 들어오지 않은 무기(無記)의 사건들은 생각하지도 않는 것이다. 즉 상상으로 만들어낸 허구의 개념들을 실제라고 착각해서 끊임없이 망상을 일으키는 일을 하지 않는다는 뜻이다.

이러한 것이 바로 경전에서 정의한 '바른 (의지적) 사유[正志]'이다. 그리고 『중아함』 49권의 「성도경(聖道經)」에도 정사유가 등장하는데, 무엇을 다르게 설명하는지 살펴보자.

> **【원문】** 若見邪志是邪志者 是謂正志。若見正志是正志者 亦謂正志。云何邪志? 欲念 恚念 害念 是謂邪志。云何正志? 無欲念 無恚念 無害念 是謂正志。是爲見邪志是邪志者 是謂正志。見正志是正志者 亦謂正志。彼如

是知已 則便求學 欲斷邪志 成就正志 是謂正方便。**30**
比丘以念斷於邪志 成就正志 是謂正念。此三支隨正志
從見方便 是故正見最在前也。

【번역】만약 삿된 의지여서 이 사람이 삿된 의지를 가진 자로 보인다면 이것은 바른 의지[正志]라고 말해야 할 것이다. 만약 바른 의지여서 이 사람이 바른 의지를 가진 자로 보인다면 또한 바른 의지라고 말해야 할 것이다.

무엇을 삿된 의지라고 일러주는가? 탐욕으로 기억되고, 성남으로 기억되고, 해침으로 기억되는 이것을 삿된 의지라고 말한다. 무엇을 바른 의지라고 일러주는가? 탐욕이 없다고 기억되고, 성냄이 없다고 기억되고, 해침이 없다고 기억되는 이것을 바른 의지라고 말한다.

이렇게 삿된 의지라서 이 사람은 삿된 의지를 가진 자로 보려 한다면 이것은 바른 의지라고 말해야 하고, 바른 의지라서 이 사람은 바른 의지를 가진 자로 보려 한다면 또한 바른 의지라고 말해야 할 것이다.

저들이 이렇게 알고 난 뒤에 그 자리에서 곧바로 배움을 구

---

30 실차난타는 '정진(精進)'을 '방편(方便)'으로 번역했다. 여기서 '편(便)'은 '고친다'라는 뜻으로 쓰였다. 따라서 방편은 '방법을 써서 잘못된 생각을 바로잡는다'라는 뜻이다.

해서 삿된 의지를 끊고 바른 의지를 성취했다면 이것을 바른 방편(方便)이라고 말하는 것이다.

비구는 '삿된 의지를 끊어내는 것'을 기억함으로써 바른 의지를 성취하는데, 이것을 바른 기억[正念]이라 한다. 여기 이 3개의 가지는 바른 의지를 좇아가고 견해를 따라 방편(方便)이 되는데, 이런 이유로 바른 견해가 가장 앞에 있는 것이다.

경전에서는 '삿되게 사유해서 삿되게 사유한 자'로 보이고 '바르게 사유를 해서 바르게 사유하는 자'로 보였다면, '바르게 사유한 것'이라고 한다. 얼핏 말장난처럼 느껴지지만, 잘못 사유하는 게 왜 잘못인지 사유할 수 없다면 바르게 사유했다고 말할 수 없다. 물론 유기(有記)와 무기(無記)가 잘잘못의 판단 기준인 것은 말할 필요도 없다. 명확한 근거를 제시하는 판단 기준도 없이 무조건 옳다거나 그르다고 말했다면, 한낱 주장일뿐 사실이라고 말할 수 없다.

삿된 사유는 '탐욕으로 기억[欲念]'되고, '성남으로 기억[恚念]'되고, '해침으로 기억[害念]'된다고 했는데, 이것은 삿된 사유의 결과가 탐진치(貪瞋癡)의 삼독심으로 기억되는 것을 말한다. 이 번역자는 '치(癡)'를 '해(害)'로 번역했는데, 훌륭한 번역이다. 우리말로 '어리석음'이라고 하면 개념이 명확하지 않은 느낌이 있다. 해악(害惡)을 끼치는 생각이라면 뭔가 좀 더 구체적인 느낌이 있다. 사실 치(癡)도 '병[疒]+의심[疑]'으로 구성된 글자인데 한자에서는 '의심이 드는 질환', 즉 '논리적이지 않은 생각'을 뜻하는 훌륭한 번역이다. 우리말로 다시 번역하면 약간 의미가 변형되어 '어리석은 바보'라는 느낌이 든다. 바른 사유는 삿된 사유의 반대이다. 그렇다면 탐욕으로 기억됨이 없고[無欲念], 성냄으로 기억됨이 없고[無恚念], 해침으로 기억됨이 없는[無害念] 게 바른 사유가 될 것이다.

문제는 이런 삿된 사유가 구체적으로 무엇이냐는 것이다. 우리가 탐진치라고 알고 있는 세 가지 번뇌, 즉 삼독심은 언제나 '존재한다는 생각' 때문에 따라붙는 망상이다. 만약 '나'와 '세상'이 우리가 아는 대로 존재한다면, '나'는 끝없이 좋은 느낌을 주는 '대상'을 탐하고 나쁜 느낌을 주는 '대상'은 밀어내려고 할 것이다. 이렇게 탐진치를 일으키는 근본 생각은 '존재한다'라고 생각하는 망상에서 시작된다. 이 망상은 12연기에서 여실히 드러내고 있다. '알지 못함[無明]'과 '조작[行]'이 얽혀서, 5온(五蘊)이란 다섯 존재의 무더기를 취하여, '나와 세상이 존재한다'는 생각으로 이어지고, 그래서 괴로워지는 것이다.

정정진(正精進)과 정념(正念)은 정사유(正思惟)와 함께 정견(正見)이 바르게 서야만 성취되는 것으로 하나의 묶음이다. 올바른 견해[正見]가 무엇인지를 듣거나 배웠다면, 그 견해가 맞는지 올바르게 사유하여[正思惟], 올바른 생각이라면 남겨놓고 그렇지 않다면 버리는 올바른 정진[正精進]을 하여야 올바른 기억[正念]만 남아, 번뇌가 없는 '있는 그대로 보는 삶'을 살아가게 되는 것이다.

『잡아함』의 정사유(正思惟)

【원문】 世尊告 諸比丘 於色當正思惟 色無常如實知 所

以者何31比丘 於色正思惟 觀色無常如實知者 於色欲
貪斷 欲貪斷者 說心解脫。如是受想行識 當正思惟 觀
識無常如實知。所以者何 於識正思惟 觀識無常者 則於
識欲貪斷 欲貪斷者 說心解脫。如是心解脫者 若欲自
證 則能自證 我生已盡 梵行已立 所作已作 自知不受後
有。如是正思惟無常 苦 空 非我 亦復如是。

【번역】 세존께서는 모든 게 존재한다는 비구에게 색에 대하여 마땅히 바르게 사유한다면 색이 무상함을 여실하게 알게 된다고 말씀하셨는데도, 원인이 되는 자가 무엇이라고 말하는 비구는 '색에 대하여 바르게 사유하여 색의 무상을 관찰하여 여실하게 안다는 자'가 색에 대하여 탐심을 끊으려 하고, 탐심을 끊으려는 자가 마음이 해탈한다고 설한다.

이처럼 수상행식(受想行識)도 마땅히 바르게 사유해야 식(識)의 무상을 관찰하여 여실하게 안다고 한다. 원인이 되는 자가 무엇이라면서 식(識)에 대하여 바르게 사유하여 식의 무상을 관찰했다는 자는 곧바로 식에 대하여 탐심을 끊

---

31 '소이자하(所以者何)'를 '어째서 그러한가?'로 번역하지만, '원인을 제공한 것이 무엇?'이라는 뜻이다. 즉 신에서 기원한 것인지, 4대에서 기원한 것인지, 우연히 생겨난 것인지를 묻는 것이다. 이 질문도 기본 전제는 '존재한다'는 생각이다. '어째서 그러한가?'라는 표현은 '하이고(何以故)'이다.

으려고 하고, 탐욕을 끊으려고 하는 자가 마음을 해탈한다고 설한다.

이처럼 마음이 해탈한 자는 만약 스스로 증명하려고 하면 곧바로 능히 스스로 증명하고 '자아의 태어남은 이미 다 쓸어버렸고 범행도 이미 섰으며, 해야 할 일은 이미 했으니, 뒤의 존재 받지 않음을 스스로 안다'라고 한다. 이러한 것이 '바른 사유'이며 '무상함', '괴로움', '공', '나 아님'도 또한 이와 같다고 반복한다.

사람들은 바르게 사유하지 않기에 5온에 대하여 탐욕을 끊어야 한다고 생각한다. 즉 5온이 존재한다고 생각하니 나와 세상이 존재한다고 생각하는 것이고, 그래서 나의 괴로움을 없애려면 탐진치를 끊어내야 한다고 생각하는 것이다. 그러나 탐진치는 절대로 끊어낼 수 없다. 다만 존재가 망상이란 사실을 깨달아야만 탐진치가 저절로 사라지는 것이다. '나'와 '대상'이 허망하다는 사실을 깨닫는다면, '나'와 '대상'에 대해 탐하거나 분노하지 않게 되고, 또 어리석은 생각에도 빠지지 않게 되는 것이다.

무상에도 두 가지의 무상이 있다. 하나는 '존재가 시간에 따라 형태를 바꾼다는 것'이고, 다른 하나는 '존재로 드러나는 게 환상으로 구현된 법(法)이라서 그대로 유지될 수 없는 것'이다. 물론 붓다가 강조한 무상은 후자이다. 전자의 무상은 우리가 누구나 알고 있는 무상으로, 굳이 몇 년을 수행하지 않아도 알아낼 수 있다.

정사유란 삿된 사유가 왜 삿된 사유인지를 알 수 있어야 바르게 사유했다고 말할 수 있음을 명심해야 한다. 혹자는 그냥 올바른 사유만 배우면 되지 않느냐고 생각할지도 모른다. 하지만 삿된 사유가 무엇인지를 구체적으로 이해하지 못했다면, 그럴듯한 이론이 새롭게 등장하면 분명하다고 생각했던 신념도 통째로 흔들릴 게 분명하다. 따라서 외도의 견해가 왜 틀렸는지 올바르게 아는 사유야말로 깨달음으로 인도하는 수행의 지름길이다.

말이 곧 현실을 만든다

정어(正語, ⓟsammāvācā)

정어(正語)는 '바른말'이라고 번역하는데, 여기서 '어(語)'라는 표현에 주목해야 그 의미를 좀 더 명확히 알 수 있다. 일반적으로 '말한다'라고 번역되는 한자로는 왈(曰), 언(言), 어(語), 설(說), 고(告), 백(白), 위(謂) 등으로 생각보다 가짓수가 많다. 그런데 번역자는 그 많은 글자 중에서 왜 '어(語)'를 선택했을까?

한자 강의가 아니므로 '언(言)'과 '어(語)'만이라도 무엇이 다른지 살펴보자. '언(言)'은 금문에서 '𠱁'로 표현되었는데, 이것은 입으로 나팔을 부는 모습을 그린 것이다. 따라서 '다른 사람에게 들리도록 크게 말한다'라는 기본 뜻이 있다. '어(語)'는 '말[言]+나[吾]'로 결합한 글자이니, '나의 주장이 담긴 말'을 의미한다. 따라서 '정어(正語)'는 '바른 주장이 담긴 언어'라는 뜻이다. 붓다가 바른 언어를 제시했다면 기존의 언어가 삿된 언어였기에 바로잡았을 것이다. 삿된 언어는 구체적으로 무엇일까?

일반적으로 거짓말[妄語], 꾸밈말[綺語], 이간질하는 말[兩舌], 나쁜 말[惡口]을 삿된 언어라고 한다. 이런 삿된 언어를 쓰지 않는다고 해서 과연 열반이 보장될까? 말을 조심하고 도덕적으로 사는 사람들은 모두 열반을 성취해야 할 텐데, 현실은 그렇지 못하다. 붓다는 왜 정어(正語)를 8정도(八正道)의 항목으로 넣어야만 했는지 그 이유를 함께 탐구해 보자.

우리는 흔히 언어와 똑같은 실제의 대상이 있다고 착각한다. 예를 들어, '밥'이라는 단어가 있다면 그에 해당하는 '실제의 밥'이 존재한다고 생각하는 것이다. 이런 착각은 언어가 가지는 특성 때문에 생겨난 현상으로, 언어가 지시하는 단어가 실제 대상이 아님에도 '그런 실체가 있는 것'처럼 느껴지고 또 그렇게 쓴다. 우리의 사고(思考)는 기본적으로 언어를 통해 이루어지기에 언어를 떠난 사고는 있을 수 없다.

이런 언어의 특징으로 인해 그 사람이 언어를 어떻게 구사하는지 살펴보기만 해도 무슨 견해로 사는지 짐작할 수 있다. 선사(禪師)들이 제자의 질문이나 답을 듣자마자 바로 내쳐버리거나 인가(印可)할 수 있는 이유도 언어가 가지는 이런 특징 때문이다.

예를 들어, '보고 듣는다는 것'을 혹자는 '시청(視聽)'이라고 표현했고, 또 다른 이는 '견문(見聞)'으로 표현했다고 하자. 시청이라고 표현한 사람은 '내가 주체가 되어 적극적으로 보고 듣는다'라고 한 것이고, 견문이라고 한 사람은 '대상이 보이고 들린다'라고 표현한 것이다. 다시 말해 시청은 '내가 보고 듣는다'라는 표현이지만, 견문은 '대상으로 드러나 보이고 들린다'라는 표현이다. 전자는 자아(自我)가 있고 후자는 자아가 없다. 따라서 어느 누가 선사에게 와서 '보고 듣는다'라고 말했다면 그는 무아(無我)를 전혀 이해하지 못한 것이니, 시청이란 말을 듣자마자 주저하지 않고 내쳐버리는 것이다.

언어의 또 다른 특징은 상대적 개념을 통해 이뤄진 사고 체계라는 점이다. 언제나 '있다↔없다, 크다↔작다, 깨끗하다↔더럽다'와 같은 이원(二元) 체계의 반대 개념이 짝을 이루어 작동한다. 그래서 우리는 언어의 이러한 이원적 구조를 통해 양극단을 근거로 삼아 세상을 인식하게 되는 것이다.

'천당'을 예로 들어보자. '천당'이란 이름을 듣는 즉시, 마치 천당이 존재하는 듯한 착각에 빠지게 되고, 반대 개념 '지옥'을 떠올린다. 그러나 천당이 있는지 없는지는 증명된 적이 없기에, 천당이 있다고도 없다고도 말할 수 없다. 이것은 앞에서 밝혔듯이 무기(無記)의 사건이다. 그런데도 우리는 증명되지도 않은 천당과 지옥을 주제로 '어떻게 생겼느냐? 얼마나 오래 사느냐? 어떤 사람이 가느냐?' 등 온갖 질문을 던진다. 이 대목에서 종교인들은 저마다 그럴듯한 대답을 낸다. 그러나 상상에 상상을 더한 것일 뿐, 확실하게 증명된 것은 아무것도 없다.

이렇게 언어로만 사유하게 되면 있지도 않은 것들을 아주 자연스럽게 만든다. 대표적인 표현이 '구모토각(龜毛兎角)'이다. '거북이 털과 토끼 뿔'이란 뜻인데, 실제로는 없다. 언어의 특질 때문에 존재하는 것처럼 느껴진다. '구모토각'이 삿된 언어라면, 이런 삿됨을 삿되다고 알고 바르게 지적하는 것이 바로 바른 언어[正語]이다.

정어는 단순히 거짓말을 하지 말라거나 험담하지 말라는 정도의 말이 아니다. 바른 언어를 구사한다는 것은 바른 견해와 바른 사유가 이미 완성되었다는 뜻이다. 그런 이유로 선가(禪家)에서 불립문자(不立文字)와 언어도단(言語道斷)을 강조하는 것이다. 불립문자는 '언어를 기반으로 사상 체계를 세우지 말라'는 것이고, 언어도단은 '언어로 된 도는 끊어져야 한다'라는 뜻이다. 이런 표현은 한결같이 정어를 강조하는 말이라는 사실을 잊지 말아야 한다.

바른 언어와 피동(被動)의 표현

빨리어나 산스크리트어 불전을 살펴보면, 붓다의 말씀이 대부분 피동형으로 표현되어 있음을 발견하게 된다. 붓다는 "견문각지(見聞覺知)"라는 피동적인 표현을 즐겨 썼다. 이 말은 '보이고 들린다고 감각되어 알게 되는 것'이란 뜻으로, '내가 보고 듣고 느껴서 안다'라는 말이 아니다. '보는 것'을 능동으로 표현하면 자아가 대상을 보는 게 되고, 피동으로 표현하면 대상이 드러나 보이는 게 되는 것이다.

붓다는 무아(無我)를 철저히 깨달았기에 없는 자아(自我)를 내세워 말할 수 없었을 것이다. 왜냐하면 능동적으로 표현하는 순간, 없다고 말했던 자아를 다시 내세우는 꼴이 되기 때문이다. 그러면 자신의 깨달음과 설명이 정면으로 배치되는 딜레마에 빠지게 된다. 그런 이유로 붓다는 무아를 드러내기 위해 피동으로 표현하며 정어(正語)를 정확히 드러냈다.

붓다는 바른 언어생활을 통해 실체적 자아를 배제하고 '나와 대상이 드러나는 현상'을 있는 그대로 알 수 있도록 표현했다. 『금강경』엔 "여래께서는 '사람은 몸이 성장하여 커졌다'라고 설명하셨으니, 곧 큰 몸이 아니라 이것은 '이름의 큰 몸'이라고 하신 것입니다[如來說人身長大 則爲

非大身 是名大身]"라는 유명한 표현이 있다. 이것은 실제로 크다는 속성이 대상에 내재한 게 아니라, 큰 몸이라고 언어로 규정했기에 그렇다는 설명이다.

 이처럼 언어의 본질을 제대로 이해만 해도 '언어로 조작된 실체'라는 환상에 더 이상 휘둘리지 않을 수 있다. 붓다는 『잡아함』의 「지식경(止息經)」에서 "초선(初禪)이 잘 성취되면 언어가 적멸한다[初禪正受時 言語寂滅]"라고 정의했다. 깨달음으로 나아가는 첫 관문이 바로 이 '언어적 사유를 벗어나는 것'임을 분명히 밝힌 것이다.

 말처럼 언어적 사유를 벗어나기가 쉽지 않다. 특히 우리는 주어를 동반한 능동적 표현을 주로 쓰기에 자아 중심적 사고가 강하다. 이는 '자아가 없다[無我]'라는 생각을 도저히 버릴 수 없게 만든다. 굳이 주어를 쓰지 않아도 되는 피동적 표현만 쓰더라도, 자아에 대한 군건한 믿음이 점점 사라지는 놀라운 경험을 하게 될 것이다. 별 볼 일 없는 일로 여기겠지만, 수행자라면 반드시 실천해야 할 매우 중요한 일이다. 앞에서도 여러 번 강조했듯이 언어가 그 사람의 사고(思考)를 지배하기 때문이다.

 임제(臨濟) 선사는 "똥 덩어리를 집어서 입안에 머금었다 토해서 다른 이에게 주는 거와 같다[如把屎塊子向口裏含了吐過與別人]"라는 다소 과격한 표현을 했다. 이것 역시 언어에 대한 지적으로 '타인의 관념을 그대로 받아들여 곱씹다가 내뱉기를 되풀이한다'라는 뜻이다. 이러한 사실을 깊이 자각하고 언어를 써야 비로소 언어로부터 자유로워지는 것이다. 바른 언어를 쓰라는 것은 단순히 도덕적 문제를 지적한 게 아니다. 깨달음으로 가는 중요한 관문이기에 그렇게 말하는 것이다.

경전에서 말하는 정어(正語)

『중아함』의 「분별성제경」에서는 정어(正語)를 아래와 같이 설하고 있다.

【원문】 云何正語? 謂聖弟子念苦是苦時 習是習 滅是滅 念道是道時 或觀本所作 或學念諸行 或見諸行災患 或見涅槃止息 或無著念觀善 心解脫時 於中除口四妙行 諸餘口惡行遠離除斷 不行不作 不合不會 是名正語。

【번역】 무엇을 '바른 언어[正語]'라고 일러주는가? 성스러운 제자는 '기억의 괴로움[念苦]'이란 이것이 괴로움이었을 때는 익힌 것[習]이니 이것을 익혔다고 하고, 소멸[滅]하니 이것이 소멸한다고 하며,
기억의 길[念道]이란 이것이 길이었을 때는 근본[本處]에서 만들어졌음을 관찰하거나, 기억에서 모든 존재가 진행되었음을 배우거나, 모든 존재로의 진행이 재앙과 근심인 게 보이거나, 열반은 '멈추어 쉬는 것[止息]'이라는 게 보이거나, 선업(善業)을 관찰하는 기억도 애착이 없다고 하며,
마음이 해탈했을 때는 가운데에서 입의 네 가지 미묘한 진행은 제외하고, 모든 존재의 나머지인 입의 나쁜 진행을 멀리 떠나 제거되고 끊어지면, 진행하지 않을 것은 짓지도 않고 합당하지 않은 것은 마주하지도 않는데 이것을 '바른 언어[正語]'라고 이름한다.

고집멸도의 4성제를 올바로 설명할 수 있어야 정어이고, 해탈했을 때는 입의 4가지 묘한 진행[妙行]은 제외하고 나쁜 진행[惡行]은 멀리 떠나야 한다고 했다. 여기서 '묘한 진행'은 '피동적인 표현'으로 존재가 사라지는 것이고, '나쁜 진행'은 '능동적인 표현'으로 존재가 생성되는 것을 말한다. 언어를 어떻게 쓰느냐에 따라서 '존재가 무엇을 한다'라는 방식으로 말할 수도 있고, '무슨 현상이 무엇으로 규정된다'라는 방식으로 말할 수도 있다.

나쁜 진행은 나와 대상을 존재로 바라보게 되어 선악의 업을 따라가니 탐진치를 떠날 수 없어 중생의 삶을 살고, 미묘한 진행은 나와 대상이 실제로 존재하지 않는 환상임을 알기에 해탈의 삶을 살아간다는 것이다. 이렇게 '올바른 언어를 쓰는 것'만으로도 실재하지 않는 존재를 만들어내지 않기에, 합당하지 않은 생각을 아예 하지 않는다는 것이다. 언어를 어떻게 쓰느냐에 따라 세상이 존재하게 하기도 하고 사라지기도 하는 것이다.

또 『중아함(中阿含)』의 「성도경(聖道經)」을 보면 아래와 같은 내용이 등장한다.

> 【원문】若見邪語是邪語者 是謂正語。若見正語是正語者 亦謂正語。云何邪語？妄言 兩舌 麤言 綺語 是謂邪語。云何正語？離妄言 兩舌 麤言 綺語 是謂正語。是爲見邪語是邪語者 是謂正語。見正語 是正語者 亦謂正語。彼如是知已 則便求學欲斷邪語 成就正語 是謂正方便。比丘以念斷於邪語 成就正語 是謂正念。此三支隨

正語從見方便 是故正見最在前也.

【번역】 만약 삿된 언어가 보여서 이 사람은 삿된 언어를 쓰는 자라고 한다면 이것은 바른 언어[正語]라고 말해야 할 것이다. 만약 바른 언어가 보여서 이 사람은 바른 언어를 쓰는 자라고 한다면 또한 바른 언어라고 말해야 할 것이다. 무엇을 삿된 언어라고 일러주었는가? 거짓말, 이간하는 말, 거친 말, 꾸밈말이니 이것을 삿된 언어라고 말했다. 무엇을 바른 언어라고 일러주었는가? 거짓말, 이간하는 말, 거친 말, 꾸밈말을 떠난 이것을 바른 언어라고 말했다. 이렇게 하여 삿된 언어가 보여 이것이 삿된 언어를 쓰는 자라고 하는 이것을 바른 언어라고 말하는 것이고, 바른 언어가 보여서 바른 언어라고 하는 자 또한 바른 언어로 말하는 것이다.

저들도 이렇게 알고 나면 곧바로 삿된 언어를 끊으려고 배움을 구하여 바른 언어를 성취하는데 이것을 바른 방편[正方便]이라고 말하는 것이다. 비구가 기억이 끊어짐으로써 삿된 언어에서 바른 언어를 성취하면, 이것을 바른 기억[正念]이라고 말하는 것이다. 여기 이것은 세 갈래[支]라서 바른 언어를 따라가면 견해로부터 방편이 되는데, 이런 까닭에 바른 견해가 가장 앞에 있는 것이다.

정어(正語)가 이루어지려면 다른 사람의 말이 옳은지 그른지 명확히 구분할 수 있어야 한다. 틀렸으니 틀렸다고 말할 수 있고, 옳으니 옳다고 말할 수 있어야 비로소 바른 언어가 성취된다.

이 경전에서는 삿된 언어를 끊으려고 배워서 바른 언어를 성취하는 것을 '바른 방편[正方便]'이라고 했다. 이 경전의 번역자는 정정진(正精進)'을 바른 방편으로 번역했다. 붓다가 가르친 정진(精進)은 '선법(善法)은 남기고 악불선법(惡不善法)은 없애는 것'이지, 무작정 애쓰면서 노력하는 것을 말하는 게 아니다. 다시 말해 올바른 진리는 남기고 삿된 주장은 머릿속에서 삭제하는 게 바로 '바른 정진'이라는 것이다. 이렇게 정진해야 '올바른 견해[正見]와 사유[正思惟], 언어(正語)'에 의한 '바른 기억[正念]'만이 남게 되는 것이다.

『잡아함(雜阿含)』의 「광설팔성도경(廣說八聖道經)」에서는 좀 더 구체적인 정어가 나온다.

【원문】 何等爲正語? 正語有二種。有正語 世俗有漏有取 向於善趣 有正語 是聖出世間無漏不取 正盡苦轉向苦邊。何等爲正語世俗有漏有取向於善趣? 謂正語離妄語兩舌惡口綺語 是名正語 世俗有漏有取 向於善趣。何等正語是聖出世間無漏不取 正盡苦轉向苦邊? 謂聖弟子苦苦思惟 集滅 道道思惟 除邪命 念口四惡行 諸餘口惡行 離於彼 無漏 遠離不著 固守 攝持不犯 不度時節 不越限防 是名正語是聖出世間無漏不取 正盡苦轉向苦邊。

【번역】 어떤 것들을 바른 언어[正語]라 하는가? 바른 언어에는 두 가지가 있는데, 어떤 바른 언어는 세속의 흘러내림이 있고 취함이 있으면서 '좋은 세상[善趣]'으로 향해 간다고 하는 것이고, 어떤 바른 언어는 출세간의 흘러내림이 없고 취함이 없는 이러한 성스러움으로 괴로움의 끝단을 향해 가는 것을 돌려 괴로움을 바르게 다 쓸어버리는 것이다. 어떠한 것들이 바른 언어라고 하면서 세속의 흘러내림이 있고 취함이 있으면서 좋은 데로 향해 간다고 하는가? 바른 언어를 거짓말, 이간하는 말, 나쁜 말, 꾸밈말을 떠나는 것이라 말하면서 이것을 바른 언어라고 이름하지만, 세속의 흘러내림이 있고 취함이 있으면서 좋은 세상으로 향해 간다고 하는 것이다.

어떤 것들이 바른 언어라서 이러한 출세간의 흘러내림이 없고 취함이 없는 성스러움으로 괴로움의 끝단을 향해 가는 것을 돌려 괴로움을 바르게 다 쓸어버리는가? 성스러운 제자는 괴로움을 고성제로 사유하게 되고, 모임[集]도 소멸[滅]도…. 길을 도성제로 사유하게 되니 입의 네 가지 나쁜 행과 모든 게 존재한다는 나머지의 입으로 짓는 나쁜 진행을 기억하여 '삿된 생활[邪命]'을 제거하고, 저런 것에서 떠나면 흘러내림이 없어 멀리 떠나 집착하지 않는데, 거두어 지니면서 범하지 않고 단단히 지키면서 완성하지 못한 시절이라도 방어의 한계를 넘지는 않는데, 이것을 이름하여 바른 언어라고 하고, 이것이 출세간의 흘러내림이 없고 취함이 없는 성스러움으로, 괴로움의 끝단을 향해 가는 것을 돌려 괴로움을 바르게 다 쓸어버리는 것이다.

여기서는 정어(正語)를 '세속적인 것'과 '열반으로 나아가는 것'으로 구분해서 설명하고 있다. 세속에서의 정어는 거짓말, 이간질, 나쁜 말, 꾸밈말을 하지 않으면 선업(善業)을 지었으니 그 결과로 '좋은 곳[善趣]', 즉 인간계나 천상계에 태어난다고 말하는 것이다. 하지만 경전에서 세속의 정어는 여전히 '흘러내림(번뇌)이 있고[有漏]', '취함(존재한다는 생각)이 있다[有取]'라고 했다. 이것은 번뇌가 여전하고, 근본으로 여기는 '나와 세상'도 여전히 존재한다는 것이다.

그렇지만 출세간(出世間)의 정어는 번뇌도 없고 취함이 없으니, 존재의 5온(五蘊)이 아니라 법(法)들로 인식한다는 말이다. 이렇게 이해하면 '계율을 반드시 지켜야 한다'라는 삿된 생활[邪命]32을 제거하게 된다. 붓다는 목숨 걸고 계를 지키는 지계(持戒)를 가르치지 않았고, 계를 지켜야 하는 이유를 중점적으로 가르쳤다. 계(戒)는 '어떻게 서로 조화롭게 살 것인가?'에 관한 대답이다. 안 지키면 지옥, 아귀, 축생이라는 삼악취(三惡趣)에 떨어진다고 겁박하는 가르침이 아니다.

이렇게 괴로움과 괴로움의 소멸에 관한 붓다의 가르침은 바른 언어를 통해서 전해지는 것이다. 그러니 선사들도 화두(話頭)를 강조한 것이다. 화두의 '두(頭)'는 아무런 뜻이 없는 접미사이기에 화두는 그냥 '대

32　자이나교의 철저한 지계주의(持戒主義)를 가리킨다.

화'라는 뜻이다. 이것은 스승과 제자가 올바른 언어로 어떻게 법을 전달하는지 간명하게 드러내어 보여주는 것이다. 그러니 화두를 이해하면 당연히 정어가 확립된다.

    화두는 정어를 실천하는 구체적인 모습이다. 다만 경전과 같은 자세한 설명이 없기에 완벽한 설명을 스스로 채워 넣어야만 화두의 의문이 해소되는 것이다. 이것이 화두 참구(參究)의 요체이자 정어(正語)를 완성하는 것이다. 바른 견해가 서야 바르게 사유하고 그래야만 바르게 말할 수 있기 때문이다. 다시 말해 바른 언어에서 바른 사유가 드러나고, 바른 언어로 드러난 바른 사유에서 바른 견해를 알 수 있다. 스승과의 대화에서 드러내는 제자의 언어는 곧 제자의 수준을 드러내는 잣대이다. 그래서 바른 언어의 사용이 수행자에게 매우 중요한 것이다.

업의 진짜 얼굴

정업(正業, ⓟsammakammanto)

고대 인도의 업(業, Ⓢkarma) 사상은 '모든 존재는 반드시 원인과 결과로 이루어진다'라는 생각에서 비롯되었는데, 이것은 주변에서 일어나는 사건들을 바라보면서 생겨나는 매우 자연스러운 생각이다. 원인과 결과, 즉 인과(因果)로 세상을 바라보는 이유는 알 수 없는 미래에 대한 불안을 해소하고 싶기 때문이다. 현재의 어떤 원인에 따라 미래의 어떤 결과가 뒤따른다는 사고방식은 나름 신뢰할 만한 규칙성으로 어느 정도의 예측이 가능하니 매우 유용하다.

문제는 이 몇 가지 특수한 규칙성을 일반화하여 한결같이 적용한다는 것이다. 그렇게 탄생한 개념이 바로 업(業)의 논리이다. 따라서 업은 '일정한 규칙성이 우리의 삶을 지배한다'라는 생각에서 출발한 것이다.

그중 가장 대표적인 업설(業說)은 선악에 인과가 결합한 형태의 인과응보(因果應報) 사상이다. 착한 일을 하면 선업(善業)이, 악한 일을 하면 악업(惡業)이 쌓여 그에 상응하는 과보(果報)를 받게 된다는 논리이다. 이 두 가지의 업은 서로 상쇄되지 않고 별도로 존재하며, 결국 인도에서 사성계급(四姓階級)의 지배 논리로 쓰였다. 예컨대 브라만으로 태어난 사람은 전생에 선업을 쌓았고, 천민은 악업을 쌓았기 때문에 그렇게 살 수밖에 없다는 것이다.

업 사상은 오랜 기간 인도 사회를 지배했고 지금도 여전히 유효하다. 싯다르타도 처음엔 선악의 업이 원인이 되어 즐거움과 괴로움이라는 결과를 가져온다고 생각했다. 그래서 '괴로움이란 결과'를 강제로 먼저 일으켜 악업을 상쇄하려고도 해보았고, 영혼을 업의 굴레에서 벗어나게 하려고 그 어떤 업도 짓지 않으려고 부단히 노력하기도 했다. 엄청난 고통을 참아가며 6년을 몸소 실천했음에도 결국 해탈에 이르지 못했다. '인과에 의지한 수행'의 전면적인 재검토가 필요했고, 싯다르타는 깊게 사유하게 되었다. 그러다가 끝내 "업이 선업과 악업으로 존재하는 게 아니라, '앎[明]'이거나 '모름[無明]'이 조작[行, 業]33과 얽히면서 작동한다"라는 사실을 발견하게 된 것이다. 그래서 카르마(Ⓢkarma)에 '끝'을 나타내는 'anta'를 붙여서 샴먁 카르만타(Ⓢsamyak-karmāntaḥ)라고 표현한 것이다. 즉 업의 올바른 완성이 바로 12연기이기 때문이다.

---

33 업(業)과 행(行)은 거의 유사한 뜻으로 쓰이는데, 업(業)은 실체적 존재이고 행(行)은 진행되는 상태라는 게 다르다.

'아는 업[明行]'은 삶에서 벌어지는 일을 있는 그대로 이해하여 받아들이게 하지만, '모르는 업[無明行]'은 끊임없는 선택으로 괴로움을 발생시킨다. 이것은 마치 길을 아는 사람과 모르는 사람이 길을 나서는 것과 같아서, 알면 거침없이 나아가고 모르면 갈림길에서 고심하게 된다. 이렇듯 업은 알거나[明] 모르는[無明] 문제일 뿐, 선악의 업이 결과를 맺는 게 아니다.

업은 선악의 실재(實在)로 작동하는 게 아니다. 알면 법(法)으로 인식되어 탐진치가 저절로 사라지고, 모르면 존재한다고 착각하여 탐진치가 맹렬히 작동한다. 몸과 말, 생각[身口意]으로 선업을 짓고 악업을 멀리하려는 생각이 '삿된 업[邪業]'을 닦는 것이라면, 올바른 견해[正見]로 올바르게 사유[正思惟]하여 올바른 언어[正語]를 쓰는 것은 '올바른 업[正業]'을 닦는 것이다.

정업(正業)에 관한 경전의 설명

「분별성제경」에서는 정업(正業)을 아래와 같이 서술하고 있다.

> **【원문】** 云何正業? 謂聖弟子 念苦是苦時 習是習 滅是滅 念道是道時 或觀本所作 或學念諸行 或見諸行災患 或見涅槃止息 或無著念觀善 心解脫時 於中除身三妙行 諸餘身惡行 遠離除斷 不行不作 不合不會 是名正業。

> **【번역】** 무엇을 '바른 업[正業]'이라고 일러주는가? 성스러운 제자는 '기억의 괴로움[念苦]'이란 이것이 괴로움이었을

때는 익힌 것[習]이니 이것을 익혔다고 하고, 소멸[滅]하니 이것이 소멸한다고 말하며, 기억의 길[念道]이란 이것이 길이었을 때는 근본[本處]에서 만들어졌음을 관찰하거나, 기억에서 모든 존재가 진행되었음을 배우거나, 모든 존재로의 진행이 재앙과 근심인 게 보이거나, 열반은 '멈추어 쉬는 것[止息]'이라는 게 보이거나, 선업(善業)을 관찰하는 기억도 애착이 없다고 하며,

마음이 해탈했을 때는 가운데에서 몸의 세 가지 미묘한 진행은 제외하고 모든 존재의 나머지인 몸의 나쁜 진행을 멀리 떠나 제거되고 끊어지면, 진행하지 않을 것은 짓지도 않고 합당하지 않은 것은 마주하지도 않는데 이것을 '바른 업[正業]'이라고 이름한다.

바른 언어[正語]와 바른 업[正業]이 다른 것이라곤 '구사묘행(口四妙行)'이 '신삼묘행(身三妙行)'으로 바뀐 것 말고 별다른 게 없다. 그래서 뭐가 다른 것인지 좀처럼 이해하기 어려울 것이다. 경전에서 '미묘하다[妙]'라는 단어가 붙어 있으면, 대체로 '직접 관찰할 수 없지만 작용한다고 생각할 수밖에 없는 것'을 표현한다. 이것은 4성제를 분명하게 아는 반야(般若)라는 지혜(智慧)를 얻어야만 비로소 그 미묘함을 눈치챌 수 있다는 뜻이다.

사람들은 몸으로 짓는 업으로 살인(殺人), 도둑질[偸盜], 음행[淫行]의 세 가지 악업과 그것에 상반되는 선업이 있다고 생각한다. 이런 생각이 삿된 업[邪業]이다. 반면 '살인, 도둑질, 음행이 나와 세상이 존재한다는 생각에서 벌어진 사건임을 아는 것'은 '몸의 3가지가 미묘하게 진행

된 것[身三妙行]'이다. 즉 모름[無明]에서 분명한 앎[明]으로 전환되어 진행되었다는 뜻이고, 이것이야말로 '업에 대한 올바른 이해[正業]'라는 것이다.

이어서 『중아함』의 「성도경」도 함께 살펴보자.

【원문】 若見邪業是邪業者 是謂正業。若見正業是正業者 亦謂正業。云何邪業? 殺生 不與取[34] 邪婬 是謂邪業。云何正業? 離殺 不與取 邪婬 是謂正業。是爲見邪業是邪業者 是謂正業。見正業是正業者 亦謂正業。彼如是知已 則便求學 欲斷邪業成就正業 是謂正方便。比丘以念斷於邪業 成就正業 是謂正念。此三支隨正業從見方便 是故正見最在前也。

【번역】 만약 삿된 업[邪業]이 보여서 이것을 삿된 업이라고 하는 자라면 이것은 바른 업[正業]이라고 말해야 할 것이다. 만약 바른 업이 보여서 이것을 바른 업이라고 하는 자라면 또한 바른 업이라고 말해야 할 것이다.

무엇을 삿된 업이라고 일러주었는가? 살생, 도둑질, 삿된 음행의 이것을 삿된 업이라고 일러주었다. 무엇을 바른 업

---

34 불여취(不與取)는 '주지 않는 것을 가진다'라는 뜻으로 도둑질[偸盜]로 번역하기도 한다.

이라고 일러주었는가? 살생, 도둑질, 삿된 음행을 떠난 이 것을 바른 업이라고 일러주었다. 이렇게 하는 것이 삿된 업 이라서 이것은 삿된 업을 짓는 자로 보인다면 이것을 일러 서 바른 업이라고 하고, 바른 업이라서 바른 업이라고 하는 자가 보인다면 또한 바른 업이라 이른다.

 저들도 이렇게 알고 나면 곧바로 삿된 업을 끊으려고 배움 을 구하여 바른 업을 성취하는데 이것을 바른 방편[正方便] 이라고 말하는 것이다. 비구가 삿된 업이 끊어졌음을 기억 함으로써 바른 업을 성취했다면, 이것을 바른 기억[正念]이 라고 말하는 것이다. 여기 이것은 세 갈래[支]라서 바른 업 을 따라가면 견해로부터 방편이 되는데, 이런 까닭에 바른 견해가 가장 앞에 있는 것이다.

삿된 업[邪業]이 살생, 도둑질, 음행이라고 하는 것은 어느 정도 이해할 수 있다. 하지만 바른 업[正業]이 그 삿된 업을 '떠났다[離]'라는 표현은 어딘가 이상하다. 상식적으로 생각하면 떠났다는 표현보다 '하지 않는다[不]'라는 표현이 적합하다. 그러나 여기엔 그럴만한 이유가 있다. 삿된 업은 선악으로 이루어진 것이기에, '살생, 도둑질, 음행'을 하지 않더라도 선악의 범주에서 결코 벗어난 게 아니기 때문이다. 이 '선악이란 생각'을 떠난 업, 즉 앎[明]과 모름[無明]으로 업[行, 業]이 이루어졌다는 게 보여야만 비로소 떠난[離] 것이고, 이것을 바른 업이라고 하는 것이다.

　　외도들도 '살생, 도둑질, 음행'을 하지 않는 것은 대부분 잘 지켰고, 더더구나 자이나교는 불교보다 더 엄격하게 지켰다. 그렇다면 '살도음

(殺盜淫)을 하지 않는 것'을 잘 지켰다고 올바른 업이 되고, 안 지켰다고 절대 삿된 업이 될 리가 없다. 일반적으로 사람들은 어떤 기준을 정해놓고 그에 따라 선과 악으로 판단한다. 그러나 정해놓은 기준은 시간과 장소에 따라 바뀌기에, 시간이나 장소가 달라지면 악은 선이 되기도 하고, 또 선은 악이 되기도 한다. 그래서 이런 식의 명확하지 않은 '업에 관한 생각을 떠난 것'이야말로 업을 올바르게 이해한 것이다. 올바르게 이해했다면 선악으로 이해하고 살아가는 사람들의 어리석음이 명확하게 보일 것이다.

    살생을 예로 들어보자. 살생을 선악의 업으로 판단한다면, 생명을 죽인 죄에 묶여서 절대로 벗어날 수 없다. 우리는 의도하든 의도하지 않든 끝없이 다른 생명을 죽이며 살기 때문이다. 어쩌면 '산다는 것' 그 자체가 죄악일지도 모르겠다. 이렇게 선악으로 점철된 업으로 나와 세상을 판단한다면, 선악의 지옥 같은 굴레에서 결코 벗어날 수 없다. 반면 선악의 생각을 떠나 알거나 모르는 업으로 이해하면 다르다. 최소한의 살생으로 상생의 방법을 찾아가면서 조화롭게 살 게 될 것이다. 예컨대, 의사와 강도가 칼로 다른 사람의 배를 갈랐다고 하자. 강도도 의사도 똑같이 타인의 배를 칼로 갈랐건만, 이상하게 의사는 면죄하고 강도는 처벌한다. '칼로 배를 가르는 행위'를 선악으로 판단한다면, 그 행위는 악에 해당하니 의사든 강도든 똑같이 처벌되어야 마땅함에도 그렇게 하지 않는다. 왜 그럴까?

    이 사건을 알고 모르고의 관점에서 바라본다면, 강도는 그 해악을 명확히 몰랐기에 강도질을 서슴없이 했고 의사는 잘 알았기에 배를 가르고서라도 사람을 살린 것이다. 만약 선과 악이 칼을 든 행위 자체에 있다면, 어떻게 배를 가르든 모두 악이어야만 할 것이다. 그런데 선과 악은 이렇게 대상을 어떤 관점으로 바라보는가에 따라 선이 되기도 하고, 악이 되기도 하는 것이다. 알면 자유로운 붓다로 살고 모르면 매인 중생으로 살아가게 되는 것이다.

『잡아함』의 「광설팔성도경」 말씀을 살펴보자.

【원문】 何等爲正業? 正業有二種。有正業 世俗有漏有取 向於善趣 有正業 是聖出世間 無漏不取 正盡苦 轉向苦邊。何等爲正業 世俗 有漏 有取 轉向善趣? 謂離殺盜婬 是名正業 世俗有漏有取 轉向善趣。何等爲正業是聖 出世間 無漏不取 正盡苦 轉向苦邊。謂聖弟子苦苦思惟 集 滅 道道思惟 除邪命 念身三惡行 諸餘身惡行數無漏心不樂著 固守執持不犯 不度時節 不越限防 是名正業。是聖出世間無漏不取 正盡苦轉向苦邊。

【번역】 어떤 것들을 바른 업[正業]이라 하는가? 바른 업에는 두 가지가 있는데, 어떤 바른 업은 세속의 취(取)함이 있어서 흘러내림이 있는 '좋은 세상[善趣]'으로 향해 간다고 하는 것이고, 어떤 바른 업은 출세간의 취하지 않아서 흘러내림이 없는 '괴로움의 끝단을 향해 가는 것'을 돌려서 괴로움을 올바르게 다 쓸어버리는 이러한 성스러움이다.
어떠한 것들이 바른 업이라고 하면서 세속의 취함이 있어서 흘러내림이 있어 좋은 데로 향해 간다고 하는가?

바른 업은 살생, 도둑질, 음행을 떠나는 것이라 말하면서 이것이 바른 업이라고 이름하지만, 세속의 취함이 있어서 흘러내림이 있어 좋은 세상으로 향해 간다고 하는 것이다. 어떤 것들이 바른 업이라서 이러한 출세간의 취(取)하지 않아 흘러내림이 없는, 괴로움의 끝단을 향해 가는 것을 돌려 괴로움을 바르게 다 쓸어버리는 성스러움이라 하는가?
성스러운 제자는 괴로움을 고성제로 사유하게 되고, 모임[集]도 소멸[滅]도…. 길을 도성제로 사유하게 되어 삿된 생활[邪命]을 제거하지만, 몸의 세 가지 나쁜 진행과 모든 게 존재한다는 나머지35의 몸으로 짓는 나쁜 진행을 기억하면 '흘러내림이 없음을 헤아려 마음으로 즐겁지 않음을 애착하게 되니, 범하지 않고 지키는 것을 받아들여 단단히 지키며, 완성하지 못한 시절엔 한계를 넘지 않게 방어한다'라고 하고 이것을 이름하여 바른 생활이라고 한다.
이것이 출세간의 취함이 없어서 흘러내림이 없는, 괴로움의 끝단으로 향해감을 돌려서 괴로움을 올바르게 다 쓸어버리는 성스러움인 것이다.

정업(正業)에도 두 가지가 있다. 하나는 유루(有漏) 유취(有取)의 선취(善

---

35 여(餘)는 '나머지'라고 번역했지만, 어떤 생각의 나머지 부스러기 생각으로, 어떤 생각의 결말이란 뜻이다.

趣)로 나아가는 것이고, 또 하나는 무루(無漏) 무취(無取)의 괴로움을 다 쓸어버리는 출세간의 성스러운 것이라 했다. 이 문장을 이해하려면 몇 가지 알아야 하는 개념이 있다. ① 유루(有漏)와 무루(無漏) ② 유취(有取)와 무취(無取) ③ 선취(善趣)와 악취(惡趣) ④ 세간(世間)과 출세간(出世間) ⑤ 고변(苦邊)이란 단어를 알아야 한다.

① 유루(有漏)와 무루(無漏)의 '루(漏)'는 '흘러내린다'라는 뜻이다. 자이나교에서 비롯된 이론인데, 사람은 순수 영혼[命]과 비순수 영혼[非命]이 결합한 것이기에 완전하지 못해 '흘러내린다'라는 뜻으로 쓴 말이었다. 붓다는 이 단어의 '불완전해서 흘러내린다'라는 개념을 차용(借用)해 '괴로움을 동반하는 번뇌'라는 뜻으로 재정의했다.

② 유취(有取)와 무취(無取)의 '취(取)'는 12연기에 등장하는 취(取)로, 언제나 존재[有]와 함께 얽히게 된다. 그래서 취가 있으면 존재한다고 생각하게 되고, 취가 없으면 존재가 아니라 의(意)와 동반하여 드러나는 법(法)이라고 생각하게 된다. ③ 선취(善趣)와 악취(惡趣)로 표현하는 '취(趣)'는 육도(六道)로 윤회한다고 생각할 때, '인간, 수라, 천상'을 선취라 하고 '지옥, 아귀, 축생'을 악취라 한다.

④ 세간은 우리가 일반적으로 '나'와 '세상'이 존재한다고 생각하고 살아가는 세상이다. 출세간은 '나'는 무아(無我)로, '세상'은 법계(法界)라고 깨달아 아는 '세간이란 생각을 뛰어넘는 것'을 말한다.

⑤ 고변(苦邊)은 먼저 '변(邊)'을 이해해야 하는데, 변은 '양쪽의 끝단'을 의미한다. 예를 들자면 있거나 없음, 길거나 짧음, 높거나 낮음과 같은 흑백논리를 말한다. 이 흑백논리는 '언어로 사유해서 생겨나는 존재[有]한다는 생각'에 뿌리를 두고 있다. 흑백논리와 같은 이런 끝단의 생

각은 '나(자아)'와 '세상'이 존재한다고 생각한다. 그래서 세상에 존재하는 대상에 대해 언제나 탐욕, 분노, 어리석음[貪瞋癡]을 일으키게 된다. 그래서 괴로워진다는 것이다. 이러한 개념을 '고변(苦邊)'이란 단어로 간단하게 표현한 것이다.

이상의 내용을 숙지하고 위의 경전을 읽어보자. '나'와 '세상'이 존재한다고 생각하는 중생에게는 항상 번뇌가 따른다. 존재들이 윤회하니 선업과 악업에 따라 좋은 곳이나 나쁜 곳에 태어난다고 생각하고, 또한 선업을 정업으로 여긴다는 것이다.

출세간은 어떨까? 취(取)가 없으니, '나(자아)'와 '세상'이 존재한다는 생각에서 벗어나 무아(無我)와 법계(法界)로 생각한다. 당연히 탐진치의 번뇌[漏]도 없다. 끝단의 생각도 사라지니 존재한다는 생각에서 비롯된 괴로움도 완전히 소멸이 된다. 이런 출세간으로 인도하는 '올바른 업[正業]'이야말로 진정한 업의 올바른 이해라고 하겠다.

따라서 살도음(殺盜淫)을 하지 않는 선업을 제아무리 많이 쌓더라도 괴로움이 동반하는 중생의 삶을 벗어날 수 없다. '나(자아)'와 '세상'이 존재한다고 생각하는 것이 '모르는 업[無明行]'임을 깨달아야만 한다. 그래야 무아와 법계가 그대로 드러나는 '아는 업[明行]'으로 전환되며, 괴로움도 저절로 소멸하는 열반이 구현되는 것이다.

선사(禪師)의 업(業)

선사(禪師)들은 업을 어떻게 바라봤는지 살펴보자. 무문관(無門關)의 2칙에는 백장야호(百丈野狐) 화두가 나온다. 여기서 "위대하게 수행한 사람[大修行底人]도 인과에 떨어집니까?"라는 질문에 불락인과(不落因果)라고 말했던 노인은 오백 생 동안 여우 몸을 받았다. 이후 백장(百丈)의 불매인과(不昧因果)란 말을 듣고 그 자리에서 크게 깨달았다는 이야기가 이 화두의 핵심이다.

여기서 불락인과(不落因果)는 '인과에 떨어지지 않는다'라는 뜻이고, 불매인과(不昧因果)는 '인과에 어두워지지 않는다'라는 뜻이다. 이 둘은 과연 어떤 차이가 있을까? 불락인과는 '인과로 생각하고 살아가지만, 인과에 걸려들 행동을 하지 않는다'라는 뜻이고, 불매인과는 '인과라는 잘못된 생각에 미혹되어 더 이상 어리석게 생각하지 않는다'라는 뜻이다. 언뜻 비슷해 보이지만, 사뭇 다르다. 전자가 자이나교의 삿된 견해에 의한 삿된 생활이라면, 후자는 올바른 견해[正見]에 의한 올바른 생활[正命]인 것이다.

생활 사용 설명서

정명(正命, ⓟsammaajivo)
산스크리트어로 'sammā-ājīva'로 표기하는 정명(正命)은 '바른 생활'로 '올바른 방식으로 생계를 유지하는 것'을 말한다. 그런데 '명(命)' 자는 '목숨'이란 말인데, 왜 그렇게 번역할까? 그것은 자이나교 이론의 명(命, Ⓢjīva)과 비명(非命, Ⓢājīva)에서 유래한 단어인데, 'ājīva'가 비명(非命)이니 'sammā-ājīva'는 정비명(正非命)으로 옮기는 게 마땅하다. 그러나 글자 수의 제약 때문에 정명(正命)으로 번역한 것 같다.

앞서 말했듯이 명(命)은 순수 영혼이고 비명(非命)은 순수 영혼과 결합하는 무생물(순수 영혼이 아닌 것)로 시간, 공간, 물질, 운동과 정지의 법칙 등을 포함하는 개념이다. 이 이론에 따르면, 명과 비명을 선악(善惡)의 업(業)이 단단하게 결합하게 만든다. 그래서 업을 짓는 행동에 따라서 순

수 영혼[命]과 비순수 영혼[非命]의 결합력이 결정되기에 자이나교인들은 철저히 계율을 지키며 살아간다. 업을 짓지 않아야 순수 영혼이 자유로워져서 비로소 해탈할 수 있기 때문이다.

이러한 지계(持戒)의 어리석음을 바로 잡으려고 붓다가 내세운 게 정명(正命)이기에 필자는 '바른 생활'이라고 번역했다. 그렇다면 불교의 계율은 자이나교와 무엇이 다를까?

자이나교의 지계는 매우 엄격하다. 업이 순수 영혼과 비순수 영혼을 결합하기에 흘러내림이 있는데[有漏], 이것이 순수 영혼의 해탈을 방해하기에 이를 차단하고자 계를 지키는 것이다. 만약 어떤 사람이 산목숨을 죽여 살생했다면, 그 사람의 순수 영혼은 살생의 업에 매여 훨훨 날아가지 못하게 된다는 것이다. 심지어 그 업은 선업으로 상쇄되지도 않기에 무조건 업을 짓지 않는 게 최선책이다.

그러다 보니 숨을 쉬다 작은 곤충이 빨려 들어가 죽기라도 하면 산목숨을 빼앗은 극악의 업을 지었다고 생각했다. 그래서 자이나교 수행자는 입과 코를 천으로 가리고 산다. 물을 먹을 때도 걸러서 먹어야 했고, 걸을 때도 개미라도 밟아 죽일까 빗자루 같은 것으로 쓸며 걸었으며, 옷에 붙어사는 작은 생명체를 자칫 죽일 수 있으니 아예 나체로 생활해야 했다. 심지어 음식도 스스로 섭취하지 않았는데, 음식 섭취마저도 살생의 연장선 위에 있기 때문이다.

자이나교의 계율에 대한 극단적인 생각과 실천은 매우 불합리한 자체 모순을 가지게 되었다. 예컨대, 나를 살리기 위해 음식을 먹는 행위의 정당성 같은 문제이다. 어차피 음식은 식물이든 동물이든 다른 생명체로 이뤄진 것으로, 먹는 행위 자체가 큰 문제가 된다. 내가 다른 생명체를 먹는다면 나는 살겠지만, 다른 생명체는 죽어야만 한다. 그렇다면 나만 살고 다른 생명체는 죽어도 된다는 말인가? 이런 계율의 극단적 집착과 수행은 여전히 진행 중이다.

붓다도 이런 이론에 근거해서 6년간 말도 안 되는 극한의 고행을 실천했다. 잘못된 신념에 근거한 무모한 짓이었을 뿐, 해탈과 아무런 연관이 없음을 철저히 깨닫고 고행을 깨끗이 청산했다.

해탈을 성취하고 싶다면, 해탈에 도움이 되는 생활 방식이 필요하다. 자이나교에서 계율을 철저히 지키는 게 순수 영혼이 해탈하는 원동력이고 핵심이라면, 붓다가 바라본 계율은 해탈의 수단이 아니라 조화롭게 살아가기 위해 배워야 할 품위이고 기본 예절이다. 그래서 계(戒)는 '배워야 할 세 가지 항목', 즉 삼학(三學) 중 하나이다. 살생했다고 해서 절대로 깨달음을 얻지 못하는 게 아니다. 왜냐하면 깨달음과 계(戒)는 직접적 연관 관계를 찾아볼 수 없기 때문이다.

앞서 예로 들었던 앙굴리말라는 많은 사람을 죽이고도 붓다의 가르침을 받고 깨달아 아라한이 되었다. 하지만 조화롭게 살아가는 품위와 예절을 무너뜨렸기에 깨달음을 얻고도 사람들에겐 여전히 두려운 대상이었고, 그가 저지른 만행에 피해를 본 가족은 그를 볼 때마다 여전히 고통스러웠다. 그런 이유로 살인을 저지른 중범죄자는 승려가 될 수 없다는 조항이 만들어졌다. 이렇게 불교 교단의 계율은 주변 사람들과 조화롭게 살아가는 현명하고 아름다운 방법을 제공하는 것이기에 반드시 배워서 익혀야만 하는 것이다. 계율을 배우지 못해 주변 사람들을 배려하지 못하여 괴롭게 한다면, 수행에 여러 가지 외부적인 장애와 제약이 따르게 된다.

정명은 자이나교의 극단적인 계율 생활을 흠모하며 따르는 어리석음에서 벗어나야만 해탈할 수 있기에 설한 것이다. 그래서 정명은 붓다가 정한 계를 바르게 이해하여 자신과 타인이 함께 이로운 '올바른 생활'을 말하는 것이다.

경전에서 말하는 정명(正命)

『중아함』의 「분별성제경」에서 말하고 있는 정명(正命)을 함께 살펴보자.

【원문】云何正命? 謂聖弟子念苦是苦時 習是習 滅是滅 念道是道時 或觀本所作 或學念諸行 或見諸行災患 或見涅槃止息 或無著念觀善 心解脫時 於中非無理求 不以多欲無厭足 不爲種種伎術呪說邪命活 但以法求衣 不以非法 亦以法求食牀座不以非法 是名正命。

【번역】무엇을 '바른 생활[正命]'이라고 일러주는가? 성스러운 제자는 '기억의 괴로움[念苦]'이란 이것이 괴로움이었을 때는 익힌 것[習]이니 이것을 익혔다고 하고, 소멸[滅]하니 이것이 소멸한다고 말하며,

기억의 길[念道]이란 이것이 길이었을 때는 근본[本處]에서 만들어졌음을 관찰하거나, 기억에서 모든 존재가 진행되었음을 배우거나, 모든 존재로의 진행이 재앙과 근심인 게 보이거나, 열반은 '멈추어 쉬는 것[止息]'이라는 게 보이거나, 선업(善業)을 관찰하는 기억도 애착이 없다고 하며,

마음이 해탈했을 때는 가운데에서 이치에 맞지 않게 구하지 않고, 많이 바라지 않음으로써 싫어하거나 만족함이 없으며, 갖가지 재주를 펼치거나 주문을 설하는 삿된 생활로 활동하지 않고, 다만 법으로써 옷을 구하되 법이 아닌 것으로는 하지 않고, 또한 법으로써 음식을 구하거나 상에 앉되 법이 아닌 것으로는 하지 않는데 이것을 '바른 생활[正命]'이라고 이름한다.

이 경전의 앞부분은 4성제와 수행에 대해 간단히 압축해 놓고 있다. 4성제를 완벽하게 이해하고 난 뒤에, 그것을 다시 체화하기 위해 훈습하고 기억시키는 4념처(四念處)를 닦아야 한다는 것이다. 인용한 원문에서 '念道是道時 或觀本所作 或學念諸行 或見諸行災患 或見涅槃止息 或無著念觀善'이란 표현은 매우 평범해 보이지만 한마디 한마디가 매우 중요하다. '기억의 길[念道]'이야말로 8정도에서 이야기하는 바로 그 '길[道]'이라고 알았을 때 비로소 수행이 시작된다.

앞서 제12강 정사유에서 자세히 살펴봤으니 여기서는 간단히 짚고만 넘어가자. ① 12처의 작용을 관찰하라는 관본소작(觀本所作) ② 12연기로 진행된 존재가 '기억이라는 사실'을 배우라는 학념제행(學念諸行) ③ 항상 '세상과 내가 존재한다고 생각'하기에 재앙과 근심을 피할 수 없다는 사실이 보여야 한다는 견제행재환(見諸行災患) ④ '나와 세상이 존재한다는 기억'이었음을 깨달아서 번뇌가 완전히 소멸한 게 열반이라는 사실이 보여야 한다는 견열반지식(見涅槃止息) ⑤ '선악으로 펼쳐지는 업'도 기억이기에 더는 미련이 없다는 무착념관선(無著念觀善)이라야 비로소 수행이 시작되는 것이다.

위 경전에서 "非無理求 不以多欲無厭足 不爲種種伎術呪說邪命活"이라는 대목이 나온다. 무리하게 구하지도 않고 욕심이 많진 않지만, 만족할 줄도 모르고 사주를 보거나 점이나 치면서 주술을 걸거나 부적을 쓰며 살아가면서 도인 행세하는 사람도 있다는 것이다.

만약 이런 삿된 생활로 생계를 이어가는 수행자가 있다면 자신을 망치고, 자신을 따르는 이들까지 불구덩이로 몰아간다는 사실을 잊지 말아야 할 것이다. 삿된 생활로 산다면 존재에 대한 집착은 점점 더 훈습(熏習, 스며들어 익혀짐)되어 욕망과 분노, 어리석음에서 끝내 벗어날 수 없을 것이다. 수행자라면 마땅히 법(法)을 깨달아 자신도 탐진치를 떠나고 다른 사람도 그렇게 인도해야 마땅하다. 그런데도 오히려 스스로 존재의 늪에 빠져 다른 사람을 '욕망과 분노, 어리석음'으로 몰아간다면, 그 스스로 씻지 못할 허물을 만드는 것이니 경계하고 또 경계할 일이다.

"但以法求衣 不以非法 亦以法求食 牀座不以非法"은 다만 법(法)을 설하는 것으로만 옷과 음식을 구하고, 강단에 설 때도 법(法)이 아닌 다른 것은 가르치면 안 된다는 말이다. 반드시 이렇게 해야 할 이유가 있다. 모든 행위는 하면 할수록 생각도 그 방향으로 진행되기에, 삿된 짓을 거듭하면 할수록 삿된 인과(因果)의 생각에서 끝내 벗어날 수 없다. 수행자라면 행동이 기억을 훈습한다는 것을 명심해야 할 것이다. 이어서 『중아함』의 「성도경」을 살펴보자.

【원문】 若見邪命是邪命者 是謂正命。若見正命是正命者 亦謂正命。云何邪命? 若有求無滿意 以若干種畜生

之呪 邪命存命 彼不如法求衣被以非法也 不如法求飮食 牀榻 湯藥 諸生活具以非法也 是謂邪命。

云何正命? 若不求無滿意 不以若干種畜生之呪 不邪命存命 彼如法求衣被則以法也 如法求飮食 牀榻 湯藥 諸生活具則以法也 是謂正命。

是爲見邪命是邪命者 是謂正命 見正命是正命者 亦謂正命。彼如是知已 則便求學 欲斷邪命 成就正命 是謂正方便。比丘以念斷於邪命 成就正命 是謂正念。此三支隨正命從見方便 是故正見最在前也。

【번역】 만약 삿된 생활이 보여서 이것을 삿된 생활이라고 하는 자라면 이것은 바른 생활[正命]이라고 말해야 할 것이다. 만약 바른 생활이 보여서 이것을 바른 생활이라고 하는 자라면 또한 바른 생활이라고 말해야 할 것이다.

무엇을 삿된 생활이라고 일러주었는가?

만약 만족한 생각이 없어서 몇몇 종류의 축생의 주문을 외워서 구함이 있다면 삿된 생활로 생명을 보존하는 것이니, 저들은 법으로 옷을 구하지도 않고 입음으로써 법도 아님이요, 법으로 음식, 평상, 탕약을 구하지 않고 생활 도구가 모두 있음으로써 법이 아니며, 이것은 삿된 생활이라고 일러주었다.

무엇을 바른 생활이라 일러주었는가? 만약 만족한 생각이 없더라도 몇몇 종류의 축생의 주문을 외우지 않고 구하지 않는다면 삿된 생활로 생명을 보존하지 않기에, 저들은 법으로 옷을 구하여 입음으로써 법과 같다고 할 것이요, 법으로 음식, 평상, 탕약을 구하니 생활 도구가 곁에 모두 있음으로써 법이라 할 것이니, 이것을 바른 생활이라 일러주었다.

이렇게 하여 삿되게 생활하여 이것은 삿되게 생활하는 자로 보이면 이것을 바른 생활이라고 이르고, 바르게 생활하여 이것은 바르게 생활하는 자로 보이면 또한 바른 생활이라고 이르는 것이다. 저들이 이렇게 알고 난 뒤에 곧바로 삿된 생활을 끊어버리려고 배움을 구하여 바른 생활을 성취하면 이것을 바른 방편(정진)이라고 이르는 것이다. 비구는 삿된 생활에 대하여 끊음을 기억함으로써 바른 생활을 성취하는데, 이것을 바른 기억이라고 이르는 것이다. 여기 이것은 세 갈래[支]라서 바른 생활을 따라가면 견해로부터 방편이 되는데, 이런 까닭에 바른 견해가 가장 앞에 있는 것이다.

삿된 생활[邪命]과 올바른 생활[正命]은 올바른 견해가 있어야만 제대로 된 구분이 가능하다. 삿된 생활을 끊고자 해도 그것이 삿된 생활이라는 사실을 모른다면 끊어내고 싶어도 끊어낼 수가 없는 것이다. 위의 설명에서 알 수 있듯이 모두 자이나교의 허무맹랑한 나체 수행과 무소유에 대한 '삿된 생활[邪命]'의 어리석음을 비판하고 있다. 나머지는 여러 번 읽어보면 어렵지 않게 이해할 수 있는 문장이기에 설명을 생략한다. 『잡아함』의 「광설팔성도경」도 이어서 살펴보자.

【원문】 何等爲正命? 正命有二種 有正命是世俗 有漏有取 轉向善趣 有正命 是聖 出世閒 無漏不取 正盡苦 轉向苦邊。何等爲正命世俗 有漏有取 轉向善趣? 謂如法求衣食 臥具 隨病湯藥 非不如法。是名正命 世俗有漏有取 轉向善趣。何等爲正命是聖出世閒 無漏不取 正盡苦 轉向苦邊? 謂聖弟子苦苦思惟 集滅道道思惟 於諸邪命 無漏不樂著 固守執持不犯 不越時節 不度限防 是名正命。是聖出世閒 無漏不取 正盡苦 轉向苦邊。

【번역】 어떤 것들을 바른 생활[正命]이라 하는가? 바른 생활에는 두 가지가 있는데, 어떤 바른 생활은 세속의 취함이 있어서 흘러내림이 있어 '좋은 세상[善趣]'으로 향해 간다고 하는 것이고, 어떤 바른 생활은 출세간의 취(取)하지 않아 흘러내림이 없는 이러한 성스러움으로 괴로움의 끝단으로 향해 가는 것을 돌려 괴로움을 바르게 다 쓸어버리는 것이다.
어떠한 것들이 바른 생활이라고 하면서 세속의 취함이 있어서 흘러내림이 있어 좋은 데로 향해 간다고 하는가? 옷과 음식, 와구(臥具), 병에 따른 탕약을 구한 것이 법과 같다지만, 아니거나 법 같지도 않은 것을 이른다. 이것이 바른 생활이라고 이름하지만, 세속의 취함이 있어서 흘러내림이 있는 좋은 세상으로 향해 간다고 하는 것이다.

어떤 것들이 바른 생활이라서 이러한 출세간의 취함이 없어서 흘러내림이 없는 괴로움의 끝단을 향해 가는 것을 돌려 괴로움을 바르게 다 쓸어버린 성스러움이라 하는가? 성스러운 제자는 괴로움을 고성제로 사유하게 되고, 모임[集]도 소멸[滅]도…. 길을 도성제로 사유하게 되지만,

모든 게 존재한다는 삿된 생활에서는 '흘러내림이 없는 게 즐겁지 않음'이라며 애착하게 되니, '범하지 않고 지키는 것'을 받아들여 굳건히 지키며, 완성하지 못한 시절이라도 한계를 넘지 않으려 방어하게 되는데, 이것을 이름하여 '바른 생활'이라고 한다.

이것이 출세간의 취함이 없어서 흘러내림이 없는 괴로움의 끝단으로 향해감을 돌려서 괴로움을 올바르게 다 쓸어버리는 성스러움인 것이다.

이 경전은 세간과 출세간으로 정명을 구분해 설명했다. 세간의 정명은 윤회하는 세상에서 바른 생활을 이어가면 좋은 곳에 태어난다고 생각하는 것이고, 출세간의 정명은 고집멸도의 4성제를 올바르게 사유하며 살아가는 것이다. 또한 출세간을 추구하는 바른 생활에도 삿된 생활이 있는데, 그것은 존재한다고 생각해서 벌어지는 생활을 말한다.

'흘러내림이 없는 것[無漏]'이 '즐겁지 않음이라고 애착하게 된다[不樂著]'라는 말은 '번뇌가 없는 게 즐겁지도 괴롭지도 않은 느낌[不苦不樂受]'이라고 생각한다는 것이다. 사람들은 일반적으로 '즐거운 느낌[樂受]'

과 '괴로운 느낌[苦受]'의 두 가지 느낌이 있다고 생각한다. 이와 달리 수행자들은 거기에 선정에서 얻어지는 '괴롭지도 즐겁지도 않은 느낌[不苦不樂受]'도 있다고 한다. 그리고 그 느낌이야말로 수행으로 얻어지는 '평온한 느낌'이니 열반의 즐거움이라고 착각하고 매우 집착하게 된다.

이런 생각은 비단 붓다 당시의 수행자들에게만 해당하는 게 아니다. 요즘의 수행자도 그렇게 생각한다. 그렇기에 이들은 '무념무상(無念無想)의 경지'를 얻으려고 부단히 애를 쓴다. 사실 무념무상(無念無想)도 알고 보면, 번역의 오류이다. 경전의 용례를 찾아보면 '무념무상의 경지'를 말했다기보다 '무념(無念)이면 무상(無想)이다'라고 설명한 것이다. 즉 '쌓인 기억이 없으면 대상으로 나타날 이미지도 없다'라는 의미로 번역한 글이다. 경전을 제아무리 눈 씻고 뒤져봐도 '무념무상의 경지'라는 말은 그 어디에도 없다.

'범하지 않고 지키는 것'을 받아들여 굳건히 지킨다[固守執持不犯]는 말은 '계율을 절대로 범하지 않아야 해탈한다는 말을 받아들여 철저히 지킨다'라는 뜻이다. '굳건히 지킨다'라는 것은 옛날식 표현으로 '빈틈없이 철저히 지킨다'라는 표현이다. 이를 삿된 생활 안에서 바른 생활이라고 부른다고 경전은 밝히고 있다. 그러나 이것도 자이나교의 어리석은 지계(持戒) 관념을 두고 한 말이다. 여러 번 언급했듯이, 붓다는 '계율은 배워야 할 대상[戒學]'이라고 가르쳤다. 깨달음이야 개인적으로 성취될 일이지만, 계(戒)의 문제는 함께 살아가는 생명공동체에 대한 깊은 이해와 배려이다. 그래서 계는 지키는 것도 중요하지만, 상대방에 대한 깊은 이해가 선행될 때 비로소 조화로운 삶이 펼쳐지는 것이다.

멈추지 않는 실천의 힘

정정진(正精進, ⓟsammāvāyāmo)
'정(精)'은 '깨끗하게 씻어서 순수하게 만들다'이고, '진(進)'은 '부지런히 나아간다'라는 뜻이다. 해서 '정진(精進)'은 '깨끗하게 나아가려고 노력한다'라는 뜻이 된다. 여기에 바르다는 '정(正)' 자가 붙었으니, 단순한 노력이 아닌 '방향이 명확한 올바른 노력'이다.

따라서 8정도의 정정진(正精進)은 깨달음을 향한 과정에서 훌륭한 법[善法]으로 인도하지 못하는 삿된 견해를 제거하고, 훌륭한 법으로 인도하는 진리만을 남겨서 최상의 깨달음을 얻게 하는 실천이다.

경율론(經律論)에 통달한 삼장(三藏) 승가제바(僧伽提婆)는 『중아함』에서 정정진(正精進)을 '정방편(正方便)'으로도 번역했는데, 방편(方便)에는 두 가지 뜻이 있다. 하나는 우리가 아는 일반적인 방편으로 '방법적(方

法的) 편리(便利)함'을 뜻하고, 또 다른 하나는 '반듯하다[方]+사람이[亻]+고치다[更]'로 해석되는 '반듯하게 사람을 바꾼다'라는 뜻을 가진다. 물론 여기서 말하는 방편은 정진(精進)과 같은 뜻의 후자이다. 『중아함』 외 다른 경전에서 표현된 방편은 전자와 같은 '바르진 않지만, 방향을 바꾸어 진리로 나아가게 하는 수단'이란 뜻으로 쓰인다.

붓다는 『잡아함』의 「단악불선법경」에서 정정진(正精進)을 사정근(四正勤)으로 설명했다.

1. 이미 생겨난 악불선법은 마땅히 끊어져야 하기에[已生惡不善法當斷故]
2. 이렇게 아직 생겨나지 않은 악불선법은 생겨나지 않도록 하는 것이고[如是未生惡不善法令不生]
3. 아직 생겨나지 않은 선법은 생겨나도록 하는 것은[未生善法令生]
4. 이미 생겨난 선법도 더욱 늘어나게 하려고 하기 때문이다[已生善法令增廣故].

일반적으로 선법(善法)을 '착한 업[善業]', 악불선법(惡不善法)은 '나쁜 업[惡業]'으로 이해한다. 하지만 정정진(正精進)에서 '바르다[正]'라는 말이 등장한 것으로 보아 선악으로 벌어지는 업을 말하는 게 아님을 눈치챌 수 있다. 물론 선법에서의 '선(善)'이 '착하다'라는 뜻으로도 쓰지만, 여기서는 '뛰어나다, 훌륭하다'라는 뜻이다.

따라서 '선법'은 '훌륭한 법'으로 붓다가 깨달은 '의근(意根)과 함께 드러나는 법(法)'이고, '악불선법'은 힌두교나 외도에서 말하는 '법(法, 의무)'으로 이끄는 '나쁘고 훌륭하지도 않은 것'이다. 이러한 악불선법(惡不善法)은 언제나 '나(자아)'와 '세상'을 존재로 생각하기에 집착하고 번뇌가 따르게 된다. 그래서 4성제(四聖諦)와 12연기(十二緣起)는 '훌륭한 법[善法]'이고, 외도의 견해는 항상 번뇌와 함께하기에 '나쁘고 훌륭하지 않은 법[惡不善法]'인 것이다.

8정도의 정정진은 선법으로 향해 간다는 분명한 방향성이 있다. 따라서 정정진은 무작정 열심히만 하는 게 아니다. 바른 견해와 사유를 바탕으로 올바른 진리인 선법은 유지하고, 진리가 아닌 악불선법은 없애는 작업을 꾸준히 해나가는 것이다.

끈기와 맑은 정신의 사유

보통 '정진한다'라고 하면 '어떤 일을 끈기 있게 해나가는 것'으로 생각한다. 또 육체적 피로와 졸음을 헤쳐 나가는 것을 정진이라고 말한다. 그래서 용맹정진한다고 하면 잠도 안 자고 참선하거나 기도하는 것으로 생각한다. 한국 불교의 상징적 위치에 있는 사찰뿐 아니라 여러 곳에서 철야 용맹정진을 한다. 특히 붓다가 깨달음 얻은 날을 기념하는 성도재일(成道齋日)에는 각 사찰에서 밤을 새워가며 철야 정진하는 전통이 있다.

안타깝게도 정정진과 동떨어진 생각이다. 사실 마음을 덮는 5가지 번뇌의 오역이 원인이다. 즉 탐욕(貪欲)·진에(瞋恚)·수면(睡眠)·도회(掉悔)·의(疑) 5개(五蓋) 가운데 '마음의 혼미함[惛眠, 정신적 흐릿함]'을 '수면(睡眠)'으로 번역해서 벌어진 웃지 못할 사건이다. 수면(睡眠)은 현재 '잠잔다'라는 뜻으로 쓰이지만, 고대(古代)에는 '수(睡)'가 '따분함', '면(眠)'이

'어지러움'이란 뜻이었다. 수면은 '잠잔다'가 아니라 '몽롱한 정신 상태'를 표현한 것이다. 그러니 절집에서 자주 쓰는 '수마(睡魔)를 물리쳐야 한다'라는 말의 본뜻은 '잠을 물리쳐야 한다'가 아니라, '혼미한 정신 상태를 물리쳐야 한다'이다. 어리석음으로 사리 판단을 못하는 상태를 벗어나 합리적인 사유를 해야 한다는 것이다.

만약 우리가 자지 않고 수행한다면 무슨 일이 벌어질까? 오래지 않아 정상적으로 사유할 수 없는 상태가 될 것이다. 수행하려고 잠까지 자지 않는 정진이 오히려 방해되는 것이다. 붓다는 졸음이 쏟아질 때 오히려 충분한 휴식을 취하고, 정신이 맑아진 상태에서 다시 사유하도록 권했다. 졸음은 수행의 장애가 아니라 자연스러운 생리 현상이다. 억지로 참기보다 그 원인을 파악하여 적절히 대처해야만 하는 것이다. 졸음이 와서 몽롱해질 때는 잠시 일어나 바람을 쐬거나, 호흡에 집중하는 게 의식을 깨우는 데 도움이 된다. 수행한다고 혼미하게 오래 앉아 있기보다 잠시 앉더라도 맑은 정신으로 사유하는 편이 더 나은 것이다.

연기(緣起)로 이해하려는 올바른 노력

정정진을 한마디로 정리하면 '인과(因果)에서 벗어난 연기(緣起)로 이해하려는 올바른 노력'이다. 우리는 세상의 모든 사건이 원인과 결과로 이루어졌다고 생각한다. 물론 현대인이 진리로 받아들이는 과학 역시 '모든 게 인과관계(因果關係)로 이루어졌다'라는 기본 가정에서 모든 이론이 전개된다. 이 인과에선 언제나 원인이 결과보다 앞에 있다.

하지만 앞서 설명했듯이 시간도 무기(無記)의 사건이니 상상한 생각일 뿐, 증명된 적이 없다. 우리는 시간을 느낄 수 있는 감각 기관이 없기에 설사 시간이 존재한다고 하더라도 절대로 느낄 수 없기 때문이다. 그런데도 우리는 인과의 관점으로 세상을 바라보는 게 너무나 익숙하고 당연하다. 이 인과의 관점이 문제라는 생각조차 생각할 수 없다. 그래서 연기를 이해하는 게 더 어렵게 느껴지는데, 인과에서 벗어나지 못하는 사람을 불교에서는 중생(衆生)이라고 부른다.

    불교에 입문하면 가장 많이 듣는 말이 '인과법(因果法)'인데, 놀랍게도 그런 말은 경전 어디에도 발견되지 않는다. 인과는 시간적이지만 법은 시간적이지 않기에 서로 함께 쓸 수 없는 상반된 뜻을 포함하고 있다. 그래서 두 단어를 결합한 인과법이란 말이 경전에 없는 것이다. 우리는 '인과법'을 인과의 법칙으로 이해하지만, 경전에서 이렇게 쓰였다면 '인과로 된 법'이란 뜻이 된다. 붓다가 깨달은 사실은 '법이 연기로 이루어졌다는 것'이니, '연기한 법'이란 뜻의 연기법이란 단어는 있지만 인과법이라는 단어는 없는 것이다.

    붓다는 인과를 외도의 어리석은 생각이라고 비판했다. 그런데도 우리는 인과를 버리지 못한 채 12연기마저 인과로 해석하는 심각한 오류를 범했다. 그런 생각이 바로 삼세양중인과(三世兩重因果)로 이해한 12연기인데, 전생의 원인으로 금생(今生)의 결과가 되었고 금생을 원인으로 내생이 펼쳐진다고 이해하는 것이다. 그러다 보니 12연기가 윤회를 설명하는 이론이 되었고, 최상의 깨달음에 접근할 수 없도록 만들어 버렸다.

    연기(緣起)는 서로 얽혀서 사건을 발생시킨다는 말이다. 원인 때문에 결과가 발생한다는 말이 아니다. 이렇게 연기(緣起)한 것이 법(法)이라는 사실을 깨달아야만 생사의 문제가 해결된다. 그렇지 않고 기존 방식대로 인과로 사유하면 태어났기 때문에 죽을 수밖에 없다.

이런 인과적 사고[惡不善法]에서 벗어나 연기적 사고[善法]를 하도록 노력하는 게 정정진이라고 말할 수 있다. 그저 부지런히 노력하는 정진(精進)이 아닌 '바른 정진(正精進)'을 말한 것이다.

경전에서 말하는 정정진(正精進)

『중아함』의 「분별성제경」 말씀을 살펴보자.

> 【원문】云何正方便? 謂聖弟子念苦是苦時 習是習 滅是滅 念道是道時 或觀本所作 或學念諸行 或見諸行災患 或見涅槃止息 或無著念觀善 心解脫。時於中若有精 進方便 一向精勤求 有力趣向 專著不捨 亦不衰退 正伏其心 是名正方便。

> 【번역】무엇을 '바른 방편[正方便]'이라고 일러주는가? 성스러운 제자는 '기억의 괴로움[念苦]'이란 이것이 괴로움이었을 때는 익힌 것[習]이니 이것을 익혔다고 하고, 소멸[滅]하니 이것이 소멸한다고 하며, 기억의 길[念道]이란 이것이 길이었을 때는 근본[本處]에서 만들어졌음을 관찰하거나, 기억에서 모든 존재가 진행되었음을 배우거나, 모든 존재로의 진행이 재앙과 근심인 게 보이거나, 열반은 '멈추어 쉬는 것[止息]'이라는 게 보이거나, 선업(善業)을 관찰하는 기억도 애착이 없어야 마음 작용이 해탈되었다고 이르는 것

이다.

그때도 그 가운데에는 정신이 있는 것처럼 방편으로 나아가면 한결같은 정신으로 힘쓰는 세상으로 향해 가며 부지런히 구하기에 오로지 애착하면서 버리지도 않고 또한 노쇠[衰]하더라도 물러나지 않는데, 그런 마음 작용도 올바르게 굴복한 이것을 '바른 방편[正方便]'이라고 이름한다.

4성제를 분명히 알도록 정진하는 게 바른 정진임을 밝혔다. 그러면서 외도의 정진은 다음과 같이 말하고 있다. 어떤 수행자가 해탈했다고 하더라도 그는 자아(인용한 위 경전에서 자아를 '精'으로 번역)가 있다고 생각하면서 방편(정진) 할 것이기에, 그에게는 자아와 그 대상이 되는 세상도 함께 존재하게 된다. 어쩔 수 없이 대상을 끊임없이 가지려고 노력할 수밖에 없고, 그렇게 생겨난 애착은 늙어 죽을 때까지 버리지 못한다. 그러나 올바르게 정진하여 악불선법을 버리고 선법으로 나아간다면, 결국 자아와 대상이 모두 텅 빈 줄 알기에 욕망은 저절로 굴복된다는 것이다.

이어서 『중아함』의 「성도경」도 살펴보자.

【원문】 云何正方便? 比丘者 已生惡法爲斷故 發欲求方便精 勤擧心滅 未生惡法爲不生故 發欲求方便精 勤擧心滅 未生善法爲生故 發欲求方便精 勤擧心滅 已生善法爲住 不忘不退 轉增廣布 修習滿具故 發欲求方便精 勤擧心滅 是謂正方便。

【번역】 무엇을 바른 방편[正方便]이라 일러주는가? 비구라는 자는 이미 생긴 '나쁜 법[惡法]'을 끊으려고 하기에 '방편할 정신[方便精]'을 구하려는 욕망이 발생하겠지만, 부지런히 '마음 작용[心]'을 들추어야 소멸이 되고,

아직 생겨나지 않은 나쁜 법을 생겨나지 않도록 하려고 하기에 '방편 할 정신'을 구하려는 욕망이 발생하겠지만, 부지런히 마음 작용을 들추어야 소멸이 되며,

아직 생겨나지 않은 '훌륭한 법[善法]'은 생겨나게 하라고 했기에 '방편 할 정신'을 구하려 하지만 부지런히 마음 작용을 들추어야 소멸이 되고,

이미 생겨난 선법을 머물게 하려고 물러서지 않고 잊지 않으면 점점 넓게 퍼져 늘어나고, 닦아 익히면 완전히 갖춘다고 하기에 '방편 할 정신'을 구하려는 욕망이 발생하겠지만, 부지런히 마음 작용을 들추어야 소멸이 되니, 이것을 바른 방편[正方便]이라고 이르는 것이다.

이 경전에서 주의 깊게 보아야 할 단어는 '비구자(比丘者)'이다. '자(者)'는 '~하는 것', '~하는 자'로 해석될 수 있는데, 『아함경』에서는 '~하는 자'로 '옳지 않은 일을 하는 자'라는 느낌으로 표현하고 있다. 여기서 비구자는 '비구라는 자'인데, 이 표현은 '바르게 수행하지 않는 비구'를 말한다. 대체로 경전에서 '비구자(比丘者)'나, '제비구(諸比丘)'라는 표현은 '자아와 대상이 존재한다'라고 생각하는 어리석은 수행자 모두를 지칭한다. 그들은 무아(無我)를 제대로 이해하지 못했기에, 선법을 생겨나게 하거나 불

선법이 생겨나지 않게 하려면 우선 그것을 실행할 주체부터 찾아야 한다고 생각한다.

그러나 '모여서 일어나게[集起]' 되는 '마음 작용[心]'36을 들춰어 내야만 번뇌가 비로소 소멸이 되는 것이다. 여기서 '마음 작용을 들춰내는 것'은 '12연기의 작동 원리를 명확하게 알아내는 것'을 말한다. 12연기의 원리를 철저히 깨달아야만 비로소 번뇌가 소멸하기에 그렇게 되도록 노력하는 게 바로 '바른 정진(방편)'인 것이다.

'바른 정진'을 더 이해하기 위해 『잡아함』의 「광설팔성도경」도 같이 살펴보자.

【원문】何等爲正方便? 正方便有二種。有正方便 世俗 有漏有取 轉向善趣 有正方便 是聖出世間 無漏不取 正盡苦 轉向苦邊。何等爲正方便 世俗 有漏有取 轉向善趣? 謂欲精進方便超出 堅固建立 堪能造作精 進心法 攝受常不休息 是名正方便 世俗 有漏有取 轉向善趣。何等爲正方便 是聖出世間 無漏不取 盡苦 轉向苦邊? 謂聖弟子 苦苦思惟 集滅 道道思惟 無漏憶念相應心法 欲精進方便 勤踊超出 建立堅固 堪能造作精 進心法攝

---

36 참고로 경전에서 '심(心), 의(意), 식(識)'으로 표현된 단어를 '마음'이라고 번역하는데, 각각의 의미는 조금씩 다르다. '모여서 일어나는 것'을 '마음[心]', '생각으로 헤아리는 것'을 '생각[意]', '알아서 분별하는 것'을 '인식[識]'이라고 정의하고 있다.

受 常不休息 是名正方便 是聖 出世間 無漏不取 正盡苦 轉向苦邊。

【번역】어떤 것들을 바른 방편[正方便]이라 하는가? 바른 방편에는 두 가지가 있는데, 어떤 바른 방편은 세속의 흘러내림이 있고 취(取)함이 있는, '좋은 세상[善趣]으로 바꾸어 향해 간다'라고 하는 것이고, 어떤 바른 방편은 이러한 성스러운 출세간의 흘러내리지 않고 취(取)하지 않는 '괴로움의 끝단을 향해 가는 것'을 돌려서 괴로움을 올바르게 다 쓸어버리는 것이다.

어떤 것들을 세속의 흘러내림이 있고 취함이 있는 좋은 데로 바꾸어 향해 가는 바른 방편이라 하는가?

정신(精神)으로 방편을 진행하여 뛰어넘고 벗어나서 견고하게 건립하려고 하기에 능히 조작된 정신을 감당하며 마음 작용의 법으로 나아가니 언제나 쉬지 않음도 받아들이고 이것을 바른 방편이라 이름하지만, '세속의 흘러내림이 있고 취함이 있는, 좋은 세상으로 바꾸어 향해 간다'라고 하는 것이다.

어떤 것들을 이렇게 성스러운 출세간의 흘러내림이 없고 취(取)하지 않아 괴로움의 끝단을 향해 가는 것을 돌려 괴로움을 바르게 다 쓸어버리는 바른 방편이라 하는가?

성스러운 제자는 괴로움을 고성제로 사유하게 되고, 모임[集]도 소멸[滅]도…. 길을 도성제로 사유한다고 이르지만,

'흘러내림이 없는 기억은 마음 작용의 법으로 서로 응하여 기억하는 것'을 정신이 방편으로 나아가 뛰어넘은 벗어남으로 부지런히 도약하려는 것으로 세워놓고 단단히 지키니 능히 조작한 정신도 감당하면서 마음과 법을 거둬들여서 나아가기에 언제나 쉬지도 않으면서, 이것을 바른 방편이라고 이름하고, 이것이야말로 성스러운 출세간의 흘러내림이 없고 취함이 없는, 괴로움의 끝단으로 향해 감을 돌려서 괴로움을 바르게 다 쓸어버린다고 하는 것이다.

이 경전에선 세간과 출세간 두 가지로 구분해서 정정진(正精進)을 설명하고 있다. 먼저 세간의 정정진은 조작정(造作精)을 감당한다고 했다. '자아가 12처에서 조작되었다는 사실'을 알지 못하니, 그런 자아가 실재(實在)한다고 철석같이 믿는다는 것이다. 그렇게 자아가 있다고 생각하면 이전의 세상인 전생과 다음 세상의 내생도 있을 것으로 자연스레 생각하게 된다. 그래서 유루(有漏)의 번뇌가 있고, 유취(有取)의 존재가 있다고 표현한 것이다.

반면에 출세간의 정정진은 악불선법의 괴로움의 끝단[苦邊]으로 향해 가던 생각을 선법으로 되돌리기에 괴로움도 저절로 사그라드는 것이다. 물론 그러기 위해서는 4성제를 올바르게 이해해야만 하는 것이다. 사람들은 4성제를 고집멸도(苦集滅道)라면서 별스럽지 않은 기초 교리 정도로 이해하지만, 그렇게 쉽게 생각할 만한 교리가 절대 아니다. 왜냐하면 4성제를 완벽하게 이해해야만 비로소 번뇌가 저절로 소멸하기 때문이다.

기억의 재설계

정념(正念, ⓟsammāsati)

정념(正念)의 '염(念)' 자는 '머금다[今]+마음[心]'으로 이루어진 글자로 '머금고 있는 마음'이니 '과거의 기억'이란 뜻을 가진다. '이제 금(今)'은 처음에 '머금다'라는 뜻이었다가 '지금'이란 뜻으로 가차(假借, 글자가 없어서 빌려 씀)됐고, 뒤에 '머금을 함(含)' 자가 따로 만들어졌다. 따라서 정념(正念)은 '바른 생각'이 아니라 '경험된 기억을 바르게 새겨서 똑바로 인식하도록 하는 것'이다. 인식했다는 것은 과거의 기억을 근거로 구별한 판단을 말한다. 따라서 기억이 올바르지 않다면, 인식 또한 왜곡되어 올바르게 식별할 수 없을 것이다.

    예를 들어보자. 아기가 난생처음 대상을 보았을 때는 그 대상에 대한 기초 정보가 전무(全無)하여 판단조차 할 수 없을 것이다. 성장하면서 차차 경험이 쌓이게 되면 그 기억을 바탕으로 비로소 대상을 인식할 수 있다. 그렇기에 주변 사람들의 관점이 어땠느냐에 따라 '자아와 세상'에 관한 생각을 각자 달리 받아들이고, 받아들인 방식대로 생각하게 되는 것이다.

따라서 기억이 바르게 형성되었는지 아닌지에 따라 그 판단 또한 바르거나 바르지 않은 것이다. 그래서 선법(善法)과 악불선법(惡不善法)을 가려 선법은 남기고 악불선법은 버리는 꾸준한 정진이 필요하다. 정진을 통해 선법만으로 진리를 확인하면, 그 선법을 각인시키는 작업이 바로 '바른 기억[正念]'이다. 바른 기억이 4념처(四念處) 수행과 매우 깊은 관련이 있는 이유이다.

불교 수행의 시작과 끝, 4념처(四念處)

4념처(四念處)는 몸[身], 느낌[受], 마음[心], 법(法)의 네 가지를 '기억이 일어나는 장소[念處]'에서 발생한 사건임을 각인시키는 것이다. 달리 표현하면 몸, 느낌, 마음, 법을 바르게 기억시켜서 어떤 상황이든 올바르게 판단할 수 있도록 생각 자체를 완전히 개조하는 것이라고 말할 수 있다. 4념처는 불교 수행의 시작이자 끝이다. 우리는 흔히 인과적으로 사유하기에 '수행해야[因] 깨달을 수 있다[果]'라고 자연스레 생각한다. 그러나 수행과 깨달음은 인과관계가 성립하지 않는다. 제아무리 수행을 열심히 하더라도 절대로 최상의 깨달음은 얻을 수 없다. 앞에서 밝혔듯이 바른 견해[正見]가 무엇인지를 확실하게 배워 바르게 사유[正思惟]할 수 있어야만 비로소 최상의 깨달음이 무엇인지를 겨우 확인할 수 있다.

최상의 깨달음이 열렸다면, 그때 비로소 그것을 체화하는 수행을 해야 하는 것이다. 깨닫지 못한 상태에서 4념처를 수행한다면, 이해되지 않은 견해를 맹목적으로 신봉하는 결과를 가져올 수 있다. 뒤에 『염처경(念處經)』을 통해 구체적으로 다루겠지만, 우선 정념을 이해하기 위해 4념처를 간단하게 짚고 넘어가자.

4념처는 앞에서 언급했듯이 신수심법(身受心法)의 기억[念]과 그것을 발생시키는 가상 공간[處]에 관한 새김으로 신념처(身念處), 수념처(受念處), 심념처(心念處), 법념처(法念處)이다. 먼저 신념처(身念處)는 우리 몸이 물질적인 존재가 아닌 '세워진 기억 위에 몸이 있다'라는 사실을 확립하는 것이다. 수념처(受念處), 심념처(心念處)와 법념처(法念處) 또한 그렇게 세워진 기억 위에 느낌, 마음, 법이 있다는 사실을 확립하여 각인시키는 것이다.

세워진 기억 위에 몸과 느낌, 마음과 법이 있다는 사실을 확립하기 위해서는 먼저 그 사실을 스스로 확인해야만 한다. 12연기의 유전(流轉)과 환멸(還滅)을 순역(順逆)으로 잘 사유하면 그리 어렵지 않게 확인할 수 있다.

경전에서 말하는 정념(正念)

정정진(正精進)이 인과적 사고의 오류를 뿌리 뽑는 과정이라면, 정념(正念)은 잘못된 기억을 올바르게 다시 기억시키는 단계이다. 잘못된 생각이나 편견을 알았다고 해서 모든 생각이 단번에 바뀌지 않는다. 그래서 바른 견해가 계속 유지되도록 확실하게 심어둬야만 하는 것이다. 이렇게 해서 정념이 확립되면 존재로 드러나던 인과가 법계(法界)라는 연기의 관점으로 전환되어 번뇌가 저절로 사라지게 된다.

『중아함』의 「분별성제경」에서 설명하는 정념을 살펴보자.

【원문】云何正念? 謂聖弟子念苦是苦時 習是習 滅是滅 念道是道時 或觀本所作 或學念諸行 或見諸行災患 或見涅槃止息 或無著念觀善 心解脫。時於中若心順念 背不向念 念遍念憶 復憶心心 不忘心之所應 是名正念。

【번역】무엇을 '바른 기억[正念]'이라고 일러주는가? 성스러운 제자는 '기억의 괴로움[念苦]'이란 이것이 괴로움이었을 때는 익힌 것[習]이니 이것을 익혔다고 하고, 소멸[滅]하니 이것이 소멸한다고 하며, 기억의 길[念道]이란 이것이 길이었을 때는 근본[本處]에서 만들어졌음을 관찰하거나, 기억에서 모든 존재가 진행되었음을 배우거나, 모든 존재로의 진행이 재앙과 근심인 게 보이거나, 열반은 '멈추어 쉬는 것[止息]'이라는 게 보이거나, 선업(善業)을 관찰하는 기억도 애착이 없어야 마음 작용이 해탈되었다고 이르는 것이다.

그때도 그 가운데에도 '마음을 따르는 기억[心順念]'과 같다면 기억으로 향해 가지 않고 등 돌리는데, 두루 한 기억이 기억되었고[遍念憶], 반복해서 기억한 마음 작용이 마음이 되었음을[憶心心] 기억하여 마음 작용의 그것으로 응해졌음[心之所應]을 잊지 않는 이것을 '바른 기억[正念]'이라고 이름하는 것이다.

여기서 주의해서 보아야 할 것은 이 문장이다. 수행자가 해탈했다고 말하더라도 "'마음을 따르는 기억[心順念]'과 같다면 기억으로 향해 가지 않는다"라는 말이다. 이 말은 '마음이 있어서 기억하고 있다'라고 생각하면 기억이 어떻게 만들어지는지 탐구하지 않기 때문에 알지 못한다는 뜻이다. 중생은 언제나 마음이 있어서 대상을 보고 기억한다고 생각한다. 그러나 사실은 어떨까? 감각 자극으로 감지된 정보가 신경망을 통해 뇌에 전달되면, 그 신호를 종합해 내입처와 외입처가 쌍으로 작동한다. 동시에 주관과 객관의 인식 작용과 '주관, 객관, 인식'이라는 각각의 법계(法界)를 18계(界)로 펼쳐서 드러낸다. 이런 것이 경험으로 차곡차곡 쌓이게 되어 기억을 만들어낸다.

"두루 한 기억이 기억되었다[遍念憶]"라는 표현은 '여러 가지 감각 정보가 통합된 경험이 기억되었다'라는 문장이다. 이어 "기억한 마음 작용이 마음이 되었다[憶心心]"라는 것은 '기억하는 작용'을 마음이란 이름으로 부른다는 뜻이다. 그리고 "마음 작용의 그것으로 응해졌다[心之所應]"라는 것은 지금 보고 있는 것은 외부의 대상을 보는 게 아니라, '내외입처(內外入處)에서 구현된 법(法)이 보인다'라는 것이다. 그리고 그렇게 구현된 법을 잊지 않는 게 바로 '바른 기억'이다.

이어서 『중아함』의 「성도경」을 읽어보자.

【원문】云何正念? 比丘者 觀內身如身 觀至覺心法如法 是謂正念。

【번역】무엇을 바른 기억[正念]이라고 일러주는가? 비구라

는 자는 안의 몸[內身]을 몸으로 관찰하지만, '느끼는 마음 작용의 법[覺心法]'에 이르러서 법과 같다[如法]고 관찰하는 이것을 바른 기억이라고 이르는 것이다.

앞의「분별성도경」과 같은 내용으로, 그릇된 견해를 가진 비구라는 자들은 '안의 몸[內身]', 즉 마음(자아)을 진정한 자기 자신으로 생각한다는 말이다. "느끼는 마음 작용의 법[覺心法]"은 '감각(感覺)한 신호를 처리하는 마음 작용으로 드러나는 법(法)'이라는 뜻이니, 여기까지 사유가 도달해야 비로소 '실제로 존재한다고 생각한 대상'이 바로 '법(法)'이었다는 사실을 알게 된다는 것이다.

『잡아함』의「광설팔성도경」내용도 함께 살펴보자.

【원문】 何等爲正念? 正念有二種。世俗 有漏有取 轉向善趣 有正念 是聖 出世間 無漏不取 正盡苦 轉向苦邊。何等爲正念 世俗 有漏有取 轉向善趣? 若念隨念 重念憶念 不妄不虛 是名正念 世俗 有漏有取 正向善趣。何等爲正念是聖 出世間 無漏不取 轉向苦邊? 謂聖弟子 苦苦思惟 集滅 道道思惟 無漏思惟相應 若念隨念 重念憶念 不妄不虛 是名正念 是聖出世間 無漏不取 轉向苦邊。

【번역】 어떤 것들을 바른 기억[正念]이라 하는가? 바른 기억에는 두 가지가 있는데, 어떤 바른 기억은 세속의 흘러내

림이 있고 취(取)함이 있는, '좋은 세상[善趣]으로 향해 간다' 라고 하는 것이고, 어떤 바른 기억은 이러한 성스러운 출세간의 흘러내리지 않고 취(取)하지 않는 '괴로움의 끝단을 향해 가는 것'을 돌려서 괴로움을 올바르게 다 쓸어버리는 것이다.

어떤 것들을 세속의 흘러내림이 있고 취함이 있는 좋은 데로 바꾸어 향해 가는 바른 기억이라고 하는가?

만약 '기억을 따라간 것[隨念]'을 기억하는 것'을 거짓도 아니고 허망하지 않다고 '기억된 기억[憶念]'을 거듭해서 기억[重念]하면서 이것을 바른 기억이라 이름한다면 '세속의 흘러내림이 있고 취함이 있는 좋은 세상으로 바르게 향해 간다'라고 할 것이다.

어떤 것들을 이것은 성스러운 출세간의 흘러내림이 없고, 취(取)하지 않는 바른 기억이라면서 괴로움의 끝단으로 바꾸어 향해 가는가?

성스러운 제자는 괴로움을 고성제로 사유하게 되고, 모임[集]도 소멸[滅]도…. 길을 도성제로 사유하여 흘러내림이 없는 서로 응하는 것을 사유한다고 이르겠지만, 만약 '기억을 따라간 것[隨念]'을 기억하는 것을 '거짓이 아니고 허망하지도 않다'라는 '기억된 기억[憶念]'을 거듭 기억하면서[重念] 이것을 바른 기억이라고 이름하고, 이것이야말로 성스러운 출세간의 '흘러내림이 없고 취(取)하지 않는 것'이라고 한다면 괴로움의 끝단으로 바꾸어 향해 가는 것이다.

위 경전에서 "'기억을 따라간 것[隨念]을 기억하는 것[念]'을 거짓도 아니고 허망하지 않다고 '기억된 기억[憶念]'을 거듭해서 기억[重念]한다"라는 말이 나온다. 여기서 "기억을 따라간 것[隨念]을 기억하는 것"이란 '신수심법(身受心法)의 염처(念處)에 관한 설명만을 기억하는 것'이란 뜻이다.

붓다가 설파한 12처의 작동 원리를 듣고 올바르게 사유하여 스스로 증명하고 난 뒤, 그것을 확립하는 염처수행(念處修行)을 해야 비로소 완전하게 해탈할 수 있다. 그런데도 사람들은 '염처수행을 하면 해탈한다'라는 말만 받아들이는 점을 지적하고 있다. 또한 그 말이 "거짓도 아니고, 허망하지도 않다"라고 하면서 앵무새처럼 말만 반복하면서 해탈하기를 기다린다는 것이다. 이는 마치 감기 환자에게 의사가 훌륭한 처방을 내려 주었는데, 환자는 의사의 처방에 따라 약을 지어 먹지 않고서 그저 처방만 열심히 외우며 병이 낫기를 바라는 것과 같다.

한편 이것은 수학의 원리는 멀리한 채 문제와 해답만 달달 외우는 거와 같다. 그는 똑같은 문제에는 해답을 말할 수 있겠지만, 원리를 이해하지 못했기에 조금만 변형되어도 결코 해결할 수 없다. 해탈에 이르는 정견, 정사, 정어, 정업, 정명, 정정진, 정념에 관한 설명이 장황하고 지난한 이유이기도 하다.

흔들림 없는 고요

정정(正定, ⓟsammāsamadhi)

정정(正定)은 산스크리트어로 'sammā-samādhi'로 표기하는데, 사마디(samādhi)는 '삼매(三昧)'라고 음역한다. '잘 집중된 상태'를 뜻하는 단어다. 그런데 번역자는 정삼매(正三昧)란 말 대신에 정정(正定)으로 번역했다. 이유가 뭘까? '정(定)' 자는 '집[宀]+발[足]'로 이루어졌는데, '어떤 건물에 정면으로 들어간 것'을 본뜬 글자이다. 그래서 '정복, 확정, 안정, 고정된다'라는 기본 뜻을 갖는다. 따라서 정정(正定)은 '올바르게 고정하여 안정된 것'을 의미한다고 볼 수 있다.

    8정도의 정정은 정견부터 정사, 정어, 정업, 정명, 정정진, 정념까지 일곱 항목이 완성되었기에 번뇌가 완전히 소멸했고, 그래서 흔들리지 않는 상태로 살아가는 것이다. 단순히 명상 같은 것을 통해 의식이 깊이 침

잠하는 삼매와 같은 것으로 생각하면 절대 안 된다.

삼매는 선정(禪定)이나 선나(禪那), 선(禪) 등으로 번역하기도 한다. 이 '선(禪)'은 '본다[示]+하나[單]'로 이루어진 글자로 '자신이 직접 경험해 본다', '오직 혼자만 본다'라는 뜻으로 해석할 수 있다. 만약 '제단[示]+하나[單]'로 본다면 '제단 앞에 혼자 고요히 앉아 있다'라고 해석해 '고요히 사유하다'라는 뜻으로 볼 수도 있다.

붓다의 '바른 삼매'

삼매(三昧)는 특정 대상에 잘 집중하여 대상과 하나가 된 상태이다. 한국 사람이라면 누구나 일상에서 '독서삼매'라는 말을 한 번쯤은 들어봤을 것이다. 이것은 책에 깊이 몰입한 나머지 다른 감각은 모두 차단되어 책과 나만 있는 것처럼 느껴지는 상태를 말한다. 이러한 삼매는 동서고금을 막론하고 경험하는 사람이 적지 않았다. 붓다 당시에도 '삼매'라는 수행은 이미 존재했다. 그러나 해탈로 인도하지 못한 방법은 '삿된 삼매'가 됐고, 붓다가 제시한 새로운 방법은 해탈로 인도하기에 '바른 삼매'라고 했다.

고대 인도는 고온다습(高溫多濕)한 환경이었기에 나무 그늘에 가만히 앉아 대상에 몰두하면서 더위를 잊는 일상이 매우 자연스러운 일이었다. 그 열악한 환경은 인도인의 일상에 삼매를 자리 잡도록 했고, 삼매를 다루는 기술은 시간이 지날수록 점점 더 발전했다. 어떤 대상에 몰입하면 할수록 감각은 더 잘 차단되기에 신비로운 환상은 더욱 또렷하게 드러난다. 이 현상이 벌어지는 이유는 '뇌 가소성' 때문인데, 뇌는 감각이 차단되면 '차단된 감각이 담당하던 뇌의 기능'을 잃지 않도록 환상을 구현해 그 기능을 보존한다고 한다. 그런 이유로 집중하여 이루어진 삼매로 감각이 차단되면 환상이 자연스레 나타나는 것이다.

뇌 가소성을 몰랐던 옛사람들은 그 환상을 수행의 결과로 얻어지는 매우 신비한 경지로 여겼다. 이는 '몸 안에 브라만의 신성(神性)이 아트만으로 깃들어 있다'라는 당시의 보편적인 생각과 맞물려 '초월적인 존재인 브라만과 자신이 하나가 되었다'라고 굳게 믿었다. 이게 바로 힌두교 사상의 근간이 된 『우파니샤드』에서 발전한 범아일여(梵我一如)의 해탈관(解脫觀)이다. 그러다 보니 신기한 현상들이 나타나면 나타날수록 자신이 신성을 가진 특별한 존재라는 생각은 더욱 견고해졌다. 수행자들은 점점 남과 다른 특별한 존재라는 우월감을 가졌고, 사람들은 그들을 존경하며 따르기 시작했다. 삼매를 수행으로 삼는 종교 집단도 생겼다.

물론 싯다르타도 출가 이후, 여러 스승을 찾아가서 무소유처정(無所有處定)과 비상비비상처정(非想非非想處定) 등의 삼매를 얻었다. 그때 이미 싯다르타는 이 수행이 궁극적인 해탈로 이어지지 않음을 알았다. 삼매 상태에서는 매우 평화롭고 행복했지만, 삼매에서 깨어나면 여전히 아무것도 해결되지 않았기 때문이다.

붓다 이전의 삼매가 가진 단점을 알아야 붓다의 '바른 삼매'가 구체적으로 무엇이 다른지 알 수 있다. 싯다르타가 스승을 떠났던 이유는 삼매에서 출정(出定)해야만 했기 때문이다. 그러니 붓다가 가르친 삼매는 출정(出定)이 없어야만 하고, 당연히 없을 수밖에 없다. 정정이란 단순히 깊은 삼매 상태에 들어가는 게 아니라, 사유가 완성되어 번뇌가 사라진 상태로 고정되는 것이니 출정이 없을 수밖에 없다.

붓다는 자신의 삼매를 한마디로 '일행삼매(一行三昧)'라고 했다. 이것은 '법으로 된 세계[法界]가 단 하나의 모습[一相]으로 진행[行]되었음을 알고 살아가는 상태[三昧]'를 말한다. 다시 말해 12연기를 명확하게 이해하여 바르게 기억했으니, 모든 게 연기한 법이라는 사실을 절대 잊지 않기에 모든 번뇌가 사라진 상태로 살아가게 되는 것이다.

만약 우리가 12연기를 제대로 이해할 수 있다면, 연기의 작용으로 나타난 잠시 나타났다 사라지는 모든 게 법(法, 조작된 환상)임을 명확하게 인식한다면, 나와 세상이 실재한다고 착각해서 일어나는 탐진치의 삼독심도 더 이상 힘쓰지 못하게 되는 것이다.

경전에서 말하는 정정(正定)

『중아함』의 「분별성제경」 내용을 살펴보자.

【원문】 云何正定? 謂聖弟子念苦是苦時 習是習 滅是滅 念道是道時 或觀本所作 或學念諸行 或見諸行災患 或見涅槃止息 或無著念觀善 心解脫。時於中若心住 禪住 順住 不亂不散 攝止正定 是名正定。

【번역】 무엇을 '바른 선정[正定]'이라고 일러주는가? 성스러운 제자는 '기억의 괴로움[念苦]'이란 이것이 괴로움이었을 때는 익힌 것[習]이니 이것을 익혔다고 하고, 소멸[滅]하니 이것이 소멸한다고 하며, 기억의 길[念道]이란 이것이 길이었을 때는 근본[本處]에서 만들어졌음을 관찰하거나, 기억에서 모든 존재가 진행되었음을 배우거나, 모든 존재로

의 진행이 재앙과 근심인 게 보이거나, 열반은 '멈추어 쉬는 것[止息]'이라는 게 보이거나, 선업(善業)을 관찰하는 기억도 애착이 없어야 마음 작용이 해탈되었다고 이르는 것이다.

그때도 그 가운데에서 만약 마음에 머물게 된다면 선나(禪那)에 머물러 순서에 머물겠지만, 흩어지거나 어지럽지 않게 (번뇌의) 멈춤을 붙잡아서 바르게 안정되는, 이것을 '바른 선정[正定]'이라 이름한다.

'멈춤[止]'이라는 단어가 등장하는데, 이것은 사마타(止, ⓢśamatha ⓟsamatha)로 '(감각을) 멈춘다'라는 말이다. 그리고 사마타와 함께 위빠사나(觀, ⓢvipaśyanā ⓟvipassanā)도 언급되는데, 이것은 '(대상을) 관찰한다'라는 말이다. 일반적으로 사마타는 마음을 안정시키는 수행이고, 위빠사나는 사물의 본질을 통찰하는 수행으로 알려져 있다. 그러면서 이것이 불교 수행의 양대 산맥처럼 생각한다. 그래서 사마타[止]와 위빠사나[觀]를 함께 닦는 지관쌍수(止觀雙修), 대승의 사마타와 위빠사나라는 뜻의 마하지관(摩訶止觀)도 심심치 않게 등장하는 단어이다.

충격적으로 들리겠지만, 이것은 불교 수행이라고 말할 수 없다. 우리는 인과로 사유하기에 사마타나 위빠사나 수행을 하면 그 결과로 깨달음이 얻어질 것이라고 여긴다. 하지만 17강 정념(正念)에서 밝혔듯이, 불교의 수행은 '4념처(四念處)'이다. 4념처도 깨닫고 난 후에 실행하는 것이지, 4념처를 수행해서 깨달음을 얻는 게 아니다. 최상의 깨달음은 이미 붓다가 성취했고, 우리는 그가 깨달은 내용을 배우고 사실인지 아닌지 확인하는 작업만 하면 된다. 그렇게 확인했다면 그때 4념처로 기억시키는 수행을 하면 되는 것이다.

정정(正定)은 사마타나 위빠사나 중 어느 쪽에도 속해 있지 않다. 사마타의 집중과 위빠사나의 관찰은 그 수행이 가지는 각각의 목표가 있기에, 그런 수행을 하면 언제나 그 목푯값으로 나아가게 되어 있다. 앞에서도 언급했듯이 사마타는 환상이, 위빠사나는 '사물의 본질[勝義, Ⓢ paramārtha]' 추구가 목푯값이기에 수행하면 할수록 그 목표로 나아가게 되어있다.

사마타는 감각을 차단해 대상에 집중하는 게 목표이다. 그래서 대상에 집중하면 그것과 하나가 된 것 같은 느낌의 삼매 상태를 경험하게 된다. 이 상태에서는 감각이 차단되었기에 오직 그 대상만 남아 있는데, 매우 고요하고 평화로워서 마치 세상에서 벗어난 것처럼 느껴지게 된다. 반면에 위빠사나는 대상을 해체 분석하는 데 특화된 관찰이다. 그러다 보니 모든 존재를 지수화풍과 같은 각각의 요소로 분별하고, 또 그런 구성 요소로 되었다는 확증편향이 생겨난다.

사마타와 위빠사나의 목푯값이 명확하기에 제아무리 사마타와 위빠사나를 한들 그것만으로는 최상의 깨달음인 12연기로 절대 귀결되지 않는다. 그래서 8정도에서 "내 마음도 보고 느끼는 것도 결국 12처(十二處)의 작용으로 드러나는 법"이라는 사실을 명확하게 고정하여 사는 게 바른 선정이라고 밝힌 것이다.

위에 인용한 경전의 문장에서 해탈했다고 했을 때도 "만약 마음에 머물게 된다면 선나(禪那)에 머물러 순서에 머문다[若心住 禪住順住]"라는 표현이 등장한다. 고요히 멈추는 선나(禪那, 止)에 머물면서 초선부터 비상비비상처까지 순차적으로 '환상을 가지고 놀면서 머무는 것'을 수행으로 여긴다는 말이다.

그러나 진정한 선정은 "흩어지거나 어지럽지 않게 (번뇌의) 멈춤을 붙잡는 것[不亂不散攝止]"이다. 즉 사상적으로 혼란하여 이리저리 흩어지지 않고, 멈춤[止]이 '감각의 멈춤'이 아니라 '번뇌의 멈춤'이 되어야 바르게 안정된다는 뜻이다.

이어서 『중아함』의 「성도경(聖道經)」을 살펴보자

【원문】 云何正定? 比丘者 離欲 離惡不善之法 至得第四禪成就遊 是謂正定。云何正解脫? 比丘者 欲心解脫 恚癡心解脫 是謂正解脫。

【번역】 무엇을 바른 선정[正定]이라 일러주는가? 비구라는 자는 욕망을 떠나는 것이라고 하지만, 악하고 착하지 않은 법을 떠나서 제4선을 성취하여 노니는 데까지 이르는 이것을 바른 선정이라고 이른다. 무엇을 바른 해탈[正解脫]이라 일러주는가? 비구라는 자는 마음이 해탈하길 바라지만, 어리석은 마음 작용에 화가 나 해탈되는 이것을 바른 해탈이라 이른다.

일반적으로 해탈은 욕망을 떠나는 것으로 생각한다. 그러나 붓다는 악불선법인 삿된 견해를 떠나서 제4선(第四禪)을 성취해서 노니는 것이고, 이것이야말로 바른 선정이라고 정의했다. 그렇다면 제4선은 무엇을 말하는 것일까?

『잡아함』의 「지식경(止息經)」엔 "4선을 올바르게 받아들였을 때 날숨과 들숨이 멈추어 쉰다[四禪正受時 出入息止息]"라는 문구가 나온다. 처음 이 문장을 접하면 이런 생각이 들지 모르겠다. 들숨과 날숨이 멈추었다면 죽었다는 말인가? 아니면 호흡이 미세해져서 느낌조차 없다는 말인가? 그것도 아니면 진짜 호흡도 하지 않고 산다는 말인가?

『잡아함』의 「가마경(伽摩經)」엔 "장자여, 날숨과 들숨을 이름하여 몸의 진행[身行]이라고 하고, 각과 관이 있는 것은 입의 진행[口行]이라고 하며, 상상하는 생각을 생각의 진행[意行]이라고 이름합니다[長者 出息入息 名爲身行 有覺有觀 名爲口行 想思 名爲意行]"라는 문구가 나온다. 여기에 그 단서가 있다. 따라서 '호흡이 멈추고 쉰다'라는 표현은 신행(身行)이 멈추고 쉰다는 뜻이 된다. 12연기를 보면 무명(無明)은 행(行)과 엮여서 사건을 발생시키는데, 이때 신구의(身口意)의 세 가지 진행[三行]으로 사건을 조작하게 된다. 진행 순서는 먼저 신행(身行)이 일어나고 구행(口行), 의행(意行)으로 진행된다. 먼저 몸으로 경험하고, 그 경험을 언어로 정리하여 이해하고, 그 이해를 토대로 생각을 조작한다는 것.

하지만 조작[行]의 소멸은 구행→신행→의행의 순서를 따른다. 그 이유는 '사유한다는 것'이 결국 '자신에게 말하는 독백'과 다름없기 때문이다. 초선에서 언어가 적멸하면서 2선과 3선을 거쳐 '구행(口行)'이 완전히 소멸하고, 4선에서는 출입식이 적멸하면서 '신행(身行)'이 소멸하며, 이어 공입처, 식입처, 무소유처, 비상비비상처에서 '의행(意行)'이 완전히 소멸하는 것이다.

그렇다면 왜 신행(身行)을 호흡(呼吸)의 출입식(出入息)으로 표현했을까? 문화와 시대에 따라 단어의 뜻이 달라져 해석에 오류가 생겼기 때문이다. 호흡(출입식)이란 단어가 현대에는 '숨 쉬는 행위'만을 말하지만, 고대 인도에서는 다른 의미였다. 고대 인도의 4대(四大) 사상 중에 가장 이해되지 않는 것이 바람[風大]의 요소이다. 왜냐하면 땅[地大], 물[水大], 불[火大]은 가시적인 데 비해 바람은 눈에 보이지 않기 때문이다. 우리는 그래서 '바람'을 허공이나 공간처럼 이해하는 경향이 있다. 사실 여기에는 현대인과 다른 고대 인도인들만의 특별한 상상력이 숨어 있다.

무정물(無情物)들은 땅, 물, 불의 조합만으로도 충분히 설명할 수 있다. 그런데 세상에는 움직이지 않는 물건만이 존재하는 게 아니기에 움직이는 원동력(power)을 설명하지 못하면 그것은 완성되지 못한 이론이 되고 만다. 그래서 배가 움직일 때 바람이 불어서 움직였듯이 세상을 움직이는 힘을 바람으로 생각했다. 그런 관점에서 사람도 숨이라는 바람이 들락날락했기에 풍대(風大)가 결합하여 움직였다고 생각한 것이다.

따라서 제4선에서 '입출식이 멈추고 쉰다'와 '제4선을 성취해서 노닌다'라는 말은 '신행이 소멸한다'라는 말과 표현만 다르지 같은 말이다. 그러니 '제4선을 성취해 노닌다는 것'은 4념처의 신념처(身念處)가 완성되어 '내 몸이 존재한다는 견해[有身見]'가 사라진 상태로 살아간다는 말이다. 이것은 수다원과(須陀洹果)를 성취했음을 의미한다. 수다원과부터 성인의 대열에 들어간 성인이니, 이후로는 중생으로 되돌아갈 수 없다.

그리고 위의 경전에 '비구라는 자'는 "마음이 해탈하기를 바란다[欲心解脫]"라고 했는데, 존재하는 마음이 괴로움에서 벗어나기를 바란다는 것이다. 그러나 해탈은 "'어리석은 마음 작용'에 화가 나기에 해탈이 된다[恚癡心解脫]"라고 밝히고 있다. 여기서 '어리석은 마음 작용'은 무명(無

明)을 가리키는 말이니, 무명이란 사실에 화가 났다는 것이다. 달리 표현하면 12연기를 이해하고서야 비로소 자신의 어리석음에 정말 화가 났다는 뜻이다.

이런 표현은 선사들도 비슷한 표현을 썼는데, 참선하는 데는 "매우 분하다는 의지, 즉 대분지(大憤志)가 있어야 한다"라는 말이 바로 그것이다. 어리석은 무명의 상태에 있다는 사실을 자각해야만 '매우 분하다는 의지'가 생겨나 잘못을 바로잡을 수 있기 때문이다.

『잡아함』의 「광설팔성도경」을 이어서 살펴보자.

【원문】何等爲正定? 正定有二種。有正定 世俗 有漏有取 轉向善趣 有正定 是聖 出世間 無漏不取 正盡苦 轉向苦邊。何等爲正定 世俗有漏有取 轉向善趣? 若心住不亂不動 攝受寂止三昧一心 是名正定 世俗 有漏有取 轉向善趣。何等爲正定 是聖出世間 無漏不取 正盡苦 轉向苦邊? 謂聖弟子苦苦思惟 集滅 道道思惟 無漏思惟 相應心法住 不亂不散 攝受寂止三昧一心 是名正定 是聖出世間 無漏不取 正盡苦轉向苦邊。

【번역】어떤 것들을 바른 선정[正定]이라 하는가? 바른 선정에는 두 가지가 있는데, 어떤 바른 선정은 세속의 흘러내림이 있고 취(取)함이 있는, '좋은 세상[善趣]으로 향해 간다'라고 하는 것이고, 어떤 바른 선정은 이러한 성스러운 출세간의 흘러내리지 않고 취(取)하지 않는 '괴로움의 끝단을

향해 가는 것'을 돌려서 괴로움을 올바르게 다 쓸어버리는 것이다.

어떤 것들을 세속의 흘러내림이 있고 취함이 있는 좋은 데로 바꾸어 향해 가는 바른 선정이라고 하는가?

만약 마음이 어지럽지 않고 움직이지 않음에 머물러서 고요하게 멈추어 삼매가 된 한 마음을 받아들여 이것을 바른 선정이라고 이름했다면 '세속의 흘러내림이 있고 취함이 있는 좋은 세상으로 바르게 향해 간다'라고 할 것이다.

어떤 것들을 이것은 성스러운 출세간의 흘러내림이 없고, 취(取)하지 않는 괴로움의 끝단으로 바꾸어 향해 가는 바른 선정이라고 하는가?

성스러운 제자는 괴로움을 고성제로 사유하게 되고, 모임[集]도 소멸[滅]도…. 길을 도성제로 사유한다고 이르니, 흘러내림이 없는 사유를 하면 서로 응하는 마음에 법으로 머무는 게 어지럽거나 흩어지지 않고, 삼매로 하나 된 마음을 적멸의 멈춤[寂止]으로 받아들이는데 이것을 이름하여 바른 선정이라고 하고, 이것이야말로 성스러운 출세간의 흘러내림이 없고 취하지 않는 괴로움을 끝단으로 바꾸어 향해 가는 괴로움을 올바르게 쓸어버리는 것이다.

몇 번 읽어보면 알 수 있는 내용의 설명은 생략하고 "흘러내림이 없는 사유를 하면 서로 응하는 마음에 법으로 머문다[無漏思惟 相應心法住]"라는 문장을 살펴보자. '흘러내림이 없는 사유를 하게 된다[無漏思惟]'라는 말은 무기(無記) 없는 유기(有記)로만 사유한다는 것이니, 곧 '증명되지 않는 그 어떤 가설도 배제하고 사유한다'라는 뜻이다. 그렇게 하면 서로 "응하는 마음 작용에 법으로 머물게 된다[相應心法住]"라고 했다. 이것은 눈에 보이는 대상이 실재하는 대상이 아니라 법(法)으로 이해되어 머물게 된다[住]는 뜻이다.

다시 말하지만, 붓다가 가르친 선정(禪定)에서 입정(入定)은 있지만 출정(出定)이 있을 수 없다. 왜냐하면 진리를 보는 눈이 한 번 생겨나면 절대 아래의 저급한 생각으로 다시 떨어져 내려오는 일이 없기 때문이다. 『아함경』에서는 초선(初禪)부터 비상비비상처정(非想非非想處定)까지 "만족하게 갖추어 머물게 된다[具足住]"라는 표현이, 상수멸정(想受滅定)에는 "몸으로 증명하여 만족하게 갖추어 머물게 된다(身作證具足住)"라는 표현이 계속해서 등장한다. '머문다[住, 살아간다]'라는 표현이 계속해서 등장하는 것만 보아도 출정(出定)이 없음을 바로 알아차릴 수 있다.

3부

인과의 틀 깨기

인과와 연기는 다르다

괴로움 소멸의 설계도

혁명적 사유의 시작

8정도의 정견(正見)이 바로 '12연기(緣起)를 아는 견해'이기에 12연기를 먼저 설명해야 했다. 그런데도 8정도를 먼저 설명한 이유는 '연기의 가르침'이 쉽게 이해할 수 있는 게 아니기 때문이다. 앞서 붓다의 깨달음은 4성제(四聖諦)이고, 그것을 3전12행(三轉十二行)이란 방법으로 설명했다고 했다.

　4성제는 괴로움[苦]과 괴로움의 집기[苦集], 괴로움의 소멸[苦滅]과 괴로움이 소멸하는 길[苦滅道]로 구성되어 있다. 연기를 올바르게 이해하기 위해 가장 먼저 해야 할 일은 '어째서 그렇게 생각했는지'를 따라가는 것이다.

　괴로움에서 벗어나고 싶었던 싯다르타는 6년간 누구도 흉내 낼 수 없는 고행을 했다. 그것은 피골이 상접(相接)한 붓다의 고행상 사진만 보더라도 쉽게 수긍하게 된다. 그렇다면 왜 그런 고행을 감내해야만 했을까? 그것은 바로 '선업이든 악업이든 많이 지으면 자유로운 영혼이 물질과 결합해 해탈할 수 없다는 자이나교의 이론'을 받아들였기 때문이었다. 그래서 업을 짓지 않으려고 최소한의 음식물의 섭취와 더불어 호흡을 끊는 등의 극악한 고행도 감내한 것이다.

그 처절한 고행 끝에 싯다르타는 아주 우연한 사건을 마주하게 된다. 그것은 배를 타고 네란자나강[尼連禪河]을 거슬러 올라가는 악사(樂士)와 제자가 나눈 대화를 엿들은 사건으로, 그 유명한 거문고 줄의 비유가 연상되는 사건이다. 그 사건은 '괴로움이 독립적으로 존재하지 않는다'라는 괴로움에 대한 새로운 시각을 촉발하게 된다.

사람들은 태어나고, 늙고, 병들고, 죽기에 괴로웠고, 사랑하는 사람과 만나지 못하거나, 미워하는 사람을 자꾸 만나거나, 갖고 싶은 것을 갖지 못해 괴롭다고 생각한다. 그러나 그 모든 괴로움은 5온(五蘊)을 취(取)했기 때문에 생겨난 괴로움이었다. 즉 모든 괴로움은 '다섯 가지 존재의 무더기들[五蘊]'을 받아들여 정말 그렇게 '나와 세상이 존재한다고 생각하기 때문'에 발생한 사건이었다.

기존의 괴로움은 악업의 결과로 존재했거나 영혼이 업에 묶여서 자유롭지 못해 괴롭다는 식이다. 그런데 '5온(五蘊)이라는 존재의 무더기를 받아들여서[取] 모든 게 존재한다고 생각했고, 그래서 괴롭게 되었다'라는 사실이 싯다르타에게 문득 드러난 것이다. 이 사소해 보이는 사건이 괴로움에 관한 문제를 해결하는 결정적 실마리를 제공했다. 이렇게 인류 역사상 가장 혁명적이고 올바른 사유가 시작되었다.

연기의 기본 개념

우리가 괴로워하는 이유가 존재한다고 생각하기 때문이라면, 그 '존재한다는 생각'이 어떻게 모여서 일어난 사건인지 탐구하는 게 바로 '괴로움[苦]과 괴로움의 집기[集]'를 설명한 고성제와 집성제이다. 대체로 우리는 무엇이 고장이 났을 때, 고장을 해결하려고 먼저 역순으로 분해하면서 각 부품의 상관관계를 파악한다. 그와 같이 존재의 무더기[五蘊]를 취(取)한 게 문제라면, 그 존재를 어떻게 취하게 되었는지를 역추적해야만 문제의 전모가 드러난다. 붓다가 역추적했던 방식대로 전모를 밝혀보자.

우리는 왜 늙고 병들어 죽는 괴로움을 겪을까? 또 사랑하는 사람과 만나지 못하고, 싫어하는 사람과 자꾸 만나거나 갖고 싶은 것을 갖지 못하는 등 괴로움을 겪어야만 할까? 한마디로 정리하면 '나도 세상도 존재'하기에 그런 괴로움을 겪는 것이다. '나도 존재하고 세상도 존재한다'라는 생각을 붓다 당시의 보편적인 개념으로 설명한 게 바로 '다섯 무더기', 즉 5온(五蘊)이다. 사실 나도 세상도 결국 '눈에 보이는 무더기[色蘊], 느낌이란 무더기[受蘊], 상상의 무더기[想蘊], 업의 무더기[行蘊], 인식의 무더기[識蘊]'라는 범주에 속할 수밖에 없기 때문이다.

'나와 세상'이라고 말하지 않고 왜 이런 방식으로 말했을까? 붓다 당시의 인도에는 크고 작은 공동체를 이끄는 수많은 사상가가 난립했다. 각각의 주장은 조금씩 구성 요소를 달리하면서 사상을 펼쳤기에 모두를 포함하는 개념이 필요했는데, 바로 5온설(五蘊說)이다. 여기서 색(色)은 눈에 보이는 '거친 몸[麤身]'이고, 수상행식(受想行識)은 볼 수는 없지만 존재하는 '미세한 몸[細身]'이라고 당시 사람들은 생각했다. 요즘 우리가 바라보는 개념으론 좀처럼 이해되지 않는 생각이지만, 그 당시에는 나름 매우 합리적인 생각이었다.

'5온(五蘊)으로 나[我]와 세상[世間]이 구성되어 존재한다는 것'이 괴로움과 무슨 관계가 있을까? 우리는 존재한다고 믿는 세상에 내가 태어났다고 생각하는 한, 언제나 눈에 보이는 대상이 맘에 들면 갖고 싶고 맘에 들지 않으면 화나게 될 수밖에 없는 필연적인 관계에 놓인다. 괴로움에 관한 이런 관점은 기존의 '업의 결과로 존재하는 괴로움'이라는 기존의 관점과는 완전히 결이 다르다. 붓다는 독립적인 요소로 존재하는 그 존재들이 서로 관계 맺는다고 여겼던 기존의 사상과는 다르게 생각했다. 여러 사건이 모이고 얽혀서 '존재한다는 생각'을 만들어 냈고, 존재한다는 그 생각이 얽혀서 괴로움을 발생시켰다고 분석한 것이다.

우리는 세상을 '원인이 결과를 만들어낸다'라는 인과관계로 판단한다. 그러다 보니 선악업의 원인이 나의 괴로움이라는 결과를 낳았다고 자연스럽게 생각한다. 하지만 늙고 병들어 죽는 등 괴로움이라는 사건은 결코 단 하나의 원인만으로 발생하지 않는다. 일반적으로 쉽게 '태어났기 때문에 늙고 병들어서 죽는다'라고 생각하겠지만, 사실 '태어남'도 '늙고 병들어 죽는 것'도 독립적으로 존재하는 사건이 아니다. 이것은 태어났다는 생각과 죽는다는 생각이 서로 의지하고 얽혀서 동시에 함께 발생한 개념일 뿐이다.

태어남을 예로 더 살펴보자. 우리는 일반적으로 나라는 존재가 있어서 어머니의 몸을 빌려서 태어났다고 생각한다. 그런데 어머니의 배에서 나왔을 때가 태어남일까? 아니면 아버지의 몸에서 정자가 나왔을 때가 태어남일까? 그것도 아니면 고환에서 정자가 생산될 때가 태어남일까? 이렇게 그 경계가 명확하지 않기에 '태어남을 무엇'이라고 결코 말할 수 없다. 사실 태어남도 다른 사람들이 규정한 생각을 그대로 학습하고 받아들여서 그렇게 생각하고 있을 뿐이다.

'태어남'이란 생각은 독립적으로 작동하지 않는다. 이것은 언어를 기반으로 사유한 개념이라서 언제나 늙음, 병듦, 죽음, 소유, 애증 등 문제와 항상 함께 얽혀 있다. 즉 태어남이 빠진 늙음이나 병듦, 죽음 등의 문제를 생각조차 할 수 없다는 것이다. 늙음이나 죽음 등은 반드시 태어남과 얽혀 있는 것이다. 이렇게 친절히 일러주어도 사람들은 또다시 인과로 생각해서 '태어났기 때문에 죽는다'라고 생각할 것이다. 거기에 '윤회가 있다'라는 개념이 따라붙으면, 죽음이 곧 태어남이라는 상주불멸(常住不滅, 없어지지 않고 영원히 있음)의 상견(常見)을 갖게 된다. 반면에 '윤회는 없다'라는 개념이 따라붙으면, 죽으면 끝이라는 단멸(斷滅)의 단견(斷見)을 갖게 된다.

연기(緣起)의 기본 개념은 '이것이 있게 되었으므로 저것이 있게 되었고, 이것이 일어나게 되었으므로 저것도 일어나게 되었다[此有故彼有 此起故彼起]'라는 것이다. 이것과 저것을 생(生)과 사(死)로 대치해 읽어보면 '태어남이 있게 되었으므로 죽음이 있게 되었고, 태어남이 일어나게 되었으니 죽음도 일어나게 되었다'가 된다. 다시 말해 태어남과 죽음은 시간적인 선후 관계로 존재하는 게 아니라 '서로 의지한 개념'으로 동시에 발생한다는 뜻이다.

이렇게 생노병사(生老病死)는 실제가 아니라 '개념화된 사건'이다. 그래서 태어남이란 생각이 없으면 죽음은 생각할 수도 없고, 태어남이란 사건이 일어났으니 죽음이란 사건도 일어난 것이다. 따라서 태어남이란 생각이 없으면 죽음이란 생각도 없고, 태어난다는 사건이 사라지면 죽는다는 사건도 사라지게 될 것이다.

싯다르타는 깨달음을 얻고서 스스로 생사 문제를 해결했다고 선언했다. 그런데 우리가 아는 석가모니는 3,000년 전에 이미 돌아가셨다.[37] 그렇다면 붓다가 해결했다는 생사 문제는 우리가 생각하는 생물학적 탄생이나 사망이 아님을 알 수 있다.

연기에 관한 붓다의 사유

연기(緣起)의 기본 개념을 이해했다면, 이제 12연기에 관한 붓다의 사유를 역으로 추적해 보자. 늙어 죽는 등의 괴로움이 태어남[生]과 얽혀서[緣] 드러났다는 사실을 이해했다면, 태어남은 무엇과 얽혀서 드러난 것일까? 태어남은 존재한다[有]는 생각과 얽혀서 드러나는 생각이다. 존재하는 게 없다면 태어남이란 사건도 없다.

우리가 존재한다고 생각하는 '나'와 '세상'은 정말로 존재해서 존재하는 것일까? 서양 철학자 데카르트는 세상의 모든 존재가 다 의심스러워도 그것을 의심하는 자신만은 의심할 수 없어서 "나는 의심한다. 고로 존재한다"라는 유명한 말을 남겼다. 그만큼 우리는 '존재한다'라는 생각을 좀처럼 떨쳐낼 수 없다. 붓다는 『대반야바라밀다경』에서 '변화하며 걸리는 이것이 색의 모습[變礙是色相]'이라고 말했는데, 왜 그랬을까? 이것은 우리의 인식 과정을 이해하면 금방 이해할 수 있다. 사실 우리는 존

---

[37] 불멸(佛滅)의 공식적인 기록은 BC 544년이지만, 북방 전래의 불멸 기록은 3,000년 전이다.

재를 본 게 아니라, 눈에 감지된 감각 신호를 해석해서 '존재하는 것처럼 구현해 낸 법(法)'을 보았다고 생각하는 것이기 때문이다. 그런데 이 존재한다고 생각하는 대상도 '욕망이 투영되어 보이는 것[欲有], 보이기만 하는 것[色有], 보이지도 않는데 존재한다고 믿는 것[無色有]'으로 나누어 생각할 수 있다.

'존재한다[有]'라는 이 생각은 무엇과 얽혀서 드러난 것일까? 내가 '존재한다는 생각'을 하려면 먼저 주변 사람들이 그렇게 생각해야만 한다. 만약 주변 사람들이 아무도 그렇게 생각하지 않았다면 자기 스스로 '존재한다'라는 생각을 할 수 없었을 것이다. 나의 생각이란 것도 알고 보면 다른 사람들의 생각을 받아들여서 그대로 토해내고 있는 것일 뿐이기 때문이다. 따라서 다른 사람들의 존재한다는 그 생각을 받아들여 취(取)했기 때문에 '존재한다'고 생각한다. 존재는 취와 얽혀서 드러나게 되는 것이다.

그렇다면 취(取)한 생각은 무엇과 얽혀서 드러난 것일까? 어떤 생각을 취하려면 반드시 그 대상의 신호를 감지하면 반드시 그것으로 짝지어(match)져야만 하는데, 그렇게 짝지어지는 현상을 갈애(渴愛)라고 한다. 예를 들어 눈앞에 컵이 있다고 하자. 그러면 우리는 그 대상을 볼 때마다 '컵'이란 이름으로 짝지어진다. 이것은 좋은 것이든 싫은 것이든 언제나 짝지어지게 된다. 이렇게 짝짓지 않으려고 노력해도 그 컵은 언제나 자신에게 컵으로 짝지어진다. 그래서 갈애와 얽혀야만 취하게 되는 것이다. 불교를 처음 배우는 사람들은 '사랑[愛]'이라는 글자가 나오니 이를 이성 간의 '사랑'으로 오해하는데, 갈애(渴愛)는 '목마른 사람처럼 애착하게 된다'라는 뜻이다. 이것을 요즘 말로 재해석하면 '반드시 그것으로 짝지어진다'라는 정도의 표현이 될 것이다.

그럼, 갈애의 생각은 무엇과 얽혀서 드러난 것일까? 갈애의 생각이 일어나려면 반드시 느낌과 얽혀야만 한다. 번역자들이 '수(受)'나 '통(痛)'으로 번역한 느낌은 대상을 만난 느낌을 일컫는다. 당연한 말이지만, 느낌이 없다면 느끼지 못하니 대상이 있어도 더 이상 있는 게 아니다. 색깔이라는 대상을 예로 들면, 태어날 때부터 앞을 보지 못하는 사람에게 빨주노초파남보의 색깔은 없다. 깜깜함이라도 느낄 것 같지만, 사실 본다는 느낌 그 자체가 없어서 까만 것조차 느껴지지 않는다고 한다. 이렇게 느낌이 없으면 갈애가 얽히지 않는 것이다.

갈애를 일으키는 느낌이라는 생각은 반드시 접촉했다는 생각이 얽혀야만 한다. 번역자는 이것을 '촉(觸)' 또는 '경악(更樂)'이라고 번역했다. 촉(觸)은 '접촉했다'라는 뜻이고, 경악(更樂)은 '고쳐서 연주한다'라는 뜻이다. 이를 외부 대상을 만났다는 뜻으로 오해하는데, 일부는 맞고 일부는 틀렸다. 붓다는 삼사화합(三事和合), 즉 세 가지 사건이 화합해야만 촉(觸)이라고 했다. 인식 작용[識], 이름으로 된 대상[名色], 6가지 가상 공간[六入]이 함께 해야만 접촉이란 사건이 형성된다는 말이다.

예를 들어 눈이 빛을 감지하면 감지된 신호가 뇌에 전달되는데, 뇌는 전달된 신호를 고쳐서 완전히 새로운 대상으로 만들어 연주한다. 세상에 빛이 있고 그 빛을 내가 보고 있다고 생각하지만, 사실 신호를 해석한 뇌가 빛조차 상상으로 만들고 또 '그 대상을 내가 접촉했다'라고 생각하도록 만들었을 뿐이다. 대상을 소리로 바꾸어 생각해 보자. 실제로 세상에 우리가 듣고 있는 소리가 존재할까? 우리는 지금 소리를 듣는다고 생각하지만, 사실은 귀가 공기의 떨림을 감지해 그 떨림을 뇌에 전달하면, 뇌는 이것을 '소리'라는 개념으로 고쳐서 연주하고 있을 뿐이다. 안이비설신(眼耳鼻舌身)의 다섯 감각이 이런 방식으로 똑같이 작동하는 것이다. 이렇게 만들어진 촉이 없으면 느낌은 절대로 일어나지 않는다.

그렇다면 접촉했다는 생각은 무엇과 함께 얽혀서 드러난 것일까? 여섯 가지의 짝으로 이루어진 '가상 공간[處, 장소]'으로 얽혀야만 비로소 접촉이 드러나게 된다. 그것을 번역자에 따라 6입(六入), 6처(六處), 12처(十二處)로 번역했다. 이 공간은 실재하는 게 아니라 가상의 장소이다. 외부의 감각 신호를 해석해 실제처럼 구현해서 보여주는 가상 공간인데, 이것을 외부에 존재하는 실제 장소로 오해할 수 있다. 그런 이유로 '들 입(入)' 자를 더해서 입처(入處)라고 굳이 번역한 것이다.

여섯 감각의 가상 공간은 안(주관)과 밖(객관)으로 나뉘어 사실(real)적으로 구현된다. 이것은 뇌가 외부의 신호를 받아 해석해 가상 공간에 나와 세상을 만들어 시뮬레이션하고 있다는 뜻이다. 내입처(內入處)는 안[眼內入處], 이[耳內入處], 비[鼻內入處], 설[舌內入處], 신[身內入處], 의내입처[意內入處]이며, 외입처(外入處)는 색[色外入處], 성[聲外入處], 향[香外入處], 미[味外入處], 촉[觸外入處], 법[法外入處]으로 구성되어 구현된다. 이렇게 쌍으로 작동하는 '6입(六入)'이라는 '가상 공간'과 얽히지 않는다면 접촉했다는 생각 역시 아예 일어나지 않는다.

6입의 생각은 무엇과 함께 얽혀서 드러난 것일까? 이렇게 가상 공간에서 시뮬레이션하려면 반드시 그 재료가 얽혀야만 한다. 그 재료가 바로 '이름으로 된 대상', 즉 명색(名色)이다. 명색은 6입의 생각을 드러나게 한다. 명색을 컴퓨터로 비유하면 '코드화된 데이터'라고 말할 수 있다. 머릿속에서 무엇을 구현하려면 기억된 데이터가 있어야 하는데, 그것은 결국 이름으로 처리된 대상일 수밖에 없는 것이다.

　그렇다면 명색(名色)이란 생각은 무엇과 함께 얽혀서 드러난 것일까? 이렇게 이름으로 된 대상을 처리하려면, 그 대상을 읽어내고 식별하는 기능인 '인식 작용[識]'이 얽혀야만 하는 것이다. 이것을 '인식[識]'이라고 하는데, 인식 주체가 있어서 인식하는 게 아니라 명색과 얽혀서 인식이 일어나는 것이다. 명색과 인식은 서로에게 조건이 되는데, 인식이 이루어지려면 명색이 필요하고, 명색이 이루어지려면 반드시 인식이 필요하다.

　마지막으로 인식과 명색은 무엇과 함께 얽혀서 드러난 것일까? 이러한 인식 작용과 명색이 드러나기 위해서는 먼저 '업[行業]'이 서로 얽혀야만 하는데, 이것을 진행[行]이라고 하고, 신행(身行), 구행(口行), 의행(意行)으로 작동한다고 이미 여러 번 밝혔다. 이렇게 조작하는 행(行)이 함께 얽힐 때 비로소 인식과 명색이 작동하는 것이다. 이렇게 신구의(身口意)로 조작된 '존재한다는 그 생각'은 결국 몰랐다는 사실과 함께 얽혀서 벌어진다. 이 '몰랐다'라는 말이 한자로 '무명(無明)'이다. 나와 세상이 존재한다고 착각하고 살아가는 그 이유가 나와 세상이 어떻게 창조되어 구현되는지를 몰랐기 때문이고, 그렇게 존재한다고 생각했기에 온갖 괴로움에 시달린 것이다.

윤회와 상관없는 12연기

앞에서 대충이나마 싯다르타의 사유를 따라가면서 12연기를 거꾸로 거슬러 올라가는 역관(逆觀)을 살펴보았다. 이 사유를 반대로 돌려가며 사실 여부를 확인하며 검증하는 게 12연기의 순관(順觀)이다.

우리는 전통적으로 12연기는 '윤회를 설명하는 이론'이라고 배워왔다. 그래서 과거(전생), 현재(현생), 미래(내생)로 나누고 여기에 2번의 인과를 적용하는 삼세양중인과(三世兩重因果)로 12연기를 설명했다. 그러나 12연기는 사실 윤회와 아무런 관련이 없다. 오히려 '중생은 왜 윤회한다고 어리석게 생각하는지'를 명백히 밝히는 가르침이다. 몰랐기[無明] 때문에 존재한다[五取蘊]고 생각했고, 그래서 선업과 악업에 얽혀 윤회한다거나 죽으면 그만이라는 식의 '어리석은 생각'을 했다는 것이다.

12연기는 3세에 걸친 윤회를 설명했다기보다, '윤회한다고 생각하며 살아가는 중생의 그 어리석은 생각'의 발생과 소멸을 설명했다고 보는 게 옳다. 붓다는 결코 외부에 따로 존재하지 않는다. 다만 존재의 망상을 깨닫고 '있는 그대로 보게 된 그 상태'를 붓다라고 이름하는 것이다.

모든 괴로움의 출발점

무명(無明)을 없애야 한다고?

무명(無明, ⓟavijjā)'은 산스크리트어 'a+vidyā'로 표기한다. 이 용어는 '앎' 혹은 '알고 있음'을 의미하는 'vidyā'에 부정의 접두사 'a-'가 결합한 단어로 '알지 못함' 혹은 '알지 못하는 것'을 뜻한다.

  괴로움이 발생한 원인은 근본적으로 '알지 못함[無明]' 때문이니, 알면 괴로움이 자동으로 소멸하는 것이다. 사람들은 무명을 없애야 할 대상으로 여기지만, 없애고 싶어도 없앨 수 없다. 그것은 마치 깜깜한 동굴에 들어간 사람이 어둠을 다 없애고 난 뒤에 밝음을 들여놓겠다고 고집하는 것과 같다. 어둠은 빛이 들어가는 순간 사라진다. 무명 또한 그렇다. 무명(無明)을 없애고 지혜[明]를 얻는 게 아니라, 지혜가 드러나면 무명은 사라지고 마는 것이다.

경전의 무명(無明)

경전을 열람하면 무명(無明)에 대한 다양한 설명이 있다. 그래서 경전을 읽다 보면 과연 무엇이 무명인지 가늠할 수 없다. 어째서 그럴까? 거기에는 큰 걸림돌이 있는데, 제시하는 단어의 의미를 명확하게 이해하지 못한 상태로 경전을 읽어서 생겨난 오류이다. 붓다의 정설(正說)인 법설(法說)과 잘못된 의설(義說)을 구분하지 못해서 혼란스러웠을 뿐, 번역된 경전 자체는 혼란 없이 매우 정연하다.

경율론(經律論) 삼장(三藏)에 통달했던 현장(玄奘) 스님은 깨달음의 과정을 번역한 『연기성도경(緣起聖道經)』, 올바른 연기와 삿된 연기를 설명한 『연기경(緣起經)』을 독립된 경전으로 유통했다. 『연기성도경』엔 싯다르타가 깨달음을 얻을 때 했던 사유 과정과 의설이, 『연기경』엔 의설이 중점적으로 서술되어 있다. 『연기성도경』과 『연기경』의 본문을 살펴보면서 12연기의 법설과 의설을 구체적으로 살펴볼 것이다. 먼저 『연기경』에서 밝히는 무명에 관한 의설부터 살펴보자.

【원문】如是我聞一時 薄伽梵在室羅筏 住誓多林給孤獨園 與無量無數聲聞 菩薩天人等俱。爾時 世尊告苾芻衆 吾當爲汝宣說緣起初差別義 汝應諦聽 極善思惟。吾今爲汝分別解說 苾芻衆言 唯然 願說我等樂聞。

【번역】이러한 것과 내가 '한 때[一時]'임이 들렸습니다. 박가범(薄伽梵)께서는 실라벌(室羅筏)에 있으면서 급고독원(給孤獨園)의 서다림(誓多林)에서 한량없는 무수한 성문과

더불어 머무셨고 보살과 천인들도 함께하였다. 그때 세존께서 비구들에게 알려주셨다.

"나는 마땅히 그대들을 위하여 연기의 근원[緣起初]과 어긋난 분별의 거짓[差別義]을 설명할 것이다. 너희는 응(應)하는 진리를 잘 듣고 지극히 훌륭하게 사유하여야 한다. 내가 머금은 것을 너희를 위하여 나누어서 해설할 것이다." 비구들이 말하였다. "그러겠습니다. 설해주시길 바라는 저희는 연주처럼 들릴 것입니다."

"연기초차별의(緣起初差別義)"는 『잡아함』의 '법설(法說)'과 '의설(義說)'을 풀어서 좀 더 구체적으로 '연기초(緣起初)'와 '차별의(差別義)'로 표현했다. 이미 밝혔듯이, 법설이 '붓다의 원음'이라면 의설은 '비슷한데 터무니없는 주장'이다. 여기서 '초(初)'는 '근본'이고, '차별(差別)'은 '어긋난 분별'이란 뜻이다. 따라서 연기초는 '연기의 근본'이고, 차별의는 '어긋난 분별의 거짓'이란 뜻이 된다.

이 경을 번역한 현장 스님은 구마라집보다 후대 인물인데도 그의 번역은 구마라집의 문장보다 매끄럽지 않고 다소 투박하다. 그러나 그는 용어가 헷갈리지 않도록 좀 더 세심하게 단어를 사용했다. 그래서 필자의 강의에서는 『잡아함』의 「법설의설경(法說義說經)」을 인용했지만, 여기에는 현장 스님의 『연기경』을 가져왔다.

【원문】 佛言 云何名緣起初? 謂依此有故彼有 此生故彼生 所謂無明緣行 行緣識 識緣名色 名色緣六處 六處緣

觸 觸緣受 受緣愛 愛緣取 取緣有 有緣生 生緣老死 起愁歎苦憂惱 是名爲純大苦蘊集 如是名爲緣起初。

【번역】 부처님께서 말씀하셨다. 무엇을 연기의 근원으로 일러주었는가? 이것에 의지하여 있게 되었으므로 저것도 있게 되었고, 이것이 생겨났으므로 저것도 생겨났다고 알려주었다. 이른바 무명(無明)은 진행[行]과 얽혔[緣]고, 진행은 인식[識]과 얽혔고, 인식은 명색(名色)과 얽혔고, 명색은 6처(六處)와 얽혔고, 6처는 접촉[觸]과 얽혔고, 접촉[觸]은 느낌[受]과 얽혔고, 느낌은 갈애[愛]와 얽혔고, 갈애는 취함[取]과 얽혔고, 취함은 존재[有]와 얽혔고, 존재는 태어남[生]과 얽혔고, 태어남[生]은 늙어 죽음[老死]과 얽혀서 걱정, 한탄, 괴로움, 근심의 번뇌를 일으킨다는 것이다. 이것을 '순수한 근본 요소로 된 괴로움의 덩어리로 모여졌다[純大苦蘊集]'라고 하고, 이와 같은 것을 연기의 근원[緣起初]이라고 이름을 붙이는 것이다.

'연기의 근원', 즉 연기초(緣起初)에 관한 설명이다. 제19강에서 이미 12연기를 전체적으로 살폈기에 따로 부연하지 않을 것이다. 다만 '연기(緣起)'라는 단어를 조금 더 설명하려 한다. 필자는 '연(緣)'을 '얽혔다'라고 번역했다. 그 이유는 '연(緣)' 자가 '명주실[糸]+판단[彖]'으로 구성된 글자라서 '보이지 않는 명주실로 묶였다고 판단한다'라는 기본 뜻이 있기 때문이다. 그래서 'A緣B'의 형태로 쓰이면, 'A와 B가 서로 얽혔다고 판단한다'라고 읽으면 의미가 잘 전달된다. 하지만 그 표현이 너무 길어서 '얽혔다'로 번역했음을 알려둔다.

이 연(緣)이란 글자는 "이것에 의지하여 있게 되었으므로 저것도 있게 되었고, 이것이 생겨났으므로 저것도 생겨났다[此有故彼有 此生故彼生]"라는 표현의 축약형이다. 다시 말해 "A緣B"라고 쓴 문장은 "A가 있게 되었으므로 B도 있게 되었고, A가 생기게 되었으므로 B도 생기게 되었다"라는 표현으로 이해해야 하는 것이다. 예를 들어 "무명연행(無明緣行)"은 "무명이 있게 되었으므로 행도 있게 되었고, 무명이 생기게 되었으므로 행도 생기게 되었다"로 읽어야 한다는 뜻이다. 그런데 이렇게 계속 쓰면 너무 긴 표현이 되기에 연(緣)이란 글자로 짧게 표현했다고 이해하면 된다.

인용한 경전에서 알 수 있듯이 무명(無明)으로 얽혀 일어난 '존재한다는 생각'이 우리를 '태어나 늙고 병들어 죽는다'라는 온갖 괴로움에 시달리며 살아가게 한다. 이 모든 생각을 한마디로 축약하면 "순수한 근본요소로 된 괴로움의 덩어리로 모여졌다[純大苦蘊集]"라는 것이다. 이제 무명에 관한 의설이 본격적으로 시작되는 부분을 집중해서 살펴보자.

【원문】義云何名爲緣起差別 謂無明緣行者 云何無明? 謂於前際無知 於後際無知 於前後際無知 於內無知 於外無知 於內外無知 於業無知 於異熟無知 於業異熟無知 於佛無知 於法無知 於僧無知 於苦無知 於集無知 於滅無知 於道無知 於因無知 於果無知 於因已生諸法無知 於善無知 於不善無知 於有罪無知 於無罪無知 於

應修習無知 於不應修習無知 於下劣無知 於上妙無知 於黑無知 於白無知 於有異分無知 於緣已生或六觸處 如實通達無知。如是於彼彼 處如實無知 無見無現觀 愚 癡無明黑闇 是謂無明。

【번역】 의설(義說)은 어떻게 '연기라고 이름한 것'을 어긋나게 분별하여 일러주고, 무명을 이르면서 연행(緣行)한다는 자는 무엇을 무명이라고 일러주는가? 과거에 대해서도 무지하고 미래에 대해서도 무지하고 과거와 미래에 대해서도 무지하며, 안에 대해서도 무지하고 밖에 대해서도 무지하고 안과 밖에 대해서도 무지하며, 업(業)에 대해서도 무지하고 이숙(異熟)에 대해서도 무지하고 업과 이숙에 대해서도 무지하며, 부처에 대해서도 무지하고 법에 대해서도 무지하고 승가에 대해서도 무지하며, 괴로움[苦]에 대해서도 무지하고 모임[集]에 대해서도 무지하고 소멸[滅]에 대해서도 무지하고 길[道]에 대해서도 무지하며, 원인에 대해서도 무지하고 결과에 대해서도 무지하고 원인 뒤에 생겨난 존재하는 모든 법에 대해서도 무지하며, 훌륭함에 대해서도 무지하고 훌륭하지 못함에 대해서도 무지하며, 죄가 있음에 대해서도 무지하고 죄가 없음에 대해서도 무지하며, 응함에 대하여 닦아 익힘도 무지하고 응하지 않음에 대하여 닦아 익힘도 무지하며, 아주 열등함에 대해서도 무지하고 가장 미묘함에도 무지하며, 흑업(黑業)에 대해서도 무

지하고, 백업(白業)에 대해서도 무지하며, 존재의 다른 구분에 대해서도 무지하고, 연기(緣起)한 이생(已生)이나 혹은 여섯 감촉 장소[六觸處]의 여실한 통달에 대해서 무지한 것이라고 이른다.
이와 같은 저러저러함에는 처(處)가 진짜 같다는 것[如實]에 무지하여, 보이는 게 없으니 명료한 관점[現觀]도 없다. 우매하게 어리석어서 밝음이 없는 깜깜한 이것을 무명이라고 이른다.

위의 인용문은 『연기경』의 무명에 관한 설명이다. 만약 누군가가 '의설(義說)'이 '거짓 주장'이라는 사실을 모르고 위 경전을 읽는다면, 아마 모르긴 몰라도 무명의 항목을 자세히 열거했다고 생각할 것이다. 이렇게 '의(義)' 자의 이해에 따라 경전의 내용이 정반대로 이해될 수도 있는 것이다. 그래서 현장 스님은 이 연기를 언급하면서 "연기의 차별[緣起差別]"이라고 번역한 것이다. '차(差)'는 '어긋날 차', '별(別)'은 '분별할 별'인데, 무언가를 차별했다는 것은 곧 잘못 이해했다는 뜻이다. 다시 말해서 위의 인용문에 나열된 그럴듯한 무지는 '잘못 분별하고 있는 무명'을 설명하는 것이다.

따라서 위에서 설명하고 있는 무지를 무명이라고 이해했다면, 잘못 이해한 것이다. 위의 생각은 모두 나와 외부 대상을 존재로 바라볼 때 생겨나는 무지이다. 존재로 바라보니 삼세의 시간과 안과 밖의 공간, 주관과 객관, 선업과 악업, 이생과 내생 등의 생각이 부차적으로 일어나는데, 이것을 모르는 것을 무지로 이해한다는 것이다.

그렇지 않으면 삼보나, 4성제, 인과, 죄의 유무, 흑백, 6처 등의 교리도 자아와 대상으로 잘못 이해하면서, 그 교리를 모르는 게 무지라고 하는 것이다.

그렇다면 붓다가 말한 무지(無知)는 무엇일까? 위에 인용한 경전의 마지막 구절처럼 '처(處)가 진짜 같다는 것[如實]'을 모르는 것이다. 즉 내입처와 외입처의 작용으로 주관과 객관이 펼쳐진다는 사실을 모르는 게 바로 '무지(무명)'라고 이 경전은 분명하게 밝히고 있다.

'내가 세상을 본다'라는 무명(無明)

남방 상좌부불교에서는 무명을 소멸할 수 없다고 한다. 12연기를 삼세양중인과로 이해하고, 무명을 전생에 벌어진 사건으로 파악하기 때문이다. 우리는 절대로 과거나 전생으로 되돌아갈 수 없다. 그러니 전생에 발생한 무명을 소멸시킬 수 없는 것이다. 그래서 그들은 무명을 없애는 대신에 현생의 사건인 접촉[觸]과 느낌[受] 사이에서 사띠(Ⓟsati)라는 감시자를 세운다. 사띠로 대상을 접촉할 때 발생하는 느낌이 '욕망과 분노, 어리석음'으로 진행하지 못하도록 차단하여 번뇌를 잠재우려고 한다. 그러다 보니 24시간 감시자를 세우기 위해서는 언제나 깨어 있어야 한다고 가르친다. 그러나 인간은 결코 그렇게 살 수 없다. 붓다도 때가 되면 언제나 잠들었다.

붓다는 색수상행식(色受想行識)이란 '5가지 존재의 다발을 취했기에 괴로워졌다[五取蘊苦]'라고 말했다. 그것은 '12처의 작용'을 몰랐기에 벌어진 사건이다. 그러니 몰랐던 사실을 알면 존재의 다발을 취하지 않기에 괴로울 이유도 없는 것이다. 이러한 과정을 4성제와 8정도, 12연기를 통해 자세하고 분명히 설명했다. 깨달아서 윤회(輪廻)를 벗어나 열반의 세계에 간다거나, 촉(觸)과 수(受) 사이에 사띠를 세워 문제를 해결하겠다는 식의 생각은 붓다의 가르침과 거리가 멀다.

일반적으로 경전의 전반부에 열거한 여러 가지 무지(無知)가 진정한 무명으로 보일 것이다. 그래서 그런 것들을 하나하나 제거해야 한다고 생각할 수도 있다. 그러나 후반부의 짧은 언급이 바로 무명의 핵심이다. 12처에서 벌어지는 주관(내입처)과 객관(외입처)을 이해하지 못하고, '내가 세상을 본다'라는 생각이 '거짓'임을 모르는 게 진정한 무명(無明)이다. 하지만 12처의 작용은 '나와 세상'을 도저히 의심할 수 없도록 너무나 사실적으로 구현해서 보여준다. 우리가 추호도 '의심하지 못하는 것' 또한 매우 자연스러운 일이다. 그럼에도 불구하고 우리는 12처의 작용을 의심하고, '나와 세상'이 '거짓'임을 이해해야 한다. 그러려면 붓다가 강조한 8정도가 아니면 도저히 알아낼 방법이 없다.

불교에 여실지견(如實知見)이란 말이 있다. 이 말을 "있는 그대로 보라!"면서 마치 명령문처럼 쓰는데, 사실 '있는 그대로 아는 견해[如實知見]'라는 말이다. '12처에서 구현된 허상'을 알지 못하는 중생은 '나와 외부 대상'을 '있는 그대로 아는 견해'가 없어서 '나도 세상도 실재(實在)한다'라고 생각하며 살아가게 된다.

임제(臨濟) 선사는 "수처작주(隨處作主) 입처개진(立處皆眞)"이라는 매우 유명한 말을 남겼다. 보통은 "어느 곳에서든지 주인공이 되어라. 서 있는 그 자리가 모두 진실하다"라고 해석하지만, 그런 뜻이 아니다. "12처의 작용을 따라가면 주관이 만들어지고, 건립된 12처에서는 모두 진짜가 된다"라는 뜻이다. 임제의 근본 스승 붓다의 깨달음이 무아(無我)

인데, 어찌 제자의 깨달음이 (없는) 자아를 만들어 주인공이 되는 것이겠는가? 이런 오해도 결국 '처(處)'라는 단어를 몰랐기에 억지 해석을 내놓은 것이다.

반복되는 습관의 힘

'조작'이라는 행(行)

행(行, ⓢsaṃskāra ⓟsaṅkhāra)은 '조작, 진행'이란 뜻인데, '다닐 행(行)'으로 번역되었다. '행(行)'이란 글자는 원래 '시장의 사거리(行)'를 본뜬 글자로, '동서남북 어디로든 향해 갈 수 있다'는 기본 뜻이 있다. 즉 상카라(ⓟ saṅkhāra)는 '방향의 결정'과 '무언가를 조작한다'라는 뜻이 있다. 따라서 어떤 생각이 바탕을 이루느냐에 따라 조작의 방향이 결정되기에 번역자가 '행(行)'이란 글자를 고른 것 같다.

12연기의 행(行)은 5온의 행온(行蘊)과 완전히 다른 것이다. 5온의 행온은 '선악으로 드러나는 업(業)의 무더기'로 눈에 보이진 않지만, 실재하는 업을 말한다. 그러나 12연기의 행은 무명과 함께 얽혀서 작용하는 '조작'을 뜻한다.

행은 독립적으로 작용하지 않고 언제나 무명과 얽혀서 드러난다. 따라서 무명과 행의 관계는 '무명이 있게 되었으므로 행도 있게 되었고, 무명이 일어나게 되므로 행도 일어나게 된다'라는 관계가 성립된다. 그리고 무명과 함께 얽힌 조작은 신행(身行)→구행(口行)→의행(意行)의 순서로 일어난다.

신구의 삼행을 5온의 행온으로 이해하다 보니, 신행은 몸으로 지은 업, 구행은 입을 통해 언어로 지은 업, 의행은 생각으로 지은 업으로 생각한다. 그러다 보니, 무명을 악(惡)으로 생각하여 '신구의로 쌓인 악업(惡業)'이 되어서 그 과보(果報)로 괴로움을 받는 것처럼 '행(行)'을 이해하는 경향이 있다.

그러나 12처의 작용을 모르는 무지로 인해 실제 대상을 내가 몸으로 접촉했다고 생각하고, 그것을 다시 흑백의 언어로 확립하고, 또 생각으로 사상을 정립하게 된다. 그러면 몸으로 대상을 느낀다고 생각하고, 그것을 언어로 표현하며, 조금의 의심도 없이 생각도 그렇게 일어나게 된다. 이렇게 무명과 얽혀서 나와 세상을 창조하는 조작이 일어나는 것이다.

신구의(身口意)라는 세 가지 조작

조작은 몸[身]의 경험이 언어로[口] 확장되고, 다시 확고한 생각[意]으로 진행된다. 그래서 신구의(身口意) 삼행이라고 말하는 것이다.

1. 신행(身行): 몸의 조작
외부 자극을 만나면 '내가 무언가 대상을 만났다'라는

첫 번째 조작이 일어난다.

2. 구행(口行): 언어의 조작
   내가 만난 대상을 구체적 언어로 구별하면서 조작하게 된다. 그러면 나와 세상을 언어로 구현하게 된다.

3. 의행(意行): 생각의 조작
   신행과 구행은 생각으로 자리 잡고 그 생각은 확고한 신념 체계를 확장해 간다. 그렇게 만들어진 '가상의 신념 체계'를 사람들은 '나와 세상'이라고 철석같이 믿으며 살아간다.

우리는 이 세 가지 조작을 통해 나와 세상을 이해하기에, 무명과 얽히면 '나와 세상'이 실제로 존재한다고 생각하게 된다. 그러면 인과(因果)에 의한 생사(生死)와 윤회(輪迴)라는 생각을 피할 수 없게 된다. 그러다 보니 선악의 업보(業報)에서 벗어나려고 기도하거나 수행하게 된다. 그러나 이런 생각도 무명과 행이 얽혔기 때문에 그렇게 생각하게 된 것이다. 무명과 행이 얽히면 존재한다는 생각을 조작하고, 조작된 생각은 존재를 근거로 업을 생산하고, 그 업은 또 '나와 세상이 업의 결과'라는 생각으로 발전한다. 이런 생각은 시간이 지나면 지날수록 더욱 공고해져서 아무런 의심 없이 '선인선과(善因善果), 악인악과(惡因惡果)'라는 인과의 법칙을 받아들이게 만든다.

물론 붓다도 업(業)을 말했다. 그러나 붓다가 말한 업(業)은 우리가 이해하는 신구의로 벌어지는 선악업과 본질적으로 다르다. 그래서 붓다는 8정도(八正道)에서 '올바른 업[正業]'을 말한 것이다. 이것은 '선업'과 '악업'의 존재를 전제한 이분법적 논리가 아니라, 모름[無明]과 앎[明]으로 벌어지는 중생과 붓다의 삶을 말하는 것이다.

경전에서 말하는 행(行)

먼저 의설(義說)의 행(行)을 어떻게 표현했는지 『연기경』을 살펴보자.

> 【원문】云何爲行? 行有三種 謂身行 語行 意行 是名爲行。

> 【번역】무엇이 진행[行]한다고 일러주겠는가? 진행[行]은 존재하는 세 종자로, 몸의 진행[身行], 언어의 진행[語行], 헤아리는 생각의 진행[意行]이라고 이르고, 이것을 이름하여 진행이라고 하는 것이다.

이 경에서는 행(行, 業)이 신구의(身口意)라는 세 종류의 업종자(業種子)로 있다는 것을 의설(義說)이라고 밝혔다. 그렇다면 법설(法說)의 행(行)과 무엇이 다를까? 우리는 몸으로 먼저 경험하고, 그 경험은 언어로 체계화되고, 그 체계는 다시 생각으로 저장된다. 그 과정에서 '나와 세상이 존재한다'라는 방향으로 일어나는 조작을 '무명행(無明行)'이라 하고, '무명으로 진행되어 존재한다고 생각하게 되었다는 사실'을 깨달아 알면 '명행(明行)'이라고 이르는 것이다.

법설과 의설, 모두 신구의(身口意)의 삼행(三行)으로 용어는 같지만, 그 작동 방식은 현격한 차이가 있다. 법설의 행(行)은 자아와 세상이 법(法)으로 진행되기에 실체로 여기지 않고, 의설은 자아와 세상이 업종자로 작용한다고 생각하며 살아가게 되는 것이다.

다시 한번 강조하지만, 의설(義說)이 '거짓 주장'이라는 뜻임을 명심하고 경전을 읽어야 비로소 붓다의 가르침이 눈에 들어온다. 지금은 '옳다'의 뜻으로 쓰이지만, 의(義)는 '羊+我'로 이뤄진 글자이다. 이 글자는 갑골문에 창[我=手(손 수)+戈(창 과)]의 끄트머리에 양 머리[羊]가 꽂힌 모습으로 그려져 있다. 그래서 글자가 시작될 때는 '거짓'이란 뜻으로 시작되었다가 지금은 '옳다'라는 뜻으로 주로 쓰인다. 지금도 '거짓'이란 뜻으로 종종 쓰이는데, 그 예가 의치(義齒), 의족(義足), 의수(義手) 등의 단어이다. 의(義)의 원어인 '아르타(Ⓢartha)'가 재물, 권력, 명예를 의미하는 것만으로도, '옳다'거나 '뜻'이란 의미가 없는 단어임을 알 수 있다. 그래서 불전에서는 '의(義)'를 '가짜'라고 새겨야만 한다.

『대승기신론(大乘起信論)』 첫머리에 "依於此心顯示摩訶衍義 何以故? 是心眞如相 卽示摩訶衍體故 是心生滅因緣相 能示摩訶衍自體相用故"라는 문장이 나온다. 번역하자면 "여기의 이 마음[此心]을 의지해서 대승을 드러내면 의설(義說)이 된다. 무슨 이유로 그러한가? 이 마음이 진여의 모습이면 곧 대승이 체(體)를 보여주는 것이기 때문이고, 이러한 마음의 생멸로 인연이 되는 모습은 능히 대승 스스로 체상용(體相用)을 보여주는 것이기 때문이다"라는 말이다. '체(體)'는 '자아'이고, '상(相)'과 '용(用)'은 '모습'과 '쓰임'이니, '자아가 있어서 모든 일을 벌인다'라는 중생의 생각과 다름이 없기에 의설이라고 하는 것이다.

'마음'은 '모여서 일어난 작용'이지 존재를 드러내는 본체가 아니다. 그런데 마음을 자아의 본체로 이해하여 대승의 가르침을 펼치면, 본체[體, 자아] 때문에 드러나는 모습[相]과 쓰임[用]이 있다고 생각하게 된다. 그러면 붓다의 깨달음인 무아(無我)와 정반대 입장이 되니 의설이 된다는 뜻이다.

그런데 의(義)를 의설인 '거짓 주장'이 아니라 정설인 '진실한 뜻'처럼 전통적으로 해석해 왔다. 그렇기에 대승불교의 진수를 담은 『대승기신론』이 마치 체상용(體相用) 삼대(三大) 원리를 주장한 것처럼 이해됐다. 이러한 생각은 외도의 생각과 100% 일치되는 것이다. 그래서 번역이 참 중요하다. 이제 『연기성도경』에서 행(行)을 올바르게 이해하는 근거를 찾아보자.

【원문】 我復思惟 無有誰故 而無有行 由誰滅故 此行隨滅我卽。於此 如理思時 便生如是 如實現觀 無無明故 便無有行 無明滅故 行卽隨滅。由行滅故 識亦隨滅 由識滅故 名色隨滅 名色滅故 六處隨滅 六處滅故 觸亦隨滅 由觸滅故 受亦隨滅 由受滅故 愛亦隨滅 由愛滅故 取亦隨滅 由取滅故 有亦隨滅 由有滅故 生亦隨滅 由生滅故 老死 愁歎 憂苦 擾惱皆亦隨滅 如是永滅純大苦聚。

【번역】 자아를 거듭 사유하게 되었는데도 존재하는 누군가가 없었기 때문에, 그래서 존재의 진행[行]이 없고, 누구

라는 원인이 소멸했기 때문에, 여기 이런 진행[行]에는 '자아로 붙은 것[我卽]'이 따라서 소멸한다. 여기 이것에 대해 이치에 맞게 생각할 때 곧바로 이러한 명료한 관점[現觀]이 있는 그대로 생겨났다. '무명(無明)이 없었기 때문에 곧바로 존재의 진행[行]이 없었고, 무명(無明)이 소멸했기 때문에 진행[行]에 붙는 것도 따라서 소멸하게 되었다'라고.

진행[行]하는 원인이 소멸했기 때문에 인식[識] 또한 따라서 소멸하게 되고, 인식[識]하는 원인이 소멸했기 때문에 명색(名色)도 따라서 소멸하게 되고, 명색이 소멸했기 때문에 6처(六處)가 따라서 소멸하게 되고, 6처가 소멸했기 때문에 접촉[觸] 또한 따라서 소멸하게 되고, 접촉[觸]하는 원인이 소멸했기 때문에 느낌[受] 또한 소멸하게 되고, 느낌의 원인이 소멸했기 때문에 갈애[愛] 또한 소멸하게 되고, 갈애의 원인이 소멸했기 때문에 취함[取] 또한 소멸하게 되고, 취함의 원인이 소멸했기 때문에 존재[有]가 따라서 소멸하게 되고, 존재하는 원인이 소멸했기 때문에 태어남[生] 또한 소멸하게 되고, 태어나는 원인이 소멸했기 때문에 늙어 죽고, 시름[愁], 한탄[歎], 근심[憂]의 괴로움과 어지러운 번뇌[擾惱]라고 한결같이 말하는 것 또한 따라서 멸하게 되니, 이렇게 '순전한 존재 요소[純大]'라는 괴로움의 덩어리가 영원히 소멸하는 것이다.

행(行, 業)은 신구의(身口意)로 벌어지는데, 제대로 알지 못한[無明] 상태에서 진행이 이뤄지면 존재의 생사가 이루어지는 세간법(世間法)이 열려 괴로움과 함께한다. 반면 알고[明] 진행되면 존재에 대한 착각이 사라지는 출세간법(出世間法)이 열려 열반의 삶을 살아가게 된다.

이런 이유로 진행은 '아는 행[明行]'과 '모르는 행[無明行]'으로 벌어진다. 무명(無明)으로 진행되면 업(業)을 '존재하는 선업(善業)과 악업(惡業)'으로 이해하여 '업을 없애거나 짓지 않으려고 노력하는 것'을 수행으로 여길 것이고, 명(明)으로 진행되면 '아는 업[明業]'과 '모르는 업[無明業]'으로 이해하여 '연기에 대한 철저한 사유와 검증, 확립'을 수행으로 여길 것이다. 그래서 8정도가 적멸에 이르는 로드맵으로 수행자에게 제시된 것이다.

다시 한번 강조하지만, 행(行)을 바르게 이해해야 12연기도 올바르게 이해된다. 행(行)은 신구의(身口意) 삼행(三行)으로 이뤄지는데, 삼행은 무명과 얽혀 진행된다. 무명이 사라지면 무명과 얽혀 진행된 존재의 조작 또한 함께 사라진다. 이렇게 바른 견해, 즉 정견(正見)을 통해 신구의 삼행이 더 이상 선악의 업으로 조작되지 않고 분명한 앎[明]에 의해 열반의 삶으로 진행된다.

수행자의 관점이 어떤지에 따라 목표에 이르는 수행 방법이 사뭇 달라진다. 만약 8정도를 고려하지 않고 수행하려고 한다면, 그 노력이 제아무리 처절하더라도 존재의 불구덩이를 벗어나지 못해 끝내 괴로움과 함께할 것이다. 불교를 공부하고 수행하는데 아무런 성과도 없는 도돌이표라면 "연기를 아는가? 8정도가 수행의 근간인가?"라고 점검해 보아야 할 것이다. 연기를 제대로 이해했다면, 최상의 깨달음을 얻는 유일한 방법이 '8정도'라는 사실에 이견이 없을 것이다.

이름의 덫

'구별하고 아는 작용' 인식[識]

식(識, Ⓢvijñāna Ⓟviññāṇa)은 '인식(認識), 요별(了別)'을 의미하는 '의식 작용'이다. '식(識)'은 '말씀[言]+소리[音]+창[戈]'으로 이루어진 글자로, '말과 소리를 창으로 콕콕 찌르듯 구별한다'라는 기본 의미가 있다. 따라서 식(識)은 '대상을 구별하여 아는 작용[了別名識]'을 말한다.

이 식(識)에도 '외도의 식[義說]'과 '붓다의 식[法說]'이 다르다. 외도의 식은 자아가 눈[眼], 귀[耳], 코[鼻], 혀[舌], 몸[身], 생각[意]을 통해 대상을 감지하여 아는 것이고, 붓다의 식은 6내입처와 6외입처가 서로 마주할 때 일어나는 '인식 작용'을 가리킨다. 외도들은 '안식(眼識)', '이식(耳識)', '비식(鼻識)', '설식(舌識)', '신식(身識)', '의식(意識)'이라는 6가지 인식이 실제로 있다고 생각했다. 다만 너무 미세하여 눈으로 볼 수 없다고 생각했다.

고대 인도인은 대상을 몸[身] 단위로 이해했는데, 실제로 느낄 수 있으면 '거친 몸[麤身]', 느낄 수 없으면 '미세한 몸[細身]'이라고 불렀다. 그러니 안식신(眼識身)에서 의식신(意識身)까지 눈에 보이지 않는 미세한 '여섯 인식의 몸[六識身]'이 몸과 결합해 정신을 이룬다고 생각했다.

반면에 붓다는 인식은 작용이기에 명색과 함께 얽혀서 작동한다고 가르쳤다. 즉 자아가 있어서 인식이 작동하는 게 아니라 여러 가지 조건이 함께하면서 인식 작용이 작동한다는 것이다.

인식[識]이 일어나는 과정

『잡아함』에는 "안(眼)과 색(色)이 만나면 안식(眼識)이 생긴다"라는 표현이 자주 등장한다. 이 말을 단순하게 '눈과 색이 만나면 눈으로 본다는 안식(眼識)이 생긴다' 정도로 이해하기 쉽지만, 여기의 '눈과 색'은 실제의 눈과 색이 아니다. 이 구절은 '눈에서 감지된 빛'이 대상의 정보를 받아들여 생체 신호로 변환되고, 생체 신호가 뇌에 전달되면 '안내입처(眼內入處)와 색외입처(色外入處)'라는 가상 장소에서 '눈과 색'으로 구현된 것을 뜻한다. 이 눈과 색이 만나면 그때 '내가 눈으로 색을 보았다'라는 '눈의 인식 작용[眼識]'이 일어난다는 뜻이다. 이 과정에서 '보는 주체'는 존재하지 않으며, 우리는 단지 '눈 속에 보는 자가 있다'라는 착각을 일으킬 뿐이다.

이런 방식으로 구현된 눈과 색, 귀와 소리, 코와 냄새 등의 여섯 가지 가상의 대상이 서로 마주할 때 여섯 가지 인식 작용도 함께 일어나는 것이다. 그런데 문제는 이것이 '나'라는 인식 주체가 있어서 대상을 느끼는 것처럼 착각한다는 것이다. 붓다는 이러한 인식은 12처에 대한 무지[無明]에 조작[行]이 얽혀서 만들어낸 '실제 같은 환상'임을 지적했다. '내가 본다'라거나 '내가 듣는다'라고 인식하는 것은 무명에 얽힌 조작일 뿐, 결코 사실이 아니다.

그래서 『금강경』의 사구게(四句偈)에도 "일체는 조작된 법이라서 마치 꿈, 환상, 물거품, 그림자 같네. 이슬과 같고 또한 번갯불과 같아야 응하여 만들어졌다고 이렇게 관찰되네[一切有爲法 如夢幻泡影 如露亦如電 應作如是觀]"라는 표현이 등장하는 것이다. 여기서 응(應)은 '응당히'가 아니라 '대응한다, 마주한다'라는 뜻으로 내입처와 외입처가 마주한다는 의미이다.

'이름으로 된 대상' 명색(名色)

명색(名色, ⓢnāmarūpa)은 'nāma[名, 이름]+rūpa[色, 물질, 대상]'로 이루어진 단어로 '이름으로 된 대상'을 의미한다. 그런데 일반적으로 '명(名)'을 '수상행식(受想行識)'으로 간주하고 색(色)을 더해서 5온(五蘊)이라고 설명한다. 그러나 이러한 설명은 의설(義說)이다.

다시 말하지만, 명색은 '이름으로 된 대상[色]'이란 의미이다. 컴퓨터에 비유한다면 이진수로 이루어진 데이터가 바로 명색이다. 컴퓨터는 이진수의 데이터[名色]를 읽고 해석해[識] 사실적으로 모니터에 구현[六處]한다. 여기서 색과 명색의 관계는 '아날로그 존재[色蘊]'를 '이진수로 처리한 것[名色]'이라고 보면 된다. 우리의 머릿속에서는 '외부의 대상[色]'이 '이름으로 된 대상[名色]'으로 처리되어 보관된다.

색(色)과 명색(名色)의 차이는 붓다의 가르침을 이해하는 데 중요한 부분이다. 붓다가 말한 명색은 단순히 존재하는 외부의 '물질[色]'을 뜻하는 게 아니라, 내부의 '이름으로 된 대상'을 의미한다. 인식은 이러한 '이름으로 된 대상'과 짝을 이루면서 작동한다. 이름으로 된 대상이 없으면 구분조차 할 수 없기에 인식은 일어날 수 없다.

동양 사람들은 전통적으로 무지개를 5가지 색으로 생각했고, 서양 사람들은 7가지 색으로 생각했다. 그 이유는 그들이 바라본 세상의 잣대가 다르기 때문이다. 동양에서는 음양오행의 영향으로 5가지의 오방색으로 바라보았고, 서양은 뉴턴의 스펙트럼 실험 이후 '도레미파솔라시' 7음계에 따라 7가지 색으로 나눴다는 게 정설로 여겨진다. 그러나 무지개는 빛의 연속 스펙트럼이기에 5가지 혹은 7가지 색뿐만 아니라 무한한 색이 연속해 있다. 다만 어떤 색에 이름이 붙으면 그 색을 구분하지만, 이름이 없으면 어떤 색이 있어도 구분하지 못한다. 이렇게 대상을 인식하는 것도 '이름으로 된 대상'이 함께해야만 비로소 작동하는 것이다.

경전에서 말하는 인식[識]과 명색(名色)

12연기의 모든 항목이 그렇듯이, 인식[識]과 명색(名色)도 서로 얽혀서 작동한다. 그런데 이 둘의 관계는 다른 항목과 다른 점이 있는데, 그것은 서로에게 '필요충분조건'이라는 것이다. 즉 식은 명색이 작동해야만 드러나고, 명색은 식이 작동해야만 드러난다는 것이다. 『연기성도경』에서 식과 명색에 대한 붓다의 사유를 살펴보자.

【원문】我復思惟 由誰有故 而有名色 如是名色 復由何緣我。於此事 如理思時 便生如是 如實現觀 由有識故

便有名色 如是名色 由識爲緣.

【번역】 자아로 거듭 사유하게 되면 누군가가 원인으로 존재하기 때문에, 그래서 존재의 명색(名色)을 얻는다. 이렇게 명색(名色)이라는 자는 거듭 무엇을 원인이라지만 연기(緣起)한 자아[我]이다. 이 일을 이치에 맞게 생각할 때 곧바로 이러한 명료한 관점[現觀]이 있는 그대로 생겨났다. '존재가 원인이 되어 인식[識]하기 때문에, 곧 존재의 명색(名色)을 얻는다. 이렇게 명색(名色)이라는 자는 인식[識]이 원인이라지만, 연기(緣起)하는 것이다'라고.

우리는 언제나 자아[我]가 대상을 인식[識]한다고 생각한다. 마치 '방 안에 있는 사람이 창문을 통해서 밖을 보면서 대상을 인식하는 것'처럼 생각한다. 다시 말해 인식하는 주체가 내 몸 안에 있고, 인식의 대상은 몸 밖에 있다고 생각하는 것이다. 만약 인식하는 마음이 따로 존재한다면 우리는 결코 그 마음을 들여다볼 수 없을 것이다. '마음이 보는 마음'과 '보이는 마음'으로 나누어져야 볼 수 있는데, 마음은 결코 주객으로 나누어질 수 없기 때문이다.

그러다 보면 결론은 매번 "다만 모를 뿐이다"라는 불가지론(不可知論)에 이르게 된다. 설사 어떤 사람이 마음을 보았다고 할지라도, 그것을 보았던 그 마음을 보려면 또다시 그것을 보는 마음이 또 있어야만 한다. 이렇게 존재하는 마음으로 마음의 존재를 보려고 한다면 '보는 마음'과 '보이는 마음'은 무한 반복하게 될 것이다.

그래서 황벽 선사도 『전심법요(傳心法要)』에서 "부처를 부려서 부처를 찾고 마음을 갖고 마음을 잡으려 한다면 세월이 다하고 형상이 다 없어져도 끝내 얻을 수 없다[使佛覓佛 將心捉心 窮劫盡形 終不能得]"라고 했다. 결국 존재한다는 그 생각이 우리를 중생으로 머물게 하는 것이다.

보조국사 지눌 스님의 『수심결(修心訣)』엔 "但只不會 是即見性"이란 문구가 등장하는데, 이것을 "다만 모를 뿐, 이것이 곧 견성(見性)이다"라고 해석한다. 그러나 이는 번역의 오류이다. 불회(不會)는 원래 '대상을 만나지 못했다'라는 뜻이었는데, 지금은 만나지 못했으니 '알지 못한다'라고 뜻이 바뀌었다. 또 견성(見性)은 '보는 성품'이 아니라 '보이는 성질'이란 뜻이다. 따라서 "단지불회 시즉견성"의 뜻은 "다만 (외부 대상을) 마주하지 않는다는 이것이 곧 보이는 성품이다"라는 뜻이다.

다시 말해 '내가 본다'라고 말하는 것은 '인식[識]과 명색(名色), 6처(六處)의 삼사화합(三事和合)으로 구현된 사건[觸]'이다. 따라서 우리는 대상을 보았다고 하지만, 절대로 그 대상을 만날 수 없다고 말하는 것이다.

【원문】 我齊此識 意便退還 不越度轉 謂識爲緣 而有名色 名色爲緣 而有六處 六處爲緣 而有其觸 觸爲緣受 受爲緣愛 愛爲緣取 取爲緣有 有爲緣生 生爲緣故 便有老死 愁歎憂苦 擾惱生起 如是積集純大苦聚。

【번역】 자아가 여기 이런 '인식[識]'과 나란하면 '의(意)'는 곧바로 '완성의 굴러감[度轉]'으로 넘어가지 못하도록 되돌려 보내니, "인식[識]이 연기를 하고 그래서 존재의 명색(名

色)이 되면, 명색이 연기를 하고 그래서 존재의 6처(六處)가 되면, 6처가 연기를 하고 그래서 존재의 그것을 접촉[觸]하게 되면, 접촉이 연기를 해서 느낌[受]이 되고, 느낌이 연기를 하여 갈애[愛]가 되고, 갈애가 연기를 하여 취(取)하게 되고, 취가 연기를 하여 존재[有]가 되고, 존재가 연기를 하여 태어남[生]이 되고, 태어남이 연기를 하기에 곧바로 존재로 늙어 죽고, 시름[愁], 한탄[歎], 근심[憂]의 괴로움과 어지러운 번뇌[擾惱]가 생겨서 일어나게 되니, 이렇게 '순전한 존재 요소[純大]'라는 괴로운 덩이를 모아 쌓는다"라고 이르는 것이다.

자아와 '인식 작용'을 같은 개념으로 생각하면, 법(法)과 쌍으로 드러나는 12처의 '의(意)'가 완성되지 않기에 12연기는 '인식[識]'에서 행과 무명으로 나가지 못하게 된다. 붓다의 가르침인 12연기의 구조가 어그러지는 것이다. 그래서 인식[識]을 자아로 생각하면, 인식이 연기한 것은 외부에 존재하는 명색(名色)이 되고, 명색이 연기한 것은 내부의 '식이 머무는 장소[六處]'로 존재하게 된다. 그리고 6처가 연기한 것은 자아가 외부 대상을 접촉[觸]한 게 되고, 접촉했으니 느꼈고[受], 느꼈으니 사랑[愛]하고, 사랑하니 취(取)했고, 취했으니 존재[有]했고, 존재했으니 태어났고[生], 태어났기 때문에 늙어 죽는[老死] 등 온갖 괴로움이 벌어진다고 가르쳐 준다는 것이다.

다시 말해 자아와 식(識)을 동일시해서 '자아가 인식한다'라고 생각하게 되면, 결국 '이 세상에 내가 태어났다'라고 생각하며 살아가기에 온갖 괴로움과 함께할 수밖에 없다는 것이다.

【원문】我復思惟 無有誰故 而無名色 由誰滅故 名色隨滅我卽。於此 如理思時 便生如是 如實現觀 無有識故 便無名色 由識滅故 名色隨滅。我復思惟 無有誰故 而無有識 由誰滅故 此識隨滅我卽。於此 如理思時 便生如是 如實現觀 無有行故 便無有識 由行滅故 識卽隨滅。

【번역】자아를 거듭 사유하게 되었는데도 존재하는 누군가가 없었기 때문에, 그래서 (존재의) 명색(名色)이 없고, 누구라는 원인이 소멸했기 때문에, (여기 이런) 명색(名色)에는 '자아로 붙은 것[我卽]'이 따라서 소멸한다. 여기 이것에 대해 이치에 맞게 생각할 때 곧바로 이러한 명료한 관점[現觀]이 있는 그대로 생겨났다. '존재의 인식[識]'이 없었기 때문에 곧바로 (존재의) 명색[名色]이 없었고, 인식[識]의 원인이 소멸했기 때문에 명색(名色)도 따라서 소멸하게 되었다'라고.

자아를 거듭 사유하게 되었는데도 존재하는 누군가가 없었기 때문에, 그래서 존재의 인식[識]이 없고, 누구라는 원인이 소멸했기 때문에, 여기 이런 인식[識]에는 '자아로 붙은 것[我卽]'이 따라서 소멸한다. 여기 이것에 대해 이치에 맞게 생각할 때 곧바로 이러한 명료한 관점[現觀]이 있는 그대로 생겨났다. '존재의 진행[行]이 없었기 때문에 곧바로 존재의 인식[識]이 없었고, 진행[行]의 원인이 소멸했기 때문에 인식[識]에 붙는 것도 따라서 소멸하게 되었다'라고.

싯다르타는 자아가 정말로 존재하는지를 깊이 고찰해 보았지만, 그 자아를 끝내 찾지 못했다. 그래서 존재하는 자아가 인식하거나, 존재하는 명색을 찾을 수도 없었다고 『연기성도경』에서 담담하게 고백하고 있다. 붓다의 깨달음과 가르침의 핵심은 무아(無我)이다. 만약 어떤 사람이 '자아'가 있다는 관점으로 12연기를 이해한다면, 자아가 무명을 일으켜서 신구의로 업[行]을 지어서 인식이 생겨나서 명색(5온)을 대상으로 삼았다고 생각할 것이다.

그러나 그 어떤 자아도 찾지 못했기에 자아가 소멸하니, 무명(자아가 있다는 어리석은 생각)도 소멸했고, 무명이 소멸하니 존재한다고 조작[行]했던 것도 소멸했고, 존재라는 조작이 소멸하니 존재가 인식한다던 생각도 소멸했고, 존재가 인식한다는 생각이 소멸하니 인식하던 존재들[五蘊, 名色]도 소멸했다는 것이다.

『연기성도경』에는 "我復思惟"라는 말이 자주 등장하는데, 이것을 일반적으로 "나는 다시 사유하였다"라고 번역한다. 그러나 여기의 '아(我)'는 '자아'이지 싯다르타 자신을 가리키는 게 아니다. 이 단 한 글자의 번역 오류가 경전 전체의 내용을 완전히 반대로 해석하게 만든다. 혹자는 필자가 이상한 주장을 한다고 말할 것이다. 물론 문맥에 따라 그 해석을 달리해야겠지만, 대체로 불전에선 붓다가 자신을 지칭해야 할 때는,

'오(吾), 여래(如來), 자(自)' 등의 단어를 써서 표시하는 경우가 대부분이다. 붓다 외에 다른 사람들의 경우는 '아(我)'를 '나'로 번역해야 할 경우도 있어서 두 가지 모두 고려해서 신중하게 해석해야 한다.

식(識)과 명색(名色)의 '거짓 주장'

『연기경』에는 식(識)과 명색(名色)에 대한 의설(義說, 거짓 주장)이 쓰여 있다. 법설과 무엇이 다른지 함께 살펴보자.

> **【원문】**行緣識者 云何爲識? 謂六識身 一者眼識 二者耳識 三者鼻識 四者舌識 五者身識 六者意識 是名爲識。

> **【번역】**진행[行]을 연한 게 인식[識]이라는 자는 무엇이 인식[識]한다고 일러주겠는가?
> 여섯 개의 인식하는 몸[六識身]으로 첫째는 안식(眼識), 둘째는 이식(耳識), 셋째는 비식(鼻識), 넷째는 설식(舌識), 다섯째는 신식(身識), 여섯째는 의식(意識)이라고 이르면서 이것을 이름하여 인식[識]이라고 할 것이다.

6식(六識)과 6식신(六識身)은 다른데, '신(身)'이 붙으면 '실체가 있다'라고 생각하는 것이다. 그래서 6식이라고 말할 때는 '인식 작용'을 말하지만, 6식신이라고 말할 때는 '인식하는 주체가 있어서 대상을 인식한다'라는 뜻이다. 이런 생각을 극대화된 것이 육육법설(六六法說)이다. 『잡아함』에는 "4성제를 자세히 들었다면 '존재의 36가지가 법(法)임'을 잘 생각하라

[諦聽善思 有六六法]"라는 말과 함께 의설(義說)임을 밝히고 있다.

그리고 '有六六法'을 기존에는 대체로 "육육법이 있다"라고 번역하면서 붓다의 진실한 가르침으로 이해했다. 그러나 '법(法)'이 '환상으로 드러나는 대상'이란 뜻으로 사용했기에 '존재한다[有]'라는 단어와 함께 어울려 쓸 수 없다. 따라서 '육육법이 있다'라고 번역하면 문장이 모순 관계가 되기에 그렇게 번역할 수 없다. 이것은 마치 '이 거짓말은 사실이다'와 같은 모순 구조의 문장이다. 거짓말이 사실이면 거짓말이 아니고, 거짓말이 거짓이면 사실이 아니기에 문장이 성립되지 않는 것과 같다.

【원문】識緣名色者 云何爲名？謂四無色薀 一者受薀 二者想薀 三者行薀 四者識薀。云何爲色？謂諸所有色 一切四大種 及四大種所造。此色前名摠略爲一合名名色 是謂名色。

【번역】 인식[識]을 연한 게 명색(名色)이라는 자는 무엇이 이름[名]이라고 일러주겠는가?
네 가지의 무색온(無色蘊)으로 첫째는 수온(受蘊), 둘째는 상온(想蘊), 셋째는 행온(行蘊), 넷째는 식온(識蘊)이라고 이를 것이다. 무엇을 색(色)이라 일러주겠는가? 모든 존재가 소유한 색(色)으로 '일체로 된 4대의 종자[一切四大種]'와 '4대라는 종자로 만들어진 것[四大種所造]'이다. 여기 이 색(色)과 앞의 이름[名]을 통합하여 간략하게 하나로 합한 이름을 명색이라고 하고, 이것을 명색이라고 이를 것이다.

위 경전에선 명색에 대한 의설을 설명하고 있다. 불교를 조금이라도 공부해 본 사람이라면 '5온(五蘊)이 명색(名色)이다'라는 설명을 적어도 한 번쯤 들어 봤을 것이다. 안타깝게도 이것 역시 의설이다. 중생은 언제나 존재로 바라보는 특징이 있다. 명색이란 그야말로 '이름으로 된 색'이란 뜻인데, 명(名)과 색(色)으로 분류해서 명(名)을 '무색계의 존재들[無色蘊]'로, 색(色)을 '색계의 존재들[色蘊]'로 오해한 것이다.

이것은 고대 인도인들의 독특한 사고방식에서 비롯된 생각이다. 그들은 세상을 욕망의 세계[欲界], 색으로만 있는 세계[色界], 색도 없는 세계[無色界]의 삼계(三界)로 이해했다. 여기서 욕계는 우리가 살아가는 세상을 말하는데, 천인과 인간이 공존한다. 요즘에는 대체로 천상 세계를 인간 세상과 분리된 하늘 위의 세상으로 상상하겠지만, 고대 인도인들은 수미산 꼭대기의 욕계천(欲界天)에 사는 신들이 인간을 다스린다고 생각했다. 그리고 색계천(色界天)은 모습만 있는 신이 살고, 무색계천(無色界天)은 모습 없이 정신만으로 살아간다고 생각했다. 따라서 무색온(無色蘊)은 '존재는 하지만 눈에는 보이지 않는 정신적인 것들'이란 뜻이 담겨 있다.

고대 브라만교(힌두교의 전신)에서는 '브라만이 4대(四大)를 만들고 자신을 나누어 아트만이 되어 그 4대 안으로 들어갔다'라고 가르쳤다. 그렇게 존재하는 그 존재를 '일체로 된 4대의 종자[一切四大種]'라고 번역했다. 그리고 적취설을 주장했던 무신론자들의 생각은 '4대라는 종자로 만들어진 것[四大種所造]'으로 번역했다. 두 견해가 서로 다른 것 같지만, 양쪽 모두 '존재한다'라는 생각에는 이견이 없다. 다만 '존재하는 이유[所以者何]'가 서로 다를 뿐이다.

참고로 경전을 읽다 보면 뜬금없이 '소이자하(所以者何)'란 단어가 등장하는데, 하나같이 '어째서 그러한가?'라고 번역되어 있다. 그런데 이것은 '원인자[所以者]가 무엇[何]'인지를 묻거나, 밝힐 때 쓰는 말이다. 그래서 대체로 '존재하는 이유'가 신(神)인지, 4대(四大)인지를 묻는 것이다.

본론으로 돌아와서, 그렇다면 불교는 어느 쪽에 속할까? 신(神)이 만들었다는 쪽일까? 아니면 지수화풍(地水火風)의 4대(四大)로 만들어졌다는 쪽일까? 대체로 4대로 되었다는 쪽으로 이해하고 또 그렇게 배웠을 것이다. 절에 다니다 보면 자주 듣는 이야기 중 하나가 바로 '4대로 이루어졌다'라는 말이기 때문이다. 그러나 이것 역시 의설(義說)이다. 그 이유는 이 경전에서 분명히 밝히기도 했고, 연기(緣起)를 올바르게 이해했다면 절대 그렇게 말할 수도 없기 때문이다.

'누가 만들었다는 것'도, '4대로 만들어졌다는 것'도 우리의 감각을 통과한 사건이 아니다. 즉 '증명되지 않은 머릿속의 상상[無記]'일 뿐이다. 증명되지 않는 질문이니 그 어느 쪽의 손도 결코 들어줄 수도 없는 것이다. 그래서 붓다는 이것을 무기(無記)라고 밝힌 것이다.

감각이 세계의 문을 연다

'자아가 머무는 장소'와 6입처(六入處)

6입처(六入處, Ⓢṣaḍāyatana Ⓟsaḷāyatana)는 'ṣaḍ(여섯)+āyatana(장소)'로 '여섯 장소'라는 기본 뜻인데, 불교에서는 '주관과 객관이 구현되는 가상 장소'를 뜻한다. 여기서 6입처를 이해하려면 먼저 알아야 할 것은 '아야타나(Ⓢāyatana, 處)'라는 단어의 근본 의미이다.

'아야타나'는 『찬도갸 우빠니샤드』의 문헌에 따르면 '아트만이 머무는 장소'로 언급되었다. 모든 존재는 4대로 이루어진 몸과 아트만(자아)의 조합으로 이루어졌는데, 그 몸의 내부에는 아트만이 머무는 장소가 있다고 생각했다. 이러한 생각은 나름 꽤 설득력이 있는 이야기이다.

우리는 세상을 볼 때, '자아가 눈이라는 창문을 통해서 세상을 바라보는 것'처럼 생각한다. 고대 인도인도 역시 그렇게 생각했다. 그러려면 그 자아가 머무는 장소도 머릿속의 어딘가에 있어야 하는데, 그 장소가 '아야타나(Sāyatana, 處)'였다.

그러나 붓다의 깨달음은 무아(無我)이기에, 같은 이름의 아야타나[處]를 말하더라도 자아가 활동하는 장소가 아니다. 이것은 '인식이 일어날 토대'가 되는 장소이다. 우리는 내부와 외부의 자극이 뇌에 전달되면, 그 뇌는 전달된 신호를 통합 해석하여 주관(나)과 객관(대상)을 분리하여 가상 장소에서 구현하는데, 이 가상 장소가 바로 붓다가 언급한 아야타나[處]이다.

'가상의 공간' 6입처(六入處)

붓다의 '아야타나[處]'는 생체 신호를 해석하여 주관과 객관으로 나누어 구현되는 '가상의 공간'이다. 이것은 마치 컴퓨터의 '사이버 공간'과 유사한 개념으로, 물리적으로 존재하는 공간이 아니기에 절대로 그것의 존재를 확인할 순 없다.

일반적으로 6입처를 눈[眼], 귀[耳], 코[鼻], 혀[舌], 몸[身], 생각[意]이라는 '6개의 감각 장소'라고 설명한다. 그러나 이것은 붓다의 가르침이 아닌 의설이다. 우리는 '무엇을 보았다'라고 했을 때, 자아가 눈을 통해서 세상을 보았다고 생각한다. 하지만 이것은 사실과 다른 착각이다. 시각 신호를 보는 기능(눈)이 감지하여 생체 신호로 변환하여 뇌로 전달하면, 그 뇌는 전달된 신호를 분석하여 머릿속에서 주관과 객관을 구현해 낸다. 그렇게 구현하는 '가상의 공간'이 바로 '아야타나[處]'이다.

이 아야타나를 붓다는 6개의 내입처(內入處, 주관)와 6개의 외입처(外入處, 객관)가 쌍으로 구현되기에 '12개의 아야타나[十二處]' 또는 '6개의 쌍으로 된 아야타나[六處]'로 불렀다. 그리고 이것을 번역자에 따라 그 의미를 더 확실히 드러내기 위해 '내부, 들다'라는 의미의 '입(入)' 자를 첨가해 '6입(六入), 6입처(六入處) 12입처(十二入處)' 등으로도 번역했다. 따라서 6입처(六入處)는 '여섯 개의 감각 장소'가 아니라, 나와 대상이 구현되는 '가상의 공간'이며, 인식을 발생시키는 가상 장소이기도 하다.

붓다는 '안이비설신의(眼耳鼻舌身意)'라는 내입처와 '색성향미촉법(色聲香味觸法)'이라는 외입처의 쌍으로 구성된 가상의 6처(六處)를 설명했다. 자아가 대상을 감지하는 데 필요한 안이비설신의와 색성향미촉법을 설명한 게 아니다. 6처를 '6개의 쌍으로 된 가상 장소'로 이해하면 무아(無我)가 바로 드러나지만, '여섯 감각 장소'로 이해하면 자아(自我)와 대상을 존재로 파악할 수밖에 없다.

'여섯 감각 장소'의 오류

6입(六入)이나 6처(六處)를 여섯 개의 '감각 기관[根]'이거나 '감각 장소[處]'라며 눈·귀·코 등으로 이해하는데, 이럴 때 12연기의 깨달음에 심각한 문제가 발생한다. 경전에는 "무명(無明)이 멸(滅)하면 행(行)이 멸하고, 행이 멸하면 식(識)이 멸하며, 식이 멸하면 명색(名色)이 멸하고, 명색이 멸하면 6입(六入)이 멸한다…"라는 환멸연기(還滅緣起)의 가르침이 빈번하게 등장한다. 그렇다면 무명이 소멸하면 6입도 소멸한다는 말인데, 만약 감각 장소인 6입이 멸한다면 눈으로 보는 것, 귀로 듣는 것, 코로 냄새 맡는 등의 감각도 함께 사라지게 될 것이다.

정말로 그렇다면 붓다는 환멸연기로 생사를 끝냈으니 깨닫자마자 더 이상 보거나 듣지 못하고 죽었어야 한다. 그러나 싯다르타는 깨달음을 얻은 후, 붓다로 49년간 제자들과 소통하며 가르침을 펼치며 생을 이어갔다. 깨닫기 전보다 감각이 더 명확하여 보이지 않던 것이 보였고 들리지 않았던 게 들렸다.

제10강 등에서 언급한 바 있지만, 일반적으로 6근(六根)을 '안이비설신의', 6경(六境)을 '색성향미촉법'이라고 설명한다. 그러나 주의할 점은 안이비설신의와 6근이 다르고 색성향미촉법과 6경이 다르다는 것이다. 안(眼)은 일반적으로 우리가 말하는 '눈'이고 안근(眼根)은 '눈의 기능'이며, 색(色)이 '보이는 존재'라면 색경(色境)은 '존재로 보이게 하는 자극(신호)'이다.

붓다가 '눈[眼]'에 근(根)이란 '감각 기능'을 붙여서 굳이 안근(眼根)으로 설명했다는 것은 그래야만 설명되는 게 있었기 때문이다. 눈[眼]과 눈의 대상[色]으로 설명한다면 언제나 그것을 '보는 자[我]'가 있어야만 한다. 붓다의 깨달음은 무아(無我)이다. 그 무아를 드러내기 위해서는 '자아[我]가 눈[眼]을 통해서 대상[色]을 본다'라는 방식으로는 절대로 설명할 수 없다. 그래서 눈[眼]에 '기능[根]'을 더해 안근(眼根)을, 색(色)에 신호[境]를 더해서 색경(色境)이란 용어를 썼다. 거기에 덧붙여 다시 안이비설신의라는 내입처와 색성향미촉법이라는 외입처를 또다시 설명해야만 했다. 12처에서 자아와 대상이 가짜로 구현되는 것임을 이해해야만 붓다의 무아(無我)와 공화(空華, 허공 꽃)도 이해할 수 있다.

붓다가 '안근(眼根)'이라고 말할 때의 '근(根)'은 눈이라는 물리적 기관이 아니다. 몇 번 설명한 바 있지만, 근(根)의 원어 인드리아(Ⓢindriya)는 '제석천의 그물[帝網]'이다. 그물의 촘촘한 그물코 때문에 그 무엇도 빠져나갈 수 없음을 의미한다. 그래서 불전에서 근(根)이라는 서술어로 붙으면 '다 잡아낸다'라는 뜻이 추가되어 '대상을 잡는 기능'을 뜻한다. 따라서 안근(眼根)은 단순히 '눈'이라는 신체 기관이 아니라, '색 신호를 잡아내는 기능'을 뜻한다. 안근은 눈으로 들어오는 모든 색 신호를 좋아하든 좋아하지 않든 모두 잡아낸다는 뜻이다.

우리는 눈[眼], 귀[耳], 코[鼻], 혀[舌], 몸[身]이라는 5가지 감각 기관밖에 없다. 각 감각 기관은 특정한 대상을 감지하는 센서처럼 작동하기에 개별적이고 독립적이다. 그런데도 우리는 어떤 대상을 볼 때 모든 감각이 통합되어 종합적으로 느껴진다. 예컨대 귤을 볼 때 색깔과 냄새, 맛과 촉감 등이 통합된 귤로 느끼게 된다. 그렇다면 각각의 감각을 통합하고 종합하는 기능이 작동한다고 생각할 수밖에 없다. 붓다는 이 가상의 기능을 '의근(意根)'이라고 불렀다. 이 의근은 직접 확인할 수는 없지만, 다섯 가지 감각을 하나로 엮어낸다.

따라서 6입(六入)은 '여섯 감각 장소'를 뜻하는 게 아니다. 그렇다면 '6입이 멸한다'라고 한 말은 무슨 뜻일까? 그것은 안이비설신의와 색성향미촉법이 '실재한다는 그 어리석은 생각의 소멸'을 말하는 것이다. 다시 말해 이것은 환상을 실재라고 여겼던 어리석음에서 벗어나 '환상을 환상이라고 아는 지혜'가 생겨나 있는 그대로 보게 된다는 뜻이다. 그래야만 비로소 '나와 대상'을 실제의 존재로 여기지 않게 되기에, 그토록 떨어내려 해도 떨어지지 않던 탐욕과 분노, 어리석음이 저절로 사그라지는 것이다.

'조작된 자아와 대상의 만남' 접촉[觸]

촉(觸, Ⓢsparśa Ⓟphassa)의 원어 스파르사(Ⓢsparśa)는 '접촉, 만지다, 감각,

감각 인상' 등의 뜻이다. 이것을 번역한 '촉(觸)'이란 글자는 '뿔[角]+벌레[蜀]'로 결합한 형태로 '큰 눈[目]의 벌레[虫]', 즉 애벌레를 본뜬 모습이다. 그래서 촉(觸)은 벌레가 기어다니다가 뿔로 무언가를 살짝 건드리거나 찌른다는 의미로 '접촉한다, 닿는다'라는 뜻을 가진다.

접촉[觸]은 인식 작용[識]과 명색(名色) 그리고 '가상의 공간' 6입처(六入處)가 함께 얽혀야 드러나는 현상이다. 세 가지 사건(조건)이 모두 충족될 때 비로소 '내가 감각 대상을 만났다'라는 접촉이 드러나게 된다. 그래서 붓다는 솥의 세 다리로 비유하면서 하나라도 없으면 전체가 무너진다면서 '삼사화합(三事和合)'이라고 했다.

여기에서 접촉[觸]을 단순하게 '감각 기관과 감각 대상, 인식하는 자[根境識]'의 세 가지 화합으로 이해하면 안 된다. 즉 '인식하는 자가 실제 대상을 눈으로 본다'라거나 '눈으로 본 대상을 인식하는 자가 인식한다'라고 생각하면 절대로 안 된다. 만약 인식하는 자와 실제 대상이 존재한다고 생각하고 접촉[觸]을 이해하는 순간 '무아'는 단멸론(斷滅論)으로 전락하고 말 것이다.

『화엄경』엔 "일체유심조(一切唯心造)", 즉 "일체는 오로지 마음 작용으로 조작되었다"라는 매우 유명한 말이 등장한다. 이것 역시 존재한다고 생각되는 나와 대상이 마음의 작용으로 만들어졌다는 뜻이다. 제아무리 광대한 우주라고 해도 식(識)의 대상인 명색(名色, 이름으로 된 대상)이며, 이는 하나의 데이터일 뿐이다. 이 데이터와 인식 작용이 가상의 공간에서 나와 우주를 그려내고, 그것을 근거로 '내가 우주를 본다'라는 인식이 일어나는 것이다.

깨달음의 사유로 본 6입처와 접촉

깨달음의 사유를 그대로 드러낸 『연기성도경』을 통해 6입처(六入處)와 접촉[觸]의 개념을 다시 살펴보자.

【원문】 我復思惟 由誰有故 而得有觸 如是觸者 復由何緣我。於此事 如理思時 便生如是 如實現觀 由有六處 便得有觸 如是觸者 六處爲緣。

【번역】 자아로 거듭 사유하게 되면 누군가가 원인으로 존재하기 때문에, 그래서 존재의 접촉[觸]을 얻는다. 이러한 것이 접촉[觸]이라는 자는 거듭 무엇을 원인이라지만 연기(緣起)한 자아[我]이다. 이 일을 이치에 맞게 생각할 때 곧바로 이러한 명료한 관점[現觀]이 있는 그대로 생겨났다. '존재가 원인이 된 6처(六處)이기 때문에, 곧 존재의 접촉[觸]을 얻는다. 이렇게 접촉한다[觸]는 자는 6처(六處)가 원인이라지만, 연기(緣起)하는 것이다'라고.

6처(六處)의 처(處)는 아야타나(ⓢāyatana)를 번역한 단어로 '장소'를 나타내는 단어지만, 외부에 실재하는 장소는 아니다. 고대 인도 우파니샤드 시대부터 등장했던 단어였던 아야타나는 몸 안의 아트만이 머무는 장소였다. 그래서 위 경전에서 '자아로 거듭 사유하게 되면 누군가 존재하기 때문에 접촉을 얻는다'라는 표현을 쓴 것이다. 이렇게 접촉을 '자아가 있어서 대상을 접촉한 것'이라고 생각하지만, 사실은 그 자아도 '연기하여 대상과 함께 드러난 자아'라는 것이다.

그런데 깊이 생각해 보니 연기한 '자아와 존재'를 실제의 '자아와 존재'라고 착각하고 있었다는 명료한 관점이 드러났다는 것이다. 그래서 붓다는 '내면의 장소'라는 개념만 빌려서 '6개의 쌍으로 이루어진 가상 장소'로 의미를 바꾸어 사용하게 된 것이다. 6처는 안이비설신의(眼耳鼻舌身意)라는 내입처(內入處)와 색성향미촉법(色聲香味觸法)이라는 외입처(外入處)가 짝지어 작동한다. '안(眼)과 색(色)', '이(耳)와 성(聲)', '비(鼻)와 향(香)', '설(舌)과 미(味)', '신(身)과 촉(觸)', '의(意)와 법(法)'이라는 입처(入處)가 쌍으로 동시에 일어난다.

경전에 자주 등장하는 "안(眼)과 색(色)이 만나 안식(眼識)이 생긴다"라는 표현은 언제나 내입처의 안(眼)과 외입처의 색(色)을 말하는 것이지, 안근(眼根)과 색경(色境)을 말하는 게 아니다. 여기서 안근과 색경은 '인(因)'이고, 6입처의 '안과 색'은 '연(緣)'이라는 것을 염두하고 경전을 읽어야만 비로소 문장의 뜻이 눈에 꽂히듯 들어오기 시작할 것이다.

【원문】我復思惟 由誰有故 而有六處 如是六處 復由何緣我。於此事 如理思時 便生如是 如實現觀 由有名色 便有六處 如是六處 名色爲緣。

【번역】자아로 거듭 사유하게 되면 누군가가 원인으로 존재하기 때문에, 그래서 존재의 6처(六處)를 얻는다. 이러한 것이 6처(六處)라는 자는 거듭 무엇을 원인이라지만 연기(緣起)한 자아[我]이다. 이 일을 이치에 맞게 생각할 때 곧바

로 이러한 명료한 관점(現觀)이 있는 그대로 생겨났다. '존재가 원인이 된 명색(名色)이기 때문에, 곧 존재의 6처(六處)를 얻는다. 이렇게 6처(六處)라는 자는 명색(名色)이 원인이라지만, 연기(緣起)하는 것이다'라고.

존재로 바라보는 '중생(衆生)'은 명색(名色)을 존재하는 객관의 '이름[名]과 색(色)'으로 이해하고, 6처(六處)의 원인이라고 생각할 것이다. 중생은 언제나 자아와 대상이 존재한다고 보기에, 여기의 6처도 존재하는 대상이다. 그러나 너무 작고 숨겨져 있어 보이지 않을 뿐이지 실제로 존재하는 '아트만이 머무는 장소'로 생각한다. 그리고 그 대상이 되는 명색 또한 실제 대상이다. 명(名)은 '수상행식(受想行識)이라는 미세한 무더기[細蘊]', 색(色)은 '색(色)이란 거친 무더기[麤蘊]'로 생각하는 것이다.

그러면 이들은 왜 그렇게 생각했을까? 우리는 존재가 먼저 있고 그 존재를 나타내는 소리나 이름이 뒤에 부수적으로 생겼다고 생각한다. 반면에 인도 유럽어족의 사람들은 소리가 먼저 있고 그 소리에 해당하는 존재가 생겨났다고 생각한다. 그래서 그들 문화에 속한 힌두교나 기독교는 소리가 먼저 등장한다.

힌두교는 세상의 시작이 '옴(om, 身)', 중간이 '아(ah, 口)', 끝이 '훔(hum, 意)'이라고 설명하고, 또 그 소리로 이루어진 주문[呪] 역시 매우 큰 힘을 발휘한다고 믿는다. 그들은 세상을 움직이는 힘이 바로 주문이고, 그 주문을 실행하는 자가 바로 브라만이라고 생각했다. 그래서 브라만이 주문을 통해서 세상을 움직이게 하니 최상의 권력자가 되었다. 기독교의 구약 창세기에도 "하느님께서 말씀하시기를 '빛이 생겨라' 하시자 빛이 생겼다"라고 기록되어 있다. 그러니 언어가 먼저 등장하고 그에 해당하는 대상이 존재한다고 생각한 것이다. 이러한 생각은 '인도 아리안'들의 독특한 문화이다.

수상행식(受想行識)도 보이진 않지만 이름이 존재하니 실제로 존재하는 '존재의 요소'로 생각한 것이다. 그래서 명(名)을 보이진 않지만, 존재하는 무색온(無色蘊)으로 생각하고 색(色)을 보이는 색온(色蘊)으로 오해한 것이다. 그러다 보니 명색(名色)을 5온(五蘊)이라고 생각했고, 그 설명은 경전의 여기저기에 등장한다. 그래서 경전에서는 이러한 설명을 의설(義說)이라고 분명하게 밝혔건만, 우리는 '의(義)' 자를 '거짓'이 아니라 '옳다, 뜻' 등으로 해석하니 거짓말이 진실로 둔갑하는 놀라운 현실을 마주하게 된 것이다.

【원문】 我復思惟 無有誰故 而無有觸 由誰滅故 此觸隨滅我即。於此 如理思時 便生如是如實現觀 無六處故 便無有觸 六處滅故 觸即隨滅。
我復思惟 無有誰故 而無六處 由誰滅故 六處隨滅我即。於此 如理思時 便生如是 如實現觀 無名色故 便無六處 名色滅故 六處隨滅。

【번역】 자아를 거듭 사유하게 되었는데도 존재하는 누군가가 없었기 때문에, 그래서 존재의 접촉[觸]이 없었고, 누구라는 원인이 소멸했기 때문에, 여기 이런 접촉[觸]에는 '자아로 붙은 것[我即]'이 따라서 소멸했다. 여기 이것에 대해

이치에 맞게 생각할 때 곧바로 이러한 명료한 관점[現觀]이 있는 그대로 생겨났다. '(존재의) 6처(六處)가 없었기 때문에 곧바로 존재의 접촉[觸]이 없었고, 6처(六處)가 소멸했기 때문에 접촉[觸]에 붙은 것도 따라서 소멸하게 되었다'라고. 자아를 거듭 사유하게 되었는데도 존재하는 누군가가 없었기 때문에, 그래서 (존재의) 6처(六處)가 없었고, 누구라는 원인이 소멸했기 때문에, (여기 이런) 6처(六處)에는 '자아로 붙은 것[我卽]'이 따라서 소멸한다. 여기 이것에 대해 이치에 맞게 생각할 때 곧바로 이러한 명료한 관점[現觀]이 있는 그대로 생겨났다. '존재의 명색(名色)이 없었기 때문에 곧바로 (존재의) 6처(六處)가 없었고, 명색(名色)의 원인이 소멸했기 때문에 6처(六處)도 따라서 소멸하게 되었다'라고.

위의 문장은 같은 구조에 단어만 바뀌었으므로, 번역문만 읽어도 충분히 이해할 수 있을 것으로 생각되어 설명을 생략한다. 12연기의 역관은 '나고 죽는 등의 괴로움의 생각'을 하게 된 이유를 역으로 추적하면서 살피는 것이다. 이렇게 사유를 하다 보면 모든 문제의 중심에는 언제나 '나와 세상'이라는 존재가 중심에 서 있다. 그러나 자세히 들여다보면 존재해서 그런 일이 벌어진 게 아니라 연기한 사건을 존재 간의 문제로 어리석게 생각한 것이다. 그래서 위 경전에서 "자아를 거듭 사유하게 되었는데도 존재하는 누군가가 없었기 때문에"라고 여러 번 강조한 것이다. 즉 연기는 '인식하는 주체와 실제 대상'의 관계로 바라보면 안 된다는 뜻이다.

6입처와 접촉의 오해

6입처(六入處)와 접촉[觸]을 어떻게 잘못 이해했는지 『연기경』의 원문을 살펴보자.

> **【원문】** 名色緣六處者 云何六處? 謂六內處 一眼內處 二耳內處 三鼻內處 四舌內處 五身內處 六意內處 是謂六處。

> **【번역】** 명색을 연한 게 6처(六處)라는 자는 무엇을 6처라고 일러주겠는가? 육내처(六內處)로 첫째는 안내처(眼內處), 둘째는 이내처(耳內處), 셋째는 비내처(鼻內處), 넷째는 설내처(舌內處), 다섯째는 신내처(身內處), 여섯째는 의내처(意內處)라고 이르고, 이것을 6처(六處)라고 이를 것이다.

붓다가 말한 6처(六處)는 내입처와 외입처가 쌍으로 이루어진 가상 장소라고 거듭 강조했다. 하지만 의설(義說, 거짓 주장)의 6처는 '아트만(영혼)이 머무는 내 몸 안의 장소'이다. '참나가 눈을 통해서 세상을 본다고 생각하는 것'이기 때문에 그 참나가 머무는 장소가 내 몸 안에 있어야 한다. 그것이 '안내처(眼內處)'라는 것이다. 그래서 위 경전에서 내입처만 언급하고 외입처를 언급하지 않는 것이다.

요즘의 불교 해설서를 보면 한결같이 6처(六處) 혹은 6입(六入)을 '감각 장소'라고 번역하는데, 그것은 이 의설의 방식대로 잘못 설명한 것이다. 그런 설명을 따라가면 언제나 '바라보는 자'와 '보이는 대상'이 관계를 이루면서 등장할 수밖에 없다. 이것은 '무아(無我)'와 '법(法)'으로 설명한 붓다의 가르침과 정면으로 배치된다.

그러다 보니 무아와 무상을 설명할 수 없는 문제가 발생하게 되었다. 그래서 과거·현재·미래에 모든 게 실제로 존재하는데, 그 존재는 영원하지 않고 아주 짧은 순간의 찰나로만 존재한다는 묘안을 내놓았다. 현재가 찰나에 미래를 상속받고, 받자마자 찰나에 과거로 상속해 준다는 그럴듯한 논리이다. 그러면 상속자(相續者)가 없어 무아(無我)에도 어긋나지 않고, 끊임없이 변화하니 무상에도 어긋나지 않는다고 주장했다. 이 주장이 사실이면 현재가 존재하듯 과거도 미래도 엄연히 존재해야만 한다. 그래서 그들은 '과거도, 현재도, 미래도 함께 실재한다[三世實有]'라고 말했다. 하지만 그것은 그럴듯한 주장일 뿐 증명되지 않기에 사실과 거리가 멀다.

붓다는 『잡아함』의 여러 경전에서 "여실하게 아는 자는 '이 처가 이렇게 있고[斯有是處]', 열심히 닦지 않는 자는 '이 처가 없다[無有是處]'"라며 사유시처(斯有是處)와 무유시처(無有是處)를 설했다. 또한 대승 『열반경』에도 "자아를 설하는 자는 '이 처가 없다고 알고 있고[悉38無是處]', 만약 무아를 설한다면 '이 처가 이렇게 있을 것[斯有是處]'이고, 세상의 법에 애착하여 설한다면 '이 처가 없을 것(無有是處)'이다"라고 일목요연하게 설하고 있다.

이 12처에서 주관(자아)과 객관(대상)이 존재로 구현되기에, 이 처를

---

38 구마라집 번역의 경전에서 '실(悉)' 자는 '모두'가 아니고 '알고 있다'라는 뜻이다.

모르면 무아(無我)와 법(法)을 결코 이해할 수 없게 된다. 따라서 12처의 올바른 이해가 '최상의 완전한 깨달음'의 가장 확실한 판단 기준이라 하겠다. 요즘 유튜브를 보면 별의별 '깨달음'을 주장하고 또한 '자칭 도인'도 넘쳐난다. 그런데 정작 문제는 '누가 진짜인지? 가짜인지?'를 가늠할 길이 없는 것이다. 그것에 대한 해답이 여기 있다. 그들이 이 12처를 말하는지 아닌지를 확인하면 간단히 해결된다. 또한 12처를 말하더라도 쌍으로 이루어진 12처가 아니라면 제아무리 깨달음을 얻었다고 말하더라도, 붓다가 가르친 최상의 깨달음이 아니다.

【원문】六處緣觸者 云何爲觸? 謂六觸身 一者眼觸 二者耳觸 三者鼻觸 四者舌觸 五者身觸 六者意觸 是名爲觸。

【번역】6처를 연한 게 접촉[觸]이라는 자는 무엇을 접촉이라 일러주겠는가? 6촉의 몸[六觸身]으로 첫째는 안촉(眼觸), 둘째는 이촉(耳觸), 셋째는 비촉(鼻觸), 넷째는 설촉(舌觸), 다섯째는 신촉(身觸), 여섯째는 의촉(意觸)이라고 이르면서 이것을 이름하여 접촉[觸]이라고 할 것이다.

의설은 '촉(觸)'을 '촉신(觸身)'으로 설명했다. 이것은 안에 있는 자아가 외부 대상을 접촉한다고 생각하니 '접촉하는 몸'으로 이해한 것이다. 불교 공부를 시작하면 늘 듣게 되는 교리가 있다. 안이비설신의(眼耳鼻舌身意)가 6근(六根)이고 색성향미촉법(色聲香味觸法)이 6경(六境)인데, '6근과

6경을 합한 것이 12처(處)'라는 교리를 자주 접한다. 여기에 안식(眼識)부터 이비설신의식(耳鼻舌身意識)의 6식(六識)을 합하면 18계(界)라는 설명도 듣는다.

이런 설명도 경전을 찾아보면 모두 '의설(義說)'이나 '분별(分別)', '~자(者)'라는 표현이 의례 함께한다. 예를 들어『잡아함』의「6입처경(六入處經)」에 "안입처에 대하여 '있는 그대로 아는 견해가 아닌 자'는 색을 안식이 눈에서 접촉하고, 눈에서 접촉한 인연으로 느낌이 생겨난다[眼入處不如實知見者 色 眼識 眼觸 眼觸因緣生受]"와 같은 표현이다.

이러한 오해의 시작은 의설(義說)의 '의(義)'가 번역 당시에는 '거짓'이라는 뜻이었다가 '진실, 옳다'의 뜻으로 바뀌고, '거짓'이란 뜻으로 더 이상 쓰지 않으면서 벌어진 일 같다. 5온, 12처, 18계를 불교 사전이나 불교 관련 사이트 등을 검색해 보면 언제나 3과설이 등장하는데,『종경록(宗鏡錄)』에 기술된 3과설(三科說)의 주장을 그대로 받아들인 듯하다.

일반적으로 우리는 마음이 '눈으로 색을, 귀로 소리를, 코로 냄새를, 혀로 맛을, 몸으로 접촉 느낌을, 생각으로 법을 접촉했다'라고 생각한다. 의설에선 이러한 것을 '촉(觸)'이라고 생각한다. 이런 생각은 굳이 오래 수행하지 않아도 알 수 있다. 과연 이것이 싯다르타의 6년 수행으로 얻은 깨달음일까?

다시 말하지만, 안(眼)과 안근(眼根)은 서로 다른 표현이다. 안(眼)이 물리적인 눈이라면 안근(眼根)은 '색경(色境)을 감지하는 기능'이다. 당연히 색(色)과 색경(色境)도 다른데, 색이 물리적인 대상이라면 색경은 '대상으로 느껴지는 감각 신호'를 의미한다. 우리는 내 눈[眼]이 색(色)을 접촉하여 보았다고 생각하지만, 사실과 다르다. 안근(眼根)이 색경(色境)을 감지해서 생겨난 감각 신호를 해석해 안내입처(眼內入處)와 색외입처(色外入處)가 실제처럼 안(眼)과 색(色)을 구현하고, 눈이 색을 보았다는 생각[眼識]도 발생한 것이다.

그러니 인(因)은 안근과 색경의 만남이고, 연(緣)은 "'경험된 기억[名色]의 사건'과 그것을 '소환해 분석하는[識] 사건'과 '분석을 그대로 구현하는[入處] 사건'이라는 세 가지 사건이 화합한 접촉[三事和合觸]이란 사건이 발생한 것"이다. 우리가 붓다의 경전을 읽어도 이해할 수 없었던 이유는 설명의 대상이 무엇이었는지 몰랐기 때문이다. 즉, 붓다는 우리의 내부에서 벌어지는 연기(緣起)란 사건을 설명했음에도, 외부 존재들 간의 인과(因果) 관계라고 생각했기에 이해하지 못한 것이다.

이런 문제는 용어와 대상에 대한 올바른 이해 없이 무리하게 번역해서 벌어진 사건이다. 물론 번역자만의 잘못이라고 말할 수 없다. 붓다가 입멸한 지 이미 오래고 번역어의 뜻도 세월에 따라 바뀌어 사용되었기 때문이다. 이 문제는 비단 현대에 사는 우리의 문제만도 아니다. 만약 경전을 읽고 곧바로 이해할 수 있었다면 그 많은 논서나 주석서도 탄생하지 않았을 것이기 때문이다.

느낌이 존재의 욕망이 되는 순간

삼사화합의 접촉과 얽히는 느낌[受]

식(識)과 명색(名色), 6입처(六入處)의 세 사건이 함께 작용하면[三事化合] '무언가를 접촉[觸]했다는 사건'이 발생하게 된다. 이 접촉은 언제나 느낌[受]과 함께 얽혀서 상(想, 이미지)과 사(思, 헤아림)가 일어난다. 따라서 접촉의 사건이 일어날 때 느낌과 함께 '대상 이미지'와 '대상의 헤아림(분별)'도 경험하게 된다.

 '수(受, Ⓢvedanā)'는 '느낌' 또는 '감각 작용'이라는 뜻이다. 갑골문엔 '수(受)' 자가 '배[舟]'의 위아래에 손이 그려져 있는 모양'[🖐]'이었다. 이것은 배에서 물건을 주고받는 모습을 그린 것이다. 그래서 '주다', '받다'라는 뜻으로 함께 쓰이다가 뒤에 '주다[授]'라는 글자를 따로 만들어 '받다[受]'와 구분해서 썼다. 느낌도 결국 내외입처에서 주고받는 것이니, 번역자가 '수(受)' 자를 선택한 것 같다. 이 외에도 번역자에 따라 '통(痛)'이나 '각(覺)'으로 번역하기도 했다. 수(受)로 번역한 사람은 서로 주고받는 '교환 작용'에 중점을 두었다면, 통(痛)은 찌르는 '자극'에, 각(覺)은 '감각'에 방점을 두고 번역했다고 볼 수 있을 것이다.

느낌[受]은 외부의 대상 자체에 느낌이 존재하거나, 내가 외부 존재를 접촉해서 생겨난 느낌이 아니다. 삼사화합으로 접촉이 일어날 때 '느낌'도 함께 얽혀서 발생하는 것임을 알아야 한다.

외도가 말하는 3가지 느낌[三受]

붓다가 활동했던 시기의 사문들은 '느낌[受]'을 실제 존재하는 것으로 이해했다. 어떤 대상 자체에 '즐거운 느낌'이나 '괴로운 느낌'이 내재해 있다고 여겼다. 그러나 붓다는 느낌을 접촉과 함께 일어나는 느낌으로 보았다. 붓다는 왜 그렇게 보았을까?

청국장을 예로 들어보자. 청국장을 좋아하는 사람에게는 향도 맛도 '즐거운 느낌'이지만, 싫어한다면 청국장은 불쾌하거나 싫은 대상이다. '청국장' 속에 '좋음'이나 '싫음' 같은 성질이 내재해 있을까? 대상에는 그런 느낌이 그 어디에도 들어있지 않다.

붓다는 식, 명색, 6입의 삼사화합으로 촉발되는 접촉[觸]과 느낌이 서로 얽혀서 발생한 사건으로 설명했다. 그러나 외도는 느낌[受]을 2가지 또는 3가지로 말했다. 그것은 '삼수(三受)'로 '괴로운 느낌[苦受]'과 '즐거운 느낌[樂受]', '괴롭지도 즐겁지도 않은 느낌[不苦不樂受]'이다.

붓다가 활동하던 시기에는 느낌을 보통 '즐거운 느낌'과 '괴로운 느낌'의 2가지 느낌으로 생각했다. 그런데 선정을 닦다가 보니 4선(禪)에 이르면 고락(苦樂)의 느낌을 떠난 괴롭지도 즐겁지도 않은 '불고불락(不苦不樂)의 느낌'도 느껴지는 것이었다. 그래서 선정을 닦던 수행자들은 3가지의 느낌을 주장했다.

이러한 내용은 경전에서 의설(義說)이라고 설명했건만, 이것이 '느낌'에 대한 붓다의 설명인 것처럼 이해하고 있다. 그래서 불교를 조금이라도 공부한 사람이라면, '느낌'을 말하자마자 기본적으로 삼수(三受)가 자연스레 떠오르게 된다.

느낌[受] 역시 조작이다

붓다는 '내가 감각 기관을 통해서 실재(實在)의 느낌[受]을 경험한다는 것'이 조작된 착각이라고 천명했다. 음식, 음악, 풍경, 사람 등에 따라붙는 좋거나 싫은 느낌은 그 대상에 그런 느낌이 포함되어 있지 않고 경험된 기억과 인식 그리고 6입처가 화합해 만들어낸 가상의 접촉에 따른 느낌이 드러날 뿐이다. 다시 말해 자아와 대상이 조작되었기에 그에 따라 발생하는 느낌도 조작되었다는 것이다.

일반적으로 자란 환경과 받은 교육, 읽은 책, 먹은 음식, 인간관계 등 성장 과정에서 인식 작용과 얽혀서 이름으로 된 대상으로 기억된다. 그리고 그 기억은 6입처와 또 얽혀서 접촉이란 사건을 발생한다. 그 과정에서 느낌[受]과 이미지[想], 헤아리는 생각[思]이 함께 발생하는데, 그때 대상에 대해 괴롭다거나 즐겁다는 느낌이 발생했다고 생각하게 될 뿐이다.

붓다가 깨달은 뒤의 수행으로 제시한 4념처(四念處)의 두 번째도 수념처(受念處)이다. 우리는 살면서 수없이 많은 느낌을 경험한다고 생각하지만, 사실 그 느낌은 조작된 느낌이다. 그러나 그것이 조작된 느낌이란 사실을 모른다. 설사 안다고 하더라도 늘 그랬듯이 나와 대상이 실제처럼 느껴지기에 그것이 조작되었음을 망각한다. 그래서 언제나 '실제 같은 그 느낌'을 느낄 때마다 '기억[念]과 12처[處]가 만들어낸 가상의 느낌[受]'이라고 다시 각인시켜야만 한다. 그래야 대상을 느낄 때 그 느낌도 '허망한 환상'이라는 생각이 동시에 떠올라 나와 대상에 현혹되어 속지 않게 된다. 4념처 중에 '느낌'이 한 자리를 차지하고 있다는 말은 그만큼 '느낌'이 우리의 착각에 깊이 관여하고 있다는 뜻이다.

수념처 수행으로 잘못된 기억들이 사라지고 올바른 기억만이 남도록 교정하면 번뇌가 저절로 소멸하는 놀라운 경험을 하게 된다. 가령 대상에 좋은 느낌이 생긴다고 하자. 그때의 그 좋은 느낌을 과연 버릴 수 있을까? 대개 우리는 명품 가방이나 고가의 자동차를 좋아하는 경향이 있다. 명품 가방이나 고가의 자동차가 진짜로 느껴지는 순간 우리는 그것에 대한 소유욕을 피할 수 없다. 소유를 할 수 없다면 괴로울 것이고, 설사 소유한다고 하더라도 다른 대상에 또 욕망이 일어나게 될 것이다. 그렇게 대상을 존재로 느끼는 순간, 소유욕에서 벗어날 수 없는 것이다. 선종의 세 번째 스승인 승찬(僧璨) 스님은 『신심명(信心銘)』에서 "지극한 도는 어렵지 않다. 오로지 간택(揀擇, 가려서 가짐)함을 꺼릴 뿐이다"라고 했다. 즉 좋고 나쁨의 느낌을 사실로 여기는 순간, 탐진치에서 벗어나지 못해 궁극에 이르러야 할 도에서 멀어지는 것이다.

그래서 느낌[受]을 명확하게 아는 게 중요하다. 느낌을 올바르게 알면 나와 세상이 왜 '뒤집힌 꿈같은 생각[顚倒夢想]'이라고 하는지 저절로 알게 될 것이다. 예를 들어보자. 우리는 세상의 소리를 끊임없이 듣고 살아간다. 정말 듣는 것일까? 듣는다면 듣는 자가 어디에 있어야 하지 않을까? 듣는다는 게 무엇인지 '과학적 상식'을 토대로 함께 생각해 보자. 귓바퀴에 모인 물질의 파동이 고막을 울리면, 그 떨림은 다시 생체 신호로 바뀌어 청신경을 통해서 뇌로 전달된다. 그러면 뇌는 그 신호를 분석해서 비슷한 기억을 근거로 판단하고 그것을 구현해 낸다. 그때 우리는 그 소리를 들었다고 생각하게 되는 것이다. 따라서 내가 소리를 '들은 것'이 아니라 '들리는 사건'이 벌어진 것이다. 이렇게 느낌[受]은 '실제를 감지하여 느꼈다는 생각'으로 '조작된 감각'일 뿐, 내가 외부의 대상을 직접 접촉해서 느낀 게 아니다.

혹자는 조작된 느낌[受]을 몰라도 사는 데 아무 문제도 없었다고 말할지도 모르겠다. 사실 느낌이 조작되었다는 사실을 몰라도 죽을 때까지 사는 데 별문제 없다. 다만 탐심(貪心)과 진심(瞋心), 치심(癡心)의 세 가지 마음의 독(毒)을 피하기 어려워 괴롭게 살아가게 된다는 것이다. 그래서 좋은 느낌은 집착하고 싫은 느낌은 버리려고 부단히 노력하지만, 끝내 이루지 못하고 죽음을 맞이하게 되는 것이다.

붓다의 사유로 본 느낌[受]

『연기성도경』에서 싯다르타는 느낌[受]을 어떻게 사유했는지 그 자취를 따라가 보자.

> **【원문】** 我復思惟 由誰有故 而得有受 如是受者 復由何緣我。於此事 如理思時 便生如是 如實現觀 由有觸故 便得有受 如是受者 由觸爲緣。

【번역】 자아로 거듭 사유하게 되면 누군가가 원인으로 존재하기 때문에, 그래서 존재의 느낌[受]을 얻는다. 이러한 것을 느낌[受]이라는 자는 거듭 무엇을 원인이라지만 연기(緣起)한 자아[我]이다. 이 일을 이치에 맞게 생각할 때 곧바로 이러한 명료한 관점[現觀]이 있는 그대로 생겨났다. '존재가 원인이 되어 접촉[觸]했기 때문에, 곧 존재의 느낌[受]을 얻는다. 이렇게 느낀다[受]는 자는 접촉[觸]이 원인이라지만, 연기(緣起)하는 것이다'라고.

【원문】 我復思惟 無有誰故 而無有受 由誰滅故 此受隨滅我卽。於此 如理思時 便生如是 如實現觀 無有觸故 便無有受 由觸滅故 受卽隨滅。

【번역】 자아를 거듭 사유하게 되었는데도 존재하는 누군가가 없었기 때문에, 그래서 존재의 느낌[受]이 없었고, 누구라는 원인이 소멸했기 때문에, 여기 이런 느낌[受]에는 '자아로 붙은 것[我卽]'이 따라서 소멸한다. 여기 이것에 대해 이치에 맞게 생각할 때 곧바로 이러한 명료한 관점[現觀]이 있는 그대로 생겨났다. '존재의 접촉[觸]이 없었기 때문에 곧바로 존재의 느낌[受]이 없었고, 접촉[觸]의 원인이 소멸했기 때문에 느낌[受]에 붙은 것도 따라서 소멸하게 되었다'라고.

일반적으로 자아가 있어서 대상을 느낀다고 생각하면 느낌[受]도 대상에 속해 있어야 한다. 즉 그 대상에 좋은 느낌이거나 싫은 느낌이 기본 속성으로 있어야만 하는 것이다. 그러나 같은 대상일지라도 대상을 어떻게 바라보느냐에 따라서 좋은 느낌과 싫은 느낌이 다르게 드러난다. 예컨대, 배부른 사람과 배고픈 사람이 밥에 대해 느끼는 느낌은 서로 다를 수밖에 없는 것과 같다. 그래서 느낌은 대상의 속성으로 존재한다고 볼 수 없다.

그렇다고 '자아 없이 대상을 느낀다'라는 생각은 더더욱 불가능하다. 왜냐하면 느끼는 자 없이 대상을 느낄 수는 없는 것이기 때문이다. 느끼는 자가 없는데 어떻게 대상의 느낌이 있을 수 있겠는가? 그래서 붓다의 무아가 쉽사리 이해되지 않는 것이다.

그러나 사실 느낌도 12처에서 주관과 객관이 구현되어 접촉이란 사건이 발생했기에 느꼈다는 생각이 일어난 것이다. 그래서 붓다는 여러 경전에서 "연기한 눈[眼內入處]과 색[色外入處]이 눈으로 보았다는 안식(眼識)을 낳는데, 세 가지 사건의 화합을 접촉[觸]이라고 한다[緣眼色 生眼識 三事和合觸]"라고 말했다. 그런데 이것을 "눈과 빛깔을 인연하여 안식이 생긴다. 이 세 가지가 화합한 것이 감촉[觸]이다"라고 해석한다. 그러면 "눈이 색을 만나서 봤다는 인식이 나에게 생겨나는데, 이것이 '접촉'이다"라고 이해한다. 그래서 "실재하는 외부 대상과 눈이 접촉했다"라고 오해하고, 우리는 '나(자아)'와 '세상'이 존재한다고 믿어 의심치 않는 것이다. 진짜처럼 느껴지는 나와 세상이 머릿속에 조작된 느낌이라는 사실을 깨닫기 어려운 것이다.

『연기경』에서는 우리가 잘못 이해한 느낌[受]을 의설(義說)로 밝히고 있다. 그래서 촉연수(觸緣受)가 아니라 촉연수자(觸緣受者)로 표현하고 있다. 아래의 원문을 따라가며 살펴보자.

【원문】觸緣受者 云何爲受? 受有三種 謂樂受 苦受 不苦不樂受 是名爲受。

【번역】접촉을 연한 게 느낌[受]이라는 자는 무엇을 느낌이라고 일러주겠는가? 느낌에는 세 종자가 존재하는데, 즐거움의 느낌[樂受], 괴로운 느낌[苦受], 괴롭지도 즐겁지도 않은 느낌[不苦不樂受]이라고 이르면서, 이것을 이름하여 느낌이라고 할 것이다.

불교의 교리를 조금이라도 접한 사람이라면 느낌에 대해서 언제나 즐거운 느낌, 괴로운 느낌, 괴롭지도 즐겁지도 않은 느낌의 세 가지 느낌이 있다고 수없이 듣고 또 그렇게 알고 있다. 이것 역시 '거짓 주장[義說]'이다. 붓다가 말한 느낌은 연기한 접촉으로 드러나는 사건이기에, '느낌이란 실체'로 말했을 리 없다. 느낌은 실체의 속성이 아니라 접촉과 얽혀서 드러나는 사건이기에 천 가지, 만 가지의 느낌으로 드러나는 것이다.

고대 인도인은 느낌도 선악업의 결과물로서 미세하여 보이진 않지만 실재(實在)한다고 여겼다. 그래서 '즐거운 느낌'과 '괴로운 느낌'만이 존재한다고 생각했다. 그러다가 '사마타'로 삼매에 들었더니 제4선(四禪)에서 즐거운 느낌과 괴로운 느낌 외에 어느 영역에도 포함되지 않는 평온한 느낌을 받았다. 그런 경험을 했던 선정 수행자는 '불고불락의 느낌

[不苦不樂受]'도 있다고 주장하는 이야기가 경전에 등장한다.

거듭 강조하지만, 12연기(緣起)에서는 느낌[受]이 일어날 때 이미지[想]와 분별하는 생각[思] 작용도 함께 일어난다. 왜냐하면 촉과 느낌이 얽혀서 일어날 때 신호를 분석하여 기억된 이미지[想]를 꺼내오고, '그것은 무엇이다'라는 분별하는 생각[思]도 함께 일어나게 된다. 3가지 느낌이 있다는 어리석은 생각을 걷어내려면 반드시 12연기의 가르침에서 느낌을 이해해야만 한다. 그렇게 이해하고 나면 "아, 조작된 느낌을 믿고 나와 세상이 존재한다고 생각하였구나!"라는 깨달음이 생겨날 것이다.

집착이 존재의 삶을 붙잡는다

심장을 끌어안은 사랑[愛]

애(愛, ⓢtṛṣṇā ⓟtaṇhā)'는 '목마른 사랑[渴愛], 사랑[愛]'으로 번역했는데, '갈애(渴愛)'는 애타게 목마른 사랑으로 '반드시', '거부할 수 없는' 등의 뜻을 포함한다.

주나라 시대 금문(金文)에서부터 확인되는 '애(愛)'라는 글자의 구조를 보면, '목맬 기(旡)'와 '마음 심(心)'이 결합한 글자[㤅]이다. 단순히 모양만 놓고 보면, 심장[心]을 꼭 끌어안고 있는 모습이다. 과거에는 '아끼다'라는 뜻에 가까웠는데 지금은 '사랑'으로 받아들인다. '목숨처럼 매우 소중히 여긴다'라는 정도의 의미로 생각할 수 있다.

붓다가 12연기에서 설한 '애(愛)'는 단순한 사랑이 아니다. 접촉[觸]과 얽혀서 느낌[受]이 일어나면, 그 느낌은 다시 갈애[愛]와 얽히는 것으로 '반드시 그것으로 새겨진다'라는 뜻을 갖는다. 붓다가 말한 갈애가 자아가 있어서 사랑하는 것이라면 '즐거운 느낌[樂受]'만을 사랑해야 할 것이다. 그런데 연기의 구조를 보면 '괴로운 느낌[苦受]'과 '즐겁지도 괴롭지도 않은 느낌[不苦不樂受]'도 갈애의 대상이 되는 이상한 일이 벌어진다. 그래서 연기의 갈애가 더욱 이해하기 어렵다. 그런데 이것은 존재의 느낌을 사랑하는 게 아니라, '존재하는 듯한 느낌'과 얽혀서 '그런 존재일 것'이라고 생각할 수밖에 없는 필연적인 과정이 형성되는 것이다. 이것을 현대적 표현으로 바꾸자면 '각인 효과'라고 볼 수 있다. 어떤 신호가 반복되어 대상에 대한 일정한 패턴의 느낌이 반복되면 뇌는 그 반복되는 패턴을 그것으로 각인하게 된다. 그러면 그 신호가 나타날 때마다 그것으로 인식하게 된다. 이렇게 일정한 패턴의 신호를 그것에 해당하는 대상으로 확정하여 각인하는 과정이 바로 '갈애'이다.

패턴의 '각인 효과' 갈애(渴愛)

사실 우리는 대상을 있는 그대로 보는 게 아니다. 대상의 패턴, 즉 일정한 형태나 양식의 유형을 인식하는 것이다. 그래서 한두 가지 요소가 빠져 있어도 비슷한 패턴이 보이면 '그것'으로 인식하게 된다.

컵을 예로 들어보자. 손잡이가 있던 컵에 손잡이가 망가져 없어져도 그것을 다른 대상으로 인식하지 않고 컵이라고 말한다. 이미 우리의 머릿속에는 그런 패턴을 '컵'이라고 각인한 이미지가 있기 때문이다. 이런 방식으로 일정한 패턴을 학습하면 '이름 지어진 대상[名色]'으로 각인된다. 그러면 비슷한 패턴만 나타나도 그 명색을 불러와 인식하게 되는 것이다. 이렇게 한 번 각인 된 것은 다른 대상으로 보려 해도 보이지 않게 된다. 마치 하나의 대상에 꼭 달라붙어 놓치지 않고 갈망하는 것처럼 말이다. 이게 바로 '각인 효과'이다.

외도는 욕계(欲界)와 색계(色界), 무색계(無色界)를 사랑하는 게 갈애(渴愛)라고 했고, 붓다는 욕유(欲有), 색유(色有), 무색유(無色有)에 대한 갈애가 일어난다고 설명했다. 붓다 당시의 사람들은 욕계, 색계, 무색계라는 삼계가 있고, 그곳에 살아가는 존재를 욕유, 색유, 무색유라고 생각했다. 물론 욕계보단 색계가, 색계보단 무색계가 복과 수행력이 높기에 즐거움을 누리면서 살아간다고 생각했다. 그러다 보니 당연히 윗 단계로 올라가 살고 싶어 했다. 그러려면 선업을 많이 닦거나, 선정을 닦아야만 올라갈 수 있다고 생각했다.

그렇다면 이 삼계에 대한 붓다의 관점과 기존의 관점은 무엇이 다를까? 우리는 나와 대상을 실재의 존재로 여기며 살아간다. 그러다 보니 존재를 구분하고 싶은 욕망으로 이름을 붙여 언어화하여 존재를 소유하게 된다. 대상에 이름이 있는지 없는지에 따라 욕망의 차이만 있을 뿐이다. 결국 '이름을 붙였다는 것'은 대상을 소유하고 싶은 욕망의 발로이다. 이렇게 욕망을 일으키는 것들이 욕유(欲有), 별로 관심은 없지만 겉모습만 있는 것이 색유(色有), 모습도 없이 상상의 개념으로 있는 것이 무색유(無色有)이다.

이 욕유, 색유, 무색유에 대한 갈애는 어떻게 일어날까? 대체로 처음 보는 대상에 욕망을 느끼지 않을 수 있다. 하지만 대상이 눈에 보이는 순간, 우리는 이미 그 대상을 인식하고 있다. 감각 기능을 통해 감지한 대상을 생체 신호로 변환해 뇌에 전달하고, 뇌는 신호의 패턴을 분석해 '그것은 이런 이름의 대상[名色]이다'라고 인식한다. 우리는 오랜 시간 살아오면서 감각을 통해 들어온 것들을 받아들이고, 언어화된 대상[名色]으로 기억하면서 대상을 인식하는 능력을 키워왔기 때문이다.

이런 과정이 반복되면서 외부 대상[色]이 이름으로 된 대상[名色]으로 일대일로 대응시키는 과정(matching)이 이뤄지고, 그 결과로 6입처에서 구현한 대상이 존재로 인식되는 것이다. 이때 존재에 좋다거나 싫다는 등을 구별하며 '이름을 붙이는 욕망'이 투영되면 '욕계(欲界)', 욕망이 투영되지 않으면 '색계(色界)', 개념적으로 존재하면 무색계(無色界)라는 계분별이 일어나게 된다.

갈애[愛]의 작동

식(識)과 명색(名色), 6입(六入)의 삼사화합으로 촉(觸)이 발생하면 느낌[受]이 일어날 때 이미지[想]와 헤아리는 생각[思]이 함께 일어난다. 그러면 존재의 느낌에 따라 욕계, 색계, 무색계의 계분별이 일어나는데, 이 과정에 갈애(渴愛)가 얽히게 된다.

일반적으로 갈애는 고수(苦受), 낙수(樂受), 불고불락수(不苦不樂受)의 삼수(三受)에 따라 대상을 사랑하는 것으로 설명한다. 만약 그렇다면 고수나 불고불락수는 사랑해 봐야 좋을 게 없으니 사랑할 이유가 없지 않을까?

사실 갈애는 느낌이 좋든지 싫든지 상관하지 않고 언제나 존재와 이름을 짝지어 가며 작동한다. 갈애가 이름으로 짝짓지 않으면 눈이 대상을 감지한 신호를 뇌에 전달해도 대상을 구분하지 못한다. 그래서 경전에는 무념무상(無念無想)이란 단어가 등장한다. 이 말은 '기억이 없으면 분별한 이미지도 없다'라는 뜻이다. 그런데 지금은 이 말이 '무념무상의 경지'라는 식으로 쓰이고 있다. 경전과 선어록 그 어디를 뒤져봐도 그런 말은 없다.

의상 스님은 법성게에서 '無名無相絶一切', 즉 '이름도 없으면 모양도 없거늘 일체를 끊으라 하네'라고 밝혔다. 그런데 이것도 '이름도 없고 모양도 없이 일체를 끊는다'라고 해석하고 있다. 일체라는 나와 대상은 끊으려고 해도 끊을 수 없다. 일체라는 망상은 깨달아야만 소멸하는 것이다. 그래서 붓다는 '끊는다[斷, 絶]'라는 표현을 쓰지 않고 '소멸한다[滅]'라는 표현을 쓰는 것이다.

본론으로 돌아와, 컵의 예를 통해서 갈애의 작용을 살펴보자. 물과 같은 음료를 담아 마시면 일반적으로 '컵'이라고 한다. 그런데 누가 그 컵으로 쌀을 담는 데 쓰면서 그릇이라고 주장한다면, 그 광경을 보는 사람은 곧바로 알 수 없는 저항감을 느끼게 될 것이다. 이 저항감은 왜 일어날까? 바로 '컵'이라는 '강한 각인(갈애)'이 있기 때문이다.

이렇게 갈애는 보이든 보이지 않든, 좋든 싫든 관계없이 작동하면서 이름 지어진 대상으로 대상들을 고정하여 기억시킨다. 그래서 갈애가 강력한 사람일수록 고집스럽고, 자신의 주장과 생각의 테두리에서 벗어나기 어렵다.

경전에서 말하는 갈애[愛]

붓다가 갈애[愛]를 어떻게 사유했는지 현장 스님이 번역한 『연기성도경』을 통해서 살펴보자.

【원문】我復思惟 由誰有故 而得有愛 如是愛者 復由何

緣我。於此事 如理思時 便生如是 如實現觀 由有受故 便得有愛 如是愛者 由受爲緣。

【번역】 자아로 거듭 사유하게 되면 누군가가 원인으로 존재하기 때문에, 그래서 존재의 갈애[愛]를 얻는다. 이러한 것이 갈애[愛]라는 자는 거듭 무엇을 원인이라지만 연기(緣起)한 자아[我]이다. 이 일을 이치에 맞게 생각할 때 곧바로 이러한 명료한 관점[現觀]이 있는 그대로 생겨났다. '존재가 원인이 되어 느꼈기[受] 때문에, 곧 존재의 갈애[愛]를 얻는다. 이렇게 갈애한다[愛]는 자는 느낌[受]이 원인이라지만, 연기(緣起)하는 것이다'라고.

【원문】 我復思惟 無有誰故 而無有愛 由誰滅故 此愛隨滅我卽。於此 如理思時 便生如是 如實現觀 無有受故 便無有愛 由受滅故 愛卽隨滅。

【번역】 자아를 거듭 사유하게 되었는데도 존재하는 누군가가 없었기 때문에, 그래서 존재의 갈애[愛]가 없었고, 누구라는 원인이 소멸했기 때문에, 여기 이런 갈애[愛]에는 '자아로 붙은 것[我卽]'이 따라서 소멸한다. 여기 이것에 대해 이치에 맞게 생각할 때 곧바로 이러한 명료한 관점[現觀]이 있는 그대로 생겨났다. '존재의 느낌[受]이 없었기 때문에 곧바로 존재의 갈애[愛]가 없었고, 느낌[受]의 원인이 소

멸했기 때문에 갈애[愛]에 붙은 것도 따라서 소멸하게 되었다'라고.

위 두 원문은 연속으로 서술된 게 아니다. 하나는 '나(자아)'와 '세상'이 존재한다는 생각에서 역으로 자취를 추적하여 갈애[愛]를 드러낸 것이고, 다른 하나는 '나'와 '세상'이 환상임을 안 상태에서의 갈애[愛]가 소멸하는 과정이다. 뇌는 감각 신호를 전달받으면 곧바로 해석하여 경험된 기억과 비교하여 '같다고 판단되는 것'을 가려내는데, 그렇다고 처음부터 그렇게 할 수는 없다. 그러려면 그런 경험들이 반복되어야만 한다. 이런 과정의 반복이 '짝짓기[愛]'로 연결되는 것이다.

예를 들어 여기에 사과가 있다고 했을 때, 아기는 그것이 사과인 줄 모른다. 그런데 '사과라는 이름'을 반복해서 듣게 되면 어느새 경험이 쌓여 '사과라는 이름'을 받아들여 저장하게 된다. 그러면 그때 비로소 사과를 인식하고 말하게 된다. 그런데 만약 누군가가 그것을 '똥'이라고 한다면, 아기에겐 강한 저항감이 생겨 혼란스러워할 것이다. 벌써 그만큼 애착이 형성되었다는 것이다. 이렇게 대상에 대해 애착이 형성되는 그 과정을 갈애라고 부르는 것이다.

'나(자아)'와 '세상'이 존재한다고 생각하는 사람은 '내가 실제 대상을 애착한다'라고 느끼고, 당연히 그것을 '사랑[愛]'이라고 생각할 것이다. 의설(義說)을 기술한 『연기경』에서는 사람들이 갈애[愛]를 어떻게 오해하고 있는지 함께 살펴보자.

【원문】受緣愛者 云何爲愛? 愛有三種 謂欲愛 色愛 無

色愛 是名爲愛。

【번역】느낌을 연한 게 갈애[愛]라는 자는 무엇을 갈애라고 일러주겠는가? 갈애는 세 종자가 존재하는데, 욕애(欲愛), 색애(色愛), 무색애(無色愛)라고 이르면서, 이것을 이름하여 갈애라고 할 것이다.

우리는 느낌[受]이 일어나면 '특정 느낌의 대상을 일정한 단어로 연결하려는 작용'이 함께 일어나는데, 이것을 붓다는 갈애(渴愛)라고 정의했다. 그런데 이것을 '자아가 대상을 사랑하는 것'으로 이해한 사람들이 있었고, 이러한 설명을 의설(義說)이라고 하는 것이다. 붓다 당시의 인도인들은 욕계, 색계, 무색계에는 욕망의 존재, 색의 존재, 무색의 존재가 살고 있다고 생각했다. 그래서 업의 무게에 따라 그런 존재를 사랑하게 되어 죽으면 그런 세상에 태어난다고 생각했다.

붓다도 같은 용어로 설명했기에 똑같은 가르침으로 오해하는 일이 많았다. 그러다 보니 그렇게 철석같이 믿고 말하고 다녔던 비구들도 많았다. 붓다가 입멸하고 많은 세월이 흘렀건만, 그 생각은 여전히 진행 중이다.

전쟁터에서 유래한 글자, 취(取)

'취(取)는 우파다나(upādāna)'를 번역한 글자로 '취한다, 갖는다'라는 뜻이다. '취(取)'는 '귀[耳]+오른손[又]'으로 이루어진 글자인데, 고대의 전쟁 풍습에서 유래했다. 승자는 패자의 귀[耳]를 잘라 승리의 표식으로 손

[又]에 들고 왔다고 한다. 그래서 이 글자가 '갖는다, 취한다'라는 뜻을 가지게 되었다.

　12연기에서 취(取)는 눈에 보이는 '거친 것[麤]'과 눈에 보이지 않는 '미세한 것[細]'을 가리지 않고, 그것을 '실재의 존재라고 받아들이는 것'을 말한다. 내외입처에서 자아와 세상이 구현되면 그것을 내가 실제로 존재하는 그것을 마주하고 있다고 믿게 된다. 그러면 접촉과 느낌이 일어나고, 그 느낌과 얽혀서 대상을 일정한 패턴으로 인식하는 경향성[渴愛]이 생긴다. 이러한 경향성은 결국 대상을 존재의 영역으로 가져오게 된다. 따라서 취(取)는 갈애[愛]가 얽혀야만 드러난다. 취(取)는 독자적으로 일어날 수 없는 사건이다.

취(取)에 대한 거짓말, 사취(四取)

일반적으로 취(取)는 네 가지가 있다고 배운다. 그것은 '사취(四取)'로 '욕망[欲], 견해[見], 계율[戒禁], 자아[我語]'를 집착하는 것이라고 한다. 그래서 불교 관련 서적을 읽다 보면 ① 욕취(欲取): 욕망을 취하는 것 ② 견취(見取): 견해를 취하는 것 ③ 계금취(戒禁取): 계율이나 금기를 취하는 것 ④ 아어취(我語取): '나'라는 잘못된 자아 관념을 취하는 것이라고 정리되어 있다. 그러나 이것은 잘못된 주장으로 의설(義說)이다.

　사실 이것은 의설이니 살펴볼 필요도 없는 것이지만, 삿된 견해가 왜 삿된 견해인지를 모른다면 정견(正見)이라고 말할 수 없기에 살펴보려 한다. 의설의 사취를 주장하는 사람들은 12연기가 윤회를 설명하는 이론으로 생각했기에 '존재[有]'를 윤회하는 '나라는 존재'로 보았다. 그래서 나라는 존재가 다음 생에 다시 태어나기 위해서는 다시 태어나려는 강력한 추동력이 필요하다고 생각했다. 그 추동력을 발휘하는 것이 바로 사취이다.

1. 욕취(欲取)는 욕망을 취한다는 말이니, 다음 생을 기약하려면 살아가려는 강력한 의지가 필요하다고 생각했다. 욕망이 사라진다면 생명체를 유지할 수 없기에 강력한 욕망을 취해야만 다시 태어날 수 있다고 생각한 것이다.
2. 견취(見取)는 견해를 취한다는 말이다. 자아는 영원하다는 견해를 취해야만 다시 태어날 수 있지, '죽으면 그만'이라는 단견으로 살다가 죽는다면 다시 태어날 수 없을 것이다. 그래서 다음 생으로 이어지려면 반드시 죽어도 없어지지 않는다는 견해를 취해야만 하는 것이다.
3. 계금취(戒禁取)는 계율의 금기를 취한다는 뜻이다. 철저한 계율을 취해야 다음 생을 보장받을 수 있고 복도 획득할 수 있다고 생각하는 것이다. 그래서 금기하는 계율을 취하는 것이 굉장히 중요하다고 생각한 것이다.
4. 아어취(我語取)는 '자아라는 용어'를 취한다는 말이다. 자아를 취하진 않더라도 '자아라는 말'은 취해야 다음 생으로 이어져 존재하게 된다는 뜻이다. 붓다가 무아(無我)를 말했으니, 차마 자아[我]를 취하진 못하더라도 '자아라는 용어[我語]'라도 취해야 한다는 생각이다.

사취는 의설이지만 사람들은 경전에 수록되어 있고 이런 내용이 꽤 자주 등장하니 이것이 취(取)에 대한 올바른 설명이라고 여겨왔다. 그래서 불교에 관련된 모든 서적에는 취(取)를 사취(四取)로 설명하고, 말도 안 되는 설명을 나름대로 열심히 붙여 놓았다.

경전에서 말하는 취(取)

붓다는 취(取)를 어떻게 사유하게 되었는지 『연기성도경』의 말씀을 통해서 살펴보자.

【원문】我復思惟 由誰有故 而得有取 如是取者 復由何緣我。於此事 如理思時 便生如是 如實現觀 由有愛故 便得有取 如是取者 由愛爲緣。

【번역】자아로 거듭 사유하게 되면 누군가가 원인으로 존재하기 때문에, 그래서 존재의 취함[取]을 얻는다. 이러한 것이 취(取)라는 자는 거듭 무엇을 원인이라지만 연기(緣起)한 자아[我]이다. 이 일을 이치에 맞게 생각할 때 곧바로 이러한 명료한 관점[現觀]이 있는 그대로 생겨났다. '존재가 이유가 되어 갈애[愛]했기 때문에, 곧 존재의 취함[取]을 얻는다. 이렇게 취(取)한다는 자는 갈애(渴愛)가 원인이라지만, 연기(緣起)하는 것이다'라고.

【원문】我復思惟 無有誰故 而無有取 由誰滅故 此取隨

滅我卽。於此 如理思時 便生如是 如實現觀 無有愛故
便無有取 由愛滅故 取卽隨滅。

【번역】자아를 거듭 사유하게 되었는데도 존재하는 누군가가 없었기 때문에, 그래서 존재의 취함[取]이 없었고, 누구라는 원인이 소멸했기 때문에, 여기 이런 취함에는 '자아로 붙은 것[我卽]'이 따라서 소멸한다. 여기 이것에 대해 이치에 맞게 생각할 때 곧바로 이러한 명료한 관점[現觀]이 있는 그대로 생겨났다. '존재의 갈애[愛]가 없었기 때문에 곧바로 존재의 취함[取]이 없었고, 갈애[愛]의 원인이 소멸했기 때문에 취함[取]에 붙은 것도 따라서 소멸하게 되었다'라고.

앞에서 이미 취(取)에 대하여 설명했으니, 여기까지 잘 따라온 독자라면 번역문만 읽어도 잘 이해될 것이다. 자아와 세상이 존재한다고 생각하기에 '자아라는 존재가 외부 대상을 사랑하여 취한다고 생각'하는 것이다. 그러나 진실은 다른 사람들의 '나와 세상이 존재한다는 생각'을 그대로 받아들였기에 '나도 세상도 그렇게 존재한다는 생각'이 일어나고, 또한 그렇게 철석같이 믿으면서 조금도 의심하지 않을 뿐이다.

앞에서 설명한 사취(四取)가 의설(義說)임을 설명하는 『연기경』의 원문을 이어서 살펴보자.

【원문】愛緣取者 云何爲取? 謂四取 一者欲取 二者見取

三者戒禁取 四者我語取 是名爲取。

【번역】 갈애를 연한 게 취(取)라고 하는 자는 무엇을 취라고 일러주겠는가? 네 가지 취(取)로 욕취(欲取), 견취(見取), 계금취(戒禁取), 아어취(我語取)를 이르면서, 이것을 이름하여 취라고 할 것이다.

경전에서 '~者'라고 표현된 문구는 의설을 주장하거나 외도의 주장을 펼치는 사람을 기술할 때 주로 쓰이는 표현이다. 따라서 애연취자(愛緣取者)도 "갈애를 연한 게 취라는 자"라는 뜻으로 '의설을 말하는 자'라는 뜻이다. 그러니 "갈애를 연한 게 취라는 것"으로 해석하지 말아야 한다. 여태껏 그렇게 해석했기에 법설과 의설을 구분하지 못하여 붓다의 가르침이 크게 왜곡되어 와전(訛傳)된 것이다.

취(取)는 갈애(渴愛)와 얽혀야만 작동하기에, 갈애가 먼저 일어나야 한다. 이 갈애가 일어나는 과정은 앞에서 살폈듯이 무명과 행이, 행과 명색이, 명색과 6입이, 6입과 촉이, 촉과 수가, 수와 갈애가 얽혀야만 일어나는 것이다. 이렇게 갈애가 일어나면 취(取)와 다시 얽혀서 '존재[有]'라는 사건을 발생하는 것이다. 그러니 갈애가 사라지면 함께 얽히는 '취(取)'도 역시 사라지는 게 된다.

그러나 의설을 주장하는 사람들은 자아가 존재한다고 생각하고 12연기를 바라보았다. 그래서 자아가 욕계(欲界), 색계(色界), 무색계(無色界)를 사랑했기 때문에, 그 결과로 욕계 존재[欲有], 색계 존재[色有], 무색계 존재[無色有]로 태어난다는 생각이 기본으로 깔린 것이다. 그런 생각으로 12연기를 이해하니 다시 태어나기 위해서는 '욕망'을 취하고[欲取], '견해'를 취하고[見取], '계로 금하는 것'을 취하고[戒禁取], '자아라는 말'을 취해야[我語取] 한다고 생각하는 것이다. 따라서 이 의설은 연기를 올바르게 이해하지 못했기에, 존재들 간의 인과로 바라보는 오류를 저지른 것이다.

붓다는 항상 사람들에게 "귀 있는 자는 와서 듣고, 눈이 있는 자는 와서 보라"고 말했다. 붓다의 가르침은 언제나 그 자리에서 확인할 수 있는 가르침이란 말이다. 만약 붓다의 가르침이 이해되지 않는다면, 그것은 삿된 견해를 가지고 있어서 자체 모순에 빠지는 딜레마의 상황에 놓였다는 뜻이다. 그렇다면 기본 가정에는 문제가 없는지 살펴보아야 한다. 기본 가정이란 '나와 세상이 존재한다'라는 생각이다. 이 존재에 대한 물음의 완벽한 대답이 바로 12연기의 가르침이다. 그러니 먼저 연기하는 법에 대한 가르침을 잘 이해하고 그것이 사실인지 확인하는 작업도 반드시 거쳐야만 붓다의 깨달음과 동기화되는 것이다. 그러기 위해서는 끊임없이 질문하고 사유해야만 한다. 그 사유가 바로 수행으로 나아가는 첫 발걸음이다.

'있다'는 그 믿음도 의심하라

'취와 얽혀야만 하는 사건' 존재[有]

산스크리트어와 빨리어의 형태가 같은 바와(bhava)는 '존재'라는 뜻인데, '유(有)'라는 한문으로 번역됐다. '유(有)'는 '있다', '존재하다', '가지고 있다', '소유하다'라는 뜻으로 '손[又]+고기[月]'가 결합한 글자이다. 금문에는 '손으로 고기를 쥐고 있는 듯한 모습'이 그려져 있다.

12연기에서의 존재[有]는 취(取)와 얽혀서 작동하는 존재로, 스스로는 절대로 존재할 수 없다. 기본적으로 '존재'라는 뜻은 그 어떤 것에도 의지하지 않고 '스스로 존재[自在]'한다는 뜻을 내포하고 있다. 그래서 '무엇이 존재한다'라고 말하면 기본적으로 '변하지 않음[常]'의 속성이 있다. 시간이 지남에 따라 변한다면 그것은 존재한다고 말할 수 없는 것이다. 그런데 붓다는 '존재'를 '취'와 얽혀야만 드러나는 사건으로 보았다.

존재에 대한 관점은 전변설을 주장했던 브라만과 적취설을 주장했던 신흥 사문의 입장은 연기와는 근본적으로 결이 다르다. 브라만은 '스스로가 원인이고 스스로 존재하는[自由自在] 절대자'가 세상을 창조해서 존재한다고 생각했고, 신흥 사문은 '절대로 변하지 않는 근본 요소[四大]'가 원래부터 존재했다고 생각했다. 극단적인 두 가지 생각이 완전히 반대의 논리로 보이지만, 사실 여기에도 공통점은 있다. 그것은 독립적 '존재'라는 생각이다.

12연기의 가르침이 기존의 두 가지 존재의 생각과 다른 점은 '독립적인 존재'로 보지 않았다는 것이다. 붓다는 '취와 얽혀야만 존재한다는 사건으로 드러날 뿐, 독립적으로 존재하지 않는다'라고 설명했다. 또한 이 취도 독립적이지 않다. 취는 갈애와 얽히고, 갈애는 수와 얽히며, 수는 촉과 얽힌다. 그리고 그 촉은 '6입, 명색, 식'의 삼사화합으로 드러나는데, 그것은 무명과 얽힌 행으로 촉발된다. 따라서 이 존재한다는 생각은 결국 '존재에 대한 무지와 얽혀서 조작되었다'라는 결론이다.

찰나적 존재의 유(有)

불교를 접하면 가장 많이 듣는 존재[有]에 대한 설명은 삼유설(三有說)이다. 존재에는 본유(本有, 태어나서 죽기 전까지의 존재)와 사유(死有, 죽는 존재), 생유(生有, 태어나는 존재)가 있는데, 본유가 사유에게 존재를 넘기면 사유는 다시 생유에게 존재를 넘기면서 윤회한다는 설명이다. 여기에 중유(中有, 죽은 뒤 다시 태어나기 전까지의 중간 존재)를 추가해 사유(四有)로 설명하기도 한다. 이것은 중음(中陰)이라고 말하기도 하는데, 다음 생으로 나아가는 과도기적 존재이다.

이런 생각에는 상속의 개념이 자리 잡고 있는데, 미래의 존재가 상속하는 것을 현재의 존재가 취(取)하고, 다시 현재의 존재가 상속해 주는 것을 과거의 존재가 찰나의 짧은 시간에 취하여 존재한다는 논리이다. 이것은 무아(無我)이면서 윤회(輪迴)한다는 생각을 주장하기 위해 세워진 논리일 뿐 사실과 거리가 멀다.

붓다는 무아를 말했다. 무아와 윤회는 서로 양립할 수 없는 논리이다. 붓다가 입멸한 후에 윤회를 포기할 수 없었던 불교도의 일부가 두 생각을 적절히 섞어서 "존재가 상속받아 생멸한다"라는 논리와 이론을 만들었다. 이것이 구사론과 아비달마의 전통이 됐다. 자세히 알고 싶으면 『청정도론(清淨道論)』이나 『구사론(俱舍論)』을 읽어보면 된다. 그러나 이것 또한 의설이다.

붓다가 파악한 존재[有]

불교 관련 서적에서 12연기의 존재[有]에 대한 설명을 보면 욕계(欲界), 색계(色界), 무색계(無色界)의 삼계(三界)에서 살아가는 욕계 존재[欲有], 색계 존재[色有], 무색계 존재[無色有]를 삼유(三有)라고 한다. 그러나 붓다는 존재를 취와 얽혀서 드러나는 사건으로 보았다. 따라서 욕망으로 형태와 이름을 취해 얽히면 욕유가, 욕망 없이 형태만 취해 얽히면 색유가, 욕망 없이 개념만 취해 얽히면 무색유가 일어난다고 보았다.

이렇게 연기(緣起)는 눈에 보이진 않지만, 이것과 저것이 서로 얽혀서 일으키는 사건을 이르는 말이다. 따라서 존재[有]도 존재해서 존재하는 게 아니라 취(取)와 얽혀서 드러난 사건이다.

그래서 욕유(欲有)는 욕망을 취해서 존재로 얽혀지는 사건으로 보아야 한다. 예컨대, 대상이 실제로 있다고 생각할 때 욕망이 일어난다. 대상에 욕망이 붙으면 이름을 붙이게 된다. 다른 것과 구분하려는 욕구는 그것을 구분하는 게 가치가 있다고 판단하기 때문이다. 세상에는 욕망 없이도 드러나는 대상들도 있다. 예를 들면 낯선 대상으로 기억에 없는 대상들이다. 아직 용도가 없어 이름을 붙이지 않은 것들로 색유(色有)이다. 그 외에도 눈에 보이는 대상은 아니지만 상상의 개념을 존재처럼 취급하기도 하는데, 이것이 무색유(無色有)이다.

만약 욕유, 색유, 무색유도 기존의 용어와 같다고 곧이곧대로 해석했다가는 큰 낭패를 보게 될 것이다. 반드시 붓다의 단어 정의와 문장 앞뒤의 문맥을 잘 살펴서 이해해야만 한다.

경전으로 알아보는 존재[有]

먼저『연기성도경』의 기록을 따라가면서 붓다는 존재[有]를 어떤 방식으로 사유하여 이해했는지 살펴보자.

【원문】我復思惟 由誰有故 而得有有 如是有者 復由何緣我。於此事 如理思時 便生如是 如實現觀 由有取故 便得有有 如是有者 由取爲緣。

【번역】자아로 거듭 사유하게 되면 누군가가 원인으로 존재하기 때문에, 그래서 존재의 존재함을 얻는다. 이러한 것이 존재[有]라는 자는 거듭 무엇을 원인이라지만 연기(緣起)한 자아[我]이다. 이 일을 이치에 맞게 생각할 때 곧바로

이러한 명료한 관점[現觀]이 있는 그대로 생겨났다. '존재가 원인이 되어 취(取)했기 때문에, 곧 존재의 존재함을 얻는다. 이렇게 존재한다는 자는 취(取)가 원인이라지만, 연기(緣起)하는 것이다'라고.

【원문】 我復思惟 無有誰故 而無有有 由誰滅故 此有隨滅我即。於此 如理思時 便生如是如實現觀 無有取故 便無有有 由取滅故 有即隨滅。

【번역】 자아를 거듭 사유하게 되었는데도 존재하는 누군가가 없었기 때문에, 그래서 존재의 존재함[有]이 없었고, 누구라는 원인이 소멸했기 때문에, 여기 이런 존재에는 '자아로 붙은 것[我即]'이 따라서 소멸한다. 여기 이것에 대해 이치에 맞게 생각할 때 곧바로 이러한 명료한 관점[現觀]이 있는 그대로 생겨났다. '존재의 취함[取]이 없었기 때문에 곧바로 존재의 존재함이 없었고, 취함[取]의 원인이 소멸했기 때문에 존재에 붙은 것도 따라서 소멸하게 되었다'라고.

존재[有]를 위와 같은 자아의 관점으로 바라본다면 탯줄[胎]로 태어났든, 알[卵]로 태어났든, 습기[濕]에서 태어났든, 변화[化]하여 태어났든 아무 상관 없이 '나와 대상이 존재한다'라고 철석같이 믿고 살아가게 된다. 그러나 나도 대상도 결국 내외부에서 전달된 감각 신호를 해석하여 저장된 '판단[識]'과 '이름으로 된 대상[名色]'을 비교하여 "나[內入]"와 '대상[外

시]'을 '가상 공간[處]'에 재빠르게 그려내고는 그것이 사실이라고 믿을 뿐이다.

거듭 강조하지만, 존재는 실제로 존재해서 존재한 게 아니라 '취와 함께 얽혀서 드러나고 있는 사건'일 뿐이다. 그래서 유식(唯識)에서는 만법유식(萬法唯識), 유식무경(唯識無境)이라고 표현하는 것이다. 그런데 여기서도 '법(法)'과 '경(境)' 그리고 '식(識)'에 대한 명확한 용어의 이해가 없으니, '외부 존재는 없고 오로지 인식만이 있다'라고 이해하는 것이다. 우리가 인식하고 있는 것은 법(法)이기에 나와 세상이란 존재가 아니다. 따라서 내가 아는 것은 모두 인식의 작용일 뿐, 내가 외부의 대상을 보고 있는 게 아니라는 것이다.

결국 12연기의 내용을 그대로 축약해서 객관적인 시각으로 서술하고 있을 뿐이다. 달리 말하면, '12연기의 사유'가 1인칭(一人稱) 시점의 주관적 서술이라면, 유식은 12연기를 3인칭(三人稱) 시점으로 객관화하여 서술한 것이다. 결국 '법(法)'으로 드러나는 과정을 어떤 관점으로 서술했는가의 문제일 뿐, 12연기와 유식이 결코 다른 주장을 하는 게 아니다. 물론 용수의 중관(中觀) 또한 마찬가지이다. 다만 용수는 존재의 관점에서 왜 나와 대상이 '존재'가 아니고 '법(法)'인지 논증했을 뿐이다.

이제 존재[有]에 대한 의설(義說)이 무엇인지 『연기경』의 말씀을 살펴보자.

【원문】 取緣有者 云何爲有? 有有三種 謂欲有 色有 無色有 是名爲有。

【번역】 취를 연한 게 존재[有]라는 자는 무엇을 존재라고 일러주겠는가? 존재는 세 종자로 존재하는데, 욕유(欲有), 색유(色有), 무색유(無色有)라고 이르면서, 이것을 이름하여 존재라고 할 것이다.

연기의 원리는 한마디로 말하면 '이것이 있게 되었으므로 저것도 있게 되었고, 이것이 소멸하게 되었으므로 저것도 소멸하게 된다'이다. 따라서 취와 존재를 연기의 원리에 대입하면, '취(取)가 있게 되었으므로 존재도 있게 되었고, 취가 소멸하게 되면 존재도 소멸하게 된다'가 된다. 즉, 존재는 취와 함께 얽혀야만 일어날 수 있고 또한 소멸도 가능한 것이다. 그래서 존재는 독립적으로 있을 수 없는 것이다.

반면에 의설(義說, 거짓 주장)은 인과로 바라보니, 욕계, 색계, 무색계의 세상을 취했기 때문에 그 결과로 욕계 존재[欲有], 색계 존재[色有], 무색계 존재[無色有]로 태어나 존재한다고 생각하는 것이다. 연기의 가르침엔 취도 독립적이지 않다. 그래서 반드시 갈애와 얽혀야만 취도 작동하게 된다. 그런데 의설의 취는 존재와 관계없이 자아가 욕계나 색계, 무색계의 세상을 취하기만 하면 그만이다. 이것은 세상을 취한 원인[因]이 존재의 결과[果]를 생겨나게 했다는 인과적 사유이다.

누차 강조하지만, 연기는 시간의 선후를 따지며 원인과 결과라는 논리가 아니다. 12연기의 12가지 항목은 언제나 '한 때[一時]'에 얽혀서 드러나는 사건이다. 각 항목을 하나씩 설명하다 보니 원인과 결과의 관계로 보이겠지만, 외부의 촉발 원인[因]이 내부에서 동시다발적으로 서로 얽혀서[緣] 일어나고 소멸하는 과정을 체계적으로 설명한 것이다.

붓다는 12연기를 통해 우리가 보고, 느끼고, 생각하는 존재들이 어떻게 법으로 드러나게 되는지를 연기의 관계 속에서 일목요연하게 설명했다. 따라서 존재[有]가 실체가 아니라 상호 작용으로 드러난 사건임을 제대로 이해해야만 12연기도 이해할 수 있게 된다. 존재를 실재하는 독립적인 어떤 대상으로 생각한다면 끝내 연기를 이해할 수 없을 것이다.

붓다의 연기는 "이것이 있게 되었으므로 저것이 있게 되었고, 이것이 소멸하게 되므로 저것도 소멸하게 된다"라는 원리로 작동한다고 수차례 강조했다. 그런데도 존재와 존재와의 관계로 이해한다면, 적취설을 주장했던 신흥 사문들의 이야기와 다르지 않다. 그렇다면 붓다의 깨달음은 주장만 있을 뿐, 내용도 없는 그저 빈 껍데기에 불과할 것이다.

붓다는 외부의 대상이 무엇으로 만들어졌는지 설명하려고 12연기를 설하지 않았다. 세 가지 사건의 화합[三事和合]이 '나와 세상'이 실제로 존재한다는 착각을 일으켰고, 그래서 '괴로운 것'이라고 설명했을 뿐이다. 우리는 일반적으로 "여러 조건이 모여서 새로운 것이 만들어진다"라는 식의 연기에 대한 설명을 자주 듣는데, 이것 역시 의설임을 명심해야 한다.

붓다의 연기는 나와 대상을 왜 존재라고 이해하게 되었는지, 그리고 그 생각이 왜 문제인지, 문제라면 그것을 어떻게 해결할지 생멸 연기의 역순관(逆順觀)과 환멸연기의 순관(順觀)으로 설명했다. 따라서 이 연기를 올바르게 이해해야만 붓다의 깨달음이 왜 최상의 깨달음인지 비로소 수긍하게 될 것이다.

가장 오래된 환상, 생로병사

태어남[生]과 늙고 죽음[老死]

생(生, ⓢjāti)과 노사(老死, ⓢjarā-maraṇa)는 '태어남'과 '늙어 죽음'이다. 생(生)은 갑골문에 의하면 땅 위로 새싹이 돋아나는 모습(生)이다. 그래서 '나서 자라다'나 '돋다'라는 뜻으로 쓰였다. '노(老)'는 갑골문에 의하면 헝클어진 머리의 노인이 지팡이를 짚은 모습(老)이고, '사(死)'는 '사람[人]+뼈[歹]'의 모습(死)으로 시신 앞에서 애도하는 사람을 그렸다.

12연기에 태어남[生]이 있으니, 이것은 윤회를 설명하는 이론이라고 한다. 그래서 12연기를 삼세양중인과(三世兩重因果)로 보아서 과거, 현재, 미래의 삼세(三世)에 인과가 두 번 중첩되었다고 설명하고, 또 이것이 연기의 정설(正說)처럼 여긴다. 그러나 이 설명 역시 의설이다.

태어남[生]이란?

자신이 세상에 존재하게 된 이유를 물으면, 일반적으로 '부모가 나를 낳았기에 태어났다[生]'라고 대답한다. 즉 부모가 원인이고 내가 그 결과의 산물로 여기는 것이다. 과학과 의학이 고도로 발달한 현대 사회에서는 더더욱 정설로 여기고 아무도 이의를 제기하지 않는다.

붓다는 깨닫고 난 후에 생사의 문제를 해결했다면서 "불사(不死)의 문이 열렸다"라는 표현을 썼다. 그런데 우리는 붓다가 2500여 년 전에 이미 입멸했다는 것을 알고 있다. 그렇다면 붓다가 말한 태어남과 죽음은 우리가 생각하는 것과 다른 의미가 아닐까?

우리는 일반적으로 태어났기에 시간의 흐름에 따라 살다가 늙고 병들어서 죽는다고 생각한다. 그러다 문득, 싯다르타는 태어남과 죽음이 시간적인 인과 관계가 아니라 연기한 사건이란 사실을 깨닫게 되었다. 태어남과 죽음이 서로 함께 얽힌 사건이란 실마리가 보인 것이다. 태어남이 있게 되었으니 죽음도 있게 되었고, 태어남이 소멸하게 되면 죽음도 소멸하게 된다는 사실이 드러난 것이다. 즉 태어남과 죽음은 시간적인 인과 관계라기보다 동시에 서로 의지해서 발생하는 사건이었다. 태어남이 없는 죽음은 없고, 죽음이 없는 태어남도 없기 때문이다. 이 두 사건은 서로에게 의지해서 발생하는 사건이지, 독립적인 '태어남'과 '죽음'은 존재하지도 않았고, 존재할 수도 없는 것이었다.

만약 죽음이 독립적이지 않고 태어남과 얽혀 있다면, 태어남이 소멸하면 죽음도 함께 소멸하는 것이었다. 태어남과 죽음은 경계가 분명하지 않은 사건에 대한 언어적 규정일 뿐, 그 어떤 실체도 없었다. 이런 사유가 결국 12연기에 대한 깊은 탐구와 사유로 이어지는 것이다. 따라서

12연기를 인과로 바라보는 순간, 붓다의 연기를 끝내 이해할 수 없음을 알아야만 한다. 만약 누군가 12연기를 삼세양중인과로 설명한다면 그는 연기를 아예 이해하지 못하는 것이다.

연기를 인과로 이해하면 '태어났기 때문에 죽는다'라는 생각을 자연스레 하게 된다. 또 "태어남은 무엇이 원인일까?"라는 생각도 자연스럽게 하게 된다. 그러면 무엇인가가 이미 존재했기 때문에 그것이 다시 태어났다고 생각하게 되는 것이다. 이런 방식의 생각은 보통의 사람들에겐 꽤 설득력이 있는 논리이다. 이게 사실이라면, 생사의 문제를 해결했다는 붓다의 말은 거짓말에 불과할 것이다.

의설(義說)에선 태어남[生]을 5온(蘊)이란 정신과 몸을 얻는 것이고 욕계, 색계, 무색계의 계(界)를 얻는 것으로 생각한다. 즉 우리가 보통 '태어남이라고 생각하는 것'과 크게 다르지 않다. 그래서 존재로 여겨지는 그 '무엇'이 없으면 태어날 수도 없다고 생각하는 것이다. 그렇다면 그 '무엇'은 상주불변(常住不變)의 자아가 존재해야만 태어나고 죽을 수 있기에 붓다의 무아(無我)는 하나 마나 한 공염불(空念佛)을 한 것이 되고 만다. 그러면 12연기는 무아를 증명하는 게 아니라 자아를 증명하는 논리가 되는 것이다.

그래서 '태어남[生]'은 '존재[有]'라는 생각과 얽혀서 드러나는 사건이지, '무엇이 존재했기 때문에 태어난 게 아니다'라고 말하는 것이다. 존재한다는 생각과 얽혀야만 태어남이란 생각도 할 수 있다. 존재한다는 생각이 없었다면 태어난다는 생각은 아예 일어나지도 않았을 것이기 때문이다. 그러면 존재라는 생각이 소멸하면 태어났다는 그 생각도 동시에 사라지는 것이다. 존재가 없는데 어찌 태어남이 있을 수 있을까? 따라서 존재와 태어남은 쌍으로 서로 얽혀서 작동하는 사건이다.

늙고 죽음[老死]이란?

우리는 '존재가 태어났다[生]'라고 생각하는 순간, 곧 그 존재가 '늙고 죽는다[老死]'라고 생각하게 된다. 변치 않는 '나'라는 존재가 어디서 와서 태어났고 또 시간이 지남에 따라 늙어서 죽는다는 생각이 저변에 깔려 있다. 결국 늙고 죽는 문제도 결국 존재가 태어났다고 생각하니, 시간이 지남에 따라 늙어 죽는다고 생각하는 것이다.

백보를 양보해서 존재가 사실이라고 생각하더라도, 어디까지가 죽음일까? 현대 의학에서는 심장이 멈추면 사망으로 판단하기도 하고, 뇌가 죽은 것을 사망이라고 판단하기도 한다. 그렇다면 심장이 멈추는 게 죽음일까? 아니면 뇌가 멈추는 게 죽음일까? 태어남도 그러하다. 어머니로부터 분리된 순간일까? 정자와 난자가 수정된 순간일까? 이렇게 존재로 보아도 태어남과 죽음을 두부 자르듯 명확하게 정의할 수 없다. 그런데도 우리는 아무도 의심하지 않고 살아간다.

붓다는 달랐다. 존재한다는 생각과 얽혀서 태어나 늙고 병들어 죽는다는 생각도 함께 일어난다는 것을 깨닫게 되었다. 그것이 '태어남[生]'과 죽음[死]'의 문제를 해결하는 결정적 열쇠였다. 너무 당연해서 아무도 의심하지 않았던 '존재'에 대한 질문이 최고의 깨달음으로 인도하게 된 것이다.

경전 속 태어남[生]과 늙고 죽음[老死]

붓다는 태어남[生]과 늙고 죽음[老死]을 어떻게 사유했는지 『연기성도경』의 말씀을 따라가 보자.

【원문】爾時 世尊告諸大衆 吾未證得三菩提時 獨處空閑 寂然宴坐 發意思惟甚奇 世間 沈淪苦海 都不覺知出離之法 深可哀愍。謂雖有生有老有死 此沒彼生 而諸有情 不能如實知生老死出離之法。

【번역】 그때 세존께서 모든 게 존재한다는 대중에게 알려주셨다.
내가 바른 깨달음[三菩提]을 얻지 못했을 때, 유일한 장소[獨處]의 텅 비고 한가함을 조용히 앉아서 생각해 내고 사유하니 매우 기특했지만, 세간은 괴로움의 바다에 빠져 있는데도 도무지 벗어나는 그 법(法)을 알지 못하니 매우 불쌍하고 슬펐다. 존재라 태어나고[生], 존재라 늙고[老], 존재라 죽는다고 이르[謂]더라도 여기서 죽으면 저곳에서 태어난다고 하니, 모든 게 존재한다는 유정은 태어남과 늙음, 죽음을 빠져나와 떠나는 그 '법(法)'을 있는 그대로 알 수 없는 것이다.

일반적으로 "獨處空閑 寂然宴坐"는 "홀로 비고 한가한 곳에 조용히 앉아"로 번역한다. 그러나 '독처(獨處)'라는 단어는 '한가한 곳'이 아니라 '유일한 장소'를 가리키는 말로 '12처(處)'의 다른 표현이다. 따라서 '12처(獨處)의 텅 비고 한가함을 조용히 앉아서'로 이해해야 전체적인 문맥이 들어맞는다.

또한 "都不覺知出離之法"의 법(法)도 '방법(方法)'이 아니라 의근(意根)의 상대가 되는 법(法)을 말한다. 일체(一切)가 법(法)이라는 사실을 깨달아야만 온갖 욕망과 분노와 어리석음, 즉 탐진치(貪瞋癡)에서 벗어날 수 있기에 "도무지 벗어나는 그 법(法)을 알지 못하니"라고 표현한 것이다. 앞에서 이미 언급했듯이 우리는 자아가 세간(世間)의 색(色)을 본다고 여기며 살아간다. 그러나 그것은 12처(處)에서 자아와 법(法)이 함께 구현되어 보이는 것일 뿐이다.

'謂雖有生有老有死 此沒彼生'은 "존재한다고 생각하니 태어나고[生], 늙고[老], 죽는다[死]고 말하더라도 그것을 믿지 않고 여기서 죽으면 저곳에서 태어난다고 한다"라는 뜻이다. 만약 존재한다고 철석같이 믿고 있는 그 생각이 거짓이라면 태어남도, 늙음도, 죽음도 동시에 거짓일 수밖에 없다. 그래서 존재와 생로병사는 언제나 함께 얽혀 있다. 존재가 거짓임을 스스로 확인만 한다면, 생사의 문제는 단번에 해결되는 것이다.

【원문】 我復思惟 由誰有故 而有老死 如是老死復由 何緣我。於此事 如理思時 便生如是 如實現觀 由有生故 便有老死 如是老死 由生爲緣。

【번역】 자아로 거듭 사유하게 되면 누군가가 원인으로 존재하기 때문에, 그래서 존재의 늙음과 죽음을 얻는다. 이러한 것이 늙음과 죽음이라는 자는 거듭 무엇을 원인이라지

만 연기(緣起)한 자아[我]이다. 이 일을 이치에 맞게 생각할 때 곧바로 이러한 명료한 관점[現觀]이 있는 그대로 생겨났다. '존재가 원인이 되어 태어났기 때문에, 곧 존재의 늙고 죽음을 얻는다. 이렇게 늙고 죽는다는 자는 태어남[生]이 원인이라지만, 연기[緣]하는 것이다'라고.

대체로 "我復思惟"는 '나는 다시 생각하였다'라고 번역하는데, 필자의 생각은 다르다. 전술했듯이 삼장 법사 현장은 '오(吾)'와 '아(我)'를 구별해 썼기에 '자아로 거듭 사유하게 되면'으로 번역했고, 또 그렇게 읽어야 전체 문맥이 자연스럽다. 그리고 붓다는 자신을 부를 때 기본적으로 '여래(如來)'라는 단어를 썼다. 그런데 여기서는 아직 깨닫기 전이라 '여래(如來)' 대신 '오(吾)' 자를 쓴 것이다.

'我復思惟 由誰有故 而有老死'는 자아가 있다고 생각하면, 몸 안에 누군가가 있다고 생각하기에 그 존재가 늙고 죽는다고 생각한다는 말이다. 사실 안과 밖, 과거와 현재, 미래 그 어디를 둘러보아도 '내가 생각하는 그런 자아'는 발견할 수 없다. 그런데도 '알 수 없는 누군가가 있는 것'처럼 생각하며 살아간다. 이렇게 생각하고 살아가는 생명체를 '중생(衆生)'이라 부르는 것이다. '중생'이란 단어의 어감이 현재는 부정적으로 느껴지지만, 그저 '여러 생명체'라는 뜻이다. 다른 번역자는 '정신이 있다'라는 뜻의 유정(有情)으로 번역했는데 이것을 종합해 보면, 중생은 그저 '생각하며 사는 것'이다.

참고로 사람들은 인연(因緣)과 연기(緣起)를 같은 뜻으로 생각하는데, 사실은 그 의미가 약간 다르다. 인연(因緣)이라고 말할 때의 인(因)은

'외부의 감각 자극'이라는 '촉발 원인'이고, 연(緣)은 그 촉발한 원인을 근거로 '머릿속에서 해석하여 그려내는 사건'을 말한다. 연기(緣起)라는 표현에는 인(因)이 없는데, 그 이유는 촉발 원인이 무엇인지는 이미 알고 있기에 굳이 거론하지 않고 머릿속에서 일어나는 사건만을 가리키는 것이다. 따라서 12연기는 모두 '머릿속에서 일어나는 사건'에 관한 설명이란 것을 알아야 한다.

지금 우리는 인연이란 단어를 마치 '숙명'이나 '운명'처럼 생각하고 또 그렇게 쓴다. 그래서 한국 사람이면 누구나 "옷깃만 스쳐도 오백 생의 인연이 있다"라는 말이 자연스럽게 나온다. 그러나 인연은 운명과는 결이 다른 이야기이다. 이렇게 단어가 왜곡된 상태에서 고문(古文)을 읽는다면, 그 뜻은 가늠하기 힘들 정도로 달라질 수 있다.

또 다른 예로『선문염송(禪門拈頌)』이나 선어록(禪語錄)에는 '친절(親切)'이란 단어가 꽤 등장한다. 현대에선 친절이란 단어가 '대하는 태도가 매우 정겹고 고분고분하다'라는 의미로 쓰인다. 그러나 어록에 "이 사람은 도를 친절한 처(處)에서 얻었다[是人道得親切處]"라고 쓰여 있다. 따라서 이것은 '12처의 작용'으로 드러나는 법계(法戒)가 '친숙[親]'하지만, 단절[切]되었음'을 표현한 것이다. 그래서 지금 우리가 아는 친절이란 단어로 선어록을 해석하는 순간 큰 낭패를 볼 수 있으니 세심하게 살펴야만 한다.

【원문】我復思惟 由誰有故 而得有生 如是生者 復由何緣我。於此事 如理思時 便生如是 如實現觀 由有有故 便得有生 如是生者 由有爲緣。

【번역】 자아로 거듭 사유하게 되면 누군가가 원인으로 존재하기 때문에, 그래서 존재의 태어남을 얻는다. 이러한 것이 태어남이라는 자는 거듭 무엇을 원인이라지만 연기(緣起)한 자아[我]이다. 이 일을 이치에 맞게 생각할 때 곧바로 이러한 명료한 관점[現觀]이 있는 그대로 생겨났다. '존재가 원인이 되어 존재[有]했기 때문에, 곧 존재의 태어남을 얻는다. 이렇게 태어났다는 자는 존재[有]가 원인이라지만, 연기(緣起)하는 것이다'라고.

우리는 세상과 내가 존재한다고 생각하기에, '세상에 태어나 존재한다'라고 생각한다. 그렇게 존재한다는 그 생각은 그 존재를 '누군가가 만들었다'라거나, '지수화풍(地水火風) 4대(四大)라는 근본적 요소로 이루어졌다'라는 생각으로 자연스럽게 이어진다. 이렇게 진짜처럼 느껴지는 존재도 사실은 '머릿속에서 벌어지는 연기(緣起)한 사건'인데도 '존재'라고 철석같이 믿고 있을 뿐이다. 계속해서 붓다의 사유 과정을 따라 『연기성도경』을 읽어보자.

【원문】 我復思惟 無有誰故 而無老死 由誰滅故 老死隨滅我卽。於此如理思時 便生如是 如實現觀 無有生故 便無老死 由生滅故 老死隨滅。

【번역】 자아를 거듭 사유하게 되었는데도 존재하는 누군가가 없었기 때문에, 그래서 늙어 죽음이 없었고, 누구라는

원인이 소멸했기 때문에, 늙고 죽음에는 '자아에 붙은 것[我所]'이 따라서 소멸한다. 여기 이것에 대해 이치에 맞게 생각할 때 곧바로 이러한 명료한 관점[現觀]이 있는 그대로 생겨났다. '존재의 태어남이 없었기 때문에 곧바로 늙어 죽음이 없었고, 태어나는 원인이 소멸했기 때문에 늙어 죽음이 따라서 소멸하게 되었다'라고.

【원문】我復思惟 無有誰故 而無有生 由誰滅故 此生隨滅我卽。於此 如理思時 便生如是 如實現觀 無有有故 便無有生 由有滅故 生卽隨滅。

【번역】자아를 거듭 사유하게 되었는데도 존재하는 누군가가 없었기 때문에, 그래서 존재의 태어남[生]이 없었고, 누구라는 원인이 소멸했기 때문에, 여기 이런 태어남에는 '자아에 붙은 것[我所]'이 따라서 소멸한다. 여기 이것에 대해 이치에 맞게 생각할 때 곧바로 이러한 명료한 관점[現觀]이 있는 그대로 생겨났다. '존재의 존재함[有]이 없었기 때문에 곧바로 존재의 태어남도 없었고, 존재하는 원인이 소멸했기 때문에 태어남에 붙은 것도 따라서 소멸하게 되었다'라고.

붓다의 결론은 언제나 '자아와 세상이 존재한다는 그 생각이 괴로움을 만들었다'라는 것이다. 인간이라면 누구나 한 번쯤 "나는 누구인가?"라는 질문을 한다. 질문에 이미 '누군가가 있다'라는 전제가 깔려 있다. 사람들은 질문에 빠져 무작정 자아를 찾으려고 노력하지만, 나[我]는 어디에서도 발견되지 않는다. 붓다는 수많은 경전에서 무아(無我)라고 못 박아놨음에도, 그 제자들 역시 자아[我] 찾기를 멈추지 못한다.

그렇게 존재한다고 생각했던 그 자아가 소멸하면, 결국 늙어 죽는 그 '누군가'도 저절로 소멸하게 된다. 그리고 자아와 함께 드러나는 세상이라는 존재도 함께 사라지는 것이다. 그러면 자아가 영생한다는 상견과 죽으면 그만이라는 단견도 사라지게 된다. 결국 존재한다는 그 생각이 생사도 만들어낸 것이니, 존재가 소멸하면 생사도 그 존재와 함께 소멸하는 것이다.

이어지는 『연기성도경』엔 재미있는 비유가 등장하는데, 이 비유가 무엇을 말하는지 꼼꼼히 읽어보자.

【원문】 我復思惟我今 證得舊道 舊徑 舊所行迹 古昔諸仙之所遊履。譬如有人 遊行曠野 嶮穢 稠林 欻然值遇舊道 舊徑 舊所行迹 古昔諸人嘗所遊履 彼卽尋行。旣尋行 已見舊城郭 古昔王都 園林池沼 無不具足 淨妙街衢 甚可愛樂。其人見已 如是思惟 我今宜應 速詣王所 啓白斯事。爾時 彼人便到王所 啓白王言 大王當知 我有因緣 遊行曠野嶮穢稠林 欻然值遇舊道舊徑舊所行迹。古昔諸人 嘗所遊履 我卽尋行 旣尋行已 見舊城郭 古昔王都 園林池沼 無不具足 淨妙街衢 甚可愛樂。大王今者 若都彼城定使 大王昌隆廣大 安隱豐樂 人民

熾盛 爾時 其王便都彼城 後時王都 昌隆廣大 安隱豐樂 人民熾盛。我亦如是 今已證得舊道 舊徑 舊所行迹 古昔諸仙嘗所遊履。

【번역】 자아로 반복 사유하면 자아를 머금게 되니 옛길과 옛 지름길과 옛 장소의 자취를 얻어 증명하는 것은 오랜 옛날 모든 게 존재한다는 선인(仙人)의 장소를 돌아다니게 되는 것이다.

비유컨대 어떤 사람이 넓은 벌판, 험한 골짜기, 조밀한 숲을 돌아다니다가 홀연히 옛길, 옛 지름길, 옛사람의 자취를 만나 옛적 모든 게 존재한다는 사람이 돌아다니던 데를 맛보았다고 하니, 그가 곧 찾으러 걸어가는 것과 같다.

이미 찾아 나서고 나서 옛 성곽이 보였다면 옛적 왕도(王都)는 동산과 숲, 못과 늪이 만족하게 갖추어지지 않음이 없고, 깨끗하고 미묘한 거리는 매우 사랑하고 즐길만하다고 할 것이고. 그런 사람은 보고 난 뒤엔 이렇게 사유한다. '자아를 머금어서 마땅히 응한 것을 재빠르게 왕이 있는 곳에 이르러 이런 일을 아뢰었다'라고.

 그때 저 사람은 곧바로 왕이 계신 곳에 도착해 왕에게 아뢰어서 대왕이 마땅히 안다고 하지만, 자아가 존재하는 인연은 넓은 들판의 험하고 더러운 빽빽한 숲을 돌아다니다 홀연히 옛길, 옛 지름길, 옛사람이 다니던 흔적을 만난 것이다.

옛적의 모든 게 존재한다는 사람은 '돌아다닌 것'을 맛보면 자아를 마주했다며 찾아 나서고, 이미 찾아 나서고 난 뒤에 오래된 성곽이 보이면 옛적의 왕도(王都)는 동산과 숲, 못과 늪이 만족하게 갖추어지지 않음이 없고, 깨끗하고 미묘한 거리는 매우 사랑하고 즐길만하다고 한다. 대왕은 머금는 자아이니 만약 도읍인 저 성(城)을 안정적으로 부려서 대왕이 매우 크게 번성하고, 편안하고 풍요한 인민이 번성한다면, 그때 그 왕이 곧바로 저 성(城)을 도읍으로 하면 후에 그때의 왕도는 매우 크게 번성하여, 편안하고 풍요해서 인민이 번성할 것이다.

자아 또한 이와 같아서 이미 얻었다는 옛길, 옛 지름길, 옛 사람의 자취를 머금은 것은 옛적의 모든 게 존재한다는 신선이 맛본 곳을 돌아다니는 것이다.

옛 성과 도시를 찾아가는 비유를 들었다. 이 비유에 대한 기존 해석은 '아(我)'를 '붓다 자신'으로 보아서, '싯다르타가 옛 붓다의 자취를 찾아가는 것'으로 번역됐다. 그런데 필자가 전체 문맥을 고려해서 번역해 보니, 이 고성(古城)의 비유는 기존의 '선인(仙人)으로 여기던 외도들'이 주장하던 수행의 경지를 비유한 것이다. 필자가 여러 번 반복해 읽어보고, 분석해 본 결과 이 비유는 외도와 외도의 수행자들이 경험하는 그럴듯한 환상이 얼마나 어리석은지 이야기로 풀어내는 내용이었다. 뒤에 설명할 외도의 9차제정(九次第定)과 관련이 있는 내용이니 잘 기억해 두었다가 9차제정의 설명과 비교해 읽어보면 잘 이해가 될 것이다.

【원문】何等名爲舊道 舊徑 舊所行迹 古昔諸仙嘗所遊履當知? 卽是 八支聖道 謂初正見 次正思惟 正語 正業 正命 正勤 正念 正定 惟至第八 如是名爲舊道 舊徑 舊所行迹 古昔諸仙嘗所遊履。我昔尋行 旣尋行已 曾見老死 見老死集 見老死滅 見於老死趣滅行迹 如是曾見 生 有 取 愛 受 觸 六處 名色 識 行 曾見行集 曾見行滅 曾見於行趣滅行迹。

【번역】무엇과 같아야 옛길, 옛 지름길, 옛사람의 자취라고 이름하고, 옛적의 모든 게 존재한다는 신선이 맛본 데를 돌아다니는 것을 마땅히 알겠는가? 곧 이것은 팔지성도(八支聖道)로, 처음의 정견(正見)에서 차례대로 정사유(正思惟), 정어(正語), 정업(正業), 정명(正命), 정근(正勤), 정념(正念), 정정(正定)의 오롯한 생각이 제8에 이르면, 이와 같은 것을 옛길, 옛 지름길, 옛사람의 자취라고 이름하고 옛적 모든 게 존재하는 신선이 맛보았던 장소나 돌아다닌다고 할 것이다.
자아는 예전부터 찾아다녔고, 이미 찾고 난 뒤에도 일찍이 늙음과 죽음[老死]이 보였었는데, 늙고 죽음의 집기(集起)가 보이니, 늙고 죽음의 소멸[滅]이 보였고, 늙고 죽음의 소멸로 나아가는 자취[死趣滅行迹]가 보였다. 이처럼 일찍이 태어남[生], 존재[有], 취함[取], 갈애[愛], 느낌[受], 접촉[觸], 6처(六處), 명색(名色), 인식[識], 진행[行]이 보였고, 일찍이 진행[行]의 집기(集起)가 보였으며, 일찍이 진행의 소멸[滅]이 보였고, 일찍이 진행의 소멸로 나아가는 자취[行趣滅行迹]가 보였다.

"我昔尋行 旣尋行已 曾見老死"는 "자아는 예전부터 찾아다녔고, 이미 찾고 난 뒤에도 일찍이 늙음과 죽음[老死]이 보였다"라는 표현인데, 싯다르타가 출가하고 오래지 않아 두 스승 밑에서 선정을 닦았을 때의 경험을 말하고 있다. 그 선정주의자들이 말하는 그 경지를 모두 경험했음에도 언제나 늙음과 죽음은 피할 수 없었다는 것이다. 그런데 집기(集起, 모여서 사건이 일어남)했다는 사실이 보이기 시작해서 12연기의 완전한 깨달음을 완성했다는 것이다.

【원문】我於此法 自然通達現等覺已 告諸苾芻 諸苾芻尼 鄔波索迦 鄔波斯迦 及告種種外道 沙門 諸婆羅門 雜出家類 無量大衆。是諸苾芻 若於此中 能正修行成 能證者 便能證得 正理法善 諸苾芻。苾芻尼 鄔波索迦 鄔波斯迦 無量大衆 若於此中 能正修行成 能證者 便能證得 正理法善。如是乃能增廣梵行 亦當饒益無量衆生 爲諸天人 正善開示。時 諸苾芻 及諸菩薩摩訶薩等 無量大衆 聞佛所說 歎未曾有 皆大歡喜 信受奉行。

【번역】자아도 여기에서는 법(法)임을 스스로 그렇게 통달하여 최상의 깨달음[等覺]이 나타난 뒤에야 모든 게 존재한

다는 비구[苾芻]와 비구니[苾芻尼], 우바새[鄔波索迦], 우바이[鄔波斯迦]에게 알려주었고, 갖가지 외도(外道)와 사문(沙門), 모든 게 존재한다는 바라문(婆羅門)과 잡다한 출가 무리[雜出家類]와 헤아릴 수 없는 큰 무리에게도 알려주었다.

이렇게 모든 게 존재한다는 비구도 만약 여기 이 가운데서 능히 바르게 수행하면 이루겠지만, 능히 증명했다는 자가 곧바로 능히 증명해 얻은 바른 이치[正理]가 '법이 착하다는 것[法善]'이라면 모든 게 존재한다는 비구가 될 것이다.

비구니, 우바새, 우바이, 헤아릴 수 없는 대중들이 만약 여기 이 가운데서 능히 바르게 수행한다면 이루겠지만, '능히 증명했다는 자'라면 곧바로 능히 증명해 얻은 바른 이치[正理]는 '법이 착하다[法善]는 것'일 것이다.

이와 같아야 이에 능히 청정한 수행[梵行]을 키워 넓힐 수 있고, 또한 마땅히 헤아릴 수 없는 중생을 이롭게 하고, 모든 게 존재한다는 천신과 인간을 위하여 '올바른 착함[正善]'을 열어서 보여주게[開示] 되는 것이다.

그때 모든 게 존재한다는 비구와 모든 게 존재한다는 보살마하살(菩薩摩訶薩) 등의 무량한 대중도 부처님이 하신 말씀이 들리니 지금까지 들어보지 못한 것을 찬탄하며 크게 환호하면서 기쁘다고 한결같이 말했고, 믿고 받아들였으며 받들어 행하게 되었다.

"能證者 便能證得 正理法善 諸苾芻"는 "능히 증명했다는 자가 곧 능

히 증명해 얻었다는 바른 이치가 '법(法)이 선하다'라면, 모든 게 존재한다는 비구가 될 것이다"라는 뜻인데, 여기서 주의해서 보아야 할 단어는 '제(諸)'이다. "諸苾芻"39를 '모든 비구'로 해석하면, 문장 자체가 꼬여 해석할 수 없게 된다. 현장도 구마라집의 번역 규칙과 전통을 거의 그대로 따른 것 같다. 구마라집 번역에서는 '제(諸)'가 '모두'가 아니라 '일체(一切)'라는 단어를 축약한 형태로 사용한 경우가 많다. 그래서 문맥에 따라 뒤에 '비구(比丘), 보살(菩薩), 불(佛), 법(法), 승(僧)' 등의 '모두'로 형용할 수 없는 단어가 오면 '모든 게 존재한다는~'으로 해석해야 한다.

예를 들어 '제불(諸佛)'이라는 표현이 등장하면, 흔히 '모든 부처'라고 해석한다. 그러나 '모든 부처'의 상황은 가능하지 않다. 따라서 이런 단어의 조합을 잘 살펴보면, 대체로 '외도(外道), 선남자(善男子), 선여인(善女人), 바라문(婆羅門)'의 단어가 함께 등장한다. 그들은 자아의 관점으로 세상을 보기에 붓다 역시 '시공간에 존재하는 부처'로 생각한다. 그렇기에 제불(諸佛)은 '모든 게 존재한다는 부처'라고 해석해야 한다. 붓다란? 자아가 붓다를 성취하는 게 아니라, '자아와 세상'이 존재가 아님을 깨달아 알면 그를 '붓다'라고 부르는 것이다.

태어남[生]과 늙고 죽음[老死]의 잘못된 이해

붓다의 사유 과정에 따른 태어남[生]과 늙고 죽음[老死]을 살펴봤다. 이제 『연기경』을 통해 태어남[生]과 늙고 죽음[老死]을 어떻게 잘못 이해하는

---

39   현장 삼장은 비구(比丘)를 필추(苾芻)로 음역했다.

지 살펴보자.

【원문】有緣生者 云何爲生? 謂彼彼有情 於彼彼有情類 諸生等生趣 起出現薀 得界 得處 得諸薀 生起命根出現 是名爲生。

生緣老死者 云何爲老? 謂髮衰變 皮膚緩皺 衰熟損壞 身脊傴曲 黑黶閒身 喘息奔急 形貌僂前 馮據策杖 惛昧 羸劣 損減衰退 諸根耄熟 功用破壞 諸行朽故 其形腐敗 是名爲老。

云何爲死? 謂彼彼有情 從彼彼有情類 終盡壞沒 捨壽 捨煖 命根謝滅 棄捨諸薀 死時運盡 是名爲死。此死前 老 摠略爲一 合名老死。如是名爲緣起差別義。

【번역】존재를 연한 게 태어남[生]이라는 자는 무엇을 태어남이라고 일러주겠는가? 저러저러한 중생[有情]이 저러저러한 중생의 종류에서 모두 존재하는 데서 태어나는 것과 같이 태어나는 세상에 무더기[薀]의 출현이 일어나 계(界)를 얻고, 처(處)를 얻으며, 존재하는 모든 무더기(薀)를 얻으면 태어나서 생명 기능[命根]의 출현이 일어난다고 이르면서, 이것을 이름하여 태어남이라고 할 것이다.

존재를 연한 것이 늙음과 죽음(老死)이라는 자는 무엇을 늙음[老]이라 일러주겠는가? 머리카락이 쇠하여 변하고, 피부는 느슨하게 주름지며, 쇠해갈수록 손상하여 무너지고,

몸과 척추는 구부러지며, 검은 점이 몸 사이에 생기고, 숨결은 가빠지고 급해지며, 용모는 앞으로 굽어지고, 지팡이를 짚고 의지하게 되며, 정신은 흐릿해지고 기력은 쇠약해지며, 모든 기능이 줄어들고 퇴락해지며, 존재하는 모든 감각 기능이 늙고 쇠하며, 몸의 활용은 무너지고, 모든 존재의 진행[行]도 쇠해지기 때문에, 그 형태가 냄새나게 부서지는 것이라고 이르면서, 이것을 일컬어 늙음[老]이라고 할 것이다.

무엇을 죽음[死]이라 일러주겠는가? 저러저러한 중생이 저러저러한 중생의 종류에서, 마침내 끝나고 무너져 소멸하며, 수명을 버리고 온기를 버리며, 생명의 기능[命根]은 사라져 멸하고, 모든 존재의 무더기를 멀리 내다 버리며, 죽었을 때는 움직임이 끝난다고 이르면서, 이것을 이름하여 죽음[死]이라고 하고, 여기 이 죽음과 앞의 늙음을 총괄해 간략히 하나로 하여 합한 이름을 '늙음과 죽음[老死]'이라고 할 것이다. 이러한 것을 이름하여 '연기를 어긋나게 분별한 거짓'이라고 하는 것이다.

이렇게 의설(義說)은 우리가 일반적으로 생각하는 태어나서 늙고 병들어 죽는다는 그 생각과 전혀 다르지 않다. 만약 그것이 사실이라면 굳이 깨달으려고 노력할 필요가 있을까? 또 깨달음을 얻는 것과 윤회에서 벗어나는 게 무슨 상관관계가 있을까? 그리고 해탈하면 또 어디로 간단 말인가? 깨닫고 나면 없던 열반의 세상이 갑자기 생겨나서 여러 붓다와 모여서 산다는 것인가? 이렇게 의설은 자아와 세상이 존재한다는 생각에서 출발한 것이라서, 온갖 의문이 풀리지 않고 꼬리에 꼬리를 물면서 끊임없이 일어난다. 그래서 해결책이 없기에 끝내는 '모른다'라는 결론에 이르게 된다.

의설(義說)은 또 '의(義)', '분별설(分別說)', '분별설의(分別說義)', '분별(分別)', '광분별설(廣分別說)', '광해기의(廣解其義)' 등으로도 표현되므로 이런 단어가 나올 때 매우 신중하게 문맥을 살펴 가며 꼼꼼하게 읽어야 한다. 참고로 '분별(分別)'이란 단어는 현재 '일이나 사물을 구분하다, 생각을 판단한다'라는 의미로 쓰인다. 그래서 분별이란 말이 나오면 굉장히 자세히 설명한 것처럼 생각하는데 '존재로 생각하기에 나눌 수 있고, 그래서 구분할 수 있다'라는 뜻으로 경전에서는 부정적 의미로 쓰던 단어임을 명심해야 한다.

깨달음의 처음과 끝, 연기(緣起)

붓다는 12연기를 깨달아야 탐욕·성냄·어리석음[貪瞋癡]이 비로소 소멸한다고 했다. 따라서 불교를 공부하는 사람이라면 반드시 경전에서 연기를 배우고, 정말 그런지 스스로 끊임없이 사유하여 증명하여야만 그것이 자신의 깨달음이 된다.

싯다르타는 의지하지 않고 스스로 최고의 깨달음을 성취하여 붓다가 되었다. 그래서 그 깨달음을 얻는 데까지 여러 가지 어려움을 겪을 수밖에 없었다. 하지만 우리는 깨닫기 위해 그렇게 애써야 할 이유가 없다. 붓다가 성취한 깨달음을 숨기지 않고 모두 설했고, 또 그의 거룩한 제자들은 완벽하게 기록으로 남겼기 때문이다. 그러니 우리는 경전을 통해 그 깨달음을 올바르게 이해하고, 그 깨달음을 스스로 증명만 하면 된다. 이 얼마나 쉬운 일인가.

붓다의 설명을 잘 분석하면서 읽고, 가르침대로 사유하면 반드시 똑같은 결론에 이를 수밖에 없다. 그렇게 되지 않는다면 경전을 제대로 이해하지 못한 것이다. 스스로 깨닫는 일은 너무도 힘들고 지난한 길이다. 그러나 우리는 이미 붓다로부터 지도를 넘겨받았다. 지도를 따라 나아가기만 하면 그 길의 종착점인 열반에 이를 수밖에 없다.

붓다는 깨달음을 얻고 열반에 이르기까지 사람을 만나면 언제나 중도로 표현되는 4성제와 8정도, 12연기를 차례대로 설했다. 왜냐하면 깨달음을 얻고 열반으로 나아가기 위해서는 이것만이 유일한 길이기 때문이다. 이 법문은 예외 없이 누구에게나 설했는데, 경전에선 이것을 '차제설법(次第說法)'으로 표기했다. 만약 경전을 읽다가 차제설법이라는 구절이 나오면, 중도인 4성제와 8정도 그리고 12연기를 설했다고 이해하면 된다.

일반적으로 불교에 입문하면 '차제설법(次第說法)'을 기초 교리로 배우게 된다. 그리고 그 기초 교리는 대충 용어만 익히고, 무슨 뜻인지 명확히 알지도 못한 채 좀 더 높은 고급 과정으로 나아간다. 그러나 이것은 간단한 기초 교리로 배울만한 내용이 아니다. 이것이야말로 깨달음의 처음이자 끝이고, 열반에 이르는 핵심이고 전부이다.

4부

교학의 틀 깨기

길은 실천에서 드러난다

삼매에 빠질수록 멀어지는 깨달음

붓다의 선정과 외도의 선정

붓다는 괴로움이 소멸하는 길을 8정도로 제시했다. 이 8정도를 통해서 일정한 순서를 따라 신구의(身口意)의 삼행(三行)이 소멸하는데, 이것을 9차제멸(九次第滅) 또는 9차제정(九次第定)이라고 한다. 문제는 경전에서 자주 등장하는 선정(禪定)의 단계들이 불교의 독자적 가르침이 아니라는 점이다. 외도(外道)들도 같은 이름으로 선정을 가르쳤는데 이것을 8선정(八禪定)이라고 한다. 싯다르타가 출가 후 '알라라 깔라마'와 '웃다까 라마뿟다'에게 전해 받은 게 바로 이 8선정이다. 8정도에서 '올바른 선정[正定]'을 강조한 것만 보아도 기존의 선정과 확연히 다름을 알 수 있다.

　　붓다의 선정을 이해하려면 외도의 8선정을 먼저 이해해야만 한다. 이는 초선(初禪), 제2선(第二禪), 제3선(第三禪), 제4선(第四禪) 그리고 공무변처(空無邊處), 식무변처(識無邊處), 무소유처(無所有處), 비상비비상처(非想非非想處)이다. 초선부터 4선까지를 '색계(色界) 4선'이라고 하고, 공무변처부터 비상비비상처까지를 '무색계(無色界) 4선'이라고 한다.

색계의 4선은 "초선은 이생희락(離生喜樂), 제2선은 정생희락(定生喜樂), 제3선은 이희묘락(離喜妙樂), 제4선은 사념청정(捨念淸淨)"으로 정의되어 있다. 4개의 선정은 초선부터 제4선까지 차례로 진행되는 것이기에 단계를 건너뛰며 나아갈 수는 없다. 초선에 들어갔다가 나와서 제2선으로 가고, 제2선에서 나와 제3선으로, 제3선에서 나와 다시 제4선으로 나아가는 방식이다.

각각의 선정은 반드시 성취해야 하는데, 성취란 몸에 완전히 익혀서 '입정(入定)과 출정(出定)이 자유로운 것'을 말한다. 선정을 닦다 보면 우연히 자기도 모르게 삼매에 드는 경험을 하게 되는데, 그 선정에 다시 들어가려고 해도 잘되지 않는다. 그래서 들어가고 나오는 것을 제 맘대로 할 수 있을 때를 '선정의 성취'라고 하는 것이다.

경전에서 외도의 8선정을 설명할 때, 언제나 '욕망을 떠난다는 악하고 훌륭하지 않은 법[離欲惡不善法]'이라는 말과 함께 시작한다. 이 말을 얼핏 들으면 맞는 말처럼 들리지만, '욕망을 떠난다[離欲]'는 표현은 잘못된 말이다. 욕망은 의지로 결코 떠날 수 없기 때문이다. 욕망의 근원은 '나와 세상이 존재한다'라는 생각에서 비롯되기에, 존재한다는 생각[無明]이 소멸해야만 욕망도 소멸하는 것이다.

여기서 선법(善法)과 악불선법(惡不善法)을 다시 상기해 보자. 선법은 '법으로 인도하는 훌륭한 것'이고, 악불선법은 '법으로 인도하지 않는 악하고 훌륭하지도 않은 것'이다. 이것을 반드시 명심하고 경전을 읽지 않으면, 횡설수설하고 난해한 말처럼 느껴질 것이다.

색계 4선: 초선부터 4선까지

초선(初禪)은 "각(覺)이 있고 관(觀)이 있으면서 떠나면 기쁨과 즐거움이 생겨나는 초선에 머문다[有覺有觀 離生喜樂 住初禪]"라고 정의되어 있다. 여기서 각(覺)과 관(觀)은 '심(尋)'과 '사(伺)'로도 번역된다. 각(覺)이 '대상을 일차적으로 감지하는 것'이라면, 관(觀)은 '감지한 대상의 특징을 깊게 관찰하는 것'을 말한다. 참고로 각(覺)이란 단어가 등장한다고 무조건 '깨달음'이라고 생각하면 곤란하다. 번역자에 따라 '깨달음', '느낌', '1차적 느낌' 등을 '각(覺)'으로 번역했으니, 문맥을 따라서 적절히 해석해야만 한다.

삼매를 경험하려면 집중할 대상을 먼저 정하고, 삼매에 들기 전에 준비해야 한다. 흙을 대상으로 선정했다면, 돌을 골라낸 고운 흙을 그릇에 평평하게 담아 준비한다. 그렇게 준비된 대상을 1m 전방에 내려놓고, 똑바로 앉아 그 대상을 뚫어지게 바라보며 관찰한다. 그러면 일차적으로 흙이 눈에 감지되는데 이것이 각(覺)이고, 그 흙의 특징을 세밀히 관찰하는 것이 관(觀)이다.

이렇게 각과 관이 있는 상태에서 잘 집중하면 그 대상 외엔 아무것도 감지되지 않는다. 그러면 다른 감각이 모두 차단되어 대상을 떠나게 되는데, 그때 환상이 나타나면서 '평상시와 다른 기쁨과 즐거움'을 경험하게 된다. 사람은 누구나 대상에 눈을 고정하고 집중하면 뇌는 시각 기능을 잃어버리지 않으려고 환상을 만들어 보여주게 된다고 한다. 그런데 이런 환상을 단 한 번만이라도 경험하면 특별한 경지를 체험한 듯한 착각에 빠지게 된다. 그때부터 그 경험을 끊임없이 갈망하게 된다.

이것은 좌선(坐禪)할 때 생겨나는 폐단으로, 일종의 '좌선병(坐禪病)'이다. '그저 환상일 뿐'이라는 사실을 자각해야만 이 병에서 벗어날 수 있다. 하지만 보통의 수행자는 이내 '단 한 번만이라도 다시 경험해 봤으면…' 하는 유혹에서 벗어나지 못한다. 그래서 사악하고 훌륭하지도 않은 '악불선법(惡不善法)'이라고 하는 것이다.

제2선(第二禪)은 "(초선의) 각과 관을 소멸하고 안으로 한마음을 깨끗이 하고, 각도 없고 관도 없이 안정되어 기쁨과 즐거움이 생겨나는 제2선에 머문다[滅覺觀 內淨一心 無覺無觀 定生喜樂 住第二禪]"라고 정의되어 있다. 초선에선 대상을 보고 있었다면, 제2선에서는 각과 관이 없기에 대상을 보지 않는다. 그래도 초선에서 대상을 충분히 익혔기에 대상이 없어도 보이게 된다. 초선보다 잘 집중된 상태라서 그 기쁨과 즐거움은 더욱 강렬하다.

제3선(第三禪)은 "(제2선의) 기쁨을 떠나 바르게 알아 잘 기억한 것을 버리고(평온) 몸과 마음으로 즐거움을 느끼며 머물다가 일체라고 하는 성인이 말한 대로 능히 버릴 것임을 잘 기억하며 즐거움을 느끼며 제3선에 머문다[離喜 住捨有念正知 身(心)受樂 諸聖所說 能捨有念受樂 住第三禪]"라고 정의되어 있다. 외도가 8선정을 닦는 목적은 자기 내면의 아트만을 확인하기 위함이다. 그래서 대상에 관한 앎과 기억을 버려야만 한다. 그래야만 감관(感官, 감각 기관과 그 지각 작용)과 기억을 관리하는 아트만의 활동을 멈출 수 있고, 멈춘 아트만이라야 효과적으로 확인할 수 있기 때문이다. 제3선을 정의한 문장에서 제성(諸聖)은 '모든 성인'이 아니고 '브라만과 아트만 관계인 일체를 말하는 성인'이란 뜻으로, 당시의 선정주의지도자들을 지칭한다.

제4선(第四禪)은 "(제3선의) 즐거움을 끊고 먼저 괴로움과 기쁨을 제외하여 괴롭지도 않고 즐겁지도 않으면 기억마저 버려서 청정해지는 제4선에 머문다[斷樂先除 苦喜憂滅 不苦不樂 捨念淸淨 住第四禪]"라고 정의되어 있다. 제3선까지 남아 있던 즐거움을 끊는 이유는 아직도 아트만이 괴로움과 기쁨을 내려놓지 않고 여전히 탐닉하려 하기 때문이다. 그러니 괴로움과 기쁨을 제외해서 아트만(자아)만을 남겨놓으려는 것이다. 내가 무언가를 느끼고 있다는 것은 곧 관리자인 아트만이 관리 대상과 함께 하고 있다는 말이다. 그러면 아트만을 잘 확인할 수 없기에 모두 제외하려는 것이다. 따라서 선정주의자들에겐 제4선을 성취해야만 비로소 '아트만을 확인할 준비'가 된 것이다.

경전에서 말하는 색계 4선

이 색계 4선의 내용을 『잡아함』의 「수심경(須深經)」에선 어떻게 표현했을까? 외도였던 수심(須深)과 불교 교단 비구와의 대화를 살펴보자.

【원문】時 彼須深語比丘言 尊者 云何學離欲 惡不善法? 有覺有觀 離生喜樂 具足初禪 不起諸漏心 善解脫耶? 比丘答言 不也。須深復問 云何離有覺有觀 內淨一心? 無覺無觀 定生喜樂 具足第二禪 不起諸漏 心善解脫耶? 比丘答言 不也。須深復問 云何尊者 離喜捨心 住正念正智? 身心受樂 聖說及捨 具足第三禪 不起諸漏 心善解脫耶? 答言 不也。須深復問 云何尊者 離苦息樂 憂

喜先斷? 不苦不樂捨 淨念一心 具足第四禪 不起諸漏 心善解脫耶? 答言 不也。須深復問 若復寂靜 解脫起色 無色身作 證具足住 不起諸漏 心善解脫耶? 答言 不也。

【번역】 그때 저 수심의 주장에 비구가 말하였다. "존자시여! 어떻게 '욕망을 떠나는 것'을 배우는 게 악불선법(惡不善法)이라고 말씀하십니까? 감각이 있고 관찰이 있으면서 떠나면 기쁨과 즐거움이 생겨납니다. 충분히 갖춰진 초선은 존재한다는 번뇌의 마음이 일어나지 않으니 훌륭한 해탈이 아닙니까?"라고 하면 비구는 "아니다"라고 대답할 것이다.

수심이 "어떻게 감각도 있고 관찰도 있다가 안에서 깨끗해진 유일한 마음을 떠나라고 일러주십니까? 감각도 없고 관찰도 없이 고정되면 기쁨과 즐거움이 생겨납니다. 충분히 갖춰진 2선은 존재한다는 번뇌의 마음이 일어나지 않으니 훌륭한 해탈이 아닙니까?"라고 다시 묻더라도, 비구는 "아니다"라고 대답할 것이다.

수심이 "어떻게 존자께서는 기쁨과 버리는 마음을 떠나는 것을 바른 기억과 바른 지혜에 머무는 것이라고 일러주십니까? 몸과 마음으로 즐거움을 느끼면 성인이 설명한 버림에 이릅니다. 충분히 갖춰진 3선은 존재한다는 번뇌의 마음이 일어나지 않으니 훌륭한 해탈이 아닙니까?"라고 다시 묻더라도, "아니다"라고 대답할 것이다.

수심이 "어떻게 존자께서는 괴로움을 떠나면 즐거움도 쉬는데 근심과 기쁨이 먼저 끊어지는 것이라고 일러주십니까? 괴롭지도 즐겁지도 않은 평온함은 깨끗한 기억의 유일한 마음입니다. 충분히 갖춰진 4선은 존재한다는 번뇌의 마음이 일어나지 않으니 훌륭한 해탈이 아닙니까?"라고 다시 묻더라도, "아니다"라고 대답할 것이다.

수심이 "만약 적멸의 고요함이 반복되려면 해탈해도 색(色)이 일어나야 할 것입니다. 무색계의 몸[無色身]이 지어지면 충분히 갖춰진 머무름을 얻으니, 존재한다는 번뇌의 마음이 일어나지 않으니 훌륭한 해탈이 아닙니까?"라고 다시 묻더라도, "아니다"라고 대답할 것이다.

여기까지가 색계 4선에 대한 외도와 비구의 문답이다. 이 내용은 앞에서 이미 설명했으므로 이 경전의 해석만 읽어도 이해가 될 것이다.

아트만을 찾아서…색계 4선(色界四禪)

외도들은 왜 선정을 닦으려 했을까? 선정을 닦던 사람들은 기존의 브라만교에 만족하지 못한 이들이었다. 그들은 신들에게 제사를 지내며 맹종하는 사람들과 견해가 달랐다. 이들도 기존의 브라만교와 같이 '신성(神性)인 브라만이 나뉘어서 아트만으로 몸속에 들어와 있다는 것'은 믿었지만, 신에게 복종하는 태도를 보이진 않았다. 그들은 선정을 닦아 원래의 신성(神性)을 회복하기만 하면 해탈한다고 믿었는데, 그러려면 먼저 브라만과 같은 성질의 자아(아트만)에 접근해서 자아를 확인해야만 했다.

그 방법으로 개발된 수행이 바로 선정(禪定)을 닦는 것이었다.

그들은 몸속에 있는 아트만에 효율적으로 접근하려고 대상에 집중해서 감각을 차단했다. 5가지나 되는 우리의 감각을 돌아다니며 관리하는 아트만은 '너무 빨라서 확인할 수 없다'라고 생각했다. 빠른 아트만을 붙잡아 둘 묘안이 필요했고, 그래서 제시된 방법이 바로 하나의 감각만 남겨놓고 모두 차단하는 것이었다.

그들은 그렇게 하나의 대상에만 집중했더니 감각은 저절로 차단되었고, 아트만과 대상만 남은 것 같은 착각이 들었다. 그들은 그 현상을 삼매라고 불렀고, 그 삼매를 더욱 발전시켜서 집중했던 외부 대상을 없애고, 대상을 익힌 표상으로 대체하여 몸의 요소를 배제[제2선]했다. 그렇게 삼매를 발전시켜 느낌을 없애고[제3선], 기억마저 없애서 '순수한 아트만'만을 남기는 제4선의 단계까지 발전시켰다. 그렇게 개발된 수행법이 바로 사마타[禪定]이다.

'신성의 회복' 무색계 4선(無色界四禪)

색계 4선을 성취한 뒤에는 공무변처정(空無邊處定), 식무변처정(識無邊處定), 무소유처정(無所有處定) 비상비비상처정(非想非非想處定)의 무색계 4선으로 옮겨가야 하는데, 아트만에서 사라진 브라만의 신성을 회복하기 위해서이다.

공무변처정(空無邊處定)은 경전에 "존재로 마주하는 상상(像想)을 멸하고 갖가지 상상(像想)을 기억하지 않고 '일체가 색이란 생각[像想]'을 뛰어넘어 끝없는 허공으로 들어가 허공무변처(虛空無邊處)에 머문다[超一切色想 滅有對想 不念種種想 入無邊虛空 住虛空無邊處]"라고 정의되어 있다.

선정의 목표는 '아트만'만을 남겨서 브라만의 신성(神性)을 회복하는 것이기에, 아트만 이외의 모든 생각을 버려야만 한다. 수행자가 그렇게 제4선을 성취했다면, 다음 단계로 '무한한 공간'이란 신성(神性)을 상상하고, 그것이 자유자재로 구현될 때까지 반복하며 닦는다. 삼매의 상태에서 "공간이 내 집을 덮고, 동네를 덮고, 지구를 덮고, 온 우주를 가득 채운다"라고 공간을 상상한다. 그것이 원활해지면 아트만이 브라만의 신성인 공간을 회복했다고 생각하는 것이다. 참고로 공무변처정에서 벗어나려면 공무변처를 출정하여 다시 제4선에 들어갔다가 출정하는 방식으로 제3선, 제2선을 거쳐서 초선에서 완전하게 출정하며 서서히 회복해야 혼란이 없다.

식무변처정(識無邊處定)은 "일체(一切)인 허공무변처를 뛰어넘어 끝없는 인식에 들어가 식무변처(識無邊處)에 머문다[超一切虛空無邊處 入無邊識 住識無邊處]"라고 정의되어 있다. 이 선정에 들어가려면 공무변처정에서 출정하여 다시 "인식이 끝없이 펼쳐져 있다"라고 공무변처에서 확장하듯이 식을 무한히 확장하는 것이다. 브라만의 신성(神性)에는 '일체를 아는 성품'도 있기 때문이다. 그러니 내 안의 아트만도 인식을 끝없이 확장할 수 있으며, 그것을 '신성의 회복'이라고 생각했다.

무소유처정(無所有處定)은 "일체인 식무변처를 뛰어넘어 조금의 소유도 없는 무소유처(無所有處)에 머문다[超一切識無邊處 入無少所有 住無所有處]"라고 정의되어 있다. 앞의 선정과 같은 방식으로 진행하니 설명은 생략한다. 다만 그렇게 하는 이유는 브라만이 일체를 만들었기에 아트만이 신성을 회복하면 소유가 필요 없기 때문이다. 싯다르타가 스승이었던 '알라라 깔라마'에게 배운 선정이 바로 이 선정이다.

비상비비상처정(非想非非想處定)은 "일체인 무소유처를 뛰어넘어 비유상비무상처에 머문다[超一切無所有處 住非有想非無想處]"라고 정의되어 있다. 번역자에 따라 '비상비비상처(非想非非想處)'라고도 번역하는데, 싯다르타가 '웃다까 라마뿟다'에게 배운 선정으로도 잘 알려져 있다. 이 상태가 범아일여(梵我一如)의 상태이다. 생각[想]도 아니고 생각이 아닌 것도 아닌 상태로 '브라만이 세상이고, 세상이 브라만'이기에 그렇다는 것이다.

이 무색계 4선에 등장하는 개념이 바로 '자아(아트만)가 상주하는 장소'인 '처(處)'이다. 즉 외도의 8선정은 아트만을 확인하는 데 목적이 있으므로 수행의 여정도 그렇게 구성된 것이다. 그들은 이렇게 8선정이 성취된 상태에서 죽어야만 해탈하여 불사(不死)의 감로(甘露)를 얻는다고 생각했다.

하지만 붓다는 '열반은 적정이다[涅槃寂靜]'라고 열반을 정의했다. 즉 번뇌가 사라진 상태가 열반이다. 나와 세상이 환상이라는 최상의 깨달음을 얻어야 무명이 소멸하고, 그래야 존재를 취함으로 생겨나는 괴로움도 함께 소멸하는 것이다. 불교도를 자처하면서 '죽어서 가는 곳이 열반'이라고 말한다면 아직 붓다의 가르침에 귀의하지도 못한 것이다. '자아가 없음'을 확인한 게 붓다의 깨달음이다. 그런데도 죽어서 열반을 얻는다고 하겠는가? 혹시라도 그렇게 생각한다면, 아직 생사의 문제는 해결되지 못한 것이다.

경전에서 말하는 9차제정: 아난의 의문
『잡아함』의 「지식경(止息經)」에서는 9차제정(九次第定)을 어떻게 설명했는지 좀 더 살펴보자.

【원문】如是我聞一時 佛住王舍城迦蘭陁竹園 爾時 尊者阿難獨一靜處 禪思念言 世尊說三受 樂受 苦受 不苦不樂受 又復說 諸所有受悉皆是苦。此有何義? 作是念已 從禪起 詣世尊所 稽首禮足 退住一面 白佛言。

【번역】이와 같음과 내가 한때임이 들렸고, 부처님께서는 왕사성의 가란다죽원에 계셨는데,
그때 존자 아난은 '유일한 고요한 장소[獨一靜處]'를 좌선하며 사유하다가 세존께서는 '세 가지 느낌으로 즐거운 느낌[樂受], 괴로운 느낌[苦受], 괴롭지도 즐겁지도 않은 느낌[不苦不樂受]'을 설하셨고, 또 '모든 존재를 소유하면 한결같이 이것을 괴로움으로 새겨서 느낀다[諸所有受悉皆是苦]'라고 설하신 말씀이 떠올랐다. 여기에서 무엇이 의설[義]인가? 이렇게 생각한 뒤에 곧 좌선에서 일어나 세존께서 계신 곳으로 나아가, 머리를 조아려 그 발에 예를 올린 뒤에 한쪽에 물러나 앉아 부처님께 아뢰었다.

여기서도 '의(義)'를 '의설(義說, 거짓 주장)'로 이해하지 않고 '뜻'으로 읽으면 경전의 요지를 파악할 수 없게 된다. 그리고 '독일정처(獨一靜處)'를 '어딘가 있는 한가한 장소'쯤으로 이해하면 절대로 안 된다. 경전에서 외부의 장소는 대체로 '소(所)'라는 글자를 쓴다. 위의 '예세존소(詣世尊所)'

와 같은 장소 표현을 보면 그 쓰임새가 서로 다르다는 것을 알 수 있다. 그러니 불전(佛典) 내에서는 특별하지 않은 경우라면 처(處)는 '12처'를 가리키는 단어이다. 물론 번역자에 따라서 실제의 장소를 처(處)로 번역하기도 했다. 그래서 이 글자가 등장하면 문맥과 주위에 다른 장소의 표현이 있는지 잘 살펴보고 또한 '입(入)', '입처(入處)', '6입(六入)' 등의 표현이 등장하는지 살펴 가장 적합한 뜻을 취해야만 한다.

【원문】世尊 我獨一靜處禪思 念言 如世尊說三受 樂受 苦受 不苦不樂受 又說一切諸受悉皆是苦。此有何義?

【번역】"세존이시여, 저는 '유일한 고요한 장소[獨一靜處]'를 좌선하며 사유하다가 세존께서는 세 가지 느낌으로 즐거운 느낌, 괴로운 느낌, 괴롭지도 즐겁지도 않은 느낌을 설하셨고, 또 모든 존재를 소유하면 한결같이 이것을 괴로움으로 새겨서 느낀다고 설하신 말씀이 떠올랐습니다. 여기에서 무엇이 의설[義]입니까?"

여기서 우리가 경전에서 늘 접하는 "세 가지 느낌[三受]", 즉 "즐거운 느낌[樂受], 괴로운 느낌[苦受], 괴롭지도 즐겁지도 않은 느낌[不苦不樂受]"과 "모든 존재를 소유하면 한결같이 이것을 괴로움으로 새겨서 느낀다[一切諸受悉皆是苦]"라는 느낌의 표현이 등장한다. 불교를 공부한 사람이라면 느낌을 '삼수(三受)'로 알고 있을 것이다. 불교를 언급하는 모든 책에 그렇게 쓰여 있고, 또 정설(正說)로 받아들여지고 있다. 그러나 이것 역시 의설(義說)이다.

'의(義)'라는 글자 하나가 '뭐 그리 대수일까?'라고 생각할 수도 있겠지만, 이 글자 하나 때문에 의미가 180도로 완전히 달라져 버린다. 또 "일체제수실개시고(一切諸受悉皆是苦)"에서도 일체(一切)와 제(諸), 실(悉), 개(皆)의 번역 당시의 뜻을 정확히 모르면 "일체의 모든 느낌은 모두 괴로움이다"로 해석할 것이다. 그렇다면 '일체(一切)'도 모두이고, '제(諸)'도 모두이니 '모두 모두'가 된다. '실(悉)'도 '개(皆)'도 '모두, 다'이니 이것도 '모두 모두'가 된다. 그러니 문장을 분석해 읽어보면 무슨 뜻인지 도무지 파악할 수가 없다. 따라서 "一切諸受悉皆是苦"를 '모든 느낌은 모두 괴롭다'라고 해석하고, 만약 그것이 사실이라면 아마 그 누구도 살지 못할 것이다.

지속되는 통증으로 아파본 사람이라면, '모든 느낌이 괴로우면 진통제 없이 잠시도 버틸 수 없음'을 실감할 것이다. 대체로 사람들은 번역자가 "좀 과장해서 표현했을 뿐"이라며 필자에게 "글자에 천착한다"라고 말한다. 하지만 '일체(一切)'와 '제(諸)', '실(悉)'과 '개(皆)'가 현대에서 사용하는 뜻과 다르다. 아는 만큼 보이는 것이니 그 뜻을 진지하게 사유해 보기 바란다. "一切諸受悉皆是苦"는 고성제(苦聖諦)의 정의로, '일체라는 존재[一切諸]로 바라보니 이것이 괴로움[苦]이라고 한결같이 말[皆]하고, 가슴에 새겨서[悉] 느낀다[受]'라고 해석해야 한다.

【원문】 佛告阿難 我以一切行無常故 一切行變易法故 說諸所有受悉皆是苦。又復 阿難 我以諸行漸次寂滅 故 說以諸行漸次止息 故說一切諸受悉皆是苦。阿難白佛

言 云何世尊 以諸受漸次寂滅故說?

【번역】 부처님께서 아난에게 말씀하셨다.

"'자아 때문에 일체가 조작[行]되었다는 것'은 무상(無常)하기 때문이고, '일체(一切)가 조작[行]되었다는 것'은 변하여 법(法)으로 바뀌었기 때문이고, 모든 존재[諸]를 소유하면 한결같이[皆] 이것을 괴로움으로 새겨서[悉] 느낀다고 설하는 것이다.

또다시 아난아, 자아 때문에 모든 존재가 조작된 것은 점차로 고요히 소멸이 된다. 그래서 모든 존재로서 조작된 것은 점차로 멈추고 쉬게 된다고 설하는 것이고, 그래서 일체라는 모든 존재는 한결같이 이것을 괴로움으로 새겨서 느낀다고 설하는 것이다."

아난이 부처님께 아뢰었다. "어째서 세존께서는 모든 존재로서 느끼는 것도 점차로 고요히 소멸하기 때문에 설하신다고 일러주십니까?"

위의 경전 인용문에서 "我以一切行無常故"는 "자아 때문에 모든 존재에게 자아(아트만)가 들어있다고 조작하게 되었고, 그 이유가 무상(無常)하기 때문"이라는 것인데, 이 설명도 쉽게 이해되지 않는다. 그것은 우리가 '일반적으로 아는 무상'과 '이 경전의 무상'이 의미가 교묘하게 다르기 때문이다. 우리가 아는 무상은 '시간이 변함에 따라 존재의 모습이 바뀐다'라는 뜻이라면, 여기의 무상(無常)은 '시간상 존재하지 않는다'라는 의미이다. 즉, 내 눈에 보이는 대상은 법(法)이기에 '눈감자마자 사라지고, 눈뜨자마자 나타나니' 무상하다는 것이다.

사실 '눈앞에 드러난 대상'은 '내가 눈을 통해서 본 대상'이 아니다. 눈으로 들어온 신호를 감지해서 생체 신호로 변환해 신경망이 뇌에 전달하면, 전달받은 신호를 해석한 뇌가 순간적으로 실재하는 것처럼 대상과 나를 동시에 구현해 보여준 것이다. 따라서 나와 보이는 대상[色]은 뇌가 만들어낸 환상[法]일 뿐이다. 그래서 비슷한 신호만 들어오면 그것이 존재한다는 착각을 일으키고, 또 그렇게 철석같이 믿는다.

레코드판엔 소리가 없는데도 마치 레코드판에서 소리가 나온다고 믿는 것과 같다. 세상 역시 그 어디에도 소리는 없지만, 우리에겐 소리가 들린다. 레코드판을 돌리면 소리가 나는데, 사실 그것은 레코드판의 미세한 홈의 좌우 강약에 따라 바늘이 만든 진동을 전기 신호로 변환하고 증폭하여 스피커를 떨게 했을 뿐이다. 스피커의 떨림은 사실 소리는 아니다. 그런데도 우리는 실제의 그 소리가 났다고 착각할 뿐이다.

현대의 많은 전자 기기는 이렇게 우리에게 비슷한 감각 신호를 전달해, 그 대상이 바로 앞에 있는 것처럼 감각을 교묘하게 속인다. 이렇게 우리는 대상을 직접 인식하는 게 아니기에, 비슷한 신호만 전달하면 그 대상이 있는 것처럼 속일 수도 있고, 또 그렇게 속으며 살아가는 것이다.

『잡아함』의 첫 번째 경전엔 "일체라는 조작은 변하고 바뀐 법(法)이기 때문이다[一切行變易法故]"라는 문장이 등장한다. 이 말은 "존재로 생각하는 것[一切]'을 조작했다[行]고 말한 이유가 이렇게 신호를 '변환하고 바꾸어서[變易]' 드러난 법(法)이기 때문"이라는 것이다. 그렇게 일체(一切)가 조작된 것이기에 소멸할 수도 있다는 것이다. 만약 그것이 신호를 해석해 환상으로 드러내는 법(法)이 아니고 실제의 존재(存在)라면 절대로 소멸할 수 없을 것이다.

붓다의 색계 4선

외도와 붓다가 모두 '색계, 무색계 4선'을 말했다. 무엇이 같고 무엇이 다른지 『잡아함』의 「지식경」에 설명이 되어 있으니 함께 살펴보자.

【원문】 佛告阿難 初禪正受時 言語寂滅 第二禪正受時 覺觀寂滅 第三禪正受時 喜心寂滅 第四禪正受時 出入息寂滅 空入處正受時 色想寂滅 識入處正受時 空入處想寂滅 無所有入處正受時 識入處想寂滅 非想非非想入處正受時 無所有入處想寂滅 想受滅正受時 想受寂滅 是名漸次諸行寂滅。

【번역】 부처님께서 아난에게 말씀하셨다.
"초선(初禪)을 바르게 느꼈을 때 언어(言語)는 고요히 소멸하고, 2선을 바르게 느꼈을 때 각(覺)과 관(觀)이 고요히 소멸하며, 3선을 바르게 느꼈을 때 기쁜 마음[喜心]이 고요히 소멸하고, 4선을 바르게 느꼈을 때 날숨과 들숨[出入息]이 고요히 소멸하며, 공입처(空入處)를 바르게 느꼈을 때 색의 생각[色想]이 고요히 소멸하고, 식입처(識入處)를 바르게 느꼈을 공입처의 상상[空入處想]이 고요히 소멸하며, 무소유입처(無所有入處)를 바르게 느꼈을 때 식입처의 상상[識入處

想]이 고요히 소멸하고, 비상비비상입처(非想非非想入處)를 바르게 느꼈을 때 무소유입처의 상상[無所有入處想]이 고요히 소멸하며, 상수멸(想受滅)을 바르게 느꼈을 때 상상의 느낌[想受]이 고요히 소멸하니, 이것을 이름하여 '모두 존재한다는 조작이 차례로 고요히 소멸한다'라고 하는 것이다."

경전에는 붓다의 9차제정(九次第定)이 등장한다. 사실 '9차제정(九次第定)'이라기보다 '9차제멸(九次第滅)'이란 표현이 더 적합할지도 모르겠다. 그러나 붓다가 8정도에서도 정정(正定)이란 표현을 쓴 것을 보면, 새로운 단어를 쓰기보다 기존의 단어를 재정의해서 쓰는 게 이해시키기 좋을 것으로 판단한 것 같다.

기존의 초선, 즉 외도의 초선은 감각[覺]과 관찰[觀]이 있는 상태에서 떠나서 생겨나는 기쁨과 즐거움이었다. 그런데 붓다는 이것을 "초선을 바르게 느꼈을 때 언어가 적멸한다[初禪正受時 言語寂滅]"라고 했다. 언어가 적멸한다는 것은 구행(口行)이 소멸한다는 뜻이다. 용수(龍樹) 보살도 『중론(中論)』에서 불생불멸(不生不滅), 불거불래(不去不來), 불일불이(不一不異), 부단불상(不斷不常)의 8불중도(八不中道)로 언어의 흑백논리를 떠나야 함을 밝혔다. 선사들 역시 '언어의 도는 끊어져야 한다[言語道斷]'라고 말했다. 깨달음의 시작은 흑백논리의 언어적 사유를 벗어나야 한다는 사실을 너무나 잘 알았기에 한결같이 이렇게 말한 것이다.

외도의 선정은 삼매에 들어가 범아일여(梵我一如)를 경험하는 게 목적이라면, 붓다의 선정은 최상의 깨달음으로 신구의(身口意)로 조작된 것들이 차례로 소멸하는 과정이다.

외도는 제2선에서 '각관이 없다'라고 했는데, 붓다는 제2선을 바르게 느낄 때 '각관이 적멸한다[覺觀寂滅]'라고 말했다. 그렇다면 '각관이 없다'와 '적멸한다'의 차이는 무엇일까? '각관이 없다'라는 것은 이미 대상을 익혀서 필요 없는 것이라면, '각관이 고요히 소멸했다'라는 것은 대상을 존재로 보지 않기 시작했다는 뜻이다.

제3선에서는 기뻐하는 마음[喜心]이 적멸했다고 했는데, 이것은 '느낌의 존재 다발[受蘊]'로 보지 않고 접촉[觸]과 얽혀서 드러나는 느낌[受]으로 이해한다는 것이다.

제4선에서는 호흡[出入息]이 적멸한다고 했는데, 여기서 호흡은 육체적인 호흡을 말하는 게 아니다. 『잡아함』의 「가마경(伽摩經)」에는 "출식과 입식을 이름하여 신행이라 한다[出息入息名爲身行]"라는 정의가 등장한다. 출입식(出入息)을 현대에서는 '육체의 호흡'으로 보고 있지만, 사실은 '몸으로 조작하는 작용[身行]'을 말하는 것이다. 같은 경전에 "출입식은 '몸이라는 법[身法]'으로 몸에서 의지하여 몸에서 접촉하고, 의지한 몸이 구르게 된다. 이런 까닭에 출식과 입식을 이름하여 신행이라고 한다[出息入息是身法 依於身 屬於身 依身轉 是故出息入息名爲身行]"라는 구절이 나온다.

따라서 호흡이 적멸한다는 표현은 '내 몸이 존재한다는 생각이 고요히 소멸하는 것'을 뜻하는 말이다. 이것은 뒤에 설명할 4념처(四念處) 중에서 신념처(身念處)가 완성되었다는 뜻으로, 유신견(有身見)이 떨어져 나갔다는 것이다. 그런 이유로 제4선이 성취되면, 구행(口行)과 신행(身行)이 고요히 소멸한 상태라 거의 모든 번뇌는 다 사라진 셈이다. 그래서 8정도의 정정에서 4선을 성취하여 머문다는 표현이 등장하는 것이다.

붓다의 무색계 4선

붓다는 공입처(空入處)에서 '색이란 상상[色想]'이 고요히 소멸(寂滅)한다고 했다. 우리는 나와 대상이 실제로 존재한다고 생각하며 살아간다. 하지만 그것은 대상의 신호가 감지되어 드러난 것이지, 내가 대상을 느낀 게 아니다. 그래서 붓다가 "색(色)은 걸리는 느낌이지, 4대(四大, 지수화풍)로 만들어진 게 아니다"라고 말한 것이다.

식입처(識入處)에서는 "공입처의 상상[空入處想]이 고요히 소멸한다"고 했는데, 이것은 사실 공간에 관한 고찰이 이미 끝났다는 뜻이다. 우리는 기본적으로 '공간이 존재한다는 생각'을 가지고 살아간다. 그리고 그 공간 안에 '물질이 존재한다는 상상[色想]'을 하고 살아간다. 공간은 존재하는 게 아니라 우리의 감각이 대상 신호를 감지하지 못했을 때, 즉 느끼지 못했을 때 공간이라고 인식하는 것이다. 그러므로 우리는 절대로 공간을 느끼거나 만질 수도 없다. 다만 공간은 머릿속에서 상상하고 있을 뿐, 그 어떤 실재적 공간을 느낄 수 없기에 적어도 우리에겐 공간이 존재하지 않는다. 그래서 공입처의 상상이 소멸하는 것이다.

무소유입처(無所有入處)에서는 "식입처의 상상[識入處想]이 고요히 소멸한다"라고 했는데, 이것도 '인식의 주체가 있어서 인식한다는 생각'이 소멸한 것이다. 12처에서 내입처는 주관(主觀), 외입처는 객관(客觀)으로 구현된다. 그때 인식 작용도 함께 일어난다는 사실을 알았으니, 식입처라는 상상은 저절로 고요히 소멸하는 것이다.

비상비비상입처(非想非非想入處)에서는 "무소유입처의 상상[無所有入處想]이 고요히 소멸한다"라고 했다. 주관과 객관이 쌍으로 일어나기에, 당연히 '소유하는 자'와 '소유의 대상'이 따로 있을 수도 없음을 깨닫는 순간 저절로 소멸하는 것이다.

상수멸(想受滅)에서는 "상상의 느낌[想受]이 적멸한다"라고 했다. 여기서 앞의 예를 보면 비상비비상처상이 사라져야 할 것 같은데, 왜 '상상의 느낌'이 고요히 소멸한다고 했을까? 브라만과 아트만이 합일한 것 같은 생각 자체가 오류이니, 정상적으로 사유했다면 당연히 비상비비상처상은 아예 일어나지도 않을 것이기 때문이다.

상수멸(想受滅)은 멸진정(滅盡定)과 같은 것이다. 혹자는 이것을 두고 "상(想)과 수(受)가 소멸했다"라고 말하는데, 필자의 생각은 조금 다르다. 그렇다면 붓다가 자주 사용한 '색수상행식(色受想行識)', '수상사(受想思)'의 단어처럼 '수상멸(受想滅)'로 표현했을 것이기 때문이다. 그런데 유독 여기의 '상수멸(想受滅)'과 '명색(名色)'만 단어의 순서를 바꿨다. 그리고 상(想)이 소멸하면 대상이 정상적으로 보이지 않기 때문에 생활 자체가 불가능하다.

『대보적경(大寶積經)』**40**이란 대승 경전에는 "너희들은 나뉘어 구별된 일체[分別一切]로 마주[應]**41**하지 않는 수상멸정(受想滅定)은 '일체라는 모든 존재가 법[一切諸法]'이라서 나누어 구별함이 없기 때문[無分別故]이다. 만약 어떤 비구가 '존재의 수와 상[諸受想]'을 멸하라고 해도 '소멸한 선정을 얻는다는 자[得滅定者]'는 그대로 해서 만족만 하면 이것보다 더

---

40 『대보적경』은 보살이 여러 수행을 통해 불법을 터득하고 깨달음을 얻어 마침내 붓다가 되어야 함을 강조한 경전이다.

41 응(應)은 '응당히'가 아니라 '(내입처와 외입처가) 서로 마주 본다(응한다)'는 뜻이다.

높은 건 없다고 할 것이다[汝等 不應分別一切 受想滅定 一切諸法 無分別故 若有比丘 滅諸受想 得滅定者 則爲滿足更無有上]"라는 표현이 나온다. 따라서 수상멸정(受想滅定)이란 존재를 분별하여 마주하지 않는 것으로, 일체라는 모든 존재를 법으로 여긴다는 뜻이다. 그래서 상수멸정(想受滅定)은 '존재한다는 느낌과 상상이 소멸한 상태'임을 알 수 있다.

또한 상수멸을 멸진(滅盡)이라고도 하는데, 멸진이란 표현에서 알 수 있듯이 무명과 함께하는 신구의(身口意)의 삼행(三行)이 '소멸하여 다 없어지는 것[滅盡]'이다.

아난이 붓다에게 선정을 바르게 받아들였을 때, 무엇이 멈추고 쉬는지[止息]를 문답한 『지식경(止息經)』의 원문을 계속 살펴보자.

【원문】阿難白佛言 世尊 云何漸次諸行止息? 佛告阿難 初禪正受時 言語止息 二禪正受時 覺觀止息 三禪正受時 喜心止息 四禪正受時 出入息止息 空入處正受時 色想止息 識入處正受時 空入處想止息 無所有入處正受時 識入處想止息 非想非非想入處正受時 無所有入處想止息 想受滅正受時 想受止息 是名漸次諸行止息。阿難白佛 世尊是名漸次諸行止息。佛告阿難 復有勝止息 奇特止息 上止息 無上止息 如是止息 (於)諸餘止息無過上者。阿難白佛 何等爲勝止息 奇特止息 上止息 無上止息 諸餘止息無過上者。佛告阿難 於貪欲心不樂解脫 恚癡心不樂解脫 是名勝止息 奇特止息 上止息 無上止息 諸餘止息無過上者。

【번역】 아난이 부처님께 아뢰었다. "세존께서는 어째서 점차로 모든 존재로의 조작이 멈추고 쉰다고 일러주십니까?" 부처님께서 아난에게 말씀하셨다.

"초선(初禪)을 바르게 느꼈을 때 언어(言語)는 멈추어 쉬고, 제2선을 바르게 느꼈을 때 각(覺)과 관(觀)이 멈추어 쉬며, 제3선을 바르게 느꼈을 때 기쁜 마음[喜心]이 멈추어 쉬고, 제4선을 바르게 느꼈을 때 날숨과 들숨[出入息]이 멈추어 쉬며, 공입처(空入處)를 바르게 느꼈을 때 색의 생각[色想]이 멈추어 쉬고, 식입처(識入處)를 바르게 느꼈을 공입처의 상상[空入處想]이 멈추어 쉬며, 무소유입처(無所有入處)를 바르게 느꼈을 때 식입처의 상상[識入處想]이 멈추어 쉬고, 비상비비상입처(非想非非想入處)를 바르게 느꼈을 때 무소유입처의 상상[無所有入處想]이 멈추어 쉬며, 상수멸(想受滅)을 바르게 느꼈을 때 상상의 느낌[想受]이 멈추어 쉬니, 이것을 이름하여 '모든 게 존재한다는 진행[行]이 차례로 멈추어 쉰다'라고 하는 것이다."

아난이 부처님께 아뢰었다.

"세존께서 이래서 '모두 존재한다는 조작이 차례로 멈추어 쉰다'라고 이름하셨군요."

부처님께서 아난에게 말씀하셨다.

"또한 뛰어나게 멈추어 쉼, 기특하게 멈추어 쉼, 높은 멈추어 쉼, 위없는 멈추어 쉼의 이러한 멈추어 쉼이 있다고 하더라도 '모든 게 존재한다는 나머지 (사람들)'의 '멈추어서 쉰다는 것'으로도 넘어선 자는 없다."

아난이 부처님께 아뢰었다.

"어떤 것들이 뛰어나게 멈추어 쉬고, 기특하게 멈추어 쉬며, 높게 멈추어 쉬고, 위없이 멈추어 쉰다고 하더라도 '모든 게 존재한다는 나머지 (사람들)'의 '멈추어서 쉰다는 것'으로도 넘어선 자가 없군요."

부처님께서 아난에게 말씀하셨다.

"탐욕에 대해 마음으로 즐기지 않으면 해탈이고, 성냄과 어리석음에 대해 마음으로 즐기지 않으면 해탈이라면서, 이것을 뛰어난 멈추어 쉼, 기특하게 멈추어 쉼, 높게 멈추어 쉼, 위없는 멈추어 쉼이라고 이름해도 '모든 게 존재한다는 나머지 (사람들)'의 '멈추어서 쉰다는 것'으로도 넘어선 자는 없다."

위 경전에서 알 수 있듯이 외도의 선정은 대상을 떠나서 아트만으로 돌아가 브라만의 본성을 획득하기 위해서 멈추고 쉬었다면, 붓다의 선정은 신구의 삼행을 멈추고 쉬는 것이다. 초선에서 제4선까지는 구행과 신행이 멈추고 쉬며, 공입처에서 비상비비상처까지는 의행이 멈추고 쉰다. 그리고 상수멸에 이르러 '상상의 느낌[想受]'이 멈추고 쉬게 된다는 것이다. 이렇게 상상의 느낌이 소멸한 상수멸(想受滅)이 되어야만 욕망과 분노, 어리석음도 소멸하게 되어 '일행삼매(一行三昧)'의 삶을 살아가는 것이다.

참고로『문수반야경(文殊般若經)』에서는 "법계라는 하나의 모습이라지만, 연기로 묶인 게 법계이고 이것을 이름하여 '일행삼매'라고 한다[法界一相 繫緣法界 是名一行三昧]"라고 정의하고 있다. 즉 '연기로 드러나고 있는 법계'라는 사실을 알고 살아가는 것이 바로 '일행삼매'인 것이다.

머무를 것인가, 벗어날 것인가

7식주(七識住)와 2처(二處)의 등장

일반적으로 붓다가 가르친 수행을 배우는 데 있어 큰 걸림돌 중 하나가 바로 7식주(七識住)와 2처(二處)이다. 도저히 이해할 수 없기 때문이다. 그래서 경전에서는 어떻게 표현되고 있는지, 또 왜 붓다는 설해야만 했는지 살펴보려 한다. 참고할 경전은 『중아함』의 「대인경(大因經)」이다. 원문을 따라가며 이해해 보자.

【원문】尊者阿難白世尊曰 世尊爲法本 世尊爲法主。法由世尊 唯願說之 我今聞已 得廣知義。佛便告曰 阿難! 諦聽善思念之我 當爲汝分別其義。尊者阿難受敎而聽。

【번역】 존자 아난이 세존께 아뢰어 말했다. "세존께서는 법을 근본으로 삼고, 세존께서는 법을 주인으로 삼으라고 하셨습니다. 법의 원인인 세존께 오직 설해주시길 바라는 것은 '자아가 포함되었다는 게 들리고 난 뒤에야 의설을 폭넓게 알게 된다는 것'입니다."

부처님께서 곧 알려주며 "아난아! 진리를 자세히 듣고 잘 사유했는데도 그런 자아를 기억했다면, 마땅히 너를 위하여 그 거짓 주장[義]을 나누어 구별할 것이다"라고 말하니, 존자 아난이 가르침을 받으며 귀를 기울였다.

연기(緣起)한 법(法)을 잘못 이해하면 언제나 자아(自我)로 이해하게 되는데, 그것은 결국 의설로 발전한다. 여기서 말하는 자아[我]는 '브라만이 나뉘어 아트만으로 된 자아[我]'로 일체(一切)와 함께 드러나는 자아이다.

위 문장 "尊者阿難白世尊曰 世尊爲法本 世尊爲法主 法由世尊 唯願說之 我今聞已 得廣知義 佛便告曰 阿難! 諦聽善思念之 我當爲汝分別其義"을 보자. 기존에는 "존자 아난이 세존께 여쭈었다. 세존께서는 법의 근본이시고, 세존께서는 법의 주인이시며, 법은 세존으로부터 말미암은 것이니, 오직 원하건대 그것을 해설하여 주십시오. 저는 지금 그것을 들은 뒤라야 널리 그 뜻을 알게 될 것입니다"라고 번역하고 있다. 도대체 무슨 말인지 그 뜻이 통하지 않는다. 왜 그럴까? 아(我)를 '아난'으로 보았고, 또 금(今)을 '지금'으로, 의(義)를 '뜻'으로 읽었기 때문에 그런 일이 벌어진 것이다.

그러나 이것을 뜻에 맞게 고쳐서 번역하면 다음과 같다.

존자 아난이 세존께 아뢰어 말했다. "세존께서는 법을 근본으로 삼고, 세존께서는 법을 주인으로 삼으라고 하셨습니다. 법의 원인인 세존께 오직 설해주시길 바라는 것은 '자아가 포함되었다는 게 들리고 난 뒤에야 의설을 폭넓게 알게 된다는 것'입니다." 부처님께서 곧 알려주며 "아난아! 진리를 자세히 듣고 잘 사유했는데도 그런 자아를 기억했다면, 마땅히 너를 위하여 그 거짓 주장[義]을 나누어 구별할 것이다."

이렇게 번역 당시에 그 글자의 뜻이 무엇이었는지를 파악하지 않고 현대에서 쓰는 뜻으로 해석하면 경전이 제대로 읽어지지 않는다. 그래서 여태 불교를 열심히 공부해도 도무지 무슨 말을 하려고 했는지 가늠하지 못한 것이다.

【원문】 佛言 阿難! 或有一非少色是神施設而施設 亦非旡量色是神施設而施設 亦非少無色是神施設而施設 亦非無量無色是神施設而施設。阿難! 若有一非少色是神施設而施設者 彼非今少色是神施設而施設 身壞命終 亦不如是說 亦不如是見 有神若離少色時 亦不如是 如是思 亦不作如是念。阿難! 如是有一非少色是神施設而施設 如是有一非少色是神不見著而著。

【번역】 부처님께서 말씀하셨다. "아난아! 혹 어떤 이는 '소색(少色)이 아닌 것'이 신(神)이라고 거듭 주장하고, 또는 '무량색(旡量色)이 아닌 것'이 신이라고 거듭 주장하며, 또는 '소무색(少無色)이 아닌 것'이 신이라고 거듭 주장하고, 또

는 '무량무색(旡量無色)이 아닌 것'이 신이라고 거듭 주장한다. 아난아! 만약 어떤 이가 '소색(少色)이 아닌 것'이 신이라고 거듭 주장 한다면, 저들은 (그 주장을) 머금지 않고 '소색(少色)'이 신이라고 거듭 주장하며 몸이 무너지고 목숨이 끝나도 또한 이렇게 설하지 않고, 또한 이런 견해도 아니며, 존재하던 신이 만약 소색(少色)을 떠났다고 했을 때도 또한 이래서 이렇다고 생각하지 않고, 또한 이런 것은 기억조차 하지 않을 것이다.

아난아! 이렇게 어떤 이가 '비소색(非少色)'이 신이라고 거듭 주장하면, 이렇게 어떤 이의 '비소색(非少色)이 신이란 것'은 견해도 아닌데 거듭 집착한다고 한다."

여기서 비소색(非少色)과 비무량색(非旡量色), 비소무색(非少無色)과 비무량무색(非旡量無色)이 등장한다. 이것은 앞의 생략된 부분에서 '소색(少色)과 무량색(旡量色), 소무색(少無色)과 무량무색(旡量無色)'의 반대 개념으로 등장한 단어이다. 붓다 당시에도 신(神)에 관한 정의가 믿는 사람마다 서로 달랐다. 그래서 "소색(少色)이 신이라는 견해"가 신(神)이 '적은 양의 물질[少色]로 이루어졌다'라는 것이라면, 비소색(非少色)은 '적은 양의 물질로 이루어지지 않았다'라는 견해를 말한다.

사람은 기본적으로 흑백논리의 언어로 사유하기에 누군가 무엇을 주장하면, 그 반대의 논리가 반드시 등장하게 된다. 그리고 그것을 주장하는 사람들은 자신의 논리를 죽어도 굽히지 않는다. 이렇게 붓다는 '자아를 머금고[我今]' 생각하면 언제나 자신에게 신성(神性)인 '자아(영혼)'

가 존재하는 세상에서 살아가게 된다고 설명했다. 이러한 브라만과 아트만의 관계에서 등장하는 개념이 바로 7식주(七識住)와 2처(二處)이다.

경전에 등장하는 7식주(七識住)

붓다는 『대인경』에서 7식주(七識住)와 2처(二處)를 설명했는데, 먼저 7식주를 살펴보자.

> **【원문】** 復次 阿難! 有七識住及二處。云何七識住? 有色 衆生 若干身 若干想 謂人及欲天 是謂第一識住。

> **【번역】** "다시 다음 차례로, 아난아! '7식주[識住]'와 '2처[處]'가 있다. 무엇을 '7식주[識住]'라고 일러주는가? 색이 있는 중생[有色衆生]의 '약간의 몸[若干身]', '약간의 생각[若干想]'으로, '사람[人]과 욕계천[欲天]'이라 말하고 이것을 일러 '제1 식주(識住)'라고 한다."

고대 인도인들은 아트만이 내 몸 안에 있어서 외부 대상을 인식[識]한다고 생각했다. 그리고 그 인식의 수준에 따라 살아가는 세상도 다르다고 믿었다. 그중 가장 낮은 단계가 '인간'과 '욕계 천상'의 인식 수준이다. 이 인식 수준이 높아질수록 더 높은 단계의 존재로 살아가게 된다고 생각했다. 이런 고대 인도인과 현대인의 생각 차이가 이 문장을 더욱 이해하기 어렵게 만든다.

　　인간은 불완전한 몸에 브라만의 능력이 사라진 '아트만의 인식'이 머물고 있다고 생각했다. 그런데 인간이 초선(初禪)을 성취하면, 각(覺)과 관(觀)으로 '하나의 대상'에 집중하는 '약간의 생각[若干想]'과 기쁨과 즐거움을 느끼는 '약간의 몸[若干身]'만 남는다. 그렇게 존재하는 신들이 살아가는 세상이 욕계천(欲界天)이다. 이곳은 천신들이 살아가는 세상이긴 하지만 땅 위의 가장 높은 수미산 꼭대기에 있는 지거천(地居天)이다. 그래서 그들도 인간과 같이 몸과 생각은 있지만 약간만 쓰고 사는 것이다. 이것은 고대 인도인의 신화 속 생각으로 '그리스·로마 신화'와 같은 개념이다.

【원문】復次 阿難! 有色衆生 若干身 一想 謂梵天初生 不夭壽 是謂第二識住。

【번역】"다시 다음 차례로는 아난아! 색이 있는 중생의 약간의 몸, 하나의 생각[想]으로, '처음 태어나면 요절하지 않고 사는 범천(梵天)'이라 말하고, 이것을 일러 '제2 식주'라고 한다."

여기서 약간의 몸이 있고 하나의 생각이라는 말은 제2선(第二禪)이 성취된 상태로 희열이 일어나고 있기에 '약간의 몸[若干身]'과 대상을 익혀서 더 이상 각과 관이 작동하지 않기에 '하나의 생각[一想]'만 남는 것이다. 그것을 천상 세계로 말하면 브라만이 지배하는 천상으로 범천(梵天)이 된다.

【원문】復次 阿難! 有色衆生 一身 若干想 謂晃昱天 是謂第三識住。

【번역】"다시 다음 차례로는 아난아! 색이 있는 중생의 하나의 몸, 약간의 생각[想]으로, 황욱천(晃昱天)이라 말하고, 이것을 일러 '제3 식주'라고 한다."

제3선(第三禪)을 성취한 상태로 여기서는 기쁨과 즐거움을 버리니 '하나의 몸[一身]'이고, 성인의 말씀을 기억하여 버린다고 생각해야 하기에 '약간의 생각[若干想]'이 있는 것이다. 여기는 초선과 2선에서 익힌 '익힘 표상'이 빛으로 변한다. 그래서 빛을 소리처럼 사용하여 소통하는 천상, 즉 황욱천(晃昱天, 光音天)으로 비유한 것이다.

【원문】復次 阿難! 有色衆生 一身 一想 謂遍淨天 是謂第四識住。

【번역】"다시 다음 차례로는 아난아! 색이 있는 중생의 하나의 몸, 하나의 생각[想]으로, 변정천(遍淨天)이라 말하고, 이것을 일러 '제4 식주'라고 한다."

제4선(第四禪)을 성취한 상태로 여기서는 기쁨과 버린다는 생각도 버렸기에 몸과 생각이 하나이다. 따라서 맑고 깨끗해서 불고불락(不苦不樂)의 상태가 된다. 천상으로 생각하면 '주변이 맑고 깨끗한 천상'으로 변정천

(遍淨天)에 해당한다. 이것은 브라만이 변화된 '순수한 아트만'으로만 있는 상태이다.

【원문】復次 阿難! 有無色衆生 度一切色想 滅有對想 不念若干想 無量空處 是空處成就遊 謂無量空處天 是謂第五識住。

【번역】"다시 다음 차례로는 아난아! 무색(無色)으로 있는 중생의 '일체가 색이라는 생각[一切色想]'을 벗어나면 '존재로 상대하는 생각[有對想]'을 멸하여 '약간의 생각[若干想]'도 기억하지 않는 무량공처(無量空處)가 되는데, 이 공처(空處)를 성취하여 놀게 되면 '무량공처천(無量空處天)'이라 말하고, 이것을 일러 '제5 식주'라고 한다."

공무변처를 성취한 상태로 브라만이 세상을 창조했으니 그 일체라는 색상도 결국 브라만 자신이다. 그렇기에 나에게 있다고 생각되는 그 아트만도 사실은 브라만과 같은 성품이다. 그렇다면 그 브라만이 창조한 공간을 아트만으로 확장할 수 있어야 브라만의 신성(神性)을 다시 회복하는 것이다. 따라서 대상은 필요 없으니, 약간의 생각도 기억할 이유가 없는 것이다. 이것을 천상으로 생각하면 무한한 허공에 머무는 무량공처천에 해당한다는 것이다.

【원문】復次 阿難! 有無色衆生 度一切無量空處 無量識

處 是識處成就遊 謂無量識處天 是謂第六識住。

【번역】 "다시 다음 차례로는 아난아! 무색으로 있는 중생의 '일체의 무량공처(無量空處)'를 벗어나면 무량식처(無量識處)가 되는데, 이 식처(識處)를 성취하여 노닐게 되면 무량식처천(無量識處天)이라고 말하고, 이것을 일러 '제6 식주'라고 한다."

공무변처를 넘어서 식무변처를 성취해야 한다. 이유는 브라만이 세상을 만들었으니, 만든 자신이 그 무엇도 다 인식할 수 있어야 하기 때문이다. 그래서 인식을 무한 확장하여 브라만의 능력을 회복하려는 것이다. 그것을 천상으로 말하면 인식이 무한한 무량식처천(無量識處天)에 해당한다.

【원문】 復次 阿難! 有無色衆生度一切無量識處 無所有處 是無所有處成就遊 謂無所有處天 是謂第七識住。

【번역】 "다시 다음 차례로는 아난아! 무색으로 있는 중생의 '일체의 무량식처(無量識處)'를 벗어나면 무소유처(無所有處)가 되는데, 이 무소유처를 성취하여 놀게 되면 무소유처천(無所有處天)이라고 말하고, 이것을 일러 '제7 식주'라고 한다."

브라만이 세상을 창조했으니, 브라만이 세상이고 세상이 브라만이라 굳이 대상을 소유할 필요가 없어서 아무것도 존재하지 않는다. 그래서 무소유를 확립하여 소유라는 개념 그 자체가 필요 없는 브라만을 확인하려는 것이다. 이렇게 의식이 머무는 단계를 7가지로 나누어 볼 수 있다는 것이다.

경전에 등장하는 2처(二處)

이어서 2처(二處)를 『대인경』에서 어떻게 말했는지 함께 살펴보자.

> 【원문】阿難! 云何有二處? 有色眾生無想无覺 謂无想天 是謂第一處。

> 【번역】 "아난아! 어떻게 2처(處)가 있다고 일러주는가? 색이 있는 중생의 생각[想]이 없고 감각[覺]도 없으면 무상천(無想天)이라고 말하고, 이것을 일러 제1 처(處)라고 한다."

아트만이 머무는 장소가 바로 처(處)인데, 이 장소는 몸이 있는 중생에게 있는 보이지 않는 장소이다. 이 장소에서 아트만이 외부 대상을 감지해 생각할 때, 그곳에 다른 생각이 없어야만 오염되지 않기에 무상(無想)이라고 하는 것이다. 또 당연히 그 장소를 느낄 수도 없어야 하기에 무각(無覺)이라 하는 것이다. 이 첫 번째 장소는 사람의 몸 안에 아트만이 머무는 장소이다.

> 【원문】復次 阿難! 有无色眾生 度一切無所有處 非有想

非旡想處 是非有想非旡想處成就遊 謂非有想非無想處天 是謂第二處。

【번역】 "다시 다음 차례로는 아난아! 무색으로 있는 중생이 일체의 무소유처를 벗어나 비유상비무상처(非有想非無想處)가 되어 이 비유상비무상처를 성취하여 놀게 되면 비유상비무상처천(非有想非無想處天)이라고 말하고, 이것을 일러 제2처(處)라고 한다."

몸이 없는 중생이라면 당연히 아트만이 머물 장소도 없다. 그래서 두 번째 장소를 말하는 것이다. 그야말로 아트만이 브라만과 하나라는 사실을 확인하였으니 '있다는 생각도 아니고, 그렇다고 없다는 생각도 아닌' 그런 상태이다. 그러니 첫 번째 장소와 다른 장소를 상정할 수밖에 없는 것이다.

깨달음과 관계없는 7식주와 2처

【원문】 阿難! 第一識住者 有色衆生若干身 若干想 謂人及欲天。若有比丘知彼識住 知識住習 知滅 知味 知患 知出要 如眞。阿難! 此比丘 寧可樂彼識住 計著住彼識住耶? 答曰 不也。

【번역】 "아난아, 제1 식주라는 자는 색이 있는 중생의 약간

의 몸, 약간의 생각으로 사람이 이르는 욕계천이라고 말한다. 만약 어떤 비구가 저들의 식주(識住)를 알고, 식주의 익힘[習, 集]을 알고, 소멸[滅]을 알고, 맛[味]을 알고, 근심[患]을 알고, 벗어남[出要, 離]을 안다면 진실과 같을 것이다. 아난아! 여기의 비구도 차라리 저 식주가 가히 즐길만하다면서 저 식주에 머물기를 애착하며 설계해야겠느냐?"

대답하여 말했다. "아닙니다."

붓다는 경전에서 먼저 외도들이 주장하는 7식주 2처를 설명했다. 그리고 '만약 4성제를 이해했다면 과연 그런 각각의 식주에 머물려고 하겠는가?'라고 아난에게 되물었다. 이것은 『잡아함』에도 자주 등장하는 '고집멸도미환리(苦集滅道味患離)'라는 사유 방식인데, 여기 『중아함』에서는 '습멸미환출요(習滅味患出要)'로 표현했다.

괴로움을 예로 들자면 "괴로움[苦]은 모인 것[集]이고, 모인 것이면 소멸[滅]할 수 있으니, 맛[味]을 알고, 근심[患]을 알면 떠나[離]게 된다"라는 식으로 사유하는 것이다. 이렇게 4성제의 방식으로 대상을 분석해서 바라보면 어리석은 생각이 소멸하기에 이런 7식주와 2처를 고집하면서 얻으려고 하지 않을 것이다.

지금도 이런 삿된 수행을 하는 이들이 있을지도 모른다. 왜 그럴까? 이것은 수행자의 문제라기보다 번역의 오류가 만들어낸 끔찍한 결과이다. 경전에는 이미 의설이라고 밝히고 있는데도, 의(義)를 '(구체적인) 뜻'으로 해석하니 수행이 엉뚱한 길로 나아가는 것이다.

알고 보면 가짜 해탈

거짓 8해탈(八解脫)이란?

8해탈(八解脫)은 수행자가 번뇌를 끊고 해탈(解脫)에 이르는 8단계로 대승과 상좌부불교에서 모두 언급하는 선정(禪定) 수행의 핵심이다. 이것은 '8가지 해탈 상태', '8가지 해방된 마음의 경지'로 번역한다.

8해탈은 색계(色界)와 무색계(無色界)의 선정을 초월하면서 마음이 해탈하는 방식이며, 이를 정리하면 아래와 같다.

- **색계(色界) 선정의 해탈**
    ① 유색관색해탈(有色觀色解脫)
    ② 내무색외관색해탈(內無色外觀色解脫)
    ③ 정해탈신작증구족주해탈(淨解脫身作證具足住解脫)

- **무색계(無色界) 선정의 해탈**

    ④ 공무변처해탈(空無邊處解脫)

    ⑤ 식무변처해탈(識無邊處解脫)

    ⑥ 무소유처해탈(無所有處解脫)

    ⑦ 비상비비상처해탈(非想非非想處解脫)

- **멸진정의 해탈**

    ⑧ 멸수상정해탈(滅受想定解脫)

과연 8해탈의 이런 설명이 사실일까? 진위여부(眞僞與否)를 함께 가려보자. 이번 강의까지 잘 따라왔다면, 의설(義說, 거짓 주장)이란 것을 눈치챘을 것이다. 7식주와 2처에서 이미 설명한 내용이 반복되므로 『대인경(大因經)』의 해석만 읽더라도 바로 이해할 수 있을 것이다. 그래서 꼭 설명이 필요하다고 생각되는 곳에만 설명을 추가했다.

【원문】 阿難! 若有比丘彼七識住及二處知如眞 心不染著 得解脫者 是謂比丘阿羅訶 名慧解脫。復次 阿難! 有八解脫。云何爲八? 色觀色 是謂第一解脫。復次 內無色想外觀色 是謂第二解脫。復次 淨解脫身作證成就遊 是謂第三解脫。復次 度一切色想 滅有對想 不念若干想 無量空處 是無量空處成就遊 是謂第四解脫。復次 度一切無量空處 無量識處 是無量識處成就遊 是謂第五解脫。復次 度一切無量識處 無所有處 是無所有處成就遊

是謂第六解脫。復次 度一切無所有處 非有想非無想處
是非有想非無想處成就遊 是謂第七解脫。復次 度一切
非有想非無想處 想知滅解脫身 作證成就遊 及慧觀諸
漏盡知 是謂第八解脫。

【번역】 "아난아! 만약 비구가 저 7식주와 2처를 진리와 같다고 알면 마음이 애착으로 물들지 않아 해탈을 얻는 자라면 이것을 일러 비구의 아라한(阿羅訶)이라고 하고, 지혜로운 해탈[慧解脫]이라고 이름할 것이다.
다시 다음 차례로, 아난아! 8해탈이 있다. 무엇을 여덟이라 일러주는가?
색(色)이 관찰한 색[觀色]이 되는 이것을 '제1 해탈'이라고 말한다.
다시 다음 차례로, 안의 '무색의 생각[無色想]'이 밖의 관찰한 색[觀色]이 되는 이것을 '제2 해탈'이라고 말한다.
다시 다음 차례로, 깨끗한 해탈의 몸[淨解脫身]을 지어서 증명하고 성취하여 놀게 되는 이것을 '제3 해탈'이라고 말한다.
다시 다음 차례로, 일체의 색상을 넘어서 존재로 마주하는 생각을 멸하여 약간의 생각마저 기억나지 않으면 '무량하게 텅 빈 장소[是無量空處]'가 되는데, 이 무량공처를 성취하여 놀게 되면 이것을 '제4 해탈'이라고 말한다.
다시 다음 차례로, 일체의 무량공처를 넘으면 무량식처가 되는데, 이 무량식처를 성취하여 놀게 되면 이것을 '제5 해탈'이라고 말한다.

다시 다음 차례로, 일체의 무량식처를 넘으면 무소유처가 되는데, 이 무소유처를 성취하여 놀게 되면 이것을 '제6 해탈'이라고 말한다.

다시 다음 차례로, 일체의 무소유처를 넘으면 비유상비무상처가 되는데, 이 비유상비무상처를 성취하여 놀게 되면 이것을 '제7 해탈'이라고 말한다.

다시 다음 차례로, 일체의 비유상비무상처를 넘으면 '생각으로 알던 게 소멸한 해탈의 몸[想知滅解脫身]'을 지어서 증명하고 성취하여 놀게 되고, 지혜로 '존재의 흘러내림[諸漏]'을 관찰하여 '다 쓸어버렸음을 알게 되는[盡知]' 이것을 '제8 해탈'이라고 말하는 것이다."

'제루(諸漏)'는 '존재에 대한 번뇌'를 이르는 말이다. 원래 '루(漏)'는 '완전하지 못해 흘러내린다'라는 뜻으로 자이나교의 용어였으나, 붓다는 이것을 '번뇌'라는 뜻으로 썼다. 그래서 유루(有漏), 무루(無漏)와 같은 표현이 있는 것이다. '생각으로 알던 게 소멸한 해탈의 몸[想知滅解脫身]을 짓는 것'과 '상수멸(想受滅)'은 그 용어가 다르므로 그 뜻도 완전히 다르다. 상지멸해탈신은 자아가 있는 몸이고, 상수멸은 무아(無我)로 '상과 함께하던 느낌'이 소멸한 것이기 때문이다.

【원문】阿難! 若有比丘彼七識住及二處 知如眞 心不染

著 得解脫 及此八解脫 順逆身作證成就遊 亦慧觀諸漏
盡者 是謂比丘阿羅訶 名俱解脫。佛說如是 尊者阿難及
諸比丘 聞佛所說 歡喜奉行。

【번역】 "아난아! 만약 어떤 비구가 저 7식주와 2처가 진실이라고 안다면 마음이 물들지 않아서 해탈을 얻어서 이 '8해탈'을 '앞뒤로 오가는 몸[順逆身]'을 지어서 성취하여 노는 데에 이르려 할 것이고, 또한 '지혜로 존재의 흘러내림을 관찰하여 다 쓸어버린 자'라 할 것이고, 이것을 일러 '비구 아라한'이라고 하고 '갖춘 해탈[俱解脫]'이라고 이름할 것이다."
부처님께서는 이렇게 말씀하셨고 존자 아난과 존재한다던 비구는 부처님의 하신 말씀이 들리니 환호하고 기뻐서 받들어 실행하게 되었다.

"8해탈을 '앞뒤로 오가는 몸[順逆身]'을 지어서 성취"한다는 말은 무슨 뜻일까? 초선에서 나와 2선으로, 2선에서 3선으로…, 비유상비무상처정에서 상지멸해탈신(想知滅解脫身)으로 들어가고, 다시 상지멸해탈신에서 나와 비유상비무상처로…. 이렇게 해서 초선에서 출정하는 방식으로 오간다는 말이다. 이것은 각각의 선정이 성취되어야만 가능하다. 성취된다는 말은 선정에 들어가겠다고 마음먹으면 바로 들어갈 수 있도록 훈련된 것을 뜻한다.

경전을 읽다가 이렇게 끝에 '~身'의 표현이 있다면, 그것은 외도들의 주장을 서술하고 있다고 생각하면 틀림없다. 예를 들어 육육법(六六法)에 등장하는 6식신(六識身), 6촉신(六觸身), 6수신(六受身), 6애신(六愛身)과 3신(三身)으로 등장하는 법신(法身), 보신(報身), 화신(化身)과 같은 표현이다. 이런 것들도 경전의 문맥을 자세히 분석해 보면 대체로 외도(外道)나 보살(菩薩)이 바라보는 관점으로 '아트만[我]이 포함된 몸'을 의미한다.

마음의 주인은 없다

해탈에 이르는 바른길, 4념처(四念處)

붓다가 해탈하는 방법으로 제시한 수행은 4념처(四念處) 외엔 아무것도 없다. 이 이야기를 처음 접한 사람들은 의아하게 생각할 수 있겠지만, 사실이다. 현재 불교 내에서 가르치는 여러 가지 수행은 붓다가 가르친 게 아니라, 기존에 유행했던 수행들이다. 싯다르타는 그런 수행들로 진정한 해탈을 이룰 수 없었기에, 양극단으로 대변되는 선정(禪定)과 고행(苦行)을 버리고 중도(中道)라는 독자적인 방법으로 최상의 깨달음을 얻어 해탈했다.

따라서 붓다가 제자들에게 제시한 수행이 여러 가지일 수 없다. 설사 여러 가지 수행이 경전에 등장한다고 할지라도 그것은 붓다가 방편으로 제시한 수행일 것이다. 사람은 기본적으로 하던 것을 쉽게 포기하지 못한다. 그래서 수행 역시 자신이 이미 하고 있던 수행이라면 쉽게 포기하지 못한다. 그래서 등장하는 게 바로 방편이다. 방편이란 기존 수행의 문제점을 조정하여 최상의 깨달음으로 나아가도록 딱 맞춰서 조치하는 것을 말한다.

그렇기에 기본적으로 붓다가 가르친 수행에는 방편이 필요 없다. 그저 붓다가 제시한 중도(中道), 즉 4성제(四聖諦)를 먼저 이해하고, 그것이 사실인지 스스로 확인 검증해 보고, 사실이라면 그때 4념처를 수행하면 되는 것이다.

우리에겐 수행(修行)에 대한 심각한 오해가 있는데 그것은 '수행해야 깨닫는다'라는 어리석은 생각이다. 그러나 진실은 깨달아야만 비로소 수행할 수 있다는 것이다. 그래서 괴로움의 소멸 방법으로 제시된 8정도에서 바른 견해[正見]로 바르게 사유[正思惟]해야 한다고 붓다가 강조한 것이다. 그래야만 잘못된 언어[語]나 업(業), 생활[命]도 바로잡히게 된다. 이때 악불선법(惡不善法)은 버리고 선법(善法)만 남기는 꾸준한 노력[正精進]으로 바른 기억[正念]만 남기면 4선(四禪)이 성취된 바른 선정[正定]이 이루어져 해탈의 삶을 살아가는 것이다.

8정도에서 바른 정진으로 바른 기억을 확립하도록 제시된 방법이 바로 4념처이다. 따라서 정견(正見)과 정사유(正思惟)로 얻어지는 최고의 깨달음이 선행되지 않은 채 4념처를 닦는다면, 스스로 이해하지도 못한 사실을 강제로 세뇌하는 꼴이 된다. 그렇게 하면 잠시 탐진치를 내려놓는 듯 효과가 있겠지만, 언젠가는 마른 섶에 불 지른 것처럼 순식간에 다시 타올라 자신을 남김없이 태우고 말 것이다. 절대로 조바심을 내서 깨닫기도 전에 4념처를 수행하면 안 된다.

「염처경」으로 본 4념처(四念處)

깨닫고 난 후에 닦아야 할 수행의 지침서가 바로 『중아함』의 「염처경(念處經)」인데, 남전(南傳) 대장경의 『대념처경(大念處經)』과 같은 내용의 경전이다. 그래서 4념처에 대한 올바른 이해를 돕기 위해 『중아함』의 「염처경」을 모두 게재하고, 필요한 부분에 설명을 덧붙였다. 이 경전을 몇 번 읽기만 해도 대체로 이해할 수 있을 것이다. 그래서 긴 설명은 생략했다. 필자가 전술했던 내용을 상기하면서 「염처경」을 함께 살펴보자.

【원문】 我聞如是一時 佛遊拘樓瘦 在劍磨瑟曇拘樓都邑。爾時 世尊告 諸比丘 有一道 淨衆生 度憂畏 滅苦惱 斷啼哭 得正法 謂四念處。

【번역】 이러함과 내가 한때[一時]임이 들렸고, 부처님께서는 구루수(拘樓瘦)를 유행하시면서 검마슬담(劍磨瑟曇)이라는 도읍에 계셨다. 그때 세존께서 존재한다는 비구에게 말씀하셨다.
 어떤 하나의 길은 중생을 깨끗하게 해서 걱정과 두려움을 넘어선다지만, 괴로운 번뇌가 소멸해서 울부짖는 울음을 끊어내는 바른 법을 얻은 것이고, '4가지 염처(念處)'라고 말하는 것이다.

『중아함』의 번역자 승가제바(僧伽提婆)는 경전의 첫머리를 여시아문(如是我聞)이 아니라 모두 아문여시(我聞如是)로 번역했는데, 아마도 중국어 특성상 첫 문장 번역부터 어려웠던 것 같다. 경전의 맥락으로 보면, '내가 ~을 들었다'라는 표현이 매우 어색하다. 왜냐하면 붓다의 무아(無我)와 정면으로 배치되기 때문이다. 그래서 '여시아문'의 표현이 좀 더 자연스럽다.

그런데 '여시아문'을 '나는 이렇게 들었다'라고 해석하는 한국어 번역이 문제가 된다. '나는 이렇게 들었다'라는 뜻을 한문으로 옮기면 아청여시(我聽如是)가 될 것이다. 필자의 생각인데, 승가제바는 중국어에 능통하지 않았기에 도조(道祖)라는 필수자(筆受者, 역자가 구두로 번역하면 한문으로 받아적는 사람)가 있었다. 아마 이것이 번역에 영향을 주었던 게 아닌가 생각한다. 뒤에 번역된 경전은 모두 여시아문(如是我聞)으로 통일된다. 그런 이유로 필자가 임의로 '이러함과 내가 한때임이 들렸다'라고 번역했다.

'제비구(諸比丘)'는 앞에서 설명했듯이 '모든 비구'가 아니라, '일체(一切)로 존재한다고 생각하는 비구'를 뜻한다. 따라서 경전에서 '제비구'가 등장하면, 언제나 자아(自我)가 내 안에 주재자(主宰者)로 있다고 생각하고 이야기를 전개하는 비구라고 생각하고 읽어야 한다. 그래서 경전에 제비구가 등장하면 이점을 염두하고 읽어야만 경전을 올바르게 이해할 수 있다. 다음에 이어지는 "有一道 淨衆生 度憂畏"라는 문장이 그 좋은 예이다.

위의 관점으로 보면, "有一道"는 '어떤 하나의 도' 또는 '존재로 보는 한가지 도'인데 "淨衆生 度憂畏"는 '중생을 깨끗하게 하고 근심과 두려움을 넘는다'로 읽힌다. 왜냐하면 '중생을 깨끗이 한다'라는 것이 선업(善業)과 악업(惡業)의 관계로 파악했다는 뜻이고, '근심과 두려움을 넘는다'라는 말은 근심과 두려움을 선정의 삼매(三昧)로 뛰어넘겠다는 뜻이기 때문이다.

"滅苦惱 斷啼哭 得正法 謂四念處"로 이어지는 내용이 바로 붓다가 제시하는 '4념처'이다. 왜냐하면, 고뇌(苦惱)는 깨달음을 얻어 확립하면 소멸하여 울부짖는 울음도 끊어내는[斷啼哭] 올바른 법(法)을 얻는 길이 바로 4념처이기 때문이다. 여기서 염처(念處)는 '기억으로 작동하는 12처(處)'라는 뜻이다. 12처에 대한 자세한 설명은 앞에서 이미 여러 번 설명했으므로 생략한다.

【원문】若有過去諸如來 無所著 等正覺 悉斷五蓋 心穢慧羸 立心正住 於四念處 修七覺支 得覺無上正盡之覺。若有未來諸如來 無所著 等正覺 悉斷五蓋 心穢慧羸 立心正住 於四念處 修七覺支 得覺無上正盡之覺。我今現在如來 無所著 等正覺我 亦斷五蓋 心穢慧羸 立心正住 於四念處 修七覺支 得覺無上正 盡之覺。

【번역】만약 과거에 존재한다는 여래(如來)가 있었다면 애착 됨이 없는[無所着] 평등하고 바른 깨달음[等正覺]을 5개(五蓋)를 끊어야 한다고 새겨서, 마음이 더럽혀져 지혜가 미약해진 것[心穢慧羸]은 마음을 세워 4념처(四念處)를 바르게 머무르고, 7각지(七覺支)를 닦아 '위없이 올바르게 다 쓸어버리는 느낌[無上正盡之覺]'의 깨달음을 얻었어야 했을 것이다.

만약 미래에 존재한다는 여래(如來)가 있다면 애착 됨이 없는 게[無所着] 평등하고 바른 깨달음[等正覺]을 5개(五蓋)를 끊어야 한다고 새겨서, 마음이 더럽혀져 지혜가 미약해진 것[心穢慧羸]은 마음을 세워 4념처(四念處)를 바르게 머무르고, 7각지(七覺支)를 닦아 '위없이 올바르게 다 쓸어버리는 느낌[無上正盡之覺]'의 깨달음을 얻으려 할 것이다.

자아를 머금은 현재에 있는 여래(如來)도 애착 됨이 없고[無所着] 평등하고 바르게 깨달은[等正覺] 자아이고, 또한 5개(五蓋)를 끊고 마음이 더럽혀져 지혜가 미약해진 것[心穢慧羸]은 마음을 세워 4념처(四念處)를 바르게 머무르고 7각지(七覺支)를 닦아 '위없이 올바르게 다 쓸어버리는 느낌[無上正盡之覺]'을 깨달아 얻었을 것이다.

위의 내용을 읽어보면, 깨달음에 대해 오해할 여지가 많다. 일반적인 해석은 과거, 미래, 현재의 여래가 어떻게 깨달음을 얻었는지 설명하는 것처럼 되어 있다. 그렇다면 '만약[若~]'이란 문장으로 시작하지 않을 것이다. 필자의 생각인데, 이것은 사실과 다름을 가정할 때 쓰는 문장이므로 그렇게 읽을 수 없다.

그런데도 깨달음을 얻는 방법으로 읽기 쉬운 이유는 매우 익숙한 깨달음에 관련된 용어가 등장하기 때문이다. 4념처(四念處), 5개(五蓋), 7각지(七覺支), 무소착(無所著), 무상정진지각(無上正盡之覺) 등의 용어가 등장하니, 그런 오해를 충분히 불러올 수 있는 것이다. 그러나 '마음을 세워 바르게 머문다[立心正住]', '5개를 끊는다[斷五蓋]', '7각지를 닦는다[修

七覺支]'와 같은 표현을 보면 붓다의 생각과 다른 것임을 알 수 있다. 마음은 집기(集起)한 것이지 존재가 아니기에 세워서 머물 수 없고, 5개(五蓋)는 '수행의 장애 요소'를 이르는 말이니 끊어낼 대상도 아니고 끊어낼 수도 없으며, 7각지(七覺支)는 '깨달음을 향해 가는지 판단하는 기준'이니, 사유(思惟)하고 노력할 일이지 닦을 수 있는 게 아니다.

5개(五蓋)는 탐욕개(貪欲蓋), 진에개(瞋恚蓋), 수면개(睡眠蓋), 도회개(掉悔蓋), 의개(疑蓋)이고 7각지(七覺支)는 염각지(念覺支), 택법각지(擇法覺支), 정진각지(精進覺支), 의각지(猗覺支), 희각지(喜覺支), 정각지(定覺支), 사각지(捨覺支)이다. 아직 일어나지 않은 5개는 일으키지 않고 이미 일어난 5개는 소멸하도록 한다. 7각지도 아직 일어나지 않았으면 일어나게 하고, 이미 일어났으면 늘리고 넓히는 것이다. 그러려면 반드시 바른 견해로 바르게 사유해야만 하는 것이다. 5개와 7각지는 외도들도 공통으로 말했는데, 그 의미와 관점이 서로 다르다. 이런 점이 불교 공부의 어려움이기도 하다.

예컨대 5개(五蓋)를 외도의 관점에서 보면, 선정에 들지 못하게 하는 방해 요소로 이해하기에 그것을 끊어버리려고 할 것이다. 7각지(七覺支)도 초선부터 4선까지의 삼매가 일어나는 과정으로 이해하여 7각지를 닦으려고 할 것이다. 같은 용어를 쓰지만 그 의미가 다르다.

【원문】云何爲四? 觀身如身念處 如是觀覺心 法如法念處。云何觀身如身念處?

【번역】무엇을 네 가지라고 일러주는가? 관찰하는 몸[觀身]

은 '몸으로 기억된 장소[身念處]'와 같고, 이렇게 관찰하는 느낌[覺]과 마음[心], 법(法)이 '법으로 기억된 장소[法念處]'와 같다고 하는 것이다. 어째서 관찰한 몸이 '몸으로 기억된 장소[身念處]'와 같다고 일러주는가?

4가지 염처(念處)는 신념처(身念處), 수념처(受念處), 심념처(心念處), 법념처(法念處)이다. 이 번역자는 느낌[受]을 감각[覺]으로 번역했다. 경전의 제목에서 말해주듯이 염처(念處)가 경전의 주제이다. 그런데 기존의 번역을 보면 염처가 주제가 아니고 지엽적인 몸과 느낌, 마음, 교설을 설명하기에 바쁘다. 염처(念處)는 이름 그대로 '기억이 구현되는 장소'를 의미한다. 이 경전은 6처 또는 12처로 부르는 처에서 몸도 느낌도 마음도 법도 구현했다는 사실을 알고 또 그렇게 바라볼 수 있도록 기억을 훈습(熏習, 자연스럽게 스며듦)하는 데 그 목적이 있다.

신념처(身念處)에 대한 오해: 사띠와 수식관

【원문】比丘者 行則知行 住則知住 坐則知坐 臥則知臥 眠則知眠 寤則知寤 眠寤則知眠寤。如是比丘 觀內身如身 觀外身如身 立念在身 有知有見 有明有達 是謂比丘 觀身如身。

【번역】비구라는 자는 걸어가면[行] 걸어가는 줄 알고, 머물면[住] 머무는 줄 알며, 앉으면[坐] 앉은 줄 알고, 누우면[臥]

누운 줄 알며, 자면 자는 줄 알고, 깨면 깬 줄 알며, 자다 깨면 자다 깨는 줄 아는 것이라고 한다.

이것을 비구는 관찰한 안의 몸[內身]이 몸과 같고, 관찰한 밖의 몸[外身]도 몸과 같아도 세워진 기억에 몸이 있다[立念在身]고 하고, 존재로 알아 존재로 보였고, 존재에 밝아지니 존재가 통달 되었다고 한다. 이것을 비구의 '관찰한 몸이 몸과 같다[觀身如身]'라고 말하는 것이다.

이것은 지금 미얀마에서 사띠(ⓟsati ⓢsmṛti, 念, 알아차림)라고 가르치는 위빠사나(ⓟvipassanā Ⓢvipaśyanā, 觀法) 수행과 크게 다르지 않다. 여기서도 보면 비구자(比丘者)와 비구(比丘)로 나누어 설명하고 있는데, 비구자로 설명된 내용을 보면 몸을 관찰하라는 내용일 뿐, 염처와는 아무런 관련이 없다. 그런데 비구로 시작되는 설명을 보면, '관찰한 외부의 몸이 몸과 같고, 관찰한 내부의 몸도 몸과 같아도 세워진 기억 위에 있다'라고 말하고 있다.

사실 우리의 몸은 12처에서 식과 명색이 얽혀서 발생시킨 기억을 근거로 '사실처럼 구현된 허상'일 뿐이다. 요즘 뇌과학의 이론을 빌려 설명하자면, '나와 세상'을 본적도 없는 뇌가 몸의 안팎에서 감지된 신호를 전달받아 분석한 정보를 기억과 비교하여 '상상으로 그려낸 허상'이다. 따라서 우리의 뇌는 자기의 몸이 어떻게 생겼는지 명확히 알 수 없음에도 상상해서 그려냈고, 그런 몸을 우리는 '내 몸'이라고 착각하는 것이다.

그렇게 착각하니 "존재로 알아 존재로 보였고, 존재에 밝아지니 존재가 통달 되었다고 한다"라고 한 것이다. 여기서 유(有)를 '있다'라고 번역하지 않고 '존재'로 번역한 이유가 있다. 존재는 명사(名詞)라 실체처럼 느껴지지만, '있다'로 읽으면 서술어의 상태로 느껴져 '존재하는 실체의 느낌'이 사라지기 때문이다.

우리가 보는 것은 사실 12처에서 '내가 눈으로 보는 것'처럼 구현된 것이다. 그런데도 실제로 존재한다고 생각하면서 단 한 번도 의심하지 않는다. 그러다 보니 존재로 보는 관점이 더욱 뚜렷해졌고, 존재로 바라보는 방법을 통달하여 절대로 의심할 수 없는 지경이 되어버렸다.

신념처 수행은 "기억과 얽힌 12입처가 나와 세상을 어떻게 존재화(存在化)했는지를 알고 난 후에, 몸을 볼 때마다 '허상(虛想)의 몸'이란 생각이 떠오르도록 훈습하는 것"이다.

【원문】 復次 比丘 觀身如身 比丘者 正知出入善觀分別 屈伸低昂儀容庠序 善著僧伽梨及諸衣鉢 行住坐臥 眠寤語嘿 皆正知之。如是比丘 觀內身如身 觀外身如身 立念在身 有知有見 有明有達 是謂比丘觀身如身。

【번역】 거듭 비구가 관찰한 몸이 몸과 같다고 할 때도, 비구라는 자는 출입(出入)을 잘 관찰하고 분별하여 바르게 알라면서 허리를 숙여 태도와 몸가짐을 훑어보고, 강원에서는 승가리(僧伽梨)와 옷과 발우를 잘 지니며, 걷고, 멈추고, 앉고, 눕고, 잠들고, 깨었어도 말을 삼가라고 하고, 그렇게 바르게 알라고 한결같이 말한다.

이것을 비구는 관찰한 안의 몸[內身]이 몸과 같고, 관찰한 밖의 몸[外身]이 몸과 같아도 세워진 기억에 몸이 있다[立念在身]고 하고, 존재로 알아 존재로 보였고, 존재에 밝아지니 존재가 통달 되었다고 한다. 이것을 비구의 '관찰한 몸이 몸과 같다[觀身如身]'라고 말하는 것이다.

이것도 미얀마에선 일상에서 일거수일투족(一擧手一投足)을 집중해서 관찰하고 그것을 알아야 한다면서 사띠 수행으로 가르치고 있다. 한역 경전에는 분명하게 '비구자'와 '비구'로 구분해서 표시했지만, 빨리어 니까야를 우리말로 번역한 경전에는 따로 구분되어 있지 않았다. 그러나 이것도 글의 문맥으로 보면 의설이다.

【원문】 復次比丘 觀身如身 比丘者 生惡不善念 以善法念 治斷滅止。猶木工師 木工弟子 彼持墨繩 用拼於木 則以利斧斫治令直 如是比丘 生惡不善念 以善法念 治斷滅止。如是比丘 觀內身如身 觀外身如身 立念在身 有知有見 有明有達 是謂比丘觀身如身。

【번역】 거듭 비구가 관찰한 몸이 몸과 같다고 할 때도, 비구라는 자는 '나쁘고 훌륭하지도 않은 기억[惡不善念]'이 생겨나면 '훌륭한 법의 기억[善法念]'으로써 끊어서 다스리면 소멸하여 멈춰진다고 한다. 마치 목수나 목수의 제자가 먹줄을 나무에 튕기고 나서 곧 날카로운 도끼로 쪼아 곧게 다듬는 것과 같다는 이러한 비구는 '나쁘고 훌륭하지 않은 기

억[惡不善念]'이 생겨나면 '훌륭한 법의 기억[善法念]'으로써 끊어서 다스리면 소멸하여 멈춰진다고 한다.

이것을 비구는 관찰한 안의 몸[內身]이 몸과 같고, 관찰한 밖의 몸[外身]이 몸과 같아도 세워진 기억에 몸이 있다[立念在身]고 하고, 존재로 알아 존재로 보였고, 존재에 밝아지니 존재가 통달 되었다고 한다. 이것을 비구의 '관찰한 몸이 몸과 같다[觀身如身]'라고 말하는 것이다.

이것은 요즘 유행하는 '맑은 물 붓기'와 같은 방식의 생각이다. 맑은 물이 담긴 유리잔에 검정 잉크(부정적인 생각)를 한 방울 떨어뜨리면 맑았던 물이 탁해지는데, 거기에다 다시 맑은 물을 계속 부으면 흘러넘쳐서 결국엔 맑은 물이 된다는 식이다. 이는 좋은 생각을 많이 하거나 경전의 좋은 구절을 떠올려 나쁜 생각을 눌러보려는 1차원적인 생각이다. 해보면 알겠지만, 처음엔 효과가 있는 듯하지만 이내 원상 복귀되고 만다. 그래서 절대로 완벽하게 제거되지 않는다. 이것은 마치 잡초가 싫다고 큰 돌덩어리로 눌러 놓은 것과 같은 행동이다. 돌에 눌린 잡초가 하얗게 변하니까 힘쓰지 못할 것 같지만, 그 돌을 옆으로 치우면 오래지 않아 원래대로 파릇파릇하게 되살아난다.

【원문】 復次比丘 觀身如身 比丘者 齒齒相著 舌逼上齶 以心治心 治斷滅止。猶二力士捉一羸人 處處旋捉 自在打鍛 如是比丘 齒齒相著 舌逼上齶 以心治心 治斷滅止。如是比丘 觀內身如身 觀外身如身 立念在身 有知

有見 有明有達 是謂比丘觀身如身。

【번역】 거듭 비구가 관찰한 몸이 몸과 같다고 할 때도, 비구라는 자는 아래윗니를 서로 붙이고 혀를 잇몸 천장에 붙인 채 마음으로써 마음을 다스리고 끊어서 다스리면 소멸하여 멈춰진다고 한다. 마치 두 역사(力士)가 나약한 한 사람을 붙잡듯이, 처(處)와 처(處)를 돌아다니며 잡아서 '스스로 있는 것[自在]'을 때리고 버리듯이, 이러한 비구는 아래윗니를 서로 붙이고 혀를 입천장에 붙인 채 마음으로써 마음을 다스리고, 끊어서 다스리면 소멸하여 멈춰진다고 한다. 이것을 비구는 관찰한 안의 몸[內身]이 몸과 같고, 관찰한 밖의 몸[外身]이 몸과 같아도 세워진 기억에 몸이 있다[立念在身]고 하고, 존재로 알아 존재로 보였고, 존재에 밝아지니 존재가 통달 되었다고 한다. 이것을 비구의 '관찰한 몸이 몸과 같다[觀身如身]'라고 말하는 것이다.

여기서 처처(處處)는 곳곳이 아니라, '영혼이 머무는 장소'를 말한다. 일반적으로 우리가 명상센터에 가거나 수행처에 가면 대부분 '아래윗니를 서로 붙이고 혀를 입천장에 붙이고 허리를 꼿꼿이 세우고 앉아서 명상하라'고 배운다. 그리고 마음을 잘 다스려서 번뇌를 끊으라고 한다. 처음 들었을 땐 그럴듯하게 느껴지지만, 마음으로는 절대 마음을 다스릴 수 없다. '지금부터 아무 생각하지 말아야지' 하는 순간 그 생각이 가장 먼저 떠오르고, 그 생각에 휘둘려 생각이 꼬리에 꼬리를 물고 일어난다. 그러면 자신이 잘못하고 있다는 생각이 들면서 죄책감과 번민에 휩싸이게 된다. 명상하면 머릿속이 정리되어 깨끗해질 것 같은데, 해보면 제아무리 노력해도 생각이 멈춰지지 않는다.

만약 생각이 멈추기 시작했다면 머릿속에서 과거의 기억이 영화 상영하듯이 이미 돌아갔을 것이다. 그때부터는 생각도 별로 없고 앉아있을 만하니, 졸음이 몰려오기 시작한다. 그야말로 총체적 난국이다. 이는 수행자의 잘못이라기보다 가르친 사람의 잘못이다. 경전을 자신도 제대로 이해하지 못했으면서 가르쳤기 때문에 벌어진 참사이다.

【원문】復次 比丘觀身如身 比丘者 念入息卽知念入息 念出息卽知念出息 入息長卽知入息長 出息長卽知出息長 入息短卽知入息短 出息短卽知出息短 學一切身息入 學一切身息出 學止身行息入 學止口行息出。如是比丘 觀內身如身 觀外身如身 立念在身 有知有見 有明有達 是謂比丘觀身如身。

【번역】거듭 비구가 관찰한 몸이 몸과 같다고 할 때도, 비구라는 자는 기억한 들숨[入息]을 곧바로 알아 들숨이라고 기억하고, 기억한 날숨[出息]을 곧바로 알아 날숨이라고 기억하며, 들숨이 길면 곧 들숨이 긴 줄을 알고, 날숨이 길면 곧 날숨이 긴 줄을 알며, 들숨이 짧으면 곧 들숨이 짧은 줄을 알고, 날숨이 짧으면 곧 날숨이 짧은 줄을 알라고 하면서, 일체라는 몸에 숨이 들어옴을 배우고, 일체라는 몸에 숨이

나감을 배우며, '몸의 업을 그치고[止身行]' 숨이 들어옴을 배우고, '입의 업을 그치고[止口行]' 숨이 나감을 배우라고 한다.

이것을 비구는 관찰한 안의 몸[內身]이 몸과 같고, 관찰한 밖의 몸[外身]이 몸과 같아도 세워진 기억에 몸이 있다[立念在身]고 하고, 존재로 알아 존재로 보였고, 존재에 밝아지니 존재가 통달 되었다고 한다. 이것을 비구의 '관찰한 몸이 몸과 같다[觀身如身]'라고 말하는 것이다.

일반적으로 수행에 입문하는 사람들이 맨 먼저 접하는 수행 중 하나가 바로 호흡을 주제로 하는 수식관(數息觀)이다. 또한 이 수행은 『안반수의경(安般守意經)』, 『입출식념경(入出息念經)』 등 호흡을 주제로 한 경전이 따로 유통되고 있을 만큼 꽤 많이 알려져 있다. 그 내용은 위의 경전에서 나열하듯이 들숨 날숨을 세면서 관찰하다가 집중력이 길러지면, 들숨과 날숨을 자세히 관찰하는 방식으로 나아간다.

앞서 몇 차례 설명했지만, 고대 인도인들이 호흡에 관심을 가졌던 이유는 풍대(風大)를 바라보는 사고방식 때문이었다. 고대 인도인들은 존재하는 모든 사물을 '땅[地], 물[水], 불[火]'의 조합으로 설명했지만, 움직임만은 설명할 수 없었다. 그래서 도입된 개념이 바람[風]의 요소였다. 집채보다 큰 배도 바람이 부니 저절로 움직였기 때문이다. 그렇다면 인간의 움직임도 바람이 드나드는 들숨 날숨 때문에 벌어진다고 생각했다. 호흡을 생명의 열쇠로 생각한 것이다.

사람도 자아가 몸을 움직이게 한다고 생각했기에, 자아와 호흡을 자연스레 동일시하게 되었다. 이렇게 고대 인도인에게 있어서 자아는 호흡과 밀접한 관계일 수밖에 없다. 그래서 자아를 알아내고 싶은 그들에겐 '호흡의 본질을 찾아가는 것'이 곧 '자아를 찾아내는 방법'이었다.

그러나 붓다의 수행은 12처가 '나와 세상'을 창조해 내고 있음을 이해하고 그 생각을 확립하는 데 맞춰져 있다. 그러니 호흡은 몸에서 일어나는 생리 작용일 뿐이다. 다시 말해 붓다의 수행에서는 자아를 탐구하는 방법으로 호흡이 제시되는 게 아니다. 신념처(身念處)를 확립하는 수단으로 사용될 뿐이다.

또한 붓다는 제4선(第四禪)에서 '입출식(호흡)이 적멸한다'라고 말했다. 초선에서 구행(口行)이, 제2선과 제3선을 거쳐 제4선에서 입출식[身行]이 완전히 소멸한다고 했으니, 만약 이것이 사람들이 말하는 호흡이라면 '호흡이 멈췄으니 죽는다는 뜻'이 될 것이다. 그러나 붓다는 4선에서도 죽지 않았다. 똑같은 입출식을 말하더라도 관점이 다른 것이다. 호흡은 몸의 기능이고, 그 몸은 기억 위에 세워져 있는 것일 뿐이다.

선정(禪定) 수행에 대한 오해

【원문】復次 比丘觀身如身 比丘者 離生喜樂 漬身潤澤 普遍充滿 於此身中 離生喜樂 無處不遍。猶工浴人 器盛澡豆 水和成摶 水漬潤澤 普遍充滿 無處不周 如是比丘 離生喜樂 漬身潤澤 普遍充滿 於此身中 離生喜樂 無處不遍 如是比丘 觀內身如身 觀外身如身 立念在身 有知有見 有明有達 是謂比丘觀身如身。

【번역】 거듭 비구가 관찰한 몸이 몸과 같다고 할 때도, 비구라는 자들은 "떠나서 생겨난 기쁨과 즐거움(초선)"으로 몸이 촉촉하여 두루 충만하게 적시면, 이 몸 가운데에서는 "떠나서 생겨난 기쁨과 즐거움"이 '처(處)에 두루 하지 않음'이 없다고 한다. 마치 잘 씻기는 사람이 그릇에 씻길 것[澡豆]을 담아 물로 덩어리를 만들면 물에 젖은 촉촉함이 넓게 퍼져 충만하듯이 처(處)에 두루 하지 않음이 없다는 이러한 비구도 "떠나서 생겨난 기쁨과 즐거움(초선)"으로 몸이 촉촉하여 두루 충만하게 적셔지면, 이 몸 가운데에서는 "떠나서 생겨난 기쁨과 즐거움"이 '처(處)에 두루 하지 않음'이 없을 것이라고 한다.

이것을 비구는 관찰한 안의 몸[內身]이 몸과 같고, 관찰한 밖의 몸[外身]이 몸과 같아도 세워진 기억에 몸이 있다[立念在身]고 하고, 존재로 알아 존재로 보였고, 존재에 밝아지니 존재가 통달 되었다고 한다. 이것을 비구의 '관찰한 몸이 몸과 같다[觀身如身]'라고 말하는 것이다.

수행자라면 한 번쯤 들어봤을 초선(初禪)에 대한 설명이다. 여기서도 비구자로 시작하고 있으니 의설(義說)이다. 이 선정도 목표는 '자아'를 찾아가는 여정이다. 자아를 찾아가기 위해서는 먼저 자아가 몸 안에 있는지 밖에 있는지 파악해야만 한다. 자아는 누구라도 '몸 안에 있다'라고 생각할 것이다. 문제는 그 자아가 눈, 코, 입, 귀 등의 감각을 끊임없이 관리하는데, 너무나 빨라서 잡을 수 없다는 것이다.

마치 여러 개의 통로가 안에서 서로 연결된 흙더미를 이리저리 오가는 쥐와 같아서 도저히 잡을 수 없는 거와 같다. 이때, 쥐를 효과적으로 잡기 위해서는 통로를 1개만 남기고 모두 막아야만 한다. 여기서 몸은 흙더미이고, 통로는 감각 기관이며, 쥐는 아트만이다. 그 하나의 구멍만을 남기는 것이 대상에 집중하는 것이다. 집중으로 대상과 하나가 되면 바로 모든 감각이 차단되기 때문이다.

이렇게 감각이 차단되면 위의 표현대로 '내가 대상이고 대상이 곧 나'라는 착각이 들면서 온몸이 포근하고 촉촉하게 젖어 드는 신비한 느낌이 발생한다. 이때 수행자는 그 환상의 경험이 너무나 강렬한 나머지 일평생을 집착하며 탐닉하게 된다. 이러한 상태를 외도는 초선이라고 말하나, 결국 이것도 버려야 할 의설이다.

여기서 말하는 처(處)도 외도가 말하는 '자아가 머무는 장소'이니, 붓다가 밝힌 12처의 처와 이름만 같을 뿐, 완전히 다른 것이다.

【원문】 復次 比丘觀身如身 比丘者 定生喜樂 漬身潤澤 普遍充滿 於此身中 定生喜樂無處不遍。猶如山泉 清淨不濁 充滿流溢 四方水來 無緣得入 卽彼泉底 水自涌出 流溢於外 漬山潤澤 普遍充滿無處不周 如是比丘 定生喜樂 漬身潤澤 普遍充滿 於此身中 定生喜樂無處不遍。如是比丘 觀內身如身 觀外身如身 立念在身 有知有見 有明有達 是謂比丘觀身如身。

【번역】 거듭 비구가 관찰한 몸이 몸과 같다고 할 때도, 비구

라는 자는 "선정에서 생겨난 기쁨과 즐거움(2선)"으로 몸이 촉촉하여 두루 충만하게 적시면, 이 몸 가운데에서는 "선정에서 생겨난 기쁨과 즐거움(2선)"이 처(處)에 두루 하지 않음이 없다고 한다. 마치 산의 샘물은 청정하여 흐려지지 않고 충만하여 흘러넘치도록 사방에서 물이 오는 거와 같이 조건[緣] 없이도 들어간다고 하고, 곧 저들은 샘[泉] 바닥에서 저절로 물이 솟아나고 밖으로 흘러넘쳐 산도 촉촉하게 적셔 널리 충만하여 두루 하지 않은 곳이 없다는 이러한 비구도 "선정에서 생겨난 기쁨과 즐거움(2선)"으로 몸이 촉촉하여 두루 충만하게 적셔지면, 이 몸 가운데에서는 '선정에서 생겨난 기쁨과 즐거움'이 '처(處)에 두루 하지 않음'이 없을 것이라고 한다.

이것을 비구는 관찰한 안의 몸[內身]이 몸과 같고, 관찰한 밖의 몸[外身]이 몸과 같아도 세워진 기억에 몸이 있다[立念在身]고 하고, 존재로 알아 존재로 보였고, 존재에 밝아지니 존재가 통달 되었다고 한다. 이것을 비구의 '관찰한 몸이 몸과 같다[觀身如身]'라고 말하는 것이다.

【원문】 復次 比丘觀身如身 比丘者 無喜生樂 漬身潤澤 普遍充滿 於此身中 無喜生樂無處不遍。猶靑蓮華 紅赤白蓮 水生水長 在於水底彼根莖華葉 悉漬潤澤 普遍充滿無處不周 如是比丘 無喜生樂 漬身潤澤 普遍充滿 於此身中 無喜生樂 無處不遍。如是比丘 觀內身如身 觀

外身如身 立念在身 有知有見 有明有達 是謂比丘觀身如身。

【번역】거듭 비구가 관찰한 몸이 몸과 같다고 할 때도, 비구라는 자는 '기쁨이 없는 데서 생겨난 즐거움(3선)'으로 몸이 촉촉하여 두루 충만하게 적시면, 이 몸 가운데에서는 '기쁨이 없는 데서 생겨난 즐거움'이 처(處)에 두루 하지 않음이 없다고 한다. 마치 푸른 연꽃과 붉거나 빨강고 흰 연(蓮)이 물에서 나고 물에서 자라는데, 물밑에 저 뿌리와 줄기, 꽃과 잎이 있어도 촉촉하게 적시도록 새겨진 것이 '처(處)에 두루 하지 않음'이 없는 거와 같다는 이러한 비구도 '기쁨이 없는 데서 생겨난 즐거움'으로 몸이 촉촉하여 두루 충만하게 적셔지면, 이 몸 가운데에서는 '기쁨이 없는 데서 생겨난 즐거움'이 '처(處)에 두루 하지 않음'이 없을 것이라고 한다.
이것을 비구는 관찰한 안의 몸[內身]이 몸과 같고, 관찰한 밖의 몸[外身]이 몸과 같아도 세워진 기억에 몸이 있다[立念在身]고 하고, 존재로 알아 존재로 보였고, 존재에 밝아지니 존재가 통달 되었다고 한다. 이것을 비구의 '관찰한 몸이 몸과 같다[觀身如身]'라고 말하는 것이다.

【원문】復次 比丘觀身如身 比丘者 於此身中 以淸淨心意解 遍滿成就遊 於此身中 以淸淨心 無處不遍。猶有

一人 被七肘衣 或八肘衣 從頭至足 於其身體 無處不覆 如是比丘 於此身中 以淸淨心 無處不遍。如是比丘 觀 內身如身 觀外身如身 立念在身 有知有見 有明有達 是 謂比丘觀身如身。

【번역】거듭 비구가 관찰한 몸이 몸과 같다고 할 때도, 비구라는 자는 이 몸 가운데에서 청정한 마음의 의식[意]을 풀어냄으로 두루 가득함을 성취(4선)해 놓면 이 몸 가운데에서 청정한 마음으로써 '처(處)에 두루 하지 않음'이 없다고 한다. 마치 어떤 사람이 7척[肘]의 옷을 입는데 어쩌다 8척의 옷을 입으면 머리에서 발에 이르는 것과 같아서 그 몸에서 본체가 되니 처(處)가 덮지 않음이 없다는 이러한 비구도 여기 이 몸 가운데에서 청정한 마음으로는 처(處)에 두루 하지 않음이 없을 것이라고 한다.

이것을 비구는 관찰한 안의 몸[內身]이 몸과 같고, 관찰한 밖의 몸[外身]이 몸과 같아도 세워진 기억에 몸이 있다[立念在身]고 하고, 존재로 알아 존재로 보였고, 존재에 밝아지니 존재가 통달 되었다고 한다. 이것을 비구의 '관찰한 몸이 몸과 같다[觀身如身]'라고 말하는 것이다.

【원문】復次 比丘觀身如身 比丘者 念光明想 善受善持 善憶所念 如前後亦然 如後前亦然 如晝夜亦然 如夜晝 亦然 如下上亦然 如上下亦然 如是不顚倒 心無有纏 修

光明心 心終不爲闇之所覆。如是比丘 觀內身如身 觀外身如身 立念在身 有知有見 有明有達 是謂比丘觀身如身。

【번역】거듭 비구가 관찰한 몸이 몸과 같다고 할 때도, 비구라는 자는 '기억한 광명의 상상[光明想]'을 훌륭하다고 받아들이고 훌륭하다고 지니면서, 앞과 같이 뒤도 또한 그러하고, 뒤와 같이 앞도 또한 그러하며, 낮과 같이 밤도 그러하고, 밤과 같이 낮도 그러하며, 아래와 같이 위도 그러하고, 위와 같이 아래도 그러하다고 기억한 것을 잘 떠올리고서, 이러한 것이 뒤집히지 않고 마음에 얽매임이 없이 광명의 마음을 닦아야 마음이 끝내 어둠의 그것에 덮이지 않는다고 한다(공무변처).

이것을 비구는 관찰한 안의 몸[內身]이 몸과 같고, 관찰한 밖의 몸[外身]이 몸과 같아도 세워진 기억에 몸이 있다[立念在身]고 하고, 존재로 알아 존재로 보였고, 존재에 밝아지니 존재가 통달 되었다고 한다. 이것을 비구의 '관찰한 몸이 몸과 같다[觀身如身]'라고 말하는 것이다.

【원문】復次 比丘觀身如身 比丘者 善受觀相 善憶所念 猶如有人 坐觀臥人 臥觀坐人 是比丘善受觀相 善憶所念。如是比丘 觀內身如身 觀外身如身 立念在身 有知有見 有明有達 是謂比丘觀身如身。

【번역】 거듭 비구가 관찰한 몸이 몸과 같다고 할 때도, 비구라는 자는 관찰한 대상[相]을 잘 받아들이고 기억된 것[所念]을 잘 떠올리려고 한다. 마치 어떤 사람이 앉아서 누운 사람을 관찰하고 누워서 앉은 사람을 관찰하는 거와 같다는 이러한 비구는 관찰한 대상을 잘 받아들여 '기억된 것[所念]'을 잘 떠올리려 할 것이다(식무변처).

이것을 비구는 관찰한 안의 몸[內身]이 몸과 같고, 관찰한 밖의 몸(外身)이 몸과 같아도 세워진 기억에 몸이 있다[立念在身]고 하고, 존재로 알아 존재로 보였고, 존재에 밝아지니 존재가 통달 되었다고 한다. 이것을 비구의 '관찰한 몸이 몸과 같다[觀身如身]'라고 말하는 것이다.

여기의 식무변처까지는 이미 외도의 선정에서 설명했으므로 따로 설명하지 않을 것이다. 다만 '비구자'로 시작되는 설명과 비구로 시작되는 설명에 주의하면서 경전을 읽으라고 말하고 싶다. 이미 눈치챘겠지만, '비구자'로 시작하는 문장은 외도나 붓다의 말씀을 오해한 비구들이 하는 수행을 말하는 것이고, 비구로 시작하는 문장은 올바른 수행의 전형을 드러내고 있다는 것이다.

사실 불교를 조금이라고 공부해 보고, 또 수행한 사람이라면 누구나 한두 번은 이 선정을 시도하거나 경험해 보았을 것이다. 그리고 그렇게 하면 반드시 깨달음을 얻을 것이란 확신이 생겼거나, 아니면 안 된다고 포기했을 것이다. 그러나 최고의 깨달음은 선정의 '경험 여부'로 결정되는 게 아니라, '자아와 세상이 망상(妄想)'이란 사실을 '아느냐[明] 모르느냐[無明]'가 결정한다는 것이다.

　　자아와 세상이 존재한다고 생각하면 그 본질의 중심에 있는 자아를 찾으려고 노력할 것이고, 그 노력의 결과가 바로 단계적 선정의 성취이다. 여기서는 초선에서 식무변처까지만을 말했는데, 그 이유는 거기까지가 고대 인도인이 생각한 몸[身]의 영역이기 때문이다. 초선에서 4선까지는 거친 몸[麤身]이라면, 공무변처와 식무변처는 미세한 몸[細身]의 영역이다. 신념처를 설명하는 부분이니, 선정도 몸에 관련된 부분만 언급한 것이다.

부정관·백골관 등의 잘못된 수행

【원문】復次 比丘觀身如身 比丘者 此身隨住 隨其好惡 從頭至足 觀見種種不淨充滿 我此身中有髮 髦 爪 齒 麤細薄膚 皮 肉 筋 骨 心 腎 肝 肺 大腸 小腸 脾 胃 搏糞 腦及腦根 淚 汗 涕 唾 膿 血 肪 髓 涎 膽 小便。猶如器盛 若干種子 有目之士 悉見分明 謂稻 粟種 蔓菁 芥子 如是比丘 此身隨住 隨其好惡 從頭至足 觀見種種不淨充滿。我此身中有髮 髦 爪 齒 麤細薄膚 皮 肉 筋 骨 心 腎 肝 肺 大腸 小腸 脾 胃 搏糞 腦及腦根 淚 汗 涕 唾 膿 血 肪 髓 涎 膽 小便。如是比丘 觀內身如身 觀外身如身 立念在身 有知有見 有明有達 是謂比丘觀身如身。

【번역】 거듭 비구가 관찰한 몸이 몸과 같다고 할 때도, 비

구라는 자는 '이 몸은 사는 데를 따르고, 좋음과 미움을 따르는 것'이라고 하면서 머리에서 발에 이르기까지 내 이 몸 가운데의 더러움이 가득한 것이 보이도록 관찰하면서, 나의 이 몸 가운데에는 머리털과 털, 손톱, 이빨, 거칠거나 고운 엷은 살갗, 가죽, 살, 힘줄, 뼈, 심장, 콩팥, 간, 허파, 큰창자, 작은창자, 지라, 밥통, 똥, 골, 뇌수[腦根], 눈곱, 땀, 눈물, 가래침, 고름, 피, 기름, 골수, 침, 쓸개, 오줌이 있다고 한다. 마치 그릇에 약간의 종자(種子)를 담았는데, 눈이 있는 사람이 새긴 게 분명히 보이면 곧 벼나 조의 종자라거나 순무와 겨자를 말하는 것과 같다는 이러한 비구도 이 몸은 사는 곳을 따르고, 그 좋음과 미움을 따르면서 머리에서 발에 이르기까지 내 이 몸 가운데 온갖 더러움의 충만함이 보이도록 관찰하라면서, 나의 이 몸 가운데 머리털과 털, 손톱, 이빨, 거칠거나 고운 엷은 살갗, 가죽, 살, 힘줄, 뼈, 심장, 콩팥, 간, 허파, 큰창자, 작은창자, 지라, 밥통, 똥, 골, 뇌수[腦根], 눈곱, 땀, 눈물, 가래침, 고름, 피, 기름, 골수, 침, 쓸개, 오줌이 있다고 할 것이다.

이것을 비구는 관찰한 안의 몸[內身]이 몸과 같고, 관찰한 밖의 몸[外身]이 몸과 같아도 세워진 기억에 몸이 있다[立念在身]고 하고, 존재로 알아 존재로 보였고, 존재에 밝아지니 존재가 통달 되었다고 한다. 이것을 비구의 '관찰한 몸이 몸과 같다[觀身如身]'라고 말하는 것이다.

일부 남방불교의 수행처에서는 머리털부터 오줌까지 관찰하는 신체의 관찰을 신념처 수행이라고 가르치는데, 이것도 『대념처경』을 잘못 읽어서 벌어진 비극이다. 앞에서도 밝혔듯이, 한역 경전은 이것을 '비구와 비구자', '법설과 의설', '각(覺)과 요(了)', '선법(善法)과 승의(勝義)' 등으로 내용을 구분해서 번역했기에 구별을 할 수 있지만, 남방의 니까야는 번역본을 읽어보면 그렇지 못한 듯하다. 그리고 한역 경전을 우리말로 옮긴 경전도 니까야의 번역본과 같이 '구분 없이 번역된 것'을 보면 대체로 사람들의 생각이 크게 다르지 않은 것 같다.

일반적으로 부정관(不淨觀, 육체의 더러움과 혐오를 관찰)은 음욕이나 탐심이 많은 사람이 닦고, 백골관(白骨觀, 시체의 관찰)은 존재의 덧없음을 깨닫기 위해서 닦는다고 한다. 그러나 그렇게 닦는다고 해서 욕망이 완전히 사라지거나, 언제나 무상하지도 않다. 그 논리대로 말하면, 염하는 장례지도사는 음욕이 없어야 하고 화장터에서 일하는 인부는 항상 무상을 느꼈을 것이니 이미 도인이 되었어야 옳다. 그런 일에 종사하면, 잠시 그런 생각이 들긴 하지만 현실에선 그 생각이 늘 지속되진 않는다.

붓다 재세(在世) 시에도 그런 부류의 수행자들이 있었고, 붓다 자신도 그런 수행을 섭렵한 뒤에 모두 버리고 중도의 사유로 깨달음을 성취했다. 그리고 그 깨달음을 제자들에게 확립시키려고 제시한 수행이 '4념처(四念處)'라는 것을 이해하면 「염처경」이 눈에 확 들어올 것이다.

대체로 이 글과 번역을 읽으면서 말도 안 된다고 생각할지도 모르겠다. 그래도 불교라는 바다에서 헤매던 사람들에게 이 글이 한 줄기 빛처럼 느껴지길 바란다.

【원문】復次 比丘觀身如身 比丘者 觀身諸界 我此身中 有地界 水界 火界 風界 空界 識界。猶如屠兒殺牛 剝皮 布地於上分作六段 如是比丘 觀身諸界 我此身中 地界 水界 火界 風界 空界 識界。如是比丘 觀內身如身 觀外 身如身 立念在身 有知有見 有明有達 是謂比丘觀身如 身。

【번역】거듭 비구가 관찰한 몸이 몸과 같다고 할 때도, 비구 라는 자는 몸을 존재의 경계[界]로 관찰하면서 자아는 여기 이 몸 가운데에 '흙의 세계[地界], 물의 세계[水界], 불의 세계[火界], 바람의 세계[風界], 허공의 세계[空界], 의식의 세계[識界]'로 있다고 한다. 마치 백정이 소를 잡아 껍질을 벗겨 땅에다 펼쳐 놓고 그것을 여섯 동강으로 가르는 거와 같다는 이러한 비구는 몸에서 존재의 경계를 관찰하며 자아는 여기 이 몸의 가운데 '흙의 세계[地界], 물의 세계[水界], 불의 세계[火界], 바람의 세계[風界], 허공의 세계[空界], 의식의 세계[識界]'라고 할 것이다.

이것을 비구는 관찰한 안의 몸[內身]이 몸과 같고, 관찰한 밖의 몸[外身]이 몸과 같아도 세워진 기억에 몸이 있다[立念在身]고 하고, 존재로 알아 존재로 보였고, 존재에 밝아지니 존재가 통달 되었다고 한다. 이것을 비구의 '관찰한 몸이 몸과 같다[觀身如身]'라고 말하는 것이다.

여기서는 몸을 지수화풍(地水火風)의 4대(四大)로 관찰하고, 이것을 신념처 수행으로 여기는 비구자들에 대해서 말했다. 사실 '이 몸은 지수화풍의 4대로 이루어졌다'라는 이야기는 필자가 가장 많이 들었던 이야기 중 하나이다. 몸이 4대로 이루어졌으니, 4대로 흩어지고 나면 아무것도 남는 게 없다. 그러니 자아는 어디서도 찾을 수 없고 그래서 무아라는 설명을 귀에 못이 박히도록 들었다.

그런데 지수화풍의 4대 이야기는 붓다 당시의 신흥 사문 중에 적취설을 주장했던 유물론자들이 했던 말이다. 붓다는 신흥 사문과 선정주의자들을 모두 비판했고, 그들의 수행을 버리고 중도(8정도)로 최상의 깨달음을 성취했다. 그래서 붓다는 깨닫고 난 후에 제자들에게 외도의 논리를 일일이 논파하고, 또 무엇이 문제인지를 가르쳤다. 그랬던 붓다가 자신이 논파한 4대설을 무아의 논리로 가르쳤을 리 없다. 증거 중의 하나가 여기 이 경전의 말씀이다.

【원문】復次 比丘觀身如身 比丘者 觀彼死屍 或一 二日 至六 七日 烏鴟所啄 豺狼所食 火燒埋地 悉腐爛壞 見已自比 今我此身 亦復如是 俱有此法 終不得離。如是 比丘 觀內身如身 觀外身如身 立念在身 有知有見 有明有達 是謂比丘觀身如身。

【번역】거듭 비구가 관찰한 몸이 몸과 같다고 할 때도, 비구라는 자들은 저 죽은 송장을 하루나 이틀 혹은 엿새나 이레까지 관찰하면 까마귀나 솔개[鴟]에게 쪼이고, 승냥이나 이

리에게 먹히며, 불에 태우거나 땅에 묻으면 썩고 문드러져 새겨진 것을 보여 주고 나서 자신과 비교하여 자아를 머금은 여기 이 몸 또한 이렇게 존재를 갖췄으니 여기 이 법(法)으론 끝내 떠날[離] 수 없다고 한다.
이것을 비구는 관찰한 안의 몸[內身]이 몸과 같고, 관찰한 밖의 몸(外身)이 몸과 같아도 세워진 기억에 몸이 있다[立念在身]고 하고, 존재로 알아 존재로 보였고, 존재에 밝아지니 존재가 통달 되었다고 한다. 이것을 비구의 '관찰한 몸이 몸과 같다[觀身如身]'라고 말하는 것이다.

이것은 앞에서 잠깐 언급했던 백골관(白骨觀) 수행의 일종이다. 죽음과 무상을 이해하는 수행으로, 잘 닦으면 탐욕이 줄어든다고 설명한다. 일견 그럴듯하지만, 해보면 모두 헛소리에 불과한 것을 오래지 않아 깨닫게 될 것이다.

필자가 선방에 있을 때, 때때로 개인 벽장에서 몰래 이상한 사진을 꺼내보던 스님이 있었다. 그 스님이 꺼내보던 사진은 '죽은 사람이 서서히 백골로 변해가는 모습'을 찍은 것이었다. 우리나라는 시신을 볼 일이 거의 없다. 더군다나 살이 썩어서 문드러지고, 백골만 남은 시신을 보기란 쉽지 않다. 그러나 태국 같은 불교국가에서는 의대생의 해부학 수업에 스님들의 참관이 허락된다고 한다. 아마도 그곳에서 구한 사진 같았다. 수행에 도움이 될 것 같아서 필자도 어렵사리 사진을 구해서 틈만 나면 보았지만, 되돌아보니 헛수고였다.

【원문】復次 比丘觀身如身 比丘者 如本見息道 骸骨靑色 爛腐食半 骨瑣在地 見已自比 今我此身亦復如是 俱有此法 終不得離。如是比丘 觀內身如身 觀外身如身 立念在身 有知有見 有明有達 是謂比丘觀身如身。

【번역】거듭 비구가 관찰한 몸이 몸과 같다고 할 때도, 비구라는 자는 근본과 같은 것[如本]을 보여 주는[見] 것이 쉬는 도리라며 해골의 푸른색과 부패 된 음식의 반과 땅에 나뒹구는 뼈를 보여 주고 나서 자신과 비교하여 자아를 머금은 여기 이 몸 또한 이렇게 존재를 갖췄으니 여기 이 법(法)으론 끝내 떠날[離] 수 없다고 한다.
이것을 비구는 관찰한 안의 몸[內身]이 몸과 같고, 관찰한 밖의 몸[外身]이 몸과 같아도 세워진 기억에 몸이 있다[立念在身]고 하고, 존재로 알아 존재로 보였고, 존재에 밝아지니 존재가 통달 되었다고 한다. 이것을 비구의 '관찰한 몸이 몸과 같다[觀身如身]'라고 말하는 것이다.

이것도 백골관(白骨觀)의 일종이다. 원래 백골관은 시체가 부패하여 티끌로 사라지는 과정을 관찰하는 것을 말하는데, 대략 9단계의 관찰로 이루어진다. "부풀어 오름→썩어 문드러짐→피와 고름이 흘러나옴→벌레가 파먹음→살이 떨어짐→힘줄에 얽힌 해골→뼈가 흩어짐→백골화→티끌화"의 단계를 거치는 것을 자세히 관찰하는 것이다. 이것이 중요하다면 자세히 기술하겠지만, 자세히 설명하면 중요한 줄 알고 집착하는 사람이 있을 것 같아 이만 생략한다. 나머지도 위에 열거한 9단계를 기준 삼아 읽으면 어디쯤 설명하는지 알 수 있을 것이다.

【원문】復次 比丘觀身如身 比丘者 如本見息道 離皮肉血 唯筋相連 見已自比 今我此身亦復如是 俱有此法 終不得離。如是比丘 觀內身如身 觀外身如身 立念在身 有知有見 有明有達 是謂比丘觀身如身。

【번역】거듭 비구가 관찰한 몸이 몸과 같다고 할 때도, 비구라는 자는 근본과 같은 것[如本]을 보여 주는[見] 것이 쉬는 도리라며 가죽과 살과 피가 분리되어 오로지 힘줄만 서로 이어진 것을 보여 주고 나서 자신과 비교하여 자아를 머금은 여기 이 몸 또한 이렇게 존재를 갖췄으니 여기 이 법(法)으론 끝내 떠날[離] 수 없다고 한다.
이것을 비구는 관찰한 안의 몸[內身]이 몸과 같고, 관찰한 밖의 몸[外身]이 몸과 같아도 세워진 기억에 몸이 있다[立念在身]고 하고, 존재로 알아 존재로 보였고, 존재에 밝아지니 존재가 통달 되었다고 한다. 이것을 비구의 '관찰한 몸이 몸과 같다[觀身如身]'라고 말하는 것이다.

【원문】復次 比丘觀身如身 比丘者 如本見息 道骨節解散 散在諸方 足骨 膊骨 髀骨 髖骨 脊骨 肩骨 頸骨 髑髏骨 各在異處 見已自比 今我此身亦復如是 俱有此法 終

不得離。如是比丘 觀內身如身 觀外身如身 立念在身 有知有見 有明有達 是謂比丘觀身如身。

【번역】 거듭 비구가 관찰한 몸이 몸과 같다고 할 때도, 비구라는 자는 근본과 같은 것[如本]을 보여 주는[見] 것이 쉬는 도리라며 뼈마디가 분리되고 여러 곳에 흩어진 발뼈, 장딴지 뼈, 넓적다리뼈, 허리뼈, 등뼈, 어깨뼈, 목뼈, 머리뼈들이 제각기 다른 곳에 흩어진 것을 보여 주고 나서 자신과 비교하여 자아를 머금은 여기 이 몸 또한 이렇게 존재를 갖췄으니 여기 이 법(法)으론 끝내 떠날[離] 수 없다고 한다.
이것을 비구는 관찰한 안의 몸[內身]이 몸과 같고, 관찰한 밖의 몸[外身]이 몸과 같아도 세워진 기억에 몸이 있다[立念在身]고 하고, 존재로 알아 존재로 보였고, 존재에 밝아지니 존재가 통달 되었다고 한다. 이것을 비구의 '관찰한 몸이 몸과 같다[觀身如身]'라고 말하는 것이다.

【원문】 復次 比丘觀身如身 比丘者 如本見息道 骨白如螺 靑猶鴿色 赤若血塗 腐壞碎粖 見已自比 今我此身亦復如是 俱有此法 終不得離。如是比丘 觀內身如身 觀外身如身 立念在身 有知有見 有明有達 是謂比丘觀身如身。

【번역】 거듭 비구가 관찰한 몸이 몸과 같다고 할 때도, 비구

라는 자는 근본과 같은 것[如本]을 보여 주는[見] 것이 쉬는 도리라며 뼈는 소라[螺] 같이 희고, 집비둘기처럼 푸르고, 피를 칠한 듯이 붉고, 썩어 문드러져 부서진 죽과 같은 것을 보여 주고 나서 자신과 비교하여 자아를 머금은 여기 이 몸 또한 이렇게 존재를 갖췄으니 여기 이 법(法)으론 끝내 떠날[離] 수 없다고 한다.

이것을 비구는 관찰한 안의 몸[內身]이 몸과 같고, 관찰한 밖의 몸[外身]이 몸과 같아도 세워진 기억에 몸이 있다[立念在身]고 하고, 존재로 알아 존재로 보였고, 존재에 밝아지니 존재가 통달 되었다고 한다. 이것을 비구의 '관찰한 몸이 몸과 같다[觀身如身]'라고 말하는 것이다.

【원문】若比丘 比丘尼 如是少少 觀身如身者 是謂觀身如身念處。

【번역】만약 비구나 비구니가 이렇게 소소하게 관찰한 몸을 몸과 같다고 하는 자라면 이렇게 관찰한 몸을 일러 '몸으로 기억된 장소[身念處]'와 같다고 할 것이다.

여기도 '만약'으로 시작한 문장이니 의심하고 꼼꼼히 읽어봐야 한다. 앞의 소소한 몸에 관한 관찰들은 올바르지 않은데도, 그것을 '신념처 수행이라면서 할 것'이라고 적고 있다. 현재 남방불교의 수행 풍토를 그대로 기술했는지, 마치 지금의 상황을 그대로 기술한 듯하다. 물론 한국 불교는 화두를 참구(參究)하는 참선을 하기에 그 결이 다르지만, 우리나라의 선객들도 참선의 한계점을 경험하고 정토 수행자로 돌아서거나 남방불교에 귀의하는 사람들이 많기에 꼭 예외라고 말할 수도 없다.

화두는 원래 8정도(八正道)의 정견(正見) 확립에 그 목표가 있다. 그래서 승려가 삿된 견해로 불법을 물으면 선사는 정견의 관점에서 짧게 판단해 주었다. 그 대화 형식의 가르침을 화두라고 한다. 그런데 정견을 찾는 데는 관심이 없고, 화두가 성성(惺惺)하면 만능으로 다 해결되는 듯이 말한다. 그러면서 낮이나 밤이나 깨어 있어야 한다며 오매일여(寤寐一如)만 부르짖는다.

수념처(受念處)의 오해

【원문】云何觀覺如覺念處? 比丘者 覺樂覺時 便知覺樂覺 覺苦覺時 便知覺苦覺 覺不苦不樂覺時 便知覺不苦不樂覺。覺樂身苦身不苦不樂身 樂心苦心不苦不樂心 樂食苦食不苦不樂食 樂無食苦無食不苦不樂無食 樂欲苦欲不苦不樂欲。樂無欲覺 苦無欲覺 不苦不樂無欲覺時 便知覺不苦不樂無欲覺。如是 比丘 觀內覺如覺 觀外覺如覺 立念在覺 有知有見 有明有達。是謂比丘觀覺如覺。若比丘 比丘尼 如是少少觀覺如覺者 是謂觀覺如覺念處。

【번역】어째서 관찰한 느낌이 '느낌'으로 기억된 장소[覺念

處]'와 같다고 일러주는가?

비구라는 자는 '즐거운 느낌'을 느꼈을 때는 곧 '즐거운 느낌'을 느꼈다고 알고, '괴로운 느낌'을 느꼈을 때는 곧 '괴로운 느낌'을 느낀 줄 알며, '괴롭지도 즐겁지도 않은 느낌'을 느꼈을 때는 곧 '괴롭지도 즐겁지도 않은 느낌'을 느꼈다고 알고, 즐거운 몸[樂身], 괴로운 몸[苦身], 괴롭지도 즐겁지도 않은 몸[不苦不樂身], 즐거운 마음[樂心], 괴로운 마음[苦心], 괴롭지도 즐겁지도 않은 마음[不苦不樂心], 즐거운 식사[樂食], 괴로운 식사[苦食], 괴롭지도 좋지도 않은 식사[不苦不樂食], 즐거운 굶음[樂無食], 괴로운 굶음[苦無食], 괴롭지도 즐겁지 않은 굶음[不苦不樂無食], 즐거운 욕망, 괴로운 욕망, 괴롭지도 즐겁지도 않은 욕망, 즐거운 욕망 없는 느낌[樂無欲覺], 괴로운 욕망 없는 느낌[苦無欲覺], 괴롭지도 즐겁지도 않은 욕망 없는 느낌[不苦不樂無欲覺]을 느꼈을 때는 곧 '괴롭지도 즐겁지도 않은 욕망 없는 느낌'을 느껴서 안다고 한다.

이것을 비구는 관찰한 안의 느낌[內覺]이 느낌과 같고, 관찰한 밖의 느낌[外覺]이 느낌과 같으니 세워진 기억에 느낌이 있다[立念在覺]고 하고, 존재로 알아 존재로 보였고, 존재에 밝아지니 존재가 통달 되었다고 한다. 이것을 비구의 '관찰한 느낌이 느낌과 같다[觀覺如覺]'라고 말하는 것이다.

만약 비구나 비구니가 이렇게 소소하게 관찰한 느낌을 느낌과 같다고 하는 자라면 이렇게 '관찰한 느낌[觀覺]'을 일러 '느낌으로 기억된 장소[覺念處]'와 같다고 할 것이다.

앞의 신념처(身念處)와 문장 형식도 같으니, 그대로 읽기만 해도 무슨 말인지 바로 이해될 것이다. 불교대학에 다녔거나, 불교 서적을 한 권만이라도 읽은 사람이라면 느낌에 대하여 '괴로운 느낌, 즐거운 느낌, 괴롭지도 즐겁지도 않은 느낌'이란 3가지 느낌이 있다고 배웠을 것이다. 정말 느낌이 그렇게 3가지로 나누어질까? 느낌은 천 가지든, 만 가지든 얼마든지 나누어질 수 있다. 이러한 느낌에 대한 3가지 존재 방식의 생각은 외도들이 주장한 의설이다. 이 문제는 12연기에서 촉(觸)과 수(受)의 관계를 설명할 때 자세히 설명했다.

여기서 느낌을 수행으로 삼으려면 고(苦), 락(樂), 불고불락(不苦不樂)의 느낌을 구분하면서 닦는 게 아니라, '기억 위에 있는 느낌[立念在覺]'이라는 것을 새기라는 말이다. 평상시 느낌이 일어날 때마다 '기억을 토대로 느낌이란 환상이 일어났다는 생각'이 먼저 들도록 자신에게 꾸준히 훈습하는 것이다. 이것이 수념처 수행의 정수(精髓)이다.

심념처(心念處)와 법념처(法念處)의 오해

【원문】云何觀心如心念處? 比丘者 有欲心知有欲心如眞 無欲心知無欲心如眞 有恚 無恚 有癡 無癡 有穢污 無穢污 有合 有散 有下 有高 有小 有大 修不修 定不定 有不解脫心 知不解脫心如眞 有解脫心知解脫心如眞。如是比丘 觀內心如心 觀外心如心 立念在心 有知有見

有明有達。是謂比丘觀心如心. 若有比丘 比丘尼如 是 少少觀心 如心者 是謂觀心如心念處。

【번역】 어째서 관찰한 마음이 '마음으로 기억된 장소[心念處]'와 같다고 일러주는가?

비구라는 자는 욕망의 마음이 있으면 욕망의 마음이 진짜로 있는 줄 알고, 욕망의 마음이 없으면 욕망의 마음이 진짜로 없는 줄 알며, 성냄[恚]이 있음, 성냄이 없음, 어리석음[癡]이 있음, 어리석음이 없음, 더러움[穢]이 있음, 더러움이 없음, 모여 있음, 흩어져 있음, 낮게 있음, 높게 있음, 작게 있음, 크게 있음을 닦으라고 해도 닦지 않는데, 선정에 들라 해도 들지 않는다. '해탈하지 않은 마음'이 있으면 '해탈하지 않은 마음'이 진짜로 있는 줄 알고, '해탈의 마음'이 있으면 해탈한 마음이 진짜로 있는 줄 안다.

이것을 비구는 관찰한 안의 마음[內心]이 마음과 같고, 관찰한 밖의 마음[外心]이 마음과 같으니 세워진 기억에 마음이 있다[立念在心]고 하고, 존재로 알아 존재로 보였고, 존재에 밝아지니 존재가 통달 되었다고 한다. 이것을 비구의 '관찰한 마음이 마음과 같다[觀心如心]'라고 말하는 것이다.

만약 비구나 비구니가 이렇게 소소하게 관찰한 마음을 마음과 같다고 하는 자라면 이렇게 '관찰한 마음'을 일러 '마음으로 기억된 장소[心念處]'와 같다고 할 것이다.

여기서는 마음을 마음[心]과 마음 부수[心所]로 관찰하는 수행이 얼마나 어리석은지를 설명하고 있다. 지금도 남방 아비달마나, 북방의 구사론에서는 여전히 이 이론을 고수하고 있다. 경전에 이렇게 심(心)과 심소(心所)가 등장하는 것으로 보아, 붓다 재세(在世) 시에도 이미 이런 방식으로 마음을 이해하려 했던 것 같다. 아마 이것도 미세한 몸[細身]의 개념에서 비롯된 것 같다. 당시 사람들에겐 마음이 실제로 존재하는 실체로 여겨졌을 것이고, 마음도 여러 가지로 나타나니 '모두를 좌지우지하는 왕[心王]'과 '명령에 따르는 신하[心所]'의 관계로 이해되었을 것이다.

그러나 붓다가 12연기에서 밝혔듯이 안으로 관찰되든, 밖으로 관찰되든 결국 마음도 기억 위에서 드러나는 마음일 뿐이다. 마음을 존재로 여기는 오류를 범하는 순간, 윤회와 인과를 피할 수 없어 언제나 괴로움이 함께하게 된다.

【원문】云何觀法如法念處 眼緣色生內結 比丘者 內實有結知內有結如眞 內實無結知內無結如眞。若未生內結而生者知如眞 若已生內結滅不復生者知如眞。如是 耳 鼻 舌 身 意緣法生內結 比丘者 內實有結知內有結如眞 內實無結知內無結如眞。若未生內結而生者知如眞 若已生內結滅不復生者知如眞。如是比丘 觀內法如法 觀外法如法 立念在法 有知有見 有明有達。是謂比丘觀法如法 謂內六處。

【번역】어째서 관찰한 법(法)이 '법으로 기억된 장소[法念

處]'와 같다고 일러주는가?

눈[眼]이 색(色)을 연(緣)하면 '안의 결박[內結]'이 생겨나는데, 비구라는 자는 안에 실제로 결박[結]이 있으면 안에 결박[結]이 참으로 있는 줄 알고, 안에 실제로 결박[結]이 없으면 안의 결박[結]이 참으로 없는 줄 안다.

만약 안의 결박[結]이 아직 생겨나지 않았어도 생겨난다는 자라면 참으로 알 것이고, 또한 이미 생겨난 안의 결박[結]이 소멸[滅]하면 다시 생겨나지 않는다는 자도 참으로 알 것이다.

이렇게 귀[耳], 코[鼻], 혀[舌], 몸[身], 의(意)가 법(法)을 연(緣)해야 '안의 결박[內結]'이 생겨나는데, 비구라는 자는 안에 실제로 결박[結]이 있으면 안에 결박[結]이 참으로 있는 줄 알고, 안에 실제로 결박[結]이 없으면 안의 결박[結]이 참으로 없는 줄 안다.

만약 안의 결박[結]이 아직 생겨나지 않았어도 생겨난다는 자라면 참으로 알 것이고, 또한 이미 생겨난 안의 결박[結]이 소멸[滅]하면 다시 생겨나지 않는다는 자도 참으로 알 것이다.

이것을 비구는 관찰한 안의 법[內法]이 법(法)과 같고, 관찰한 밖의 법[外法]이 법(法)과 같으니 세워진 기억에 법이 있다[立念在法]고 하고, 존재로 알아 존재로 보였고 존재에 밝아지니 존재가 통달 되었다고 한다. 이것을 비구의 '관찰한 법이 법과 같다[觀法如法]'라고 말하고 안의 6처[六處]라고 말하는 것이다.

여기서 결박[結]은 인식 작용하는 것을 뜻하는데, 비구자는 안과 밖의 결박으로 이해한다는 것이다. 그러면 내부에 실재하는 자아와 외부에 실재하는 존재가 결박되어 인식된다는 것이다. 즉 존재와 존재 간의 관계로 이해하니, 내부의 인식 주체가 안이비설신의(眼耳鼻舌身意)라는 감각 기관을 통해서 색성향미촉법을 결박한다고 생각하는 것이다.

그러나 사실은 안내입처(眼內入處)와 색외입처(色外入處)가 만나면 안식(眼識)이 발생하는데, 이것은 '눈으로 색을 보았다는 인식'이 생겨난다. 그러니 '마음이 실제의 눈으로 실제의 색을 본다는 생각'이 드는 것이다. 그러면 존재한다는 생각에 결박되어 온갖 괴로움이 드러나게 된다. 그런 이유로 '결(結)'을 '번뇌'라고 해석하는 것이다.

'법(法)'은 '외부의 존재'가 아니라 '실제처럼 느껴지는 환상'이라고 거듭 설명했다. 그리고 이것이 구현되는 장소가 6처(六處)라고 했다. 그런데 여기서는 '안의 6처[內六處]'라고 했는데, 그것은 '몸이라고 여겨지는 내부에서 법(法)을 구현해 내는 가상 장소'라는 의미이다.

【원문】復次 比丘觀法如法 比丘者 內實有欲知有欲如眞 內實無欲知無欲如眞。若未生欲而生者知如眞 若已生欲滅不復生者知如眞。如是瞋恚 睡眠 調悔 內實有疑知有疑如眞 內實無疑知無疑如眞。若未生疑而生者知如眞 若已生疑滅不復生者知如眞。如是比丘 觀內法如法 觀外法如法 立念在法 有知有見 有明有達 是謂比丘

觀法如法 謂五蓋也。

【번역】또한 비구가 관찰한 법을 법과 같다고 할 때도, 비구라는 자는 안에 실제로 탐욕[欲]이 있으면 안에 참으로 탐욕이 있는 줄 알고, 안에 실제로 탐욕[欲]이 없으면 안에 진실로 탐욕이 없는 줄 안다.
만약 아직 탐욕[欲]이 생겨나지 않았어도 생겨난다는 자라면 참으로 알 것이고, 또한 이미 탐욕[欲]이 생겨났어도 소멸[滅]하면 다시 생겨나지 않는다는 자도 참으로 알 것이다.
성냄[瞋恚]이나 혼면[睡眠], 도회(掉悔)도 이러하고, 안에 실제[實]로 의심[疑]이 있으면 안에 참으로 의심이 있는 줄 알고, 안에 실제로 의심이 없으면 안에 참으로 의심이 없는 줄 안다. 만약 아직 의심[疑]이 생겨나지 않았어도 생겨난다는 자라면 참으로 알 것이고, 또한 이미 의심[疑]이 생겨났어도 소멸[滅]하면 다시 생겨나지 않는다는 자도 참으로 알 것이다.
이것을 비구는 관찰한 안의 법[內法]이 법(法)과 같고, 관찰한 밖의 법[外法]이 법(法)과 같으니 세워진 기억에 법이 있다[立念在法]고 하고, 존재로 알아 존재로 보였고 존재에 밝아지니 존재가 통달 되었다고 한다. 이것을 비구의 '관찰한 법이 법과 같다[觀法如法]'라고 말하고 '5가지 덮임[五蓋]'이라고 말하는 것이다.

법(法)이란 단어를 붓다의 가르침으로 이해하고, 그것도 실제의 존재처럼 생각한 것 같다. 그래서 깨달음의 방해 요소인 5개(五蓋)를 내부에 있는 실제의 방해 요소로 보았다. 5개(五蓋)는 '탐욕개(貪欲蓋, 대상에 대한 욕망), 진에개(瞋恚蓋, 대상에 대한 분노), 혼면개(惛眠蓋, 어지럽고 혼미함), 도회개(掉悔蓋, 흔들리는 마음), 의개(疑蓋, 회의적 의심)'이다. 이 5가지가 있으면 합리적이고 깊은 사유가 가능하지 않기 때문에 '(사유를 할 수 없도록) 덮었다[蓋]'라는 뜻으로 쓰인 단어이다.

비구자는 5개(五蓋)를 법으로 생각하여 실제로 내 안에 있다고 생각했고, 붓다는 '기억 위에 있는 게 법[立念在法]'이라는 생각을 할 수 없도록 방해하는 요소가 바로 5개(五蓋)라고 말한 것이다.

【원문】 復次 比丘觀法如法 比丘者 內實有念覺支知有念覺支如眞 內實無念覺支知無念覺支如眞。若未生念覺支而生者知如眞 若已生念覺支便住不忘而不衰退 轉修增廣者知如眞。如是法 精進 喜 息 定。比丘者 內實有捨覺支知有捨覺支如眞 內實無捨覺支知無捨覺支如眞 若未生捨覺支而生者知如眞 若已生捨覺支便住不忘而不衰退 轉修增廣者知如眞。如是比丘 觀內法如法 觀外法如法 立念在法 有知有見 有明有達 是謂比丘觀法如法 謂七覺支。若有比丘 比丘尼 如是少少 觀法如法者 是謂觀法如法念處。

【번역】 또한 비구가 관찰한 법을 법과 같다고 할 때도, 비구

라는 자는 안에 실제로 염각지(念覺支)가 있으면 안에 참으로 염각지(念覺支)가 있는 줄 알고, 안에 실제로 염각지(念覺支)가 없으면 안에 참으로 염각지(念覺支)가 없는 줄 안다.

만약 아직 염각지(念覺支)가 생겨나지 않았어도 생겨난다는 자라면 참으로 알 것이고, 또한 이미 염각지(念覺支)가 생겨났어도 곧 잊지 않고 살면서 쇠퇴하지 않으면 점점 수행도 늘고 넓어진다는 자도 참으로 알 것이다.

택법(擇法), 정진(精進), 희(喜), 경안[息], 정(定)도 이러하고, 비구라는 자는 안에 실제로 사각지(捨覺支)가 있으면 안에 참으로 사각지(捨覺支)가 있는 줄 알고, 안에 실제로 사각지(捨覺支)가 없으면 안에 진실로 사각지(捨覺支)가 없는 줄 안다.

만약 아직 사각지(捨覺支)가 생겨나지 않았어도 생겨난다는 자라면 참으로 알 것이고, 또 이미 사각지(捨覺支)가 생겨났더라도 곧 잊지 않고 살면서 쇠퇴하지 않으면 점점 수행도 늘고 넓어진다는 자도 참으로 알 것이다.

이것을 비구는 관찰한 안의 법[內法]이 법(法)과 같고, 관찰한 밖의 법[外法]이 법(法)과 같으니 세워진 기억에 법이 있다[立念在法]고 하고, 존재로 알아 존재로 보였고 존재에 밝아지니 존재가 통달 되었다고 한다. 이것을 비구의 '관찰한 법이 법과 같다[觀法如法]'라고 말하고 '7각지(七覺支)'라고 말하는 것이다.

만약 비구나 비구니가 이렇게 소소하게 관찰한 법을 법과 같다고 하는 자라면 이렇게 '관찰한 법'을 일러 '법으로 기억된 장소[法念處]'와 같다고 할 것이다.

비구자는 7각지(七覺支, 깨달음으로 향해 가는지 판단하는 7가지 요소)도 '법(法)'이라는 실체로 생각하여, 안에 실제로 있다거나 없다고 생각한다. 그러나 7각지의 요소를 실행하고 있으면 깨달음과 열반으로 나아가도 있는 것이고 그렇지 않으면 깨달음과 멀어지는 것이다. 법념처는 기억 위에 구현된 법(法)을 분명히 알고 훈습하는 게 법념처인데, 붓다가 가르치려 했던 그 법(法)마저도 실제의 존재로 이해하니 이런 오해가 발생하는 것이다.

이 「염처경」을 천천히 곱씹으며 읽어보면, 4념처(四念處)는 몸[身]과 느낌[受, 覺], 마음[心], 법(法)의 4가지가 가상으로 구현된 허상이라는 사실을 명확히 알고, 또 그것을 체화(體化)하는 과정임을 알 수 있다.

4념처는 얼마나 닦아야 할까?

【원문】若有比丘 比丘尼 七年 立心正住 四念處者 彼必得二果 或現法得究竟智 或有餘得阿那含 置七年 六五四三二一年。若有比丘 比丘尼 七月 立心正住 四念處者 彼必得二果 或現法得究竟智 或有餘得阿那含 置七月 六五四三二一月。若有比丘 比丘尼 七日七夜 立心正住 四念處者 彼必得二果 或現法得究竟智 或有餘得阿那含 置七日七夜 六五四三二 置一日一夜。若有比

丘比丘尼 少少須臾頃 立心正住 四念處者 彼朝行如是
暮必得昇進 暮行如是 朝必得昇進。佛說如是 彼諸比丘
聞佛所說 歡喜奉行。

【번역】만약 어떤 비구나 비구니가 7년 동안 마음을 세워
바르게 머무는 게 4념처(四念處)라는 자라면 저들은 반드시
2가지 결과를 얻는다고 할 것이다. 혹은 나타난 법[現法]이
구경(究竟)의 지혜를 얻는 것이거나, 혹은 유여(有餘)가 아
나함(阿那含)을 얻었으니 7년 6, 5, 4, 3, 2, 1년이 남았을 것
이다.

만약 어떤 비구나 비구니가 7개월 동안 마음을 세워 바르
게 머무는 게 4념처(四念處)라는 자라면 저들은 반드시 2가
지 결과를 얻는다고 할 것이다. 혹은 나타난 법[現法]이 구
경(究竟)의 지혜를 얻는 것이거나, 혹은 유여(有餘)가 아나
함(阿那含)을 얻었으니 7개월 6, 5, 4, 3, 2, 1개월이 남았을
것이다.

만약 어떤 비구나 비구니가 7일 동안 마음을 세워 바르게
머무는 게 4념처(四念處)라는 자라면 저들은 반드시 2가지
결과를 얻는다고 할 것이다. 혹은 나타난 법[現法]이 구경
(究竟)의 지혜를 얻는 것이거나, 혹은 유여(有餘)가 아나함
(阿那含)을 얻었으니 7일 6, 5, 4, 3, 2, 1일이 남았을 것이다.
만약 어떤 비구 비구니가 소소하게 잠깐이라도 마음을 세
워 바르게 머무는 게 4념처(四念處)라는 자라면 저들은 아

침에 이렇게 행한다면 저녁엔 반드시 얻고 올라가서 나아
가야[昇進] 할 것이고, 저녁에 이렇게 행한다면 아침에는 반
드시 얻고 올라가서 나아가야 할 것이다.
부처님께서 이렇게 말씀하시자 저 존재한다던 비구는 부
처님께서 하신 말씀이 들리니 환호하며 기뻐서 받들어 행
하게 되었다.

위 문장은 「염처경」의 끝부분인데, 4념처 수행의 기간을 연월일시로 구분하여 7부터 1까지 줄여가면서 설명했다. 그런데 여기서 주의해서 읽어야 할 점은 '가정법'과 '~자(者)'라는 표현이 문장에 포함되었다는 것이다. 경전에서 가정법은 대체로 사실과 반대일 때 쓰고, '~자'도 바르지 않을 때 비판의 용도로 주로 쓰는 표현이다. 따라서 위와 같은 수행 기간이 필요하다는 그 생각의 어리석음을 지적한 것이다.

그러나 사람들은 이것을 붓다가 깨달음을 보증하는 문장으로 이해하고 또 그렇게 번역했다. 과연 어떤 이가 다른 이의 깨달음을 시간으로 보증할 수 있을까? 어떤 경우에도 깨달음을 시간으로 보증할 수는 없다.

위 경전에는 "'마음을 세워서 바르게 머무는 게 4념처라는 자[立心正住 四念處者]'는 '나타난 법이 구경의 지혜를 얻는다[現法得究竟智]'"라는 표현이 있다. 여기서 '마음을 세웠다[立心]'라는 표현은 '내 몸 안에 마음이 있다는 생각이 세워져 있다'라는 뜻으로, '아트만이 내 안에 있다'라고 생각한다는 것이다. 그러나 그 '마음'도 알고 보면 12처의 작용으로 '나타난 환상[現法]'이다. 그렇기에 나타난 환상인 현법이 구경의 지혜를 얻을 순 없는 것이다.

또한 '자아가 있다[立心]'라고 생각하는 비구나 비구니는 자아가 4념처를 닦아 아나함(阿那含)을 얻는다고 생각할 것이다. 그렇기에 '존재의 찌꺼기가 남아 있는 유여(有餘)'가 아나함을 얻는다고 한 것이다. 그리고 아나함은 '이 세상에 다시 돌아오지 않는다'라고 하여 불환과(不還果)라고 번역했다. 그렇다면 아나함은 정해진 기간만 살다가 영원히 죽어야 한다는 뜻이니, 만약 아나함이 수행한다면 죽자고 수행하는 꼴이 될 것이다.

경전을 읽더라도 12처의 작용을 이해하지 못하면, 경전의 내용을 끊임없이 오해할 수밖에 없다. 그러면 제아무리 경전에서 잘못된 수행을 지적하더라도 그것은 붓다의 올바른 수행 지침으로 둔갑하게 된다. 그래서 붓다는 8정도에서 정견과 정사유를 앞세워서 올바른 이해를 강조하고 또 강조한 것이다.

책을 마치며

여기까지 부족한 필자의 강의를 긴 인내심으로 끝까지 읽어준 독자에게 찬사를 보냅니다. 필요한 부분에 밑줄을 긋거나 불교 용어의 개념을 정리하면서 읽으며 이 책의 마지막 장을 덮었다면, 그분은 틀림없이 깨달음에 대한 깊은 고민과 답답함에 매우 목말라했을 것입니다. 그런 분들께 이 글이 갈증 해소에 조금이나마 보탬이 되길 바랍니다. 부족하나마 강의를 마칩니다.

그리고 이 책이 나오기까지 물심양면으로 신경 써주신 불광출판사에 감사드립니다. 특히 불광출판사 편집부 최호승 님과 불광미디어 콘텐츠국 유권준 님께 진심으로 감사드립니다.

2025년 9월 백중을 앞두고
그리운 어머니 고 임영월 영가님을 생각하며
법주사 응향각(凝香閣)에서 고광 합장

고광 스님의
불교
도장
깨기
ⓒ 고광, 2025

2025년 9월 30일 초판 1쇄 발행
2025년 11월 28일 초판 3쇄 발행

지은이 고광
발행인 박상근(至弘) • 편집인 류지호 • 편집이사 양동민
책임편집 최호승 • 편집 김재호, 양민호, 김소영, 정유리, 이란희, 이진우 • 디자인 쿠담디자인
제작 김명환 • 마케팅 김대현, 김대우, 이선호, 류지수 • 관리 윤정안
콘텐츠국 유권준, 김희준
펴낸 곳 불광출판사 (03169) 서울시 종로구 사직로10길 17 인왕빌딩 301호
　　　　대표전화 02)420-3200 편집부 02)420-3300 팩시밀리 02)420-3400
　　　　출판등록 제300-2009-130호(1979. 10. 10.)

ISBN 979-11-7261-206-1 (03220)

값 24,000원

잘못된 책은 구입하신 서점에서 바꾸어 드립니다.
독자의 의견을 기다립니다. www.bulkwang.co.kr
불광출판사는 (주)불광미디어의 단행본 브랜드입니다.